高等教育旅游类专业系列教材

旅游景区管理

主　编　苗雅杰
副主编　吕　帅　孟　伟
主　审　崔　庠

中国物资出版社

图书在版编目（CIP）数据

旅游景区管理/苗雅杰主编．—北京：中国物资出版社，2010.6（2013.8重印）
（高等教育旅游类专业系列教材）
ISBN 978-7-5047-3420-4

Ⅰ.①旅…　Ⅱ.①苗…　Ⅲ.①风景区—经济管理　Ⅳ.①F590.6

中国版本图书馆CIP数据核字（2010）第086185号

策划编辑　寇俊玲
责任编辑　张利敏
责任印制　何崇杭
责任校对　孙会香　杨小静

中国物资出版社出版发行
网址：http://www.cfpress.com.cn
社址：北京市西城区月坛北街25号
电话：（010）68589540　邮政编码：100834
全国新华书店经销
中国农业出版社印刷厂印刷

开本：787mm×1092mm　1/16　印张：18.25　字数：433千字
2010年6月第1版　2013年8月第2次印刷
书号：ISBN 978-7-5047-3420-4/F·1354
印数：3001—5000册
定价：36.00元

内容简介

本书共由十章构成。第一章是旅游景区管理概述，主要介绍旅游景区管理相关概念和基本理论，重点介绍了旅游景区及其相关概念的内涵，景区管理的内容、方法等，并简要分析了我国旅游景区管理中存在的问题。第二章是旅游景区服务管理，包括与游客接触服务的过程管理及影响最终服务质量的内部管理。第三章是旅游景区旅游资源管理，主要介绍了旅游景区旅游资源的基本概念和内涵以及旅游资源的分类与评价方法。第四章是旅游景区规划管理，包括旅游景区规划的概念、原则、目标、类型、程序，景区规划的主要内容，空间规划和旅游产品开发规划以及旅游景区规划的发展趋势等。第五章是旅游景区营销管理，介绍了旅游景区市场调研、市场预测、市场促销的概念内涵、方法及程序。第六章是旅游景区人力资源管理，介绍了旅游景区人力资源管理的内涵，员工招聘的途径，员工培训的类型与方法，旅游景区员工激励的类型与机制，员工绩效评价的内容与方法。第七章是旅游景区游客和社区管理，介绍了景区内不同类别游客行为的差异，游客不文明的行为及危害，游客管理的方法及重点区域游客管理以及旅游景区社区管理的意义、影响及内容。第八章是旅游景区质量管理，剖析了旅游景区质量的概念、构成、特性，着重介绍了旅游景区质量管理的方法，包括全面质量管理和 PDCA 循环。第九章是旅游景区设施维护与管理，介绍了旅游景区设施设备的类型及其管理要求，重点介绍了旅游景区设施的前期管理、服务期管理和安全管理的内容。第十章是旅游景区环境管理与可持续发展，对旅游景区环境管理内容、方法作了介绍，重点介绍旅游景区容量的内涵与测算方法，并对旅游景区可持续发展内涵及目标展开论述。

本书还配有电子教学资料，包括电子教案、教学指南、练习题答案等，能够为老师授课和学生学习提供诸多便利，请登录 http：//www. cfpress. com. cn 进行下载。

前　言

20世纪80年代以来，我国旅游业迅猛发展，在现代国民经济和人民日常生活中扮演着越来越重要的角色。旅游服务和旅游消费也越来越受到社会各界的关注。旅游需求呈现出多样化趋势，旅游景区管理体制也开始逐步改革，这都对旅游景区服务和管理提出了更新的要求，对旅游景区管理人才的需求也提升到一个新的高度。

长期以来，由于管理体制陈旧，我国旅游景区管理中存在着多头管理、政企不分等问题，也造成了部分旅游景区秩序混乱、环境遭到破坏，对我国旅游景区形象造成了极大损害，在很大程度上影响到了旅游景区的发展。为了应对景区改革和旅游业快速发展的新形势，我们需要培养出能够适应新形势的、具有现代化管理知识和经验的旅游景区管理人才。因此本编写组召集了多位从事旅游景区管理教学的教师，结合集体智慧结晶，编写了《旅游景区管理》一书。

本书主要介绍了旅游景区管理概述、旅游景区服务管理、旅游景区旅游资源管理、旅游景区规划管理、旅游景区营销管理、旅游景区人力资源管理、旅游景区游客和社区管理、旅游景区质量管理、旅游景区设施维护与管理、旅游景区环境管理与可持续发展。

本书在编写过程中努力追求理论透彻、内容新颖、系统性强、操作简易的目标。在内容上紧跟旅游行业发展的现状，与旅游景区现实需求接轨，注意运用新理论、新观点来阐述旅游景区服务与管理的核心内容。在注重理论研究的同时，加大了实践性内容的介绍，并对旅游发展中一些热点问题通过知识链接的形式加以介绍，使学生在掌握基础知识的同时能拓展视野。为了强化读者对相关知识的理解和运用，根据景区管理中出现的实际问题，通过精心筛选，在编写体例上，每章前有本章导读，中间穿插知识链接，每章后有案例、案例分析、本章小结等。

本书既可作为高校旅游管理专业教师和学生用书，也可作为旅游景区工作人员培训和业务参考用书。同时还可供旅游行业从业人员学习使用，对旅游景区管理理论研究具有一定的参考价值。

本书由苗雅杰教授任主编，吕帅、孟伟任副主编，具体编写分工：第一章由苗雅杰编写，第二、第三、第四章由孟伟编写，第五章由王钊编写，第六章由孟爱云编写，第七、第八章由闻虹编写，第九、第十章由吕帅编写。苗雅杰负责本书框架设计和统稿工作，全书由崔庠教授主审。

本教材在编写过程中，得到了中国物资出版社的大力支持与帮助，在此表示衷心的感谢；编者还参阅了部分学术著作、相关论文以及互联网上的共享信息，在此谨向有关作者表示诚挚的谢意。

编　者
2010 年 5 月

目　录

第一章　旅游景区管理概述 ……………………………………… (1)
第一节　旅游景区的概念和内涵 ……………………………………… (1)
第二节　旅游景区的类型及其特征 …………………………………… (6)
第三节　旅游景区的形成与发展 ……………………………………… (16)
第四节　旅游景区管理概述 ………………………………………… (19)
本章小结 ……………………………………………………………… (26)

第二章　旅游景区服务管理 ……………………………………… (28)
第一节　旅游景区接待服务管理 ……………………………………… (28)
第二节　旅游景区解说服务管理 ……………………………………… (39)
第三节　旅游景区商业服务管理 ……………………………………… (46)
第四节　旅游景区辅助服务管理 ……………………………………… (56)
本章小结 ……………………………………………………………… (61)

第三章　旅游景区旅游资源管理 …………………………………… (62)
第一节　旅游景区旅游资源概述 ……………………………………… (62)
第二节　旅游景区旅游资源分类与评价 ……………………………… (65)
第三节　旅游景区旅游资源保护与管理 ……………………………… (87)
本章小结 ……………………………………………………………… (95)

第四章　旅游景区规划管理 ……………………………………… (96)
第一节　旅游景区规划概述 ………………………………………… (96)
第二节　旅游景区产品开发 ………………………………………… (107)
第三节　旅游景区空间规划 ………………………………………… (115)
第四节　旅游景区规划的发展趋势 ………………………………… (125)
本章小结 ……………………………………………………………… (129)

第五章　旅游景区营销管理 ……………………………………… (130)
第一节　旅游景区市场营销调研与市场预测 ………………………… (130)
第二节　旅游景区营销策略 ………………………………………… (139)
第三节　旅游景区营销创新 ………………………………………… (151)

本章小结 ………………………………………………………………………… (159)

第六章 旅游景区人力资源管理 ………………………………………………… (160)
第一节 旅游景区人力资源管理概述 ………………………………………… (160)
第二节 旅游景区员工招聘 …………………………………………………… (165)
第三节 旅游景区员工培训 …………………………………………………… (171)
第四节 旅游景区员工激励 …………………………………………………… (175)
第五节 旅游景区员工绩效评价 ……………………………………………… (180)
本章小结 ………………………………………………………………………… (187)

第七章 旅游景区游客和社区管理 ……………………………………………… (188)
第一节 旅游景区游客行为管理 ……………………………………………… (188)
第二节 旅游景区游客管理方法 ……………………………………………… (194)
第三节 旅游景区社区管理 …………………………………………………… (199)
本章小结 ………………………………………………………………………… (206)

第八章 旅游景区质量管理 ……………………………………………………… (208)
第一节 旅游景区质量管理概述 ……………………………………………… (208)
第二节 旅游景区服务质量 …………………………………………………… (215)
第三节 景区质量标准化管理 ………………………………………………… (218)
本章小结 ………………………………………………………………………… (230)

第九章 旅游景区设施维护与管理 ……………………………………………… (231)
第一节 旅游景区设施的类型与要求 ………………………………………… (231)
第二节 旅游景区设施设备管理 ……………………………………………… (236)
第三节 旅游景区设施的安全管理 …………………………………………… (249)
本章小结 ………………………………………………………………………… (259)

第十章 旅游景区环境管理与可持续发展 ……………………………………… (260)
第一节 旅游景区环境质量标准及环境管理的内容 ………………………… (260)
第二节 旅游景区环境容量 …………………………………………………… (270)
第三节 旅游景区环境管理及可持续发展 …………………………………… (274)
本章小结 ………………………………………………………………………… (279)

参考文献 ………………………………………………………………………… (280)

第一章　旅游景区管理概述

本章导读

旅游景区是旅游目的地环境的重要组成因素，它们在很大程度上决定着消费者的选择并影响着潜在购买者的动机。本章首先通过对旅游景区相关概念的辨析，分析了旅游景区的内涵及其特征，并简要介绍了旅游景区的发展历程。其次，在对旅游景区管理的概念、要素分析的基础上，提出了我国旅游景区管理中存在的问题。通过本章的学习，要求学生掌握旅游景区的内涵，熟悉与旅游景区相关的概念，了解景区管理的要素及我国旅游景区管理中存在的问题。

第一节　旅游景区的概念和内涵

一、旅游景区的概念

旅游景区是旅游业的重要组成部分，是旅游业发展的基础。传统的旅游业六大要素“食、住、行、游、购、娱”中，前三者是为旅游者实现旅游活动服务的，“购物”只是旅游过程中的一个附属行为，“游”和“娱”则构成了旅游活动的核心，而“游”和“娱”所依托的重要基础——旅游景区才是吸引游客开展旅游活动的主要因素。因此，旅游景区构成了旅游业发展的主体，在旅游业发展中占有极其重要的地位。

旅游景区作为景区管理的对象，明晰其概念是景区管理的基础。但是，对于旅游景区的概念，国内外学者之间目前还没有达成共识。而且旅游景区与旅游区、景点、风景名胜区等概念在一定程度上存在混淆。我们先从几个较为常见的概念入手，来了解旅游景区的概念。

（一）国外对于景区的定义

英国旅游局认为：“景区（点）必须是一个长久性的游览目的地，其存在的主要目的是向公众开放并让公众得到消遣的机会，做感兴趣的事情或受到教育，而不仅仅是用于购物、体育运动、观看电影或表演。景区（点）能够吸引一日游游客和旅游者，其进入无须预订。游览地点不仅应该能够吸引旅游者、一日游游客，而且要对当地居民具有吸引力。”

美国学者沃尔什·赫伦和特里·史蒂文斯认为景点应该是“有特色活动的地点、场所或集中地，其经营的目的是吸引旅游者和当地居民来访问；能够为游客提供轻松愉快的经历和消遣，使他们度过闲暇时间；按照旅游景点的特点进行管理，尽量发挥其潜在能力，以满足游客的需求；按照游客的需求和兴趣，提供相应的设施和服务；收取或不收取门票费用”。①

英国学者约翰·斯沃布鲁克对景点所作的描述更像是旅游景区的概念，他认为：“景点是一个独立的单位、一个专门的场所，或者是一个有明确界线的、范围不可太大的区域，交通便利，可以吸引大批的游人闲暇时来这里作短时间访问。”他还强调，景点应该是能够界定、能够经营的实体。②

英国著名的旅游市场学家密德尔敦教授将景区分为有管理的和无管理的景区，而有管理的景区则是：“那些由于其自身的缘故以及出于为游客带来享受、消遣、娱乐和教育的目的而得到控制和管理、经人为划定的永久性资源。”③

（二）国内现有景区的定义

王昆欣认为：“旅游景区是具有美学、科学和历史价值的各类自然景观和人文景观的地域空间载体，它能够激发人们的旅游兴趣和需求，为人们提供参观、游览、度假、康乐、科研等产品和服务。”④

陈瑛认为：“旅游风景区是指自然和人文旅游资源较为集中、有一定的旅游设施和旅游接待能力、能够吸引旅游者完成一系列旅游活动的空间地域。旅游风景区在空间上有一定的规模和范围，在时间上有其发展和演化的生命周期。”⑤

赵黎明等认为：“旅游景区是一个可供人们前来休闲、娱乐、游览、观光、度假的专业场所。该场所具有明确的范围界线和专业化的组织管理。”⑥

杨正泰认为：“旅游景点景区是旅游者到达旅游目的地之后的重要活动场所，泛指具有一定自然或人文景观，可供游人游览并满足某种旅游经历的空间环境。”⑦

从以上定义中我们可以看出，现有旅游景区和旅游景点定义具有一定的混淆，在很多情况下将其等同使用，采用“旅游景区景点”或者“旅游景区（点）”的说法。对此两者之间的区别我们将在下文探讨，此处只想说明对于旅游景区的概念目前还未有统一界定，与相关概念还存在混淆使用的情况。此外，从各个定义中我们可以看出，虽然定义上存在分歧，但是对旅游景区在功能、范围、管理组织几个方面具有一定的认同。

本书将采用中华人民共和国国家质量监督检验检疫总局发布的《旅游景区质量等级的划分与评定》（修订）（GB/T 17775—2003）的定义，认为旅游景区是“以旅游及其相关活动为主要功能或主要功能之一的空间或地域，是指具有参观游览、休闲度假、康乐健身

---

①J. WALSH HERON，T. STEWENS. The Management of Visitor Attractions and Events［M］. Englewood：Prentice Hall，1990.

②约翰·斯沃布鲁克．景点开发与管理［M］．张文，等译．北京：中国旅游出版社，2001.

③维克多·密德尔敦．旅游营销学［M］．向萍，等译．北京：中国旅游出版社，2001.

④王昆欣．旅游景区服务与管理［M］．北京：旅游教育出版社，2004.

⑤陈瑛．旅游风景区管理［M］．西安：陕西旅游出版社，1997.

⑥赵黎明，黄安民，张立明．旅游景区管理学［M］．天津：南开大学出版社，2002.

⑦杨正泰．旅游景点景区开发与管理［M］．福州：福建人民出版社，2000.

等功能，具备相应旅游服务设施并提供相应旅游服务的独立管理区。该管理区应有统一的经营管理机构和明确的地域范围。包括风景区、文博院馆、寺庙观堂、旅游度假区、自然保护区、主题公园、森林公园、地质公园、游乐园、动物园、植物园及工业、农业、经贸、科教、军事、体育、文化艺术等各类旅游景区”。

二、旅游景区的内涵

虽然存在定义上的分歧，但是在旅游景区功能、范围和管理组织等方面还是存在一定的共性。本书认为，作为旅游景区，应该具有以下几方面的内涵。

（一）有一定的空间范围和界线

旅游景区的规模可以不同，小到一栋建筑、一个庭院，如“最小的苏州园林”——残粒园，面积仅140多平方米，大到绵延数十上百平方公里的风景区，如黄山风景区面积约1200平方公里。但是不论规模大小，都有一定相对明确的空间范围，形成了固定的、范围确定的经营服务场所。旅游景区一般都设有固定的出入口，使得旅游者不能随意进出，同时也界定了旅游景区的边界。

（二）有供游客参观游览的吸引物

旅游景区是满足旅游者旅游需求的功能载体，是旅游者实现旅游目的的场所，其主体功能是旅游，因此必须能够为人们提供欣赏、游览或者从事娱乐活动的吸引物。旅游景区以一定的自然地理条件为基础，而景点、吸引物及其他相关设施分布其中，其吸引物特色构成了一个旅游景区景观资源的基本特征。不同类型的景区具有不同的吸引物，风景名胜区以山清水秀的自然景观来吸引游客，人文旅游景区则以其历史、艺术和科学价值为吸引因素，游乐型景区则以其游乐设施吸引游客游玩等。吸引物构成旅游景区的核心要素，也是旅游者旅游动机萌发的刺激因素。

（三）有良好的可进入性

旅游具有异地性，是一种独特的异地体验，需要旅游景区有良好的可进入性，以方便游客进入。一般来讲，即使风景非常优美、文化价值极高的地区，如果没有良好的可进入性，没有必要的交通等基础设施建设，也是很难形成旅游景区的。当然，不排除一些背包旅游者等特殊游客到一些可进入性较差但风景优美的地区旅游，但是这些没有经过开发的地区我们还不能称之为旅游景区。

（四）具有一定的旅游服务设施和基础设施

旅游设施包括为旅游者提供游览服务的设施，如旅游线路标志、景点解说牌、娱乐设施、休息亭等；也包括游客在游览过程中必要的一些生活服务设施，如餐厅、茶室、厕所等。必要的旅游服务设施是游客顺利完成旅游过程的基本保证。

此外，旅游景区还必须要有完善的基础设施，以保证旅游活动的正常进行和旅游服务设施的有效运转，主要包括出入交通、内部交通、停车场、给排水、垃圾处理、电力能源、邮政电信等设施。

旅游服务设施和基础设施的完善程度也构成了旅游景区等级评价的重要内容。

（五）具有专门的经营管理机构

我国旅游景区类型多样，性质也较为复杂。有的是国家行政单位，如长白山景区的管理机构长白山保护开发区管理委员会（以下简称长白山管委会），作为吉林省政府的派出机构，正厅级建制，代表吉林省政府依法对管理区域内的经济和社会行政事务，以及自然资源实行统一领导和管理。同时吉林省将长白山管委会按省内市（州）对待，实行“九加一”管理模式。

有的是事业单位，如公园、博物馆、动物园、植物园等；有的是企业，如深圳世界之窗是由香港中旅集团和华侨城集团共同投资建设的大型文化旅游景区。但不论属于哪种类型，作为一个相对独立的单位，旅游景区都设有专门的管理机构，以保证旅游景区内资源得到有效保护，保证游客正常开展旅游活动。

三、旅游景区相关概念辨析

（一）旅游景点

旅游景区和旅游景点在实践中往往被视为同一概念。旅游景点景区是旅游者到达旅游目的地之后的重要活动场所，泛指具有一定自然或人文景观、可供游人游览并满足某种旅游经历的空间环境，如一座园林、一座山峰、一条旅游街、一处游乐场等，通常又称做游览区或游览旅游点，景点和景区的区别在于空间结构和组合待征的不同。景点可以是一个风景点或观赏物，如一块特定造型的山石、一处瀑布、一眼泉水、一座古建筑等，有些景点适当配以能进行旅游活动的条件，使其成为发挥旅游功能的环境和空间，就可形成自成一体、相对独立的旅游点，例如，西安的钟楼。景区的空间范围比景点大，通常以相邻的多个相对独立的景点组合成较大的小区，彼此之间相互依赖、互为映衬，构成一个完整的景区，如长白山天池、长白山温泉、锦江大峡谷、小天池、长白瀑布等景点组成长白山景区。范围大的景点景区，除满足旅游者进行参观游览活动外，还必须提供必要的生活服务。因此，大型的景点景区是由若干个景点相互结合、组合并辅以旅馆、餐厅、交通、商业网点、邮电通信等设施而形成的相对独立的具有较大环境空间的区域，如黄山风景区、太湖风景区等。

（二）风景名胜区

根据中华人民共和国国务院于 2006 年 9 月 19 日公布的《风景名胜区条例》，中国大陆境内的风景名胜区是指“具有观赏、文化或者科学价值，自然景观、人文景观比较集中，环境优美，可供人们游览或者进行科学、文化活动的区域”。风景名胜区划分为国家级风景名胜区和省级风景名胜区。截至 2005 年年底，国务院共批准公布了 6 批 187 处国家级风景名胜区。风景名胜区属于旅游景区的一种类型，源于我国对景观质量较佳的名胜地的一种管理名称，是根据其管理部门而划分的，风景名胜区属于建设部管理。其他类似的还有归国家林业局管理的森林公园、归国家地质部管理的国家地质公园、归国家水利部管理的国家水利风景区等。

风景名胜区具有以下特征：有优美奇特的自然景观；人文景观与自然景观相融合，历史悠久，文化或科学价值高；许多自然景观与人文景观具有独特性和代表性；有可供游客游览、休息或进行科学、文化活动的环境空间；有法定的范围或空间。

对照旅游景区的概念可以看出，风景名胜区就是旅游景区，但旅游景区不一定是风景名胜区。

（三）旅游区

根据《旅游规划通则》（GB/T 18971—2003）指出，旅游区（tourism area）是以旅游及其相关活动为主要功能或主要功能之一的空间或地域。但在目前使用中旅游区内涵和外延都很不明确。有时等同于旅游景区，如1999年发布的《旅游区（点）质量等级的划分与评定》（GB/T 17775—1999）中对旅游区（点）[①] 的界定便与旅游景区含义相似；有时又等同于旅游地，很多时候又指的是由一两个景区景点为主题，联系其他景区景点组成的一个地域上并不一定连成片，但交通联系方便、设施配套、管理协调、服务体系相对独立的地域，如长江三峡旅游区、滇西北生态旅游区等。有时候旅游区可以指更大的范围，如旅游地理学家对世界旅游进行区划时，划分为欧洲旅游区、亚太旅游区等，将我国划分为东北、华北、华中、中原、西南、西北、华南几个旅游区。而对于后两种旅游区的理解，是不能用旅游景区代替的。

一般而言，旅游景区的面积较旅游区要小，并且旅游景区大多具有有形的边界标志，其空间范围具有可感知的特点。而旅游区相对规模较大、面积也较大，可以位于一个行政区，也可能跨越行政区划的限制，且往往缺乏有形的边界。

另外，从规划的空间尺度看，旅游景区规划属于中小尺度规划，而旅游区规划则往往属于大尺度规划。如旅游景区规划通常在概念设计的基础上将更多的精力集中于场所尺度、空间尺度以及细部尺度，注重局部结构优化、功能完善以及细节工程设计。旅游区规划通常只深入到社区尺度和邻里尺度，较为注重区域主导功能的确立、主题形象设计以及区域产业发展战略等问题。

风景名胜区和旅游区的概念有相似的地方，首先都具有游览、观赏的作用；其次，都强调应是自然或人文景物组成。两者也有不同之处，前者是以风景和名胜为主的自然和人文景物，忽略甚至不包含一些主题公园、博物馆等，也不包括相应的旅游基础设施和服务设施；后者范围较广，几乎将所有可以为旅游业所利用的资源都作为旅游区，而且强调了在这些区域里能提供相应的旅游服务设施。这样看风景名胜区应该是旅游区的组成部分。

（四）旅游地

旅游地指的是“一定区域空间范围内，由旅游资源、旅游服务设施及其他相关旅游条件结合形成的吸引游客前往旅游的区域”。一般是由若干个旅游景区组成，各旅游景区间，组成一个在地域上并不一定连成片但服务接待设施配套、统一管理、交通方便、旅游服务条件相对独立的地域。

---

①旅游景区（点）在2003年发布的《旅游景区质量等级的划分与评定》（GB/T 17775—2003）中被取消，改称旅游景区。

旅游地具有如下几个特征：对旅游者具有吸引力，可供游人观光、度假、休闲、健身、娱乐、科学考察等；能提供良好的接待条件，方便游客逗留，景区、景点是通过提供各种旅游服务来实现自己的目标；旅游业是这一地区的重要产业，并靠它获得较好的经济收入。

通常将旅游地划分为以下几种类型：风景旅游地、文化旅游地、历史古迹旅游地、民族风情旅游地、娱乐游憩旅游地、综合性旅游地等。

（五）旅游资源

《旅游景区质量等级的划分与评定》（GB/T 17775—2003）对旅游资源的定义为"自然界和人类社会凡能对旅游者产生吸引力，可以为旅游业开发利用，并可产生经济效益、社会效益和环境效益的各种事物和因素"。据此，我们认为旅游资源是构成旅游景区的核心要素，是作为景区游览对象和景区开发利用的事物，是构成景区环境的基本要素，而旅游景区是旅游资源要素和其他要素有机结合后形成的地域空间。

另外，旅游资源既包括未开发利用的，也包括已经开发利用的；既有物质的，也有非物质的（如传说等）；既有有形的，也有无形的。而旅游景区必须是已经被开发利用的，物质的，有形的。因此，有学者将"非物质文化遗产"及节庆活动、民俗风情等归为旅游景区是不合适的。

（六）旅游度假区

根据 2001 年施行的《浙江省旅游度假区管理办法》定义："旅游度假区是指经国务院、省人民政府批准设立的，地域界限明确，符合旅游度假要求，能够为国内外旅游者提供高质量的度假、休闲、观光、娱乐等综合性服务的旅游经济区域。"旅游度假区按其旅游度假资源价值和环境质量、规模大小等因素，分为省级和国家级旅游度假区。省级旅游度假区由省人民政府批准公布，国家级旅游度假区由省人民政府报国务院批准公布。目前我国共有国家级旅游度假区 12 个，分别是大连金石滩国家旅游度假区、青岛石老人国家旅游度假区、苏州太湖国家旅游度假区、无锡太湖国家旅游度假区、上海佘山国家旅游度假区、杭州之江国家旅游度假区、福建湄州岛国家旅游度假区、福建武夷山国家旅游度假区、广州南湖国家旅游度假区、北海银滩国家旅游度假区、昆明滇池国家旅游度假区、三亚亚龙湾国家旅游度假区。

由此认为，旅游度假区是旅游景区的一种类型，是旅游景区发展的一种新模式。除了具有旅游景区的必备要素外，旅游度假区还须经过国务院或省级人民政府批准才能设立。

第二节　旅游景区的类型及其特征

一、旅游景区的分类

（一）按旅游景区资源类型划分

按照旅游景区资源类型来划分，旅游景区可分为自然类旅游景区、人文类旅游景区、复合类旅游景区以及主题类旅游景区。

1. 自然类旅游景区

自然类旅游景区是指以自然环境的特色为基础的景区，是由多个自然类旅游景点组成。以名山大川和江河湖海为代表。如西湖、九寨沟、张家界国家森林公园等。这类景区的特征是：国家为其所有者，以自然景观为其吸引力本源，自然环境优美，通常空间范围较大，游客的主要活动是游览观光。自然类旅游景区又可以划分为山地型自然旅游景区、森林型自然旅游景区、水景型自然旅游景区、洞穴型自然旅游景区以及综合型自然旅游景区五个亚类。

2. 人文类旅游景区

人文类旅游景区是人类生产、生活活动的艺术成就和文化结晶，是指由以社会文化事物为吸引力本源的建筑物（群）和场所以及其中的活动构成的景区。这些建筑物（群）和场所，起初并不是为了吸引游客而建造的，其中的活动也不是专门为游客的体验而开展的。这类景区一般年代比较悠远，知识、文化内涵深厚，吸引着大量的游客前来参观访问，游客前来主要是为了游览和增长见识。如古代人类遗址、古代建筑、雕塑、壁画、文学艺术、伟大工程、帝王陵寝、名人故居等。

3. 复合类旅游景区

复合类旅游景区是指由自然景点和人文景点相互映衬、相互依赖而形成的相对独立的景区，该景区中自然景观和人文景观的旅游价值均较高。复合类旅游景区的典型代表如国内的宗教名山五台山、峨眉山、普陀山、九华山等。

4. 主题类旅游景区

主题类旅游景区指主题鲜明的人造旅游景区，包括主题公园、主题类动植物园、游乐园和其他主题类人造景区。这类旅游景区是专门为吸引游客并满足其需求而修建的景区。主要由现代建造的房屋和建筑群、场所以及其中专门为游客设计的各种活动和游乐设施构成。游客到这些景区主要进行康体、休闲娱乐等活动。不少学者认为节庆活动也是一种景区，如传统节日、博览盛会等，并将之归入主题类旅游景区。但是本书认为旅游景区应该是具体的、有形的区域，节庆活动仅仅是一种旅游资源，而不能归入旅游景区的范畴。

（二）按旅游景区的旅游活动功能，结合旅游景区旅游资源特色划分

按照旅游景区的旅游活动功能，结合旅游资源特色划分，旅游景区可分为观光型游览旅游景区、历史古迹旅游景区、民俗风情类旅游景区、文学艺术类旅游景区、娱乐游憩类旅游景区、科考探险类旅游景区和综合性旅游景区。

1. 观光型游览旅游景区

这类旅游景区具备独特、优美的自然景观和人工景物，有较高的美学价值，主要以江、河、湖、海、山、林、瀑布、岩溶、气候、气象变化等为主要景观，如广西桂林山水、四川的九寨沟、吉林长白山、黑龙江五大连池等；国外的如美国的黄石公园、日本的富士山等。

2. 历史古迹旅游景区

历史古迹是人类留下的遗迹和遗物，形象地记录着人类的历史，能引发人们对历史的

回顾。历史古迹种类繁多，包括：早期人类遗址，如北京猿人遗址、陕西蓝田人遗址等；庙坛，如北京天坛、曲阜的孔庙等；陵墓，如明十三陵、清东陵、清西陵、黄帝陵、孔林等；古都城，如云南丽江古城等；寺观佛塔，如浙江灵隐寺、河南白马寺、少林寺、云南大理三塔、北京北海白塔、埃及金字塔等；古园林，如颐和园、苏州园林、上海豫园等；还有名人遗迹、碑帖、雕像、礼乐、乐器、陶俑、古玩等。

3. 民俗风情类旅游景区

民俗风情类旅游景区指的是民族集聚地、民族独特的生活习惯及生活方式，包括民族的衣着服饰、民居建筑、饮食特色、娱乐方式、婚恋习俗、节庆、礼仪、丧葬、生产交通、村落等方面所特有的风情、风尚、传统和禁忌，结合当地的自然景观，形成独特的人文景观。如云南省西双版纳傣族村寨、大理白族村、丽江纳西族村、西藏藏族村、广西壮族村、贵州苗族寨等景区。旅游者通过到当地参加各项民族活动，体验和感受独特的民族风情。

4. 文学艺术类旅游景区

文学艺术类旅游景区以文化为中心为旅游者创造一种特定的文化氛围，使游人在旅游过程中增长学识和艺术修养，如各地的艺术馆、美术馆、博物馆等，也包括一些文艺类主题公园，如无锡影视城等。

5. 娱乐游憩类旅游景区

娱乐游憩类旅游景区是指以优美的旅游度假环境（如阳光、沙滩、温泉、气候等）或者以人造景观为背景建设现代娱乐休闲设施为主的旅游景区。供旅游者开展观赏、康体疗养、运动健身、娱乐和消闲等旅游活动项目。根据其区位条件及旅游资源可经营发展以下不同的休闲度假景区：

（1）康体疗养型。这是指依托宜人气候环境，能提供康体疗养活动的地貌、水文、生物等地理环境，有优美自然环境或有特殊康体疗养效用的地域，可经营发展康体疗养度假区。例如，温泉疗养（如陕西骊山温泉）、避暑疗养（如河北承德、江西庐山）、避寒疗养（如海南三亚、广西北海、云南西双版纳）等景区。

（2）运动健身型。这类旅游景区以自然旅游资源为依托，有较好的山地，可以进行登山、探险、滑雪等运动。以达到健身和锻炼的目的（如云南玉龙雪山、黑龙江亚布力滑雪度假区、吉林的莲花山滑雪场、净月潭滑雪场），包含以水为基地的游泳、泛舟、潜水等运功项目（如云南的阳宗海、海南三亚的亚龙湾），以及各种狩猎场、垂钓场等。

（3）娱乐休闲型。这是指以人造景观为背景建设现代娱乐休闲设施，供旅游者开展观赏、娱乐和消闲等旅游活动项目的景区，如大型的休闲中心、动物园及闻名世界的迪斯尼乐园等。

6. 科考探险类旅游景区

科考探险类旅游景区是指以自然资源为主构成，并具有科学研究价值的景区，如雅鲁藏布江大峡谷、金华水下溶洞、湖北神农架等。

7. 综合性旅游景区

这类景区不仅有优美的自然风光，且有大量的名胜古迹，是自然旅游资源与人文旅游资源有机结合的旅游景区，它们不仅风光秀丽，且有大量珍贵的历史文化遗迹，能吸引大量的旅游者前往观光旅游。

（三）按旅游景区的质量等级划分

根据中华人民共和国国家标准《旅游景区质量等级的划分与评定》（GB/T 17775—2003）规定，将旅游景区质量等级划分为五级，从高到低依次为AAAAA、AAAA、AAA、AA、A级旅游景区。3A级、2A级、1A级旅游景区由全国旅游景区质量等级评定委员会委托各省级旅游景区质量等级评定委员会负责评定。省级旅游景区质量等级评定委员会可以向条件成熟的地市级旅游景区质量等级评定机构再行委托。4A级旅游景区由省级旅游景区质量等级评定委员会推荐，全国旅游景区质量等级评定委员会组织评定。5A级旅游景区从4A级旅游景区中产生。被公告为4A级旅游景区1年以上的方可申报5A级旅游景区。5A级旅游景区由省级旅游景区质量等级评定委员会推荐，全国旅游景区质量等级评定委员会组织评定。

等级评定标准主要包括服务质量与环境质量、景观质量和游客综合满意度三方面。其中服务质量与环境质量共计1000分，共分为8个大项，其中旅游交通140分。游览210分。旅游安全80分。卫生140分。邮电服务30分。旅游购物50分。综合管理195分。资源和环境的保护155分。景观质量分为资源要素价值与景观市场价值两大评价项目、9项评价因子，总分100分，其中资源吸引力为65分。市场吸引力为35分。各评价因子分4个评价得分档次。游客综合满意度总分为100分，其中总体印象满分为20分（很满意为20分，满意为15分，一般为10分，不满意为0分）。其他16项每项满分为5分。总计80分（各项中，很满意为5分，满意为3分，一般为2分，不满意为0分）。各等级景区评分标准如表1-1所示。

表1-1　　各等级景区评分标准

	服务质量与环境质量	景观质量	游客综合满意度
5A	950分	90分	90分
4A	850分	85分	85分
3A	750分	75分	75分
2A	600分	60分	60分
1A	500分	50分	50分

二、旅游景区的特征

旅游景区作为一个有机体，是由内部系统和外部系统互动组成。处在社会大环境的旅游景区存在以下特征。

1. 综合统一性

旅游景区构成要素多元，这些要素既包括组成旅游景区内在吸引力系统的部分，又整合了旅游景区所在地域的一些独特的文化、民俗、社会和经济因素，内化融合为景区的综合吸引力。这些要素在旅游行为发生时产生联动效应，共同作用于旅游者的出游经历。而统一性体现在构成旅游景区的每一个要素的质量都必须是一致的，任何一个要素质量低劣，就会出现“短板效应”，破坏旅游者的体验质量，从而影响其对整个景区的认知。

2. 多层利益平衡性

旅游景区比起其他旅游企业更需要平衡与自身发展相关的各种力量。首先，旅游景区具有旅游活动生产和消费同一的特性，在景区系统中就需要同时平衡旅游行为和消费行为，每一位游客消费经历的满意度要与旅游景区对旅游行为的认可度相统一、相适应。其次，旅游景区多是具有独特性和环境脆弱的区域，容易受到来自旅游发展造成的压力损害，季节性等自然因素也增加了压力的强度，设施设备的不均衡使用也造成了效益递减，所以与资源相关的各利益主体（包括管理者、经营者、享用者）必须在旅游景区系统中平衡时才能使景区良性发展。

3. 目标多重性

旅游景区资源具有公共性，为社会成员所共享，它除了承担旅游功能外还发挥着研究、科考、经济等效用。例如，在海岸地带，旅游就是与其他方式（发电、渔业等）共同使用当地资源的，乡村旅游的开展也是与自然保护、农业、林业共同发展的。单就承担旅游功能讲，旅游景区的服务和设施也提供给多个对象，至少有游客、当地居民和景区工作人员，多用途决定了旅游景区的服务与设施具有了多目标性。

4. 特有时效性

旅游景区的这一特征主要体现在：首先，随着社会文化的发展、意识的进步，旅游者对旅游景区的认知和评估发生更新。其次，每个旅游景区都在其生命周期的轨迹中发展，经历繁荣和衰败，良好状态的延续其实就是吸引时效的延长。最后，不同的资源基础可以开发出旅游景区的特色产品，从而带来管理状况的不断更新，需要不断建立新的管理制度。

三、我国几种旅游景区概况

（一）风景名胜区

根据中华人民共和国国务院 2006 年 9 月 19 日发布的《风景名胜区条例》，风景名胜区是指具有观赏、文化或者科学价值，自然景观、人文景观比较集中，环境优美，可供人们游览或者进行科学、文化活动的区域。风景名胜区所在地县级以上地方人民政府设置的风景名胜区管理机构，负责风景名胜区的保护、利用和统一管理工作。国务院建设主管部门负责全国风景名胜区的监督管理工作。国务院其他有关部门按照国务院规定的职责分工，负责风景名胜区的有关监督管理工作。

我国的风景名胜区划分为国家级风景名胜区和省级风景名胜区。自然景观和人文景观能够反映重要自然变化过程和重大历史文化发展过程，基本处于自然状态或者保持历史原貌，具有国家代表性的，可以申请设立国家级风景名胜区；具有区域代表性的，可以申请设立省级风景名胜区。设立国家级风景名胜区，由省、自治区、直辖市人民政府提出申请，国务院建设主管部门会同国务院环境保护主管部门、林业主管部门、文物主管部门等有关部门组织论证，提出审查意见，报国务院批准公布。设立省级风景名胜区，由县级人民政府提出申请，省、自治区人民政府建设主管部门或者直辖市人民政府风景名胜区主管部门会同其他有关部门组织论证，提出审查意见，报省、自治区、直辖市人民政府批准公布。国务院分别于1982年、1988年、1994年、2002年、2004年、2005年和2009年先后公布了7批国家级风景名胜区，共208处。

知识链接

国家级风景名胜区名录

北京：八达岭—十三陵风景名胜区（1）、石花洞风景名胜区（4）。

天津：盘山风景名胜区（3）。

河北：承德避暑山庄外八庙风景名胜区（1）、秦皇岛北戴河风景名胜区（1）、野三坡风景名胜区（2）、苍岩山风景名胜区（2）、嶂石岩风景名胜区（3）、西柏坡—天桂山风景名胜区（4）、崆山白云洞风景名胜区（4）。

山西：五台山风景名胜区（1）、恒山风景名胜区（1）、黄河壶口瀑布风景名胜区（2）、北武当山风景名胜区（3）、五老峰风景名胜区（3）。

内蒙古：扎兰屯风景名胜区（4）。

辽宁：千山风景名胜区（1）、鸭绿江风景名胜区（2）、金石滩风景名胜区（2）、兴城海滨风景名胜区（2）、大连海滨—旅顺口风景名胜区（2）、凤凰山风景名胜区（3）、本溪水洞风景名胜区（3）、青山沟风景名胜区（4）、医巫闾山风景名胜区（4）。

吉林：松花湖风景名胜区（2）、八大部—净月潭风景名胜区（2）、仙景台风景名胜区（4）、防川风景名胜区（4）。

黑龙江：镜泊湖风景名胜区（1）、五大连池风景名胜区（1）。

江苏：太湖风景名胜区（1）、南京钟山风景名胜区（1）、云台山风景名胜区（2）、蜀岗瘦西湖风景名胜区（2）、三山风景名胜区（5）。

浙江：杭州西湖风景名胜区（1）、富春江—新安江风景名胜区（1）、雁荡山风景名胜区（1）、普陀山风景名胜区（1）、天台山风景名胜区（2）、嵊泗列岛风景名胜区（2）、楠溪江风景名胜区（2）、莫干山风景名胜区（3）、雪窦山风景名胜区（3）、双龙风景名胜区（3）、仙都风景名胜区（3）、江郎山风景名胜区（4）、仙居风景名胜区（4）、浣江—五泄风景名胜区（4）、方岩风景名胜区（5）、百丈漈—飞云湖风景名胜区（5）、方山—长屿硐天风景名胜区（6）。

安徽：黄山风景名胜区（1）、九华山风景名胜区（1）、天柱山风景名胜区（1）、琅玡山风景名胜区（2）、齐云山风景名胜区（3）、采石风景名胜区（4）、巢湖风景名胜区（4）、花山谜窟—浙江风景名胜区（4）、太极洞风景名胜区（5）、花亭湖风景名胜区（6）。

福建：武夷山风景名胜区（1）、清源山风景名胜区（2）、鼓浪屿—万石山风景名胜区（2）、太姥山风景名胜区（2）、桃源洞—鳞隐石林风景名胜区（3）、金湖风景名胜区（3）、鸳鸯溪风景名胜区（3）、海坛风景名胜区（3）、冠豸山风景名胜区（3）、鼓山风景名胜区（4）、玉华洞风景名胜区（4）、十八重溪风景名胜区（5）、青云山风景名胜区（5）。

江西：庐山风景名胜区（1）、井冈山风景名胜区（1）、三清山风景名胜区（2）、龙虎山风景名胜区（2）、仙女湖风景名胜区（4）、三百山风景名胜区（4）、梅岭—滕王阁风景名胜区（5）、龟峰风景名胜区（5）、高岭—瑶里风景名胜区（6）、武功山风景名胜区（6）、云居山—柘林湖风景名胜区（6）。

山东：泰山风景名胜区（1）、青岛崂山风景名胜区（1）、胶东半岛海滨风景名胜区（2）、博山风景名胜区（4）、青州风景名胜区（4）。

河南：鸡公山风景名胜区（1）、洛阳龙门风景名胜区（1）、嵩山风景名胜区（1）、王屋山—云台山风景名胜区（3）、石人山风景名胜区（4）、林虑山风景名胜区（5）、青天河风景名胜区（6）、神农山风景名胜区（6）。

湖北：武汉东湖风景名胜区（1）、武当山风景名胜区（1）、大洪山风景名胜区（2）、隆中风景名胜区（3）、九宫山风景名胜区（3）、陆水风景名胜区（4）。

湖南：衡山风景名胜区（1）、武陵源（张家界）风景名胜区（2）、岳阳楼—洞庭湖风景名胜区（2）、韶山风景名胜区（3）、岳麓风景名胜区（4）、崀山风景名胜区（4）、猛洞河风景名胜区（5）、桃花源风景名胜区（5）、紫鹊界梯田—梅山龙宫风景名胜区（6）、德夯风景名胜区（6）。

广东：肇庆星湖风景名胜区（1）、西樵山风景名胜区（2）、丹霞山风景名胜区（2）、白云山风景名胜区（4）、惠州西湖风景名胜区（4）、罗浮山风景名胜区（5）、湖光岩风景名胜区（5）。

广西：桂林漓江风景名胜区（1）、桂平西山风景名胜区（2）、花山风景名胜区（2）。

海南：三亚热带海滨风景名胜区（3）。

重庆：长江三峡风景名胜区（1）、缙云山风景名胜区（1）、金佛山风景名胜区（2）、四面山风景名胜区（3）、芙蓉江风景名胜区（4）、天坑地缝风景名胜区（5）。

四川：峨眉山风景名胜区（1）、九寨沟—黄龙寺风景名胜区（1）、青城山—都江堰风景名胜区（1）、剑门蜀道风景名胜区（1）、贡嘎山风景名胜区（2）、蜀南竹海风景名胜区（2）、西岭雪山风景名胜区（3）、四姑娘山风景名胜区（3）、石海洞乡风景名胜区（4）、邛海—螺髻山风景名胜区（4）、白龙湖风景名胜区（5）、光雾山—诺水河风景名胜区（5）、天台山风景名胜区（5）、龙门山风景名胜区（5）。

贵州：黄果树风景名胜区（1）、织金洞风景名胜区（2）、㵲阳河风景名胜区（2）、红枫湖风景名胜区（2）、龙宫风景名胜区（2）、荔波樟江风景名胜区（3）、赤水风景名胜区

(3)、马岭河风景名胜区(3)、都匀斗篷山—剑江风景名胜区(5)、九洞天风景名胜区(5)、九龙洞风景名胜区(5)、黎平侗乡风景名胜区(5)、紫云格凸河穿洞风景名胜区(6)。

云南：路南石林风景名胜区(1)、大理风景名胜区(1)、西双版纳风景名胜区(1)、三江并流风景名胜区(2)、昆明滇池风景名胜区(2)、玉龙雪山风景名胜区(2)、腾冲地热火山风景名胜区(3)、丽江—大盈江风景名胜区(3)、九乡风景名胜区(3)、建水风景名胜区(3)、普者黑风景名胜区(5)、阿庐风景名胜区(5)。

陕西：华山风景名胜区(1)、临潼骊山—秦兵马俑风景名胜区(1)、宝鸡天台山风景名胜区(3)、黄帝陵风景名胜区(4)、合阳洽川风景名胜区(5)。

甘肃：麦积山风景名胜区(1)、崆峒山风景名胜区(3)、鸣沙山—月牙泉风景名胜区(3)。

宁夏：西夏王陵风景名胜区(2)。

青海：青海湖风景名胜区(3)。

新疆：天山天池风景名胜区(1)、库木塔格沙漠风景名胜区(4)、博斯腾湖风景名胜区(4)、赛里木湖风景名胜区(5)。

西藏：雅砻河风景名胜区(2)。

资料来源：http：//baike. baidu. com/view/1909440. htm? fr=ala0.

(二)博物馆和文物保护单位

根据中华人民共和国文化部2005年发布的《博物馆管理办法》，博物馆是指收藏、保护、研究、展示人类活动和自然环境的见证物，经过文物行政部门审核、相关行政部门批准许可取得法人资格，向公众开放的非营利性社会服务机构。利用或主要利用国有文物、标本、资料等资产设立的博物馆为国有博物馆。利用或主要利用非国有文物、标本、资料等资产设立的博物馆为非国有博物馆。博物馆发挥着社会教育功能，传播有益于社会进步的思想道德、科学技术和文化知识。博物馆是我国社会主义科学文化事业中的有机组成部分，在物质文明和精神文明建设中发挥着重要作用，是丰富人民精神生活的重要载体，是各地区重要的旅游吸引物。博物馆类型繁多，吸引力大。历史博物馆和遗址性文物博物馆是了解一个国家和民族文化发展过程的最佳场所，参观游览活动最直观，如上海博物馆、河南博物馆等；科技类博物馆对青少年、学生及广大知识分子有很大吸引力，如上海科技馆；名人故居博物馆或纪念馆深受海外游客喜爱。根据“2008年国民经济和社会发展统计公报”统计，到2008年年末，我国博物馆数量达到1798座。中宣部、财政部、文化部、国家文物局2008年1月23日联合下发《关于全国博物馆、纪念馆免费开放的通知》。根据通知，全国各级文化文物部门归口管理的公共博物馆、纪念馆，全国爱国主义教育示范基地全部实行免费开放。这对于我国博物馆旅游的发展起到了重大推动作用。

(三)森林公园

根据林业部1994年发布的《森林公园管理办法》，森林公园是指森林景观优美，自然景观和人文景物集中，具有一定规模，可供人们游览、休息或进行科学、文化、教育活动的场所。森林公园分为三级：国家级森林公园，省级森林公园和市、县级森林公园。建立国家级森林公园，由省级林业主管部门提出书面申请、可行性研究报告和图表、照片等资料，报林业部审批。建立省级森林公园和市、县级森林公园，由相应的省级或者市、县级林业主管部门审批。经批准成立省级森林公园和市、县级森林公园，由省级林业主管部门将有关材料报林业部备案。由国家林业局批准设立，1982 年我国第一处国家森林公园——湖南张家界国家森林公园批准设立，截至 2006 年年底，中国共建有森林公园 2067 处，总经营面积 1569 万公顷。其中国家级森林公园 660 处，经营面积 1125 万公顷。

（四）自然保护区

1994 年 10 月 9 日中华人民共和国国务院令 167 号发布的《中华人民共和国自然保护区条例》，自然保护区是指对有代表性的自然生态系统、珍稀濒危野生动植物物种的天然集中分布区、有特殊意义的自然遗迹等保护对象所在的陆地、陆地水体或者海域，依法划出一定面积予以特殊保护和管理的区域。国家对自然保护区实行综合管理与分部门管理相结合的管理体制，国务院环境保护行政主管部门负责全国自然保护区的综合管理，国务院林业、农业、地质矿产、水利、海洋等有关行政主管部门在各自的职责范围内，主管有关的自然保护区。县级以上地方人民政府负责自然保护区管理部门的设置和职责，由省、自治区、直辖市人民政府根据当地具体情况确定。

自然保护区分为国家级自然保护区和地方级自然保护区。国家级自然保护区的建立，由自然保护区所在的省、自治区、直辖市人民政府或者国务院有关自然保护区行政主管部门提出申请，经国家级自然保护区评审委员会评审后，由国务院环境保护行政主管部门进行协调并提出审批建议，报国务院批准。地方级自然保护区的建立，由自然保护区所在的县、自治县、市、自治州人民政府或者省、自治区、直辖市人民政府有关自然保护区行政主管部门提出申请，经地方级自然保护区评审委员会评审后，由省、自治区、直辖市人民政府环境保护行政主管部门进行协调并提出审批建议，报省、自治区、直辖市人民政府批准，并报国务院环境保护行政主管部门和国务院有关自然保护区行政主管部门备案。建立海上自然保护区，须经国务院批准。

自然保护区内保存完好的天然状态的生态系统以及珍稀、濒危动植物的集中分布地，应当划为核心区，禁止任何单位和个人进入；因科学研究的需要，必须进入核心区从事科学研究观测、调查活动的，应当事先向自然保护区管理机构提交申请和活动计划，并经省级以上人民政府有关自然保护区行政主管部门批准；其中，进入国家级自然保护区核心区的，必须经国务院有关自然保护区行政主管部门批准，除此外，核心区不允许进入从事科学研究活动。核心区外围可以划定一定面积的缓冲区，只准进入从事科学研究观测活动。缓冲区外围划为实验区，可以进入从事科学试验、教学实习、参观考察、旅游以及驯化、繁殖珍稀、濒危野生动植物等活动。

在自然保护区组织参观、旅游活动的，必须按照批准的方案进行，并加强管理；进入自然保护区参观、旅游的单位和个人，应当服从自然保护区管理机构的管理。截至 2007

年8月我国共建设303个国家级自然保护区。

（五）世界遗产

为了保护世界文化和自然遗产，联合国教科文组织于1972年11月16日在第十七次大会上正式通过了《保护世界文化和自然遗产公约》。1976年，世界遗产委员会成立，并建立了《世界遗产名录》。中国于1985年12月12日加入《保护世界文化和自然遗产公约》，1999年10月29日当选为世界遗产委员会成员。自1987年至2009年7月，中国先后被批准列入《世界遗产名录》的世界遗产已达38处，其中文化遗产25处、自然遗产7处、自然与文化遗产4处、文化景观2处，数量居世界第3位。此外还有列入“人类口述和非物质遗产代表作”的非物质文化遗产4处，列入《世界记忆遗产名录》的世界记忆遗产4处。

世界遗产分为文化遗产、自然遗产、自然遗产与文化遗产混合体和文化景观。

1. 文化遗产

《保护世界文化与自然遗产公约》规定，属于下列各类内容之一者，可列为文化遗产：

(1) 文物。这是指从历史、艺术或科学角度看，具有突出、普遍价值的建筑物、雕刻和绘画，具有考古意义的成分或结构，铭文、洞穴、住区及各类文物的综合体。

(2) 建筑群。这是指从历史、艺术或科学角度看，因其建筑的形式、同一性及其在景观中的地位，具有突出、普遍价值的单独或相互联系的建筑群。

(3) 遗址。这是指从历史、美学、人种学或人类学角度看，具有突出、普遍价值的人造工程或人与自然的共同杰作以及考古遗址地带。

2. 自然遗产

《保护世界文化与自然遗产公约》给自然遗产的定义是符合下列规定之一：

(1) 从美学或科学角度看，具有突出、普遍价值的由地质和生物结构或这类结构群组成的自然面貌。

(2) 从科学或保护角度看，具有突出、普遍价值的地质和自然地理结构以及明确规定的濒危动植物物种生境区。

(3) 从科学、保护或自然美角度看，具有突出、普遍价值的天然名胜或明确划定的自然地带。

3. 自然遗产与文化遗产

《保护世界文化与自然遗产公约》规定同时符合文化和自然遗产的可认定为世界文化和自然遗产，即双重遗产。符合这样条件的在我国共有四处：泰山、黄山、武夷山、峨眉山——乐山大佛。

4. 文化景观

文化景观这一概念是1992年12月在美国圣菲召开的联合国教科文组织世界遗产委员会第16届会议时提出并纳入《世界遗产名录》中的。一般来说，文化景观有以下类型：

(1) 由人类有意设计和建筑的景观。这包括出于美学原因建造的园林和公园景观，它们经常（但并不总是）与宗教或其他概念性建筑物或建筑群有联系。

(2) 有机进化的景观。它产生于最初始的一种社会、经济、行政以及宗教需要、并通过与周围自然环境的相联系或相适应而发展到目前的形式。它又包括两种次类别：一是残遗物（化石）景观，代表一种过去某段时间已经完结的进化过程，不管是突发的还是渐进的。它们之所以具有突出、普遍价值，就在于显著特点依然体现在实物上。二是持续性景观，它在当地与传统生活方式相联系的社会中，保持一种积极的社会作用，而且其自身演变过程仍在进行之中，同时又展示了其演变发展的物证。

(3) 关联性文化景观。这类景观列入《世界遗产名录》，以与自然因素、强烈的宗教、艺术或文化相联系为特征，而不是以文化物证为特征。此外，列入《世界遗产名录》的古迹遗址、自然景观一旦受到某种严重威胁，经过世界遗产委员会的调查和审议，可列入《处于危险之中的世界遗产名录》，以待采取紧急抢救措施。

第三节　旅游景区的形成与发展

一、国外旅游景区的产生与形成

（一）最初阶段

很难考证哪些是世界上最早的景点。但是，古希腊人和古罗马人常常外出游览观光，这是众所周知的。他们访问的场所大多是艺术或建筑珍品的所在地，埃及的金字塔就是吸引古罗马旅行者的景点。这样的场所激发他们的想象力，使他们得到美的享受。除此之外，古罗马人还利用海滨的别墅进行一些娱乐活动，如钓鱼、游泳等。古罗马人还将他们对有水的景点的偏爱带到了他们所建立的殖民地，因此，就出现了巴思温泉疗养地这样的地方。到目前为止，还没有证据表明世界上哪一时期的其他某个景点，在长达 1000 多年的时间里有巴思温泉疗养地那么大的访问量。

（二）中世纪

中世纪的欧洲是宗教旅游兴起的时期。宗教旅游可被视为早期的大众化旅游。为满足宗教旅游者的需求，各项服务设施应运而生，如旅店、旅行指南等。旅行者长途跋涉涌向当时的景点、朝觐者的目的地——宗教圣地。人们设计出固定的路线，将一个个宗教圣地联系起来，如孔波斯特拉的圣雅克路线。访问宗教圣地是出于信仰，但同时也是进行社交活动和游山玩水的好机会。应该注意的是，在欧洲基督教圣地吸引着大批的朝觐者前来朝觐的同时，其他宗教圣地（如沙特阿拉伯的麦加）也在接待着大批的来访者。

（三）文艺复兴

与中世纪大规模的宗教旅游不同的是，文艺复兴时期的非宗教旅游仅为少数知名人士的活动。他们访问各种各样的景点，既有美学意义上的，也有宗教意义上的。异国的自然风光和文化也是吸引文艺复兴时期旅游者的重要因素。

（四）17、18 世纪

从 17 世纪后期到 18 世纪末，人们对健康的关注刺激了以特殊景点为基础的旅游的发展。对健康的关注导致了两种景点的发展。第一种景点是矿物质温泉疗养地的发展，如巴思、坦布里奇韦尔斯。在这些地方，社交活动同具有健身功能的温泉一样是景点的重要组成部分。第二种景点是海滨浴场。当时人们认为海水有药用功能，因此，洗海水浴不是为了娱乐，而是出于健康的原因。譬如，斯卡伯勒和马蒂特的海滨度假地就是源于那个时期和那时的观点。在那一时期，其他一些国家也有同样的旅游活动，如德国、比利时、法国和捷克斯洛伐克。

当时，还有一种以景点为目标的旅游活动——“大旅游”（Grand Tour）。“大旅游”的路线是固定的，重点是参观访问法国和意大利的历史文化遗址，旅行者主要是贵族家庭中的年轻成员。“大旅行”被看做是他们应受教育的一部分。

（五）19 世纪

进入 19 世纪，随着工业革命给各国经济带来的繁荣，特别是铁路运输业的大力发展，为更多的人参与外山旅游创造了条件。1841 年 7 月 5 日，英国人托马斯·库克利用包火车的方式，组织了一次从莱斯特前往洛赫伯勒的团体旅游。参加这次旅游活动的人数达 570 人之多，往返全程 39 公里，目的是参加在该地区举行的一次禁酒大会。托马斯·库克的这次活动，标志着近代旅游及旅游业的开端，由此促进了 19 世纪中叶开始的欧洲一大批旅游城市、旅游点开发和海滨胜地建设。以英国为先导，法、奥、意、瑞、德等国的旅游资源开发和国际旅游业也相继迅猛发展起来。风景区建设更加系统化，各种形式的旅游设施、饭店、游乐场所、新兴旅游项目纷纷出现。旅游开发逐步成为一项社会化的专门性的经营活动，在国民经济中占有越来越重要的地位。在这个时期，美国为适应人们游憩的需求，修建了许多野游地，并自 1872 年起以黄石公园为先导，开始大规模建设国家公园系统，并把资源和环境的保护摆到首要地位。

工业化城镇中的家族式工业家们逐渐建起了一些博物馆、美术馆和公园。工业城镇便因此而成了新的旅游目的地。那些博物馆和美术馆中展出的大多是 18 世纪参加“大旅行”的旅行者们带回来的工艺品和艺术品。英国的一些豪华宅邸里，也有许多这类艺术品。19 世纪时，豪华宅邸会时而开放，让有鉴赏力的公众一饱眼福。

人们还发现了两种新的诱发旅游的动因。一种是受欧洲南部冬季的气候影响，赌场的发展满足了人们在冬季休闲娱乐的需求，特别是法国的里维拉和比亚里兹。另一种是登山和滑雪的乐趣，如在阿尔卑斯山脉。这些地方吸引游客的主要是活动项目，而不是消遣和观光。滨海胜地和阿尔卑斯山观光，使休闲疗养旅游及冬季运动获得了大规模的开发。

（六）20 世纪以后

19 世纪末 20 世纪初是以各种活动为基础的景点盛行的时期，如各种各样的“博览会”、恢复举办奥林匹克运动会等。

自第二次世界大战结束之后，景点、景区的数量和种类都在迅猛地增加。包价旅游团和航空业的发展使得远在他国的景点成为更多的人可以到达的地方。私人拥有汽车使得人们能够访问本国偏远地区的、公共交通系统无法到达的景点。另外，过去 50 年来旅游的发展以及旅游带来的经济效益，导致了大量专门为吸引旅游者、刺激旅游消费而设计的景区的建造，这就是主题公园产生的原因。主题公园的使命就是给人们提供消遣和娱乐的机会。与教堂、豪华宅邸等一类非旅游目的的人造景观不一样的是，这类景区是为旅游而产生的。

由于有多种原因，20 世纪 80 年代应当能称得上是景区发展的重要转折期。生活方式的改变、闲暇时间和可支配收入的增加、技术的发展以及新的消费趋势等，使世界各地出现了许多新奇的景点。例如，休闲购物中心、海滨开发区、大屏幕电影院、参观工厂等。

20 世纪 80 年代末，我们可以说景区已经发展“成熟”了。景区已成为大众活动的场所，并成为媒体议论的主题和政府政策控制的内容。

二、中国旅游景区的形成与发展

殷周时代我国就有了早期的旅行游览活动。公元前 10 世纪周穆王曾巡行焉居、禺知、昆仑丘，即现今新疆、青海一带。广大先民对天地山川的崇奉，形成了固定的祭祀活动，这种最早的旅游活动雏形，在殷商的卜辞中就有诸多的记载。春秋时期祭祀活动更盛，《山海经》也系统地记载了当时全国范围内 26 个山区，451 座名山的祭礼封禅盛典的情况，这些名山可谓中国最早的旅游景区。此后直至秦汉，以“五岳”为代表的名山开发建设日趋完善。殿庙、古迹、道路、驿馆、配套设施几经翻修、扩充，逐步形成体系。当时已设置路政官员，负责重要道路的维修保养、栽种树木。

从先秦开始，为适应政治巡游、经商旅行的需求，一批行宫别苑、商栈客店在要道和游乐地兴建起来，到秦汉时期更加盛行。秦始皇以咸阳为起点，先后修建了“直道”和“驰道”。在西南边疆和中南、华南修建了“五尺道”和“新道”。在交通的带动下，除原有的大批名山外，桂林、杭州等一批风景旅游城市也逐渐形成和发展。风景式园林也逐渐脱离其原始的状态，建设升华到一个高的艺术境界。到东汉时，宗教活动盛行，使名山的开发建设又增添了新内容。西汉以贸易交往为目的的“丝绸之路”的开通，促使沿线开辟了一系列的城镇和商业旅游服务设施。魏晋南北朝时期，由于民族和阶级的矛盾交错，逃避现实，以宗教和文人为代表修行栈道的人日渐增多，促进了山水自然风景的开发和寺观庙宇的发展。江南也如此，庐山、雪窦山等十几个风景名胜地和一大批寺院就是这一时期的产物。至隋唐，中国封建制度鼎盛，随着经济文化的发展，全国已开发了 50 余处重要的风景名胜，并有 20 多个进入了鼎盛期。另外寺、塔、石窟进一步大加营造，各省区地方性的旅游地发展起来。配合旅游地建设，以首都为中心四通八达的交通运输网也相继形成。

宋代旅游进入极盛期，风景名胜建设和文化内涵开发日臻完善，特别是园林的修建达到了一个新的水平，全国兴建了众多皇家园林和私人园林。前者如汴京（今开封）的“艮岳”，后者如郑富公园、董氏西园等。大诗人苏东坡当地方官时，还亲自带领民众先后疏浚修建杭州、颖州（今阜阳）、惠州（今惠阳）三个西湖风景区，可谓是风景区开发建设的先行者。宋时对外商业旅游也很发达，沿海商埠，如广州、泉州、杭州等地，不但造景建园，增置名胜，而且大兴旅馆酒楼，迎送商旅。南宋定都临安后，又在西湖周围大兴园林苑囿，不下 20 处，如著名的聚景园等。

南宋之后，直至明清，封建社会由盛转衰。一方面，统治者更加骄奢淫逸，穷极享受，又开发了一批新的风景名胜地，如北京西部的颐和园、圆明园、承德避暑山庄，以及景山、西苑（三海）、乾隆御花园等，特别是圆明园，有“万园之园”之称，还吸收了西方园林风格，建了一组园林化的欧洲式宫苑。名山寺院的建设也十分兴旺，如元代全国有寺院 24318 所，清康熙年间则发展到 79622 所。另一方面，商业旅行、学术考察旅行蓬勃兴起，也促进了众多商旅城市特别是沿海地区城市的交通道路、基础设施和风景游乐场所的开发和建设。它预示着资本主义经济开始萌芽，风景名胜建设与广大人民生活关系日益密切起来。

清代以后，中国逐步沦为半殖民地社会，长期战乱使许多历史悠久的著名风景名胜遭毁坏而衰败。特别是大批宗教名山开始冷清破落，而为少数官僚买办阶级和帝国主义所盘踞的沿海城市与若干风景避暑胜地，如天津、上海、青岛、广州、厦门，以及北戴河、庐山、莫干山等地则畸形地发展了起来——风景旅游地开发建设明显打上了功能化和功利化的烙印。

新中国成立以后，人民成了国家的主人，我国旅游开发从此进入一个新的历史时期。在 60 年的历程中，旅游资源的开发建设与保护基本上经历了两个发展阶段。

1949—1978 年的 30 年间，首先进行了中国历史上从未有过的历史文物及风景名胜的修复保护工作。鉴于遗留下来的旅游资源屡遭破坏，损失严重，政府拨出大量专款予以修复。在加强保护的基础上，还增设旅游服务设施，扩大绿化面积，从而为广大人民群众提供了一个良好的游览、娱乐休息的环境。这一时期内，随着社会主义建设事业的蓬勃发展，一批新的人文景观和景点出现了，丰富了我国旅游资源的内容。然而十年的“文化大革命”又使这一渐进的发展势头中断。许多文物古迹被视为“四旧”，横遭扫荡、大批风景区遭到严重破坏。

20 世纪 80 年代以来，我国旅游景区建设和开发工作进入了一个稳定发展的新时期，改革开放使我国旅游业成为一项面向国际国内广阔市场的经济产业。因此旅游景区的开发也从单一的利用保护，转到开发与保护相结合，扩大旅游点数量与提高旅游点质量相结合的轨道上来，有重点地开发建设了一批能充分发挥我国旅游资源优势，代表我国历史文化精华和旅游整体形象的人文和自然景观及特色旅游项目。

第四节 旅游景区管理概述

管理是一切组织的根本。旅游景区管理的内容繁多，由于旅游景区内部经营项目多，管理范围广，分工细，且人员文化程度差异大。必须建立合理有效的组织网络、科学分工、职责明确，才能使各部门人员各行其是，保证旅游景区的正常运行。旅游景区管理的主要内容包括：旅游景区服务管理、旅游景区旅游资源管理、旅游景区规划管理、旅游景区营销管理、旅游景区人力资源管理、旅游景区游客和社区管理、旅游景区质量管理、旅游景区设施管理和旅游景区环境管理等内容。

一、旅游景区管理的概念和构成要素

（一）旅游景区管理的概念

旅游景区管理就是在一定的环境下，对景区拥有的人力、物力、财力、信息等资源进行有效的计划、组织、领导和控制等职能管理，通过资源的优化配置，实现景区的目标的过程。其内在含义包括以下几个方面：

(1) 管理的目的是为了实现景区的目标。这一目标可以是经济的、社会的，也可以是环境的。根据西方科学管理学派的观点，管理就是效率，就是要高效实现组织目标。

(2) 管理工作是通过综合运用景区中各种资源并使之优化实现的。旅游景区管理的资源除了旅游资源外，还包括人力、物力、财力、信息等资源。

(3) 管理工作的过程是由一系列相互关联、连续进行的活动构成的，这些活动包括计划、组织、领导和控制等基本职能。根据西方管理过程学派的观点，管理就是由计划、组织、领导、协调和控制等职能要素组成的活动过程。

(4) 管理工作是在一定的环境条件下进行的，有效的管理必须考虑景区的内外特定环境。旅游景区的有效管理必须综合考虑各方面影响因素，旅游景区的发展很容易受到内外环境的影响。其中外部环境因素主要包括国家的综合形势、政策、社会环境、区域经济情况、城市情况、民俗风情、游客消费习惯、市场状况、景区当地政府对景区的政策、景区和当地政府各部门的关系、景区和客源单位的关系等。内部环境因素包括体制、投资者、景区性质、景区经济实力、景区管理者素质、景区设施设备条件、景区员工素质、景区地理位置、景区的品牌、知名度和社会形象等。

（二）旅游景区管理的构成要素

1. 旅游景区管理的主体

管理主体是指有一定管理能力，拥有相应权威和职责，从事管理活动的人，即管理者，通常由决策者、执行者、监督者、参谋者组成。在管理活动中，管理主体起着主导作用，它决定和支配着客体的运动。因此，管理主体的主观能动作用就显得特别重要。管理主体发挥积极作用的程度，依赖主体本身的素质。景区的性质不同，所在国国情不同，其管理主体的差异也比较大。根据性质的差异，景区可以分为商业性景区和公益性景区。

国内外的商业性景区管理主体均是景区经营企业；而公益性景区的管理主体，国内外差别较大。如美国公益性景区——国家公园的管理主体是单一的，主要是美国联邦政府内政部下属的国家公园管理局。我国尚未建立真正的国家公园管理体系，但建有一些风景名胜区、自然保护区、地质公园、文物保护单位等，这些公益性景区的管理主体是多头的，根据资源管理部门的分工而分属不同的部门，如风景名胜区的管理主体是国家建设部，森林公园归国家林业局管辖。我国目前景区管理主体的多头性和景区管理方式的多样性，构成了我国复杂的景区管理模式。

2. 旅游景区管理的客体

景区管理的客体即旅游景区管理的对象，是景区管理主体可以支配并需要调用的一切资源，主要由人力、财力、物力、信息组成，此外还包括有景区的形象、市场、业务以及与景区业务和效益相关的所有方面。具体包括：

（1）人力。旅游者、旅游景区经营者、旅游景区居民、旅游景区员工等。

（2）物力。旅游景区的资源、旅游设施设备、旅游景区的环境、工具等。

（3）财力。主要是旅游景区的资金。

（4）信息。市场信息、竞争情况、经营报表、管理报表等旅游景区内外部信息。

3. 景区管理职能

旅游景区的管理职能，即用什么方法进行景区管理，或称为景区管理方式。根据管理学的管理职能理论，无论是商业性景区还是公益性景区，其管理活动都包括决策、计划、组织、领导和控制五大职能。

（1）决策。旅游景区管理的决策是为实现景区管理目标，在两个以上备选方案中选择出一个方案的分析判断过程，它包括提出问题、收集信息、确定目标、拟订方案、评选方案、确定方案并组织实施、信息反馈等这样一个完整的过程。景区决策，按照性质可以分为经营决策、管理决策、业务决策三种类型。

①旅游景区经营决策又称战略性决策，是指旅游景区着眼未来，为了满足未来市场需求和适应动态变化的经营环境而对经营方向及投资方向进行的一种宏观性决策，如旅游景区投资开发高科技娱乐项目产品的决策、旅游景区实行跨行业经营的决策等。经营决策一般具有全局性、长期性、战略性的特点，一般由高层管理者作出。

②旅游景区管理决策是指对旅游景区的人、财、物、信息等各种要素进行合理配置以及管理组织变革等的一种决策活动，如旅游景区对组织机构、人事关系、资金使用方向等进行调整的决策。管理决策具有局部性、中期性和战术性的特点，一般由中层管理者作出。

③旅游景区的业务决策是指处理景区日常内部事务，保证各项活动顺利进行而作的决策，如景区标牌材质、风格的改变，纪念品库存量的决策等。业务决策具有短期性和日常性的特点，一般由基层管理者作出。

旅游景区决策是一个系统的、复杂的过程，按照这个过程的内在规律性，可以把旅游景区决策划分为若干个既相互独立、又相互联系的环节，按照这些环节来进行决策就形成了决策的流程，主要包括四个环节：

①综合分析旅游景区外部环境、景区现状、未来旅游发展趋势，确定旅游景区新的目标。

②根据拟选定的目标，确定达到目标的路径和各种可行的备选方案。

③对各种备选方案进行分析、比较，从中选出最合适的方案。

④采取有效的手段和方法执行最合适的方案。

（2）计划。计划是旅游景区制订目标的行动过程。计划的编制一般包括估量机会、确定目标、确定前提条件、确定备选方案、评价备选方案、选择方案、拟订计划和编制预算、执行与检查等步骤。计划在执行中是动态的，可以随外部环境的变化不断调整。旅游景区计划按时间长短可以分为长期、中期、短期计划。长期计划一般期限在5年以上，主要确定旅游景区的使命、目标、战略；短期计划一般在1年以内，是旅游景区日常活动的指南；中期计划介于长期与短期之间。旅游计划按内容可以分为环境保护计划、产品开发计划、市场营销计划、财务计划、人力资源计划等。旅游景区的总体计划、长期计划、战略性计划一般由上层管理者负责组织制订，短期计划、战术性计划、作业计划一般由基层管理者制订，部门计划、单项计划一般由中层管理者制订。

旅游景区计划不是一次性的活动，而是一个不断循环的无限过程。随着旅游景区经营环境条件的改变，经营目标和各职能目标的更新以及新方法的出现，计划过程一直在进行。尽管旅游景区的管理活动十分复杂，计划类型和表现形式多种多样，但科学地编制计划所遵循的步骤却具有普遍性，一般包括估量机会、确定目标、确定前提条件、确定备选方案、评价备选方案、选择方案、拟订计划和编制预算、执行与检查等步骤。

随着旅游景区计划制订因素的变化，旅游景区计划应该不断调整，可采用滚动计划法，即动态计划法，是一种定期修改旅游景区未来计划的方法。滚动计划中，采用远粗近细的方法，把近期详细计划和远期粗略计划结合在一起，在近期计划完成后，再根据执行结果和新的环境变化逐步细化并修正远期计划。

(3) 组织。旅游景区组织管理主要涉及组织结构设计、人员配备、组织力量整合、组织文化建设等方面。旅游景区组织结构设计一般是按照目标导向、环境适应、统一指挥、责权对等、控制幅度、柔性经济、分工与协作结合等原则，根据旅游景区性质和治理结构确定组织类型，层层分解景区组织总目标，分析业务流程，确定部门和职务，定编、定员、定岗，岗位职责、岗位薪酬确定的进行过程。旅游景区组织机构随着外部环境的变化，可能要进行新的流程设计与组织再造。组织管理还包括员工招聘、培训、激励、绩效评估、薪酬管理和组织文化建设以增强旅游景区内聚力等内容。

(4) 领导。领导是激励和引导组织成员以使他们为实现组织目标作贡献的过程，领导工作包括先行、沟通、指导、浇灌和奖惩等内容。先行体现在领导者应先作好组织架构和目标设计，形成战术，并且在具体实施中起到带头作用；沟通体现在旅游景区领导者通过与员工、游客、公众的双向沟通，增强组织凝聚力、领导亲和力，鼓舞员工士气；指导是指旅游景区领导者向下级传达管理思想和下达管理任务后，为下级创造履行任务的条件，并进行跟踪调查，保证命令贯彻执行并修正不合适命令的过程；浇灌是指景区领导者使下级接受任务并愉快而自觉地完成，而进行的情感培养；奖惩是领导者根据下级履行职责与完成任务的情况，而给予的奖励和惩罚，是领导者权力的具体体现。旅游景区管理者应根据外部环境、上下级关系、职权结构、任务结构采取不同的领导风格。

(5) 控制。控制是管理者识别当初所设计划的结果与实际取得结果之间的偏差，并采取纠偏行动的过程。要想使旅游景区的全体成员、资金流动按照旅游景区管理计划照章执行，就必须建立控制标准和分析评判考核管理绩效的衡量指标体系，通过对比分析方法把实际执行的管理活动与预先确立的各项管理活动的执行标准进行对比，判断其中的差距，并采取相应的纠偏措施使旅游景区的管理活动回归到计划之中。

二、旅游景区管理的特征

（一）综合性

旅游景区管理的综合性是由旅游景区本身的特点和管理的目的所决定的。旅游景区是由旅游吸引物、配套服务设施（含游览辅助设施和各种相关服务设施）和动态的服务过程所组成的地域综合体，其内部构成要素复杂多样，要求管理者既要管理好旅游资源及其生存的环境，又要对旅游资源进行合理有效的开发利用，使之成为游客喜欢的旅游产品；同时为游客提供周到、舒适、安全、快捷的服务，使旅游景区管理的内容和过程均具有明显的综合性。

（二）动态性

旅游景区运行中的人力、财力、物力、信息等多种资源的配置是在一种不确定的环境中进行的，管理活动本身应适应组织的各种动态环境，对变动中的组织资源进行有效的配置。由于旅游景区所处的区域环境、市场供求关系处于动态变化之中，对应于不同的经营环境，需对景区内部的各项资源进行不同的配置，因此，旅游景区管理的内容、方法和模式具有动态的特性。

（三）科学性

现代旅游景区各构成要素个体及其相互组合的管理活动有程序性活动和非程序性活动之分。前者是指有章可循、照章运作的管理活动，如旅游景区的财务管理等；后者指的是无章可循、需要边运作边探讨的管理活动，如旅游景区内与游客活动有关的管理。程序性活动和非程序性活动虽然不同，但可以相互转化。一般而言，旅游景区管理中的程序性活动往往是在对非程序性活动规律的总结基础上形成的，旅游景区中新的管理活动也是在过去已有的相关科学结论基础上进行的，这是由管理活动的科学性所决定的。

（四）文化性

旅游景区是供人们休闲、娱乐、观光游览的地域单元，人们来到景区旅游是为了获得精神上的放松，为了增长见识；这种消费不同于物质产品的购买和消费，具有典型的文化特性。旅游景区作为旅游产品的重要构成部分，必须注入文化内涵才会有生命力和竞争力；尤其是以人文资源为主体构成的旅游景区，充分发掘其文化内涵，最大限度地表现其文化价值是提高旅游景区文化品位和旅游资源吸引力的根本途径。对文化特征明显的旅游景区进行管理，管理活动过程中必须注入文化理念。在旅游景区的经营中，对游客的服务要求能使其得到精神上的愉悦和审美享受，因此，对游客的管理及员工的管理必须体现人本主义思想，让游客、员工处处时时感受到一种强烈的文化气息、一种美的享受。

（五）创新性

旅游景区是为游客服务的地域单元，对旅游景区内每一个具体的管理对象的管理是很难用某种固定的模式来进行的；要想在动态变化的市场经营环境中把握旅游景区管理活动，需要有一定的创新性。在旅游吸引物的创意设计和开发建设上，对游客行为管理与服务中，管理的创新性得到了最好的体现。管理的创新性源于管理的动态性，是旅游景区文化特征和综合特征在管理过程中的具体体现。

三、中国旅游景区管理存在的问题

（一）多头管理、条块分割，产权主体缺位

目前，我国旅游景区的宏观管理格局的突出问题是政出多门，条块分割管理，导致政府主导的功能被弱化。我国的旅游景区分别隶属于12个不同的政府部门管理，建设、林业、环保、文物、文化、宗教、海洋、地质、旅游等部门都在行使管理权，并按其科学价值、历史文化价值、美学价值和地域范围等划分为国家级、省级、县级，分别由各级相关行政主管部门管理。实践中，各个部门处于专业管理或者利益的需要，经常会发生掣肘或冲突。在同一景区内，建设、文物、林业、水利、旅游等多个部门插手管理，再加上景区所在地政府的属地管理，导致旅游景区的发展无所适从，影响了旅游景区的健康发展。在缺少国家旅游大法调整的前提下，又没有科学、合理的制度安排，这种部门纷争必然会产生。

各个部门分别从各自不同的角度对旅游景区实施管理，这些管理在一些环节上，有时会和地方利益发生冲突；部门之间由于工作角度不同，在一些问题的认识和处理上也经常有分歧，这些管理的交叉，使旅游景区的管理难以实现理想化的管理总目标，而成为各种管理目标相互妥协的产物。比如，作为世界遗产地的庐山，竟然出现了海拔800米以下归星子县管理，海拔800米以上归庐山管理局管理的尴尬局面，有效管理完全无从谈起。

（二）旅游景区政企不分、政事不分现象普遍

许多风景名胜区及文物景区中，由于条块分割和政、企、事不分，政府机关的衙门作风与旧国有企业的各种弊端兼而有之。在经营方面，主动性差、市场意识淡薄。在人力资源方面，机构臃肿、冗员众多、专业人才奇缺。这种管理体制和经营机制导致了许多问题，一方面是风景文物资源的闲置和浪费，另一方面是风景旅游开发和经营中的无序、低效以致破坏，这严重困扰着我国旅游景区的正常发展。

（三）景区秩序混乱，服务意识弱，游客安全感不足

旅游安全是旅游者对旅游景区产品的最低要求。游客不仅要求旅游设施安全可靠，更注重旅游景区内营造的温馨环境，使游客的让渡价值最大化。急功近利、满赶快上、景区内层层转包导致旅游安全事故频频发生。

由于多年的传统体制惯性形成的“老爷作风”遗存和仍在延续的“大锅饭”体制产生的服务意识弱、服务质量差等现象仍在旅游景区存在。曾经发生在著名旅游景区三亚的“愤怒的老驴”事件，充分暴露了旅游景区的管理混乱。当然，随着旅游景区管理的加强，旅游景区企业改革的不断深入，景区管理秩序正朝着良好方向发展。“愤怒的老驴”在了解了相关部门对旅游景区的整治后，愉快地接受了“三亚友好使者”的称号。

（四）资源破坏，环境恶化

资源的破坏，一方面是人为的破坏，例如，开山建索道、修公路、核心景区建设宾馆等；另一方面是由于旅游容量产生的资源退化。环境恶化突出表现在污染，过量游客的活

动产生的生活垃圾处理不当，造成水体污染、生物种群退化等，降低了游客满意度。如著名的华山旅游景区由于景区部分经营单位和个人违规建设接待设施，随意开山取石，造成山体破坏，西峰雪白的绝壁被不加处理的生活污水污染成黑色。

案例一

嵩县：政企分离　改制旅游景区

2008年以来，嵩县通过政企分离对旅游景区进行改制，并取得了显著成效。

嵩县现有7个旅游景区。尤其是白云山、天池山、陆浑湖等国有景区，人员靠财政供养，冗员多，为彻底改变这一面貌，该县按照“政府主导、企业主体、市场运作、社会参与”的原则，对风景区进行改制，初步实现了“所有权，管理权，经营权”相分离的管理经营模式。

嵩县木札岭、卧龙谷、伊河漂流、龙池十八瀑景区已实行了政企分离改制。并通过招商，引资5000余万元，对景区设施进行完善，扩大了市场影响力，仅2009年上半年就接待游客28万余人，实现门票收入700多万元。

资料来源：http：//www. lyd. com. cn/xianqu/content. asp? id＝4508.

案例分析

(1) 旅游景区管理中存在的政企不分，严重影响到旅游景区的发展，随着社会主义市场经济的不断深入，全国各地旅游景区开始了大规模的改制。嵩县通过政企分开对旅游景区进行改制，解决了传统景区管理中存在的责权不明、机构臃肿、人员冗余等问题，促进了旅游景区的良好发展。

(2) 现代企业制度的标志就是“产权明晰、政企分开、责权明确、管理科学”，嵩县景区实现了“三权分离”，促进了旅游景区管理科学化发展，并为旅游景区带来良好的经济效益。

案例二

奉化溪口旅游景区管理体制改革的一次尝试

溪口蕴藏着高品位的、极其丰富的旅游资源。如“天下五山十刹”之一的雪窦资圣禅寺、“日月挂天柱”的妙高台等，但由于过去旅游区管理体制的不顺，严重影响景区管理力度和开发建设力度，使溪口潜在的资源优势未能及时转为现实的产业优势，旅游业综合效应的发挥受到一定程度的制约。

在由溪口、雪窦山、亭下湖三个景系组成的风景区内，过去由溪口镇政府、风景区旅游管理局、奉化水管局这三个行政机构共同参与管理，风景点也由宗教、文化、林业等部门各自经营。难免产生“看到好处都想得，遇到问题互相推”的现象。由此，出现了一系列问题：如风景区规划与城镇规划实施发生矛盾，难以协调；治安、交通、卫生管理不善、服务态度差等，这些正在损害溪口雪窦山作为旅游胜地的形象。

为了找到一条行之有效的旅游管理路子，溪口景区的管理体制也曾作了几次尝试，如1991年前，溪口旅游局长曾兼任过溪口区委副书记，乡镇撤、扩、并后（即撤区、扩镇、并乡，现溪口镇由原三乡一镇撤并而成），溪口镇党委书记又兼任旅游局局长，但运行的情况表明仍不理想，仍然无法统管风景区的旅游开发，社会经济发展事务，仍存在诸多弊端，或只有管理权，没有行政权，或多头管理，多头决策，容易产生互相推诿、扯皮的现象。

溪口雪窦山被国务院公布为第三批国家级风景区后，人们对旅游环境提出了更高的要求，溪口风景区管理体制的改革便迫在眉睫。奉化市委、市政府立即组织调研组，反复比较各地各种管理体制，结合溪口风景区实际，2005年7月经宁波市委决定，在溪口设立风景区党工委、风景区管理委员会，集中行使景区规划开发建设及其他经济、社会发展事务职能，管理委员会主任由奉化市委一名常委专职担任，原一镇两局负责人在管理委员会任副职，其他干部和工作人员也根据新的运行机制作了相应的调整。

资料来源：http：//tourismresearch. bokee. com/6500906. html.

案例分析

（1）传统的旅游景区管理机构混乱，形成多头管理，造成景区管理上诸多弊端。溪口旅游景区实行风景区统管，有利于摆脱多头管理带来的扯皮、推诿现象；有利于机构精简，大大提高办事效率。新的体制在最高决策层中只有工委和管委，党工委领导又下兼职务，也减少一些不必要的领导职数和科室机构。

（2）管理效应上看，改革后的管理体制有利于充分发挥旅游的综合经济效应，使旅游业本身应有的效应得到充分体现。旅游集吃、住、行、游、购、娱于一体，属混合型经济。新的溪口旅游管理体制把旅游业综合效应与风景区的工业、农业等方面工作互相渗透，互通信息，在发展旅游同时，也带来大量的人流、物流、信息流、资金流，如通过旅游促销会，通过与台胞等游客接触，引进许多工业合资项目，溪口的旅游业有力促进了第一、第二产业发展。

本章小结

作为旅游目的地重要组成部分的旅游景区，是旅游者旅游的核心所在。而目前国内外在旅游景区的概念上存在着一些争议，同时还存在着如旅游区、旅游景点等相近概念，本文对这些概念的内涵作出了辨析。旅游景区的发展离不开科学的管理，旅游景区的管理活动包括决策、计划、组织、领导和控制五大职能，学生通过本章知识的学习，为旅游景区发展管理学习作好铺垫，也对我国目前旅游景区管理中存在的问题有所了解。

复习思考题

1. 通过对旅游景区的相关概念分析，说明旅游景区的内涵。
2. 辨析旅游景区、旅游景点、旅游区的异同。
3. 简述旅游景区管理的特征。
4. 简述旅游景区的特征。
5. 我国旅游景区管理中存在的主要问题有哪些？

第二章　旅游景区服务管理

本章导读

旅游景区服务管理包括与游客接触服务的过程管理及影响最终服务质量的内部管理。旅游景区主要的服务内容包括：接待服务、解说服务、景点管理、娱乐服务、餐饮服务、购物服务、车船服务、景区安全控制、设施设备管理等。本章将重点放在景区产品自身特点的内容上：景区接待服务管理、旅游解说服务管理、景区娱乐服务管理、景区购物服务管理和景区辅助服务管理（交通、餐饮、住宿等）。通过本章的学习，使学生对景区各项主要服务的内容、工作流程、服务标准等有较为深入的了解，掌握现实中旅游景区服务的基本规律和技能方法，逐步锻炼在旅游景区服务实务中的基本能力和技巧。

第一节　旅游景区接待服务管理

接待部门是游客对景区产生第一印象和最后印象的关键环节，可以说是景区对外服务的窗口，其地位和作用类似于饭店中的前厅服务。接待服务是景区中难度最大的服务工作，也是较难管理和控制的环节之一。从游客进入景区、提供咨询、安排导游、安排食宿、联系娱乐，到游客离开景区，整个工作过程始终直接面对游客。例如云南路南石林景区的服务流程就较为典型（如图 2－1 所示）。接待服务管理的工作内容包括：票务服务、入门接待服务和投诉受理服务。

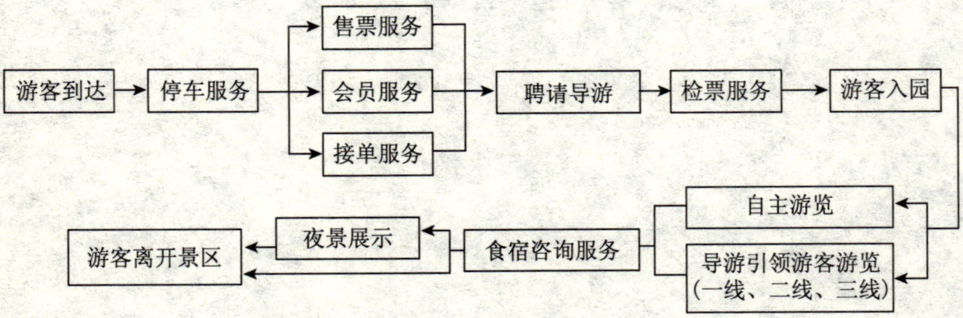

图 2－1　云南路南石林景区服务流程

一、票务服务

票务工作是旅游景区实现收入的直接环节，虽然工作相对比较单调，但职责重大，一旦发生差错，对景区、员工和游客都会产生消极影响。因此，票务人员必须具有很强的工作责任心和良好的职业道德，并具有一定的会计、出纳知识和相应的服务技巧。票务服务的工作程序包括：售票前准备、售票和交款统计。

（一）售票前准备的内容

（1）准时上（下）班，按规定要求签到（签退），着工装，佩戴工作卡，仪容整齐，化妆得体。

（2）查看票房的门窗、保险柜、验钞机、话筒等设备是否正常。

（3）搞好票房内及售票窗外的清洁工作。

（4）若当日由于特殊原因票价有变，应及时挂出价格牌及变动原因。

（5）根据前日票房门票的结余数量及当日游客的预测量填写《门票申领表》，到财务部票库领取当日所需各种门票，票种、数量清点无误后领出门票。

（6）根据需要到财务部兑换零钞。

（二）售票工作流程

（1）客人走近窗口，售票员向客人问候："欢迎光临。"并向客人询问需要购买的票种和票数。

（2）售票员根据本景区的《门票价格及优惠办法》向客人出售门票，主动向客人解释优惠票价的享受条件。售票时做到热情礼貌、唱收唱付。

例如，"您好，收您100元，每张40元，共80元，找您20元，请收好。"

"您好，门票50元一张，您买两张，100元正好，请收好门票。景区里还有两个景点需要验票。"

（3）售票结束时，售票员要向客人说"欢迎下次光临"等用语。

（4）向闭园前1小时内购票的客人提醒景区的闭园时间及景区内仍有的主要活动。

（5）客人购错票或多购票，在售票处办理退票手续，售票员根据实际情况办理，并填写《退票通知单》，以便清点时核对。

（6）根据客人需要，实事求是地为客人开具售票发票。

（7）交接班时认真核对票、款数量，核对门票编号。

（8）售票过程中，票、款出现差错的，及时向上一级领导反映。长款上交，短款自补。

（9）热情待客，耐心回答客人的提问。客人冲动或失礼时，应保持克制态度，不能恶语相向。

（10）耐心听取客人的批评，注意收集客人的建议，及时向上一级领导反映。

（11）发现窗口附近有炒卖门票的现象要及时制止，并报告安保部门。

（三）交款及统计

(1) 做好每日每月盘点工作，保证账、票、款相符，做到准确无误，并认真填写相应的《票务盘点表》。

(2) 注意票款安全，按规定路线到财务部上交票款。

(3) 作好工作日记，搞好卫生，关闭门窗、保险箱等，切断电源，下班。

（四）票务服务管理难点及对策

1. 假钞问题

售票工作中，很容易收到假钞。假钞在现实生活中大量存在，售票人员一旦收到假钞，按规定需由当班人员进行赔偿；有时售票人员在找补过程中也会和客人为钞票的真伪发生争执，弄得双方都不愉快。所以，售票人员应具备一定的鉴别货币真伪的知识和技术，以避免收到假钞。

例如，景区有条件的话，应为每一个售票岗位配置功能齐全、准确的验钞机。景区应有计划地请专业人员来为有关员工开展防伪钞培训活动，掌握辨认假钞的技术。值得注意的是，收款时，最好不要当着客人的面，把钞票一张一张对着光线去看，这样做会让客人不舒服，缺乏信任感。一般要求售票人员掌握较娴熟、自然的方法快速、有效地鉴别真伪。在验钞过程中保持钞票不离开客人的视线。如发现有问题的钞票，应与客人礼貌协商，请其重新换一张，找补后请客人自己验证。

2. 优惠票问题

一般的景区都会对不同人群实行差别定价，如儿童身高在 1.1～1.3 米只需购买半票，而 1.1 米以下则免票。虽然在售票窗口和检票处都会有测量身高的标尺，但每个售票人员都可能有过与客人争论身高的经历。部分售票人员因不愿与客人发生争论，便选择听之任之的方法，将问题留给了检票口。这样做可能会带来以下三个后果：一是给检票人员的工作增加难度，影响景区闸口的畅通与效率；二是使其他客人心里产生不平衡的感觉，甚至也会提出享受同等待遇的要求，导致其他客人对景区产生不良的印象；三是如果这些客人再回来补票，不仅增加售票的工作量，也会延长其他客人的购票等候时间。此外，还有一些其他的优惠规定，如对老年人、伤残军人、学生、导游等的优惠。因此要注意以下问题：

(1) 应将本景区的各项优惠规定以告示的方式张贴在客人容易看到的地方，尽量避免优惠票问题。

(2) 万一客人出言不逊，也不要与客人争吵，应耐心、礼貌地向客人说明门票价格优惠制度，争取客人的理解。

(3) 除了按照优惠制度以外，有时也可以灵活处理。对于特别固执的客人，可以请来主管耐心解释，看到主管出面解释，客人有被尊重的感觉，同时也觉得优惠制度没有回旋的余地，可能会放弃不合理的要求。另外，还可以采取赠票带附加条件的做法。例如，请客人做一次景区服务监督员，并对景区服务管理质量进行一次监督评价，完成后免收客人的票款。

知识链接

景点门票：乱花渐欲迷人眼

如果有人在你面前点支烟，喝口茶，擦下汗，然后告诉你，他用的香烟盒、打火机、茶壶、手帕都是门票，你恐怕会惊奇。

这确实是门票。香烟盒是中国烟标收藏博览会入场券，打火机是上海旅游文化收藏展览门票，茶壶是常熟钱币博物馆门票，手帕是常州瞿秋白纪念馆纪念券。

旅游门票被称做景点的“名片”。尤其近年来，伴随旅游业的迅猛发展，各地越来越重视景点“名片”的包装设计，设计越来越注重个性化，越来越贴近百姓的生活。形形色色的旅游门票精彩亮相，成为旅游界一道亮丽的风景线。

门票形状：千变万化

以往人们看到的景点门票都是长方形的，如今的门票却是形形色色，正方形、三角形、圆形、梯形、菱形，样样都有。如上海复兴公园使用的是圆形门票；天津儿童活动中心是梯形门票；中国蜜蜂博物馆的门票，是蜂窝形状的；南京龟鳖博物馆的门票，是乌龟形状的；广东佛山寺庙的撞钟门票，是古钟形状的；亚运会的游园门票，是吉祥物盼盼的造型；杭州的龙井山园门票，则是盆景形状的，花盆作票根，叶子当然是园景了。更令人叫绝的是，南京古城墙门票由104张单票组成，宽0.15米，总长4.68米，联成26幅画面的长卷，展示了明代南京城墙的13座城门及18处胜景，被作为世界最长的门票收入吉尼斯纪录；镇江中外旅游门票博物馆开馆时，别出心裁地设计了体现镇江山水风光的门票供剪彩用，长4米、宽1.2米，堪称世界最大的门票。

门票材质：千奇百怪

目前门票的材质也越来越花样百出——有可听的音乐券、可闻的香味券、可打的扑克券、可看的光盘券、可用的明信片券、打火机券，加上各种金属券、标本券、工艺券等，涵盖了众多艺术门类，无不让人赏心悦目。淮安周恩来纪念馆有种音乐门票，一打开就响起《绣金匾》的韵律，激发起人们对周总理的怀念之情；周恩来故居使用了金卡门票，还有南阳诸葛庐的镀银门票，故宫中国文物精华展的铁质券，上海桂花节的树叶标本券。北京大钟寺门票是陶瓷的，黄山的一种门票是麦杆制作的，无锡旅游展示会门票是泥塑戏剧脸谱。成都杜甫草堂门票、贵州黄果树门票上都嵌有纪念币。各种门票“争奇斗妍”，趣味横生。

门票品种：千姿百态

随着时代的进步，旅游门票制作水平、科技含量不断提高，并逐渐形成潮流，这在旅游门票千余年的发展史上是绝无仅有的。过去的门票多是纸质、塑质的，近几年先后流行纪念币门票、磁卡门票、明信片门票，一浪高于一浪，防伪门票、光盘门票、指纹门票、隐形门票也接踵而来。深圳锦绣中华、北京人民大会堂、西藏扎什伦布寺，用的是小如名片的光盘门票；张家界用的是指纹门票，技术含量业界领先；颐和园的隐形门票，交钱后在手上盖上沾有隐形液的图章即可入园，24小时后自动消失，对人体无害。有的景区还将成套的门票包装成册，用于宣传珍藏，如昆明世博园门票册、九寨沟门票珍藏册、北京颐和园门票册等，一册在手，美景全拥有。为了扩大门票的艺术和文化内涵，不少景点还开发出各种系列券、套券、联券等。四川绵竹年画博物馆使用一套12枚的门票，全是手工绘制的年画；镇江旅游门票博物馆用的一套8枚《白蛇传》剪纸门票，浓缩了爱情故事的主要情节，是中国首套连环画门票；上海博物馆开馆时用的四方联文物图案门票，展现了馆内各具特色的四大陈列；武汉市黄鹤楼等12个著名景点门票，背景图案拼起来就是武汉全景图；山东济宁人民公园用的是《水浒》系列门票，一套就是108枚，梁山一百单八将跃然券中。

方寸门票就这样缩影了时代变迁，洋溢着浓郁的文化气息，让人感到这个世界变化真是太快了，就连小小的门票也是如此。旅游门票以其独特的知识性、趣味性，吸引了越来越多的人。据了解，全国爱好门票收藏的有10多万人，门票收藏已跃居全国民间十大收藏的第5位，甚至在江苏省镇江市，还诞生了国内首家旅游门票博物馆。品味形形色色的门票，也正是品味多姿多彩的生活。

资料来源：http：//sports. eastday. com/epublish/gb/paper257.

二、入门接待服务

入门接待服务主要包括：验票服务、入口导入服务和咨询服务。

（一）验票服务

验票工作关系着景区经济利益能否真正实现，同时，它也担负着维持景区良好秩序的重要职责。随着现代科技的发展，越来越多的景区使用电子检票系统，但仍需要工作人员提供服务。

验票服务中通常的管理标准是：

（1）检票人员能熟练使用普通话，同时掌握票价、景区名称、礼貌用语等简单的英语对话。如“您好，欢迎光临！”等。

（2）检票人员熟悉本景区门票价格及优惠规定，熟悉免票、优惠票的条件并按要求验票。

（3）熟悉旅行团导游、领队带团入园的查验方法及相应的免票入园规定。

（4）快捷、热情地为持有效票入园的客人检票、撕票。

（5）坚持原则，按规定程序检票、撕票，不得出现漏票、逃票、放人现象。

（6）集中保管门票副券，当天副券投入副券箱，每月月底由主管开启销毁。

（二）入口导入服务

景区入口导入是指为了让游客愉快、顺畅地进入景区而采取的必要的设施和管理手段。景区入口是游客进入景区的第一印象区，是关系到景区形象的大问题。由于旅游的季节性较强，经常会出现旺季入口堵塞的情况，造成游客长时间排队等候。此外，景区内游客必玩项目也很容易出现排长队的情况。如果分流措施不力，会降低游客的满意度，损害景区的声誉。

入口导入服务的一个重要环节就是排队服务。排队服务是在不同的旅游景区或旅游景区的不同区域根据游客流动规律采取不同的队形和接待方式。一般队形分为单列队形、多列队形、主题队形等形式，各有优缺点。

1. 单列单人形

单列单人形如图 2－2 所示。

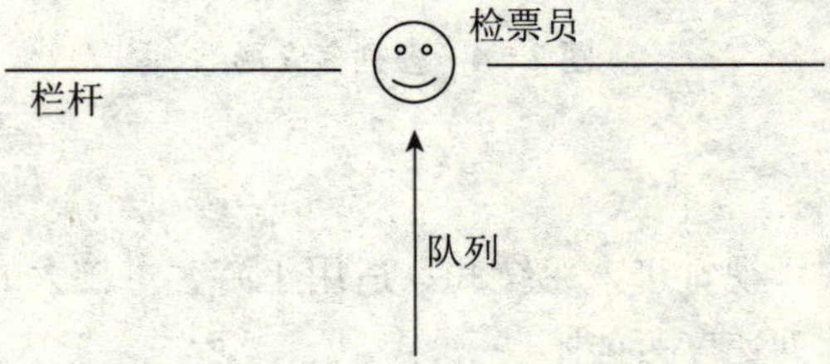

图 2－2　单列单人形

特点：一名检票员。

优点：成本低。

缺点：等候时间难以确定；游客进入景区时视觉有障碍。

改进措施：设置座位或护栏；标明等候时间。

2. 单列多人形

单列多人形如图 2－3 所示。

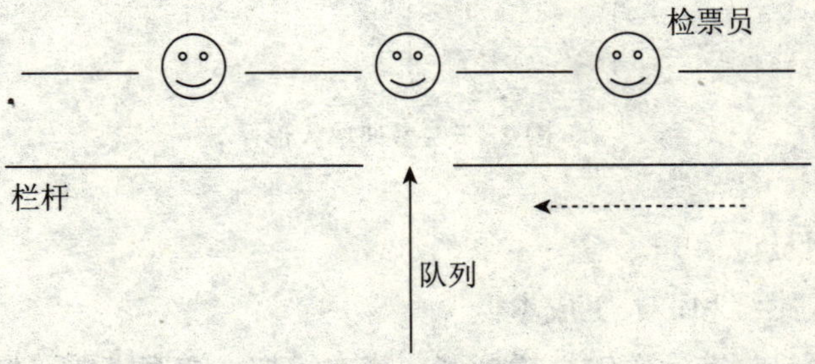

图 2－3　单列多人形

特点：多名检票员。

优点：接待速度较快。

缺点：人工成本增加；队列后面的人仍然感觉视线较差。

改进措施：设置座位或护栏；队列从纵向改为横向，如图 2－3 所示的虚线。

3. 多列多人形

多列多人形如图 2-4 所示。

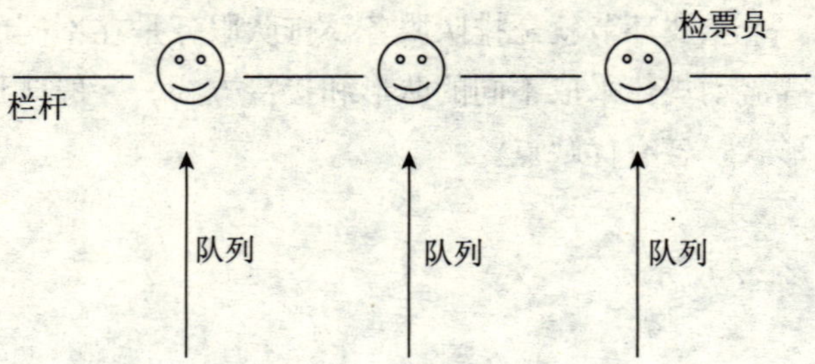

图 2-4　多列多人形

特点：多名检票员。

优点：接待速度较快；视觉进入感缓和；适用于游客量较大的场合。

缺点：成本增加；队列速度可能不一。

改进措施：不设栏杆可以改善游客视觉进入感。

4. 多列单人形

多列单人形如图 2-5 所示。

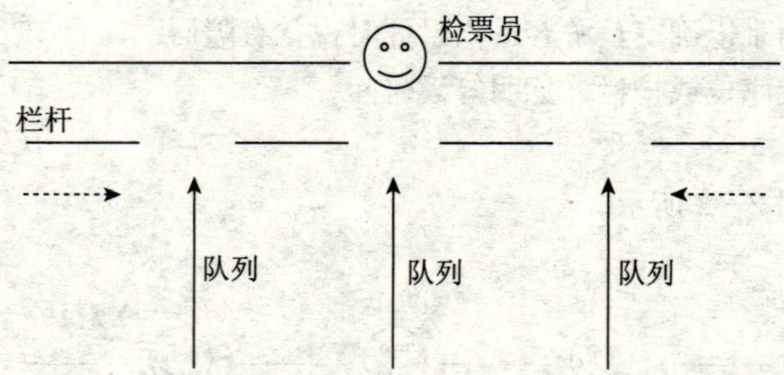

图 2-5　多列单人形

特点：一名检票员。

优点：视觉进入感缓和；人工成本低。

缺点：队首是否排好非常关键；栏杆多，成本增加；游客需要选择进入哪一队列。

改进措施：外部队列位置从纵向改为横向（如图 2-5 所示的虚线），可以改善视觉。

5. 主题或综合队列形

主题或综合队列形如图 2-6 所示。

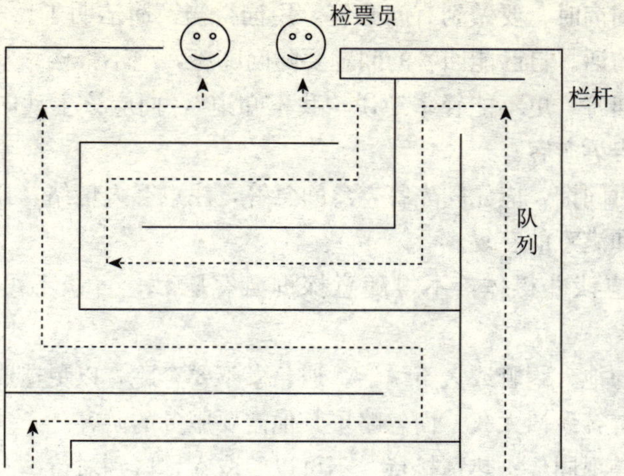

图 2－6　主题或综合队列形

特点：队列迂回曲折，一般为单列队；闸口处不少于两名检票员。

优点：视觉感及时间改善；有表演或信息展示的时间和空间，适度降低了排队的枯燥感。

缺点：增加了硬件建设成本。

改进措施：单列变双列。

（三）咨询服务

向游客提供咨询服务是景区每一个员工应尽的职责，不少景区还实行"一站式"问询服务，即要求景区工作人员对游客的问题绝对不能说"不知道""不清楚"等模糊的用语，而是尽力帮助，自己解答不了的，也应主动联系能够满足游客问询需求的部门或员工。例如，景区内经常有游客询问卫生间在哪里、餐厅怎么走等。回答游客的最低要求是员工能够正确、清楚地向游客说明白，而不是仅仅用手指指。回答游客的期望要求是能够把游客准确地引导到其要去的地方，这样游客就不仅是满意而是惊喜了。当然前提是处理好与其他工作的关系。

一般旅游景区将问询服务的功能放在游客中心。游客中心向游客提供接待导览、咨询、失物招领、投诉受理、免费寄存物品、婴儿车出租、医疗救护、电子触摸查询系统、放映厅、展览厅、旅游纪念品展示和销售等多种服务，功能类似于饭店前厅中的礼宾部。游客中心提供咨询服务的员工应做到：

（1）准时上岗，按规定着装，化妆得体，参加班前会。

（2）做好咨询台周边的卫生工作，以饱满的精神状态准备迎接游客的到来。

（3）阅读工作日志，了解前一天游客咨询的主要内容。

（4）接受游客咨询。接受游客咨询时应注意如下内容：

①接受游客问询时，应双目平视对方，全神贯注，集中精力，以示尊重与诚意，专心倾听，不可三心二意。

②答复游客的问询时，要做到有问必答，用词得当，简洁明了。不能说“也许”“大概”之类含糊不清的话。自己能回答的问题要随问随答，绝不推诿；对不清楚的事情，不要不懂装懂，随意回答，更不能轻率地说“我不知道”，而应该主动向相关部门或员工咨询，然后再清楚地告诉游客。

③如果多人同时问询，应先问先答，急问急答，注意客人情绪，避免怠慢，使游客都能得到适当的接待和满意的答复。

④接待游客时应谈吐得体，不得随意探询游客隐私，言谈不可偏激，避免有夸张论调。

⑤工作时不要与他人闲聊或大声说话，遇急事不要奔跑，以免造成游客紧张。

⑥不要和一位游客谈话太久，而忽略了其他需要服务的游客。

⑦对游客应该一视同仁、热情接待，不可以貌取人，区别对待。

(5) 及时了解本景区最新的动态信息。这些信息包括景区开展活动的内容、时间和参加办法等，及时向游客提供游览景点的路线、购物和休息等有关信息，为游客在本景区旅游作好参谋。

(6) 对于游客提出的意见和建议，应该认真记录并及时向有关部门反映。

(7) 对游客关于本地及周边区域景区情况的询问提供耐心、详细的答复和游览指导。不要故意贬低周边处于竞争对手地位的景区，应该客观地向游客作介绍。

(8) 接听电话问询时，应注意热情、亲切、耐心、礼貌并使用敬语。例如，回答游客问询时，在每句话中都加入“先生”“女士”等称谓用语会让游客感觉受到关心和尊重，从而心情愉悦。接听电话时还应作好记录，需要别的部门完成的应及时沟通。

三、游客投诉受理服务

游客对景区的投诉是景区运营过程中经常发生的现象。据美国华盛顿特区的技术援助研究项目的数据表明，每一个不满意的游客至少将其不满告诉15个人。因而，游客投诉管理是景区管理中的重要内容之一。提出抱怨的游客，如果问题获得圆满解决，其忠诚度会比从来没有提出问题和抱怨的游客高。景区解决问题的热忱，会让游客更加信赖该景区，为将来的业务奠定基础。

(一) 游客投诉原因分析

分析游客投诉的原因，便于在景区服务中预先估计可能发生的问题，重视可能会令游客不满的部门和环节，尽量减少游客投诉，努力做到防患于未然。一般来讲，游客投诉与抱怨的原因有以下三方面：

1. 对景区人员服务的投诉

一般是由于景区服务人员素质不高、服务水平低下、服务观念存在问题而产生的，这类投诉占景区投诉的绝大多数。具体包括：

(1) 服务态度问题。①不回答游客的询问，或回答时不耐烦、敷衍了事。②服务动作缓慢、粗鲁，反应迟钝。③漠视游客的意见，游客提出要求后久久不处理。④服务语言使用不当。

(2) 服务技能问题。①工作程序混乱，效率低下。②寄放物品遗失或调错。③漏点或错点游客人数。④不征求游客的意见，为其安排不满意的座位、房间或车辆。

2. 对景区服务产品的投诉

(1) 门票价格太高，特别是园中园重复购票，商品价格或服务项目收费过高，随意宰客。

(2) 饭菜质量太差，口味、卫生不能令游客满意。

(3) 最佳观景点被承包经营者占据，拍照得额外付费。

(4) 寄存物品、租车、乘船等不方便，结账方式落后。

(5) 景区娱乐项目数量或质量缩水，名不副实。

3. 对景区硬件及环境的投诉

(1) 卫生设施条件太差，如卫生间有异味等。

(2) 住宿条件简陋，桌面、椅子、毛巾、地毯、碗筷破损、不干净。

(3) 发生安全事故、意外事故，治安状况差，使游客缺乏安全感。

(4) 旅游气氛差，小贩穿梭其间，追客强行兜售。

(5) 交通混乱，车辆摆放无指定地点。

(二) 游客投诉心理分析

虽然引起游客投诉的原因很多，但游客进行投诉的心理可归结为以下三种：

1. 求尊重的心理

游客求尊重的心理在整个旅游过程中都存在。按照马斯洛（H. Maslow）的需求层次理论，旅游活动是至少在生理需求和安全需求得到满足之后才会产生的需求，位于高层次的受尊重需求当然也是旅游活动中存在的诉求对象。因而，在景区服务中尊重游客显得尤为重要。游客受到怠慢时就可能引起投诉，投诉的目的就是为了找回尊严。游客在投诉之后，都希望别人认为他（她）的投诉是对的，是有道理的，希望得到同情、尊重，希望有关人员、部门高度重视他们的意见，并及时解决。

2. 求平衡的心理

游客在碰到令他们烦恼的事情之后，感到心里不平衡，认为自己受了不公正的待遇。因此，他们可能就会找到景区有关部门，通过投诉的方式把心里的怨气发泄出来，以求得心理上的平衡。人在遭受心理挫折后有三种主要的心理补救措施：心理补偿、寻求合理解释而得到安慰、宣泄不愉快的心情。

3. 求补偿的心理

在景区服务过程中，如果由于景区服务人员不恰当的职务性行为或景区未能履行某方面的合同、兑现承诺，则会给游客造成物质上的损失或精神上的伤害。例如，门票内包含的表演项目被取消、游乐设施被关闭、游客的意外伤害等。游客可能通过投诉的方式来要求给予他们物质上的补偿，这也是一种正常的、普遍的心理现象。

（三）游客投诉的处理

1. 处理游客投诉的原则

（1）真心诚意解决问题。以“换位思考”的方式去理解投诉游客的心情和处境，满怀诚意地帮助客人解决问题。只有这样，才能赢得游客的信任，有助于问题的最终解决。

（2）不与客人争辩。在客人情绪比较激动时，投诉接待者更要注意礼仪礼貌，要给客人申诉或解释的机会，控制住局面，而不能争强好胜、与客人争辩。

（3）维护景区利益不受损害。投诉接待者在处理游客投诉时，要注意尊重事实，既不能推卸责任，又不能贬低他人或其他部门，更不能一味退让、以损害景区利益来满足游客的投诉要求。

2. 处理游客投诉的步骤

（1）给游客发泄的机会。当游客不满时，他（她）一定是心烦意乱的，这时他（她）只想做两件事：第一，想把不满的心理说出来；第二，想使他（她）的问题得以解决。心理学上有一种现象叫“心理净化”，是指人通常只有在发泄之后，才会听进别人说的话。此时，投诉接待者要做到两点：一是保持沉默。当带有问题的游客在发泄时，没有什么比打断游客说话更容易激怒他们的了。如果试图阻止游客表达感情，反而会使他们恼羞成怒。二是让游客意识到你在听他（她）说。在此过程中，投诉接待者要不断地点头，不时地说“嗯”“啊”并保持与其眼神交流。

（2）充分道歉并表示安慰和同情。只要游客在景区内有了不愉快的经历，投诉接待员都要真诚地向游客道歉。一句道歉可能平息游客心中的不满甚至怒火，也表明了景区对待游客的诚意。在表示道歉时，要注意用语要表达出一种诚意，比如可以说“非常抱歉，让您遇到这样的麻烦”“这是我们工作的疏漏，十分感谢您提出的批评”等。必须是发自内心的道歉才能让游客接受。前来投诉的游客一般总会觉得自己受到了伤害，是带着一颗“受伤的心”把接待者当做救世主，来要求主持公道的。这时，投诉接待者应该对客人表示安慰和同情，比如可以说“我非常理解您此时的心情，如果换作是我，我也会有和您相同的感受”。此时不需要滔滔不绝地讲大道理，对投诉客人的同情和安慰反而有助于问题的解决。

（3）收集相关信息。向投诉游客表示安慰和同情并不表示问题已经解决，这只是为解决问题创造了一个良好的环境，游客关心的是问题的最终解决。为此就需要收集相关的信息。两个主要方法是：一是听完游客陈述后，用自己的话重复游客所遇到的问题。确认无误后，进行必要的记录。一方面，能让游客感到你对他（她）的重视，有助于平息游客的不满情绪。另一方面，也有助于为解决问题提供依据，并有利于事后存档总结。二是适当地提问。通过提问的方式，收集游客忽略的一些重要信息，使游客投诉的问题更加完整和清晰，并填写《游客投诉处理单》（如表 2-1 所示）。

表 2－1　　某景区游客投诉处理单

游客姓名		投诉日期	
投诉形式		记录人	
联络方式			
投诉内容：			
拟办意见：			
部门调查情况及处理结果： 部门经理签名：			
备注	日期：		

（4）处理投诉。核查收集信息的真实性，被投诉人员或部门应该在一定的时间内将核查情况、初步处理意见书面呈报到投诉处理部门。对于投诉游客也可以给予一定的补偿，比如票价打折或免票、赠送景区纪念品、与游客进行个人交流等。一般投诉，可由投诉处理人员直接处理、反馈，并报有关部门备案。重大投诉，由景区责任管理者处理并告知总经理，处理意见反馈给投诉游客。正式投诉，应在自受理后规定的时间内处理完毕并反馈给投诉游客。

第二节　旅游景区解说服务管理

解说，就是解释、说明的意思，即为了帮助人们认识和理解某种事物或现象而做的解释性、说明性工作。日常生活中，人们时时刻刻都需要解说，如进入图书馆阅读、进入博物馆参观、进入办公大楼办理各种业务、观看体育赛事、参加各种节事活动等。良好的解说能够增进受众的理解，帮助政府、企业树立良好的形象和建立良好的公共关系，并提高工作效率。

旅游解说就是为了实现旅游者、旅游设施、旅游资源等和各种媒介之间的有效沟通而进行的信息传播行为（如图 2－7 所示）。旅游景区解说服务是景区的必要组成部分，是强化和加深游客在景区体验的重要手段。景区解说服务管理的对象是解说系统，它能帮助旅游者了解景区相关事物的性质和特点，并起到服务和教育的作用。

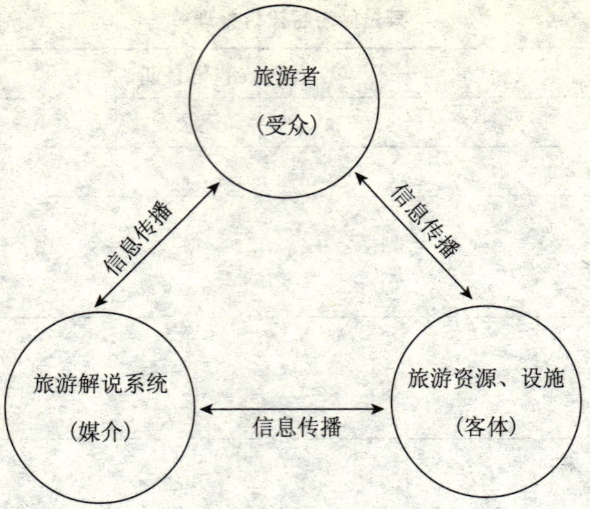

图 2－7　旅游解说服务过程

一、旅游解说服务的构成要素

旅游解说服务由多种解说设施和人员服务等要素构成，解说活动存在于旅游活动的各个环节之中。好的旅游解说不仅能够帮助旅游者顺利完成整个旅游活动过程，而且能够给旅游者创造美好的旅游体验。一个旅游景区的解说系统主要包括以下四个构成要素：

（一）解说员

解说服务的提供是通过人员解说或非人员解说共同实现的，人员解说依靠导游来完成，非人员解说借助于各类解说设施而完成。一般情况下，旅游景区的解说工作往往需要人员解说和非人员解说共同完成，对于团体游客而言，人员解说尤为重要。因此要对导游进行严格培训，帮助他们获得良好的专业训练、掌握丰富的专业知识以及解说技巧。

（二）受众

那些将要使用解说系统的人就是广大受众。受众对于解说系统的内容要求和理解能力、接受能力是与其年龄、文化程度、性别、社会地位、兴趣爱好等密切相关的，受众的这些特征决定了其旅游消费的动机，也决定了他们从同样的旅游环境所获得的旅游体验的差异性。因此，旅游景区应针对不同的游客选择合适的解说方式、解说内容和解说技巧，或者对解说内容进行不同程度的处理，以便受众能够通过解说获得更全面、更准确的旅游信息。

（三）解说信息

解说信息是游客认知旅游景区、了解旅游景区，并产生旅游动机和欲望的重要影响因素，游客旅游活动的实现将通过解说信息服务来实现。解说信息包含的内容十分广泛，既可以是旅游资源的科学说明，也可以是对旅游地地理环境的解释，还可以是旅游地管理政策、旅游活动中注意事项等方面的说明。因此，可以说没有丰富的解说信息，就没有完善的旅游解说服务。

（四）解说设施

解说设施是将旅游信息展示给游客的物质载体，是导游开展旅游解说的辅助工具，是旅游信息的载体。解说设施形式多样，如游客中心、电子触摸屏、印刷品、刊物、报纸、网站、音像制品等，不同的解说内容适宜采取不同的解说设施。因此，解说设施是影响景区解说效果的重要因素。高质量的解说服务依赖完善的解说设施。

上述四种解说要素是解说服务的重要影响因素，解说员应该充分掌握解说信息，全面了解解说受众，并合理有效地使用解说设施，才能保证旅游解说的质量和效果，激发游客内在的旅游需求。

二、旅游解说服务的内容

对旅游景区进行科学完善的解说，应该从区域环境解说、旅游吸引物解说、旅游设施解说和旅游管理解说四个方面进行，这四个方面构成一个有机整体，各要素之间相互依赖、相互作用，形成特定的旅游解说系统结构（如图 2－8 所示）。旅游解说系统开发的重点就在于优化系统结构，以实现系统功能的最优。

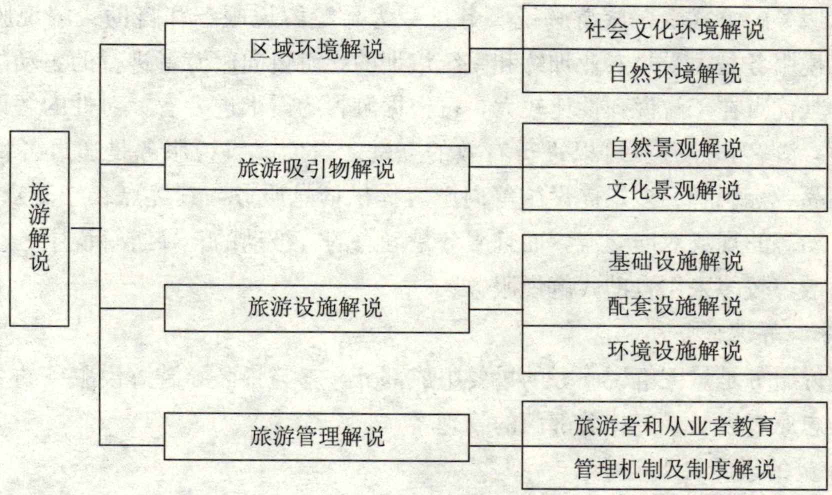

图 2－8　旅游解说的系统结构

（一）区域环境解说

区域环境解说主要向游客介绍景区所在区域的自然、社会、文化和经济环境。各类景区环境解说的侧重点不同，如自然类景区环境解说的重点在于景区的自然特征，如地质、地貌、土壤、植被、水文、气象、动植物等，介绍旅游地生态系统的特征、作用以及与人类发展的关系。通过区域环境解说可以使游客更深入地了解景区的资源价值及文化内涵，实现旅游的环境教育功能。

（二）旅游吸引物解说

旅游吸引物解说是对景区内各类自然景观和文化景观的解说，主要向旅游者展示景区的各类旅游景观以及已开发的景点景物，如对动植物的种类、分布、生长习性、观赏游乐价值等的系统的、全面的介绍。这是旅游解说系统中最为重要的部分，可以使旅游者更深入地了解景区内的各类景观及旅游活动，获得更加满意的旅游体验。

（三）旅游设施解说

旅游活动的实现必须借助一系列的基础设施和旅游配套服务才能完成。为方便游客在景区的游览活动及景区管理工作，景区一般都会设置完善的旅游基础设施和服务设施，如道路、给排水管道、餐馆、旅游商店等。这些旅游设施功能的实现一定程度上要依靠清晰、准确、简洁的解说系统，归为旅游设施解说。

（四）旅游管理解说

旅游景区不仅为人们提供游憩空间和场所，同时也承担着保护自然资源或文化遗产的任务。在旅游活动中存在生态安全、文化变异、环境污染及游客安全等许多经营和管理风险。为此，对旅游景区的管理体制、管理规范及管理措施等方面进行科学系统的解说，即旅游管理解说，能为景区的所有相关利益群体提供一个共同参与管理的信息平台。

三、旅游解说服务的类型

从信息服务的方式看，旅游解说服务可分为导游解说服务和自助式解说服务两种类型。导游解说服务是由受过专业训练和系统培训的导游员向旅游者进行的主动的、动态的信息传导，其优点在于解说弹性比较大，可根据游客的需求进行有针对性的解说，而且在解说过程中，游客和导游员可以进行有效的互动。自助式解说服务是通过各种旅游印刷品、音像制品、标识牌、多媒体设施等向游客提供信息服务，其优点在于受众范围更广，但不能进行动态的现场双向交流，而且服务是静态的、被动的。导游解说服务主要用于团体旅游，而散客较多采用自助式解说服务。

（一）导游解说服务

导游解说服务是景区解说服务的重要组成部分，参与景区导游解说服务的主要有景区员工、社区志愿者以及景区相关部门的管理者。

1. 导游员的素质要求

导游解说服务是一项综合性、灵活性较强的工作。游览过程中导游员既是引路员又是解说员，在车上、船上、危险地段还是安全维护员，在纪念品商店又是推销员。在整个游览过程中导游员始终为游客提供面对面服务，任何举动都在游客视线之中。好的讲解能给游客留下美好而深刻的印象，而不到位的服务也极易招致游客的不满甚至投诉，影响景区的声誉。所以要提高讲解服务的质量，首先必须提高导游员的素质。景区对导游员一般有以下素质要求。

(1) 硬件要求。涉外较多的景区应具备相应语种的导游员，能完成涉外语种的讲解任务；普通话达标；至少获得初级导游资格证书。

(2) 个人条件。五官端正，身体健康，头脑灵活，反应快，语言表达能力强。

(3) 知识素养。知识面广，具有丰富的地理知识、历史知识和一定的科普知识，特别是要具备与景区讲解有关的专业知识。

（4）个人修养。有公德心，关心他人，有较强的事业心和团队精神，敬业，守纪。

（5）业务能力。熟悉导游讲解业务，带团经验丰富，有较强的现场应变能力。具体包括：

①讲解内容深浅适度；讲解语言生动，富有表现力。

②在导游过程中，应保证在计划的时间与费用内，使游客能充分地游览、观赏，做到讲解与引导相结合，集中与分散相结合，应特别关照老弱病残的游客。

③在景点导游过程中，应保证游客的安全，要始终与游客在一起活动，并经常清点人数，防止游客走失。

2. 导游解说服务的特点

（1）独立性强。导游在解说过程中独立性比较强，可以充分地发挥自己在各方面的优势。

（2）体力与脑力相结合。导游的解说工作不仅仅是向游客介绍景区景点的相关内容，很多时候还要回答游客提出的各种问题，考虑如何安排好整个行程，而且要全程陪同游客走完每一个景点，是需要脑力和体力相结合的艰巨工作。

（3）复杂性。导游解说的复杂性主要体现在以下方面：服务对象复杂，游客的年龄、兴趣爱好、个人素养有很大差别；游客需求多种多样，除了正常的讲解外，导游会遇到许多游客提出的要求或突发状况；接触人员多，人际关系复杂。

（4）文化背景差异。随着旅游业的发展和交通工具的进步，导游人员越来越多地接触到不同国籍、不同文化背景以及不同民族的游客，这就会涉及许多跨文化交流方面的问题。导游应该通过学习不断完善和拓宽知识面及视野，减小与游客交流过程中的文化差异。

3. 导游解说服务的技巧

导游解说服务是一门艺术，其艺术性表现在导游方法的多样性、灵活性和创造性上。导游员在多读书的同时，也要在实践中不断摸索、总结，丰富和完善自己的知识和技能，而且要学习众家之长，形成自己的解说风格和导游手法。导游员在解说服务中如果能把握并运用好以下四方面的技巧，将会为解说工作带来极大的方便，达到游客满意甚至惊喜的效果。

（1）心理上。要学会换位思考，做好角色暗示。所谓换位思考，就是导游要经常把自己比做游客，试图站在对方的角度和立场来看待、分析、处理工作中的问题。游客就是导游的衣食父母，应该以诚相待。导游要把每一位游客的这次旅游，当做是游客生命中最精彩的一次来安排，做好每件事，带好每批团。角色暗示是指导游在服务过程中，遇到挫折时，要能够迅速排解不良情绪。工作中，导游会遇到形形色色的人、千奇百怪的事，“挫折感”在所难免，“不顺心”更是家常便饭，做好角色暗示是舒缓导游心理压力的良方。

（2）语言上。要学会使用柔性语言，做到幽默风趣。导游要培养自己的幽默感，平时注意收集笑料，并且灵活使用。同时，导游还要具备较强的洞察力和表现力。导游使用柔性语言，看似“贬低”了自己，其实更能赢得游客的好评，从而缓解各方面压力，有效减少旅游投诉。

（3）行动上。要做到总理式管理，提供空姐式服务。导游一方面要处理好团队的大事、小事，以理服人、以诚感人；另一方面，行程中遇到任何困难，导游都要身先士卒，果断应对、科学安排。导游员可以学习空姐“机上服务”的敬业精神、标准化的体态语言，将其灵活运用于导游的“车上服务”。对于长时间行车路段，导游提供的“车上服务”可以“加料加量”，既可以在车上引领游客做“健身舒展操”、组织文艺表演，还可以应景做题。例如，遇到雨天气氛沉闷，就用雨为主题，引导游客唱出相关的歌曲；遇到车行夜路游客紧张不安，可以月亮为题，引导全团游客一路高歌。

（4）细节上。要学会立足长远，以细节制胜。学无止境、服务无限，导游要潜心钻研业务，以细节制胜。比如说在拿到团队计划时，先看有无游客在旅途中过生日，提前备好小礼物；主动为旅途中单独出行的老年游客服务，用自己的手机每天给其子女报平安等。有些导游越是工作辛苦，就越希望“回报率”高，但往往求财心切、操之过急，导致物极必反。当今的游客出门多、见识广，他们在与导游初识的5分钟内，即可判断出该导游的优劣，从而决定其对导游的态度。导游与其要小聪明，不如敞开心扉，以诚待客、热情服务，透明价格、阳光收费。只有脚踏实地、诚信带团、立足长远，才能谋求发展，步入良性循环。

总之，服务技巧的运用，对导游来说，是一个需要长期积累而又充满乐趣的过程。社会需要导游与时俱进，提供高水平的服务。因此，导游要加强自身建设，不断超越自我。

（二）自助式解说服务

自助式解说服务是利用文字材料、公共信息图形符号、语音等设施、设备向游客提供静态的、被动的信息服务。游客获得自助式解说信息服务没有时间上的限制，可以根据自己的爱好、兴趣和体力等决定获取信息的时间和空间。因此，这种解说服务对于散客来说显得尤为重要。它的形式多样，主要包括标识牌、宣传资料和电子导游三种。

1. 标识牌

标识牌是一种载有图案、标记符号、文字说明等内容的能够解说、标记、指引、装饰的功能牌（如图2-9所示），它是获取旅游目的地信息的重要手段。根据标识牌的内容，可将其分为以下五类：

图2-9　江西三清山景区内的标识牌

（1）解说。标识牌主要是通过视觉来表现它的作用的。主要是景区介绍、旅游线路及其他服务性标语。通过将标识牌树立于游览区域，可使游客在游览过程中进一步了解景区情况，并可随时获取相关信息，如游线图等。

（2）警示。用以提醒游客应注意的事项，如道路上的各种交通警示牌，高压电、水库、危险地段的各类警示性标志，不可食用的事物、爆炸品、防灾等警示性标志。

（3）引导。指明景点、商店、厕所、停车场等的方向和距离，一般设在景区内有岔道的地方、公共场所、交通路口处。

（4）公共信息。这包括天气预报、交通情况、景区内演出活动、团体住宿安排、会议安排、失物招领等，一般设置在公共场所或游客相对集中的地方。

（5）说明。主要用于某游乐项目或设备的使用方法、收费标准及可能出现问题的处理办法等，如景区内电瓶车的租借方法、损坏如何赔偿等。

2. 宣传资料

由于旅游资源的不可移动性，游客是否购买旅游产品完全取决于他（她）对产品的感觉和偏好，因此，宣传资料的设计也是至关重要的。游客会把制作精美的宣传资料当成景区的纪念品而带走，其作用和影响远远超出景区制作宣传资料的成本。景区宣传资料的种类很多，大致可分为静态宣传资料和动态宣传资料两种类型：

（1）静态宣传资料。静态宣传资料包括导游图、交通图、解说手册、景区服务指南、风光图片、书籍、画册以及有关新开发的旅游产品、专项旅游活动的宣传品、广告、招贴以及旅游纪念品等，具有保留时间长、阅读层次面广等特点。这既是旅游解说系统的组成部分，也是旅游宣传的主要手段。

（2）动态宣传资料。动态宣传资料主要包括电影片、录像片、电视片、光盘、广播等音像制品，形式多样，内容直观且生动活泼。

3. 电子导游

电子导游是一种利用数码语音技术制作的自助式服务设备，可以让游客在参观游览的过程中，通过自行操作控制选择聆听景物或展品的介绍。目前，电子导游已经出现了无线接收式、MP3 播放式、数码播放式等多种形式。

另外，计算机触摸屏解说和旅游景区网站也是自助式解说服务的重要表现形式，多媒体触摸屏导览系统充分利用多媒体技术，音像信息丰富，实用性、可视性兼备。它可提供景区的整体介绍、重要景点的音像资料、旅游路线的选择、往返景区的交通、景区内服务设施说明等信息。旅游景区网站是指基于互联网，拥有自己的域名，由若干个相关的网页组成的网页组，在服务器上存储一系列的旅游信息的 Web 页面，而这些页面又包括许多文本、图像、视频和程序。使用者可以利用浏览器浏览所需要的信息。它是利用网络技术，从旅游业角度，整合传统旅游资源，提供全方位、多层次网上旅游服务的场所，真正实现了“足不出户，走遍天下”。

四、旅游解说服务的目的和意义

（一）提供服务信息，引导旅游活动

以简单、多样的方式为游客提供服务信息，使不同年龄、不同兴趣、不同文化背景的

游客都能获得最大限度的游览机会。通过科学的解说服务，使游客在充分了解旅游信息的基础上轻松、愉快地完成旅行，同时游客按照旅游指南开展各项活动，可以尽量减少破坏性行为的出现。

（二）发挥旅游资源价值，提高景观资源利用率

旅游解说可以充分展示旅游景观资源类型、特色、美学特征和游憩开发价值，突出景区的资源魅力，提高景区文化品位和旅游吸引力，满足旅游者的精神需求，丰富游客关于自然、环境、社会和历史文化方面的知识，提高游客鉴赏、理解及享受休闲生活的能力；通过解说过程中的各种媒体宣传，增进人们对自然的了解，帮助人们认知自然资源的生态价值、环境价值和游憩价值，促进人们主动保护自然和文化遗产，使各项游憩活动对当地社区和自然环境的负面影响降到最低。

（三）强化环境教育，提升旅游地形象

通过解说的教育功能，使政府、旅游管理机构和广大民众在自然生态保护、文化遗产保护等方面取得共识，提高全社会对自然生态及环境保护的认识，使自然与环境保护成为全体公民共同遵守的制度。另外，借助于解说系统，可以提升景区及所在旅游地的整体形象。

（四）鼓励游客参与，规范景区管理

在解说服务的引导和帮助下，鼓励游客适当地参与景区的管理、建设等活动。同时，旅游解说服务也提供了一种对话途径，使旅游者、社区居民、旅游管理者之间相互交流和沟通，采纳有利于景区建设和发展的建议，进一步规范景区管理，使景区更好地运行。

第三节　旅游景区商业服务管理

旅游景区商业服务是指满足游客吃、住、购、娱等方面需求的服务。餐饮和住宿是游客的基本需求，而娱乐和购物则是游客更进一步的消费需求。景区商业服务的内容丰富、形式多样，是增强游客体验、提高景区经济效益的重要手段。

一、旅游景区娱乐服务

首先需要说明的是，并不是所有类型的景区都提供娱乐服务。例如，一些自然类景区，美国的黄石国家公园禁止在某些核心区域开展任何形式的娱乐活动；一些具有重要价值的历史遗迹类人文景区也禁止或限制开展娱乐活动，我国的故宫、云冈石窟等景区都禁止或限制娱乐项目的建设。但是，很多条件允许的旅游景区都通过提供娱乐项目来丰富游客视觉及身心体验，满足游客参与的需求，从而吸引更多的旅游者，如各类主题公园更是以提供娱乐服务为主旨。良好的娱乐环境氛围和与之交相辉映的各种娱乐项目会使游客在享受娱乐服务的过程中得到愉快的经历和独特的体验。

（一）景区娱乐服务的内容

旅游景区娱乐是借助景区工作人员和游乐设施向游客提供的表演欣赏和参与性活动，

能使游客得到视觉及身心的愉悦。它按产生时间和主题可以分为传统娱乐活动和现代娱乐活动，如蒙古那达慕大会、彝族火把节、傣族泼水节等节庆娱乐活动都有上百年的历史，而冰雪节、服装节等现代新兴娱乐活动也层出不穷。按场地不同，景区娱乐项目可分为舞台类、广场类、村寨类、街头类、流动类和特有类娱乐项目。按照活动规模和提供频率可以分为小型常规娱乐和大型主题娱乐。

1. 小型常规娱乐

小型常规娱乐是指景区长期提供的娱乐设施及活动，占用员工较少，因而规模小，游客每次的娱乐时间也不长。其形式可分为三大类及若干小类（如表 2-2 所示），三大类包括：表演演示类、游戏游艺类和参与健身类。其中，游戏游艺类和参与健身类在旅游景区中较为多见。

表 2-2　　旅游景区小型常规娱乐形式分类

<table>
<tr><th>大　类</th><th>细分类别</th><th colspan="2">特征及举例</th></tr>
<tr><td rowspan="4">表演演示类</td><td>地方艺术类</td><td colspan="2">日本“茶道”、川剧变脸、吉卜赛歌舞</td></tr>
<tr><td>古代艺术类</td><td colspan="2">唐乐舞、楚国编钟乐器演奏、纳西古乐</td></tr>
<tr><td>风俗民情类</td><td colspan="2">绣球招亲、对歌求偶</td></tr>
<tr><td>动物活动类</td><td colspan="2">赛马、斗牛、斗鸡、斗蟋蟀、动物算题</td></tr>
<tr><td rowspan="2">游戏游艺类</td><td>游戏类</td><td colspan="2">苗族摆手舞、秧歌、竹竿舞</td></tr>
<tr><td>游艺类</td><td colspan="2">模拟枪战、踩气球、单足赛跑、猜谜语</td></tr>
<tr><td rowspan="10">参与健身类</td><td rowspan="4">人与机器</td><td rowspan="2">人机一体</td><td>操纵式：滑翔、射击、赛车、热气球</td></tr>
<tr><td>受控式：过山车、摩天轮、疯狂老鼠</td></tr>
<tr><td rowspan="2">人机分离</td><td>亲和式：翻斗乐</td></tr>
<tr><td>对抗式：八卦冲霄楼</td></tr>
<tr><td rowspan="2">人与动植物</td><td>健身型</td><td>钓鱼、骑马、钓虾</td></tr>
<tr><td>体验型</td><td>观光茶园、自助果园、狩猎</td></tr>
<tr><td rowspan="2">人与自然</td><td>亲和型</td><td>划水、滑沙、游泳、温泉、潜水</td></tr>
<tr><td>征服型</td><td>攀岩、迷宫、原木劳动</td></tr>
<tr><td rowspan="2">人与人</td><td>健身型</td><td>保龄球、高尔夫球、网球</td></tr>
<tr><td>娱乐型</td><td>烧烤、手工艺品制作</td></tr>
</table>

小型娱乐项目在游乐园和主题公园中比较多见。由于此类项目特色性较弱、复制难度低、所以对中远距离游客的吸引力较小，主要游客以当地和周边居民为主。常见的项目有：

（1）过山车。过山车（Roller Coaster，又称为云霄飞车）是一种机动游乐设施，常见于游乐园和主题乐园中。拉马库斯·阿德纳·汤普森（LaMarcus Adna Thompson）是第一个注册过山车相关专利技术的人（1865 年 1 月 20 日），并曾制造过数十个过山车设施，因此被誉称为“重力之父”（Father of Gravity）。一个基本的过山车构造中，包含了爬升、滑落、倒转，其轨道的设计不一定是一个完整的回圈，也可以设计为车体在轨道上来回移动。大部分过山车的每个乘坐车厢可容纳 2 人、4 人或 6 人，这些车厢利用勾子相互连接起来，就像火车一样。从最基本的层面来看，过山车不过是一部利用重力和惯性使列车沿蜿蜒的轨道行进的机器。

（2）摩天轮。摩天轮是一种大型转轮状的机械建筑设施，上面挂在轮边缘的是供乘客乘搭的座舱。乘客坐在摩天轮慢慢地往上转，可以从高处俯瞰四周景色。最常见到摩天轮存在的场合是游乐园、主题公园或园游会，作为一种游乐场机动游戏，与云霄飞车、旋转木马合称“乐园三宝”。但摩天轮也经常单独存在于其他的场合，通常被用来作为移动的观景台使用。根据运作机构的差异，摩天轮可分为重力式摩天轮（Ferris Wheel）和观景摩天轮（Observation Wheel）两种。重力式摩天轮的座舱是挂在轮上，以重力维持水平；而观景摩天轮上的座舱则是悬在轮的外面，需要较复杂的连杆类机械结构，随着车厢绕转的位置来同步调整其保持水平。

目前世界上最高的摩天轮是北京朝阳公园的朝天轮，该摩天轮直径达 208 米，轮箍直径约 183 米，拥有 48 个座舱，每个座舱最多可乘 40 人，每圈运转时间达 20 分钟。当天气晴朗时，坐在空调座舱里，远望距离可达几十公里。除观景外，人们还可在座舱中进行商务洽谈、婚礼等活动。

（3）旋转木马。旋转木马也叫回转木马，是游乐场机动游戏的一种。在一个旋转的平台上有座位供游客乘坐，这些座位传统上都会装饰成木马，并且会上下移动。最早有记录的旋转木马，在拜占庭帝国时已经出现。第一个以蒸汽推动的旋转木马，约于 1860 年在欧洲出现。现在依然可以在各大小游戏场、商场等地方，见到各式旋转木马。在收费的主题公园中，会有装饰豪华典雅的旋转木马；在免费的休闲公园中也有旋转木马，俗称“杳杳转”，由人力推动。

（4）碰碰车。碰碰车是一种机动游戏。设备包括一个室内的场地，天花板上有通电的电网，地面则为洒上少量石墨的金属地板，场内有供乘客驾驶的小型电动碰碰车。碰碰车的四周有由橡胶造成的保护圈，并由接到天花板的垂直电杆取电。车上一般最多坐两人，有加速用的脚踏和转向的方向盘。驾驶者争取最快在场内完成绕圈，途中可以横冲直撞，把对手的车碰开。碰碰车的速度通常很低，就算是碰撞亦不会损害人车，乘坐者能够在欢乐中消除疲劳和烦恼。

（5）自由落体。自由落体是一种在游乐园和主题乐园中常见的游乐设施。这种游乐设施的乘坐台可将乘客载至高空中，然后以重力加速度垂直掉落，最后以机械将乘坐台在落地前停住。自由落体的外形的主干为一个高大的柱体，柱体周围附有轨道，让乘载设施爬升。乘载设施的搭乘人数因设计而异，上面具有安全杆和安全带等保护设备。自由落体游乐设施的系统中具有侦测乘载设施爬升、下降速度的感应器，来维持整套机器的正常运作。这种项目给人的刺激非常强烈，但是仍有很多人热衷于此。

(6) 动感电影。动感电影的前身为培训飞行员所用的航空模拟器，最早出自美国军方。美军方为了降低飞行员培训成本，确保学员的人身安全，研制出航空模拟器，模拟飞机的起飞、升空、降落、打雷下雨等各种情况。通过模拟器，飞行员可对实际飞行中可能遇到的情况有所体验。这一试验成功后，许多娱乐公司受到启发，开发了动感电影。动感电影集液压机械、自动化控制、计算机编程为一体，观众坐在用计算机控制的动感座椅上，随着影片场景的不断变换，座椅的运动和影片情景的转移融为一体，让观众不由自主地进入“角色”，造成十分真实和身临其境的特殊感觉。

2. 大型主题娱乐

大型主题娱乐是旅游景区经过精心策划组织、动用大量员工和设备推出的大型娱乐活动，一般在推出前会进行较高频率的广告宣传，用心营造特定氛围。大型主题娱乐项目是主题公园营销的主要方式。按照大型主题娱乐的活动方式，可以将其分为三种类型：

(1) 舞台豪华型。舞台豪华型娱乐一般采用最先进的舞台灯光技术，用氢气球、声控模型、动态舞台等占据多维空间，并燃放焰火、喷泉等配合舞台演出。舞台服饰强调彩衣华服、夸张怪诞，节目强调时代感与快节奏，集杂技、歌舞、服饰表演、艺术表演于一台，强调娱乐性，以新、奇、乐、大手笔取悦观众。国内比较有名的如深圳世界之窗每晚在“世界广场”推出的大型音乐舞蹈晚会“创世纪”和融合自然风光与舞台表演的大型桂林山水实景演出《印象·刘三姐》(如图 2－10 所示)。

图 2－10　《印象·刘三姐》表演

(2) 花会队列型。以深圳中国民俗文化村的“民族大游行”为代表，这是一种行进式队列舞蹈、服饰、彩车、人物表演，一般与节庆相结合，在广场或景区街道内进行。有的以民俗为主题，有的以神话传说为主题，演出服饰夸张怪诞、喧闹喜庆、娱乐性强。世界之窗的大游行汇集了皇家马队、扑克方阵、典礼仪仗、文化彩车等异国文化风情。

(3) 分散荟萃型。这是以一定的节庆为契机，围绕一定主题，在旅游景区多处同时推出众多小型表演型或参与型娱乐活动，从而形成一个大型主题娱乐活动。如深圳世界之窗在 8 万平方米的欧风街范围内于“欧洲之夜”期间同时推出的诸多活动等。

(二) 景区娱乐服务管理

1. 娱乐服务的内容应该和景区所在地的发展状况相一致

不同景区所在地在自然、文化、社会、经济等方面发展差异很大，旅游景区的各类娱乐项目是体现旅游地的发展状况，而不是不切实际地盲目跟风，忽略旅游地的实际情况。例如，在自然类旅游景区，最好的娱乐项目就是没有娱乐项目，宁静、自然、和谐的自然环境就是游客最好的娱乐对象；而在历史人文类旅游景区，娱乐项目是活跃气氛、变静态文化为动态文化的最好途径之一。

2. 娱乐服务的核心目的是增强游客体验

增强游客体验是娱乐服务的重要内容，会使游客在景区内的活动更加丰富，给游客留下深刻的印象。不同类型景区的性质和特点不同，所以娱乐服务的主旨也存在差别。

3. 娱乐服务管理的生命线是安全

安全始终是娱乐服务管理最根本、最重要的要求。例如，在人文旅游资源景区，安全不仅包括旅游者的人身安全，还包括文物遗迹的安全。在自然保护区类旅游景区，旅游者意外受伤、受野外动物攻击、食物中毒等意外安全问题是管理的重点。

4. 娱乐服务管理的基础是员工培训

景区服务人员是娱乐项目的引导者、组织者，受过良好训练的服务人员能让娱乐项目的效果发挥到最大化。迪斯尼的成功经验就证明了员工在景区娱乐服务中的重要作用。

二、旅游景区购物服务

旅游购物是旅游六要素之一。购物收入在旅游活动中不属于必须消费的收入，但是它在旅游收入总量中的比重，却反映了旅游业发展的整体状况。我国旅游购物收入占旅游总收入的比重长期徘徊在20%，与旅游发达国家购物收入占旅游总收入的40%～60%相比，存在较大差距。旅游购物一直是我国旅游六要素中最薄弱的环节之一，这也导致旅游的关联带动效应减弱。

旅游景区要使旅游购物业兴旺发达，就必须研究旅游商品、购物者心理和销售方法等，从而吸引并满足顾客的需求。

(一) 旅游商品及其属性

旅游商品是指游客在旅游活动中所购买的纪念性、实用性或具有地方特色的物质性商品。旅游商品是景区经营的重要内容，也是景区经营收入的重要组成部分。旅游商品有些在旅游过程中被消费掉，有些则被带回作为赠送礼品或收藏品。旅游商品一般有以下三种类型：一是旅游纪念品，如文物古董、工艺美术品、土特产、服饰等；二是旅游实用品，如旅行箱包、雨衣、太阳镜、摄影摄像器材、帐篷、常用药等；三是旅游消耗品，如食品、饮料、洗漱用品等。总的来说，旅游商品具有以下属性。

1. 纪念性

纪念性是旅游商品的一个基本属性。一次旅游就是一次经历，对于旅游者来说，这种经历是难忘的，也是值得回忆的。旅游商品往往蕴涵着旅游目的地的地域文化特征，或者联系着旅游者在旅游过程中的某些事件，所以旅游者大多会在旅游结束时购买具有纪念意义的旅游商品。

2. 艺术性

艺术性是指旅游商品在艺术上要高于一般的生活消费品。旅游者购买旅游商品时无论是自己留念还是赠送给亲朋好友，都会考虑到旅游商品的艺术美感。旅游商品只有具备了艺术美，才能具有特殊的欣赏价值和收藏价值，才能有市场。

3. 实用性

实用性是指旅游商品具有一定的实用价值。比如印有景区标志的文化衫、木制工艺笔筒、民族风情服装、雕花手杖等，既有观赏性、纪念性，还具有实用价值。

4. 宣传性

一件设计独特、特色鲜明的旅游商品相当于贴了旅游景区的标签，不仅可以作为旅游者的纪念品，而且旅游者在使用旅游商品时接触到更多客源地的人，这无形中充当了景区的形象大使，起到了广告宣传的作用，提高了景区的知名度。

（二）旅游者购物心理分析

了解旅游者的购物心理，是搞好旅游购物服务的前提。总的来说，游客的购物心理主要有以下几种。

（1）求实惠，即追求商品的使用价值。游客购买商品，看中的是实用、实惠，对商品的外观并不十分注意。尤其是中低收入阶层的游客，在旅游过程中购买所需要的用品时，特别注意商品的质量和用途，要求商品经济实惠、经久耐用、实用方便。

（2）求名牌，即追求名牌和有名望的商品。优质名牌商品、具有纪念意义的商品、可荣耀身份的商品，都会使这类游客爱不释手。对于有求名动机的游客来讲，往往不太注意商品的效用和价格，而是注重商品的名望、象征意义和纪念意义，并在感情冲动中作出购买决定。这类游客希望在景区购买到具有纪念意义的工艺美术品、古董复制品、旅游纪念品等旅游商品。一方面是为了留作纪念。因为很多旅游者都喜欢把在旅游景区买的纪念品连同他们在旅行中拍的照片保存起来，留待日后据此回忆他们难忘的旅游经历；另一方面是为了带回去馈赠亲友，并以此提高自己的声望和社会地位。

（3）求审美，即重视旅游商品的艺术欣赏价值。对游客来讲，离开自己的居住地参加旅游活动，不仅希望欣赏到美的风景，同时也希望能购买到一些富有美感的旅游商品。他们往往重视旅游商品的款式、包装以及对环境的装饰作用。

（4）求新奇，即追求旅游商品的新颖、奇特、时尚。在游客购物的过程中，好奇心起到一种导向作用。游客大多喜欢新奇、新颖的商品。新的颜色、新的款式、新的质量、新的材质，可以满足人们求新的心理，调节枯燥、单调、烦闷的生活。因此，游客在旅游景区看到一些平时在家看不到的东西时，就产生好奇感和购买的欲望。例如，在香港旅游，游客喜欢购买化妆品和服饰；在云南旅游，游客喜欢购买蜡染产品等。

（5）求低价。在旅游景区，旅游者对旅游商品的价格特别敏感，他们追求价格低廉、经济实惠的商品。在我国，旅游者不信任旅游商品的标示价格，一般会采取讨价还价等方法取得较低的购买价格。

(6) 求兴趣。对于游客来讲，由于生活经历、宗教信仰、受教育程度、家庭背景等方面的不同，其兴趣、爱好也各不相同。在旅游的过程中，他们一般只购买与自己兴趣、爱好有关的商品。例如，喜欢古董并能甄别真假的游客对景区的文物商品特别感兴趣。

(7) 求知识。这种心理的特点是通过购物获得某种知识。有些游客特别喜欢景区服务人员介绍有关商品的特色、制作过程，字画的年代、其作者的轶闻趣事以及鉴别商品优劣的知识等，这也会促使他们购买该种旅游商品。例如，游客通过观看和服务人员介绍景泰蓝的制作过程，进而产生了购买的欲望。

(8) 求尊重。这种心理是游客在购物过程中的共同心理需求。这种需求表现在很多方面，如希望景区服务人员能热情回答问题；希望景区服务人员能任其挑选商品，不怕麻烦；希望景区服务人员彬彬有礼，尊重他们的爱好、习俗、生活习惯等。

(三) 旅游商品推销技巧

1. 善于与客人沟通

景区服务人员除注意自己的着装和仪容仪表外，更要善于与客人沟通。一般来说，游客刚一进店，服务人员不可过早同客人打招呼。因为过早接近游客并提出询问，可能会使游客产生戒心，而过迟则往往使客人觉得服务人员缺乏主动和热情，使游客失去购物兴趣。与客人沟通的最佳时机，是在客人开始关注某种商品的时候。通常表现为：

(1) 当客人长时间凝视某种商品的时候。

(2) 当客人突然停步观看某种商品时。

(3) 当客人用手触摸商品时。

(4) 当客人像是在寻找什么的时候。

(5) 当客人眼光中流露出询问的意图时。

服务人员一旦捕捉到这样的机会，应马上微笑着向客人打招呼。另外，景区商品部的服务人员还必须善于察言观色，通过对游客的言行、年龄、穿着、神态、表情等外部现象的观察，学会揣摩游客的心理，分辨顾客类型与购物喜好，有针对性地为游客服务。例如，对于目光集中、脚步轻快、迅速地直接奔向某个商品柜、主动提出购买要求的游客，服务人员要主动热情接待，动作也要加快，否则游客容易不耐烦；再如，对于神色自若、脚步不快、无明显购买意图的游客，服务人员应让其在轻松的气氛下自由挑选。

2. 主动展示商品，激发游客购买兴趣

当今社会提倡个性张扬，“好酒也怕巷子深”，服务人员如果不主动向游客展示商品，很可能会损失部分潜在的消费者。因此，服务人员接近游客后的工作就是主动向游客展示商品，让游客观看、触摸、鉴赏。目的是使客人看清商品特征，产生对商品质量的信任，引起其购买欲望，加快成交速度。

商品展示是一项技术性较高的工作，需要服务人员具有丰富的商品知识和熟练的展示技术。在展示时，动作要敏捷、稳当，拿递、摆放、操作示范等动作不可粗鲁、草率，否则会显得服务人员对工作不负责任，对商品不爱惜，对游客不尊重。

3. 热情介绍商品，增进客人信任

当游客对某一商品产生喜欢情绪并对商品进行比较、评价的时候，服务人员应适时地介绍商品知识，如名称、种类、价格、特性、产地、厂牌、原料、式样、颜色、大小、使用方法、流行性等。所谓适时介绍，就是在分析客人心理需求的基础上，有重点地说明商品，以便“投其所好”。事实表明，服务人员从客人的需求出发，积极热情、实事求是地介绍，不仅可以满足游客的购物需求，还可以增加游客的购物欲望。服务人员向游客介绍旅游商品的要求标准如下。

(1) 介绍旅游商品要注意严格遵守商业职业道德规范，维护游客利益，实事求是介绍商品，不夸大商品优点，也不隐瞒其缺点。

(2) 不张冠李戴，不能为迎合顾客购买心理，以次充好。

(3) 尊重游客的习惯、兴趣和爱好，有针对性地介绍商品，不过分纠缠，给人强买强卖的感觉。

(4) 语言要简明扼要，语调语气要体现出热情、诚恳和礼貌，但也不可过分热情，应留给游客思考的空间。

三、旅游景区餐饮服务

景区餐饮服务是旅游业的重要组成部分。俗话说“民以食为天”。可见，餐饮服务在整个景区服务中的重要地位，它是景区向游客提供优质服务的基础和保障。

(一) 景区餐饮服务的要求

一般来说，景区餐饮服务应符合以下要求。

1. 清洁卫生

客人一般非常重视就餐的卫生条件，这也直接对客人情绪的好坏产生影响。良好的就餐环境会使客人产生安全感和舒适感。客人对餐厅卫生的要求体现在环境、餐具和食品几个方面。客人总希望餐厅环境是干净的、整洁的，餐具都是经过严格消毒的，食物都是新鲜的、卫生的。

2. 快捷服务

客人就餐时不希望等待。为了满足客人的这种心理，可以采取以下服务策略。

(1) 备有快餐食品，为那些急于就餐者提供迅速的服务。

(2) 客人坐定后，先上茶水或其他免费小吃以安顿客人，使他们在等待上菜的过程中不感到太无聊。

(3) 反应快。客人一进餐厅，服务员要及时安排座位并递上菜单，让客人点菜。

(4) 结账及时。客人用餐结束，账单要及时送到，不能让客人等待。

3. 公平合理

只有当客人认为在接待上、价格上是合理的，才会产生心理上的平衡。如果客人在就餐过程中，因为着装、消费金额而受到不同的接待，在价格上有吃亏受骗的感觉，他(她)就会觉得不公平，甚至投诉。因此，餐厅在制订价格和接待规格上要尽量客观、公平合理。

4. 尊重顾客

游客外出用餐出于两个目的：一是替代家中日常的进餐活动；二是把在餐厅进餐看做是消遣娱乐活动。这实际上隐含了客人对社交、情感等较高层次的需求。尊重客人体现在客人用餐的各个环节，如微笑迎送客人、恰当领位、尊重客人的饮食习惯等。

（二）景区餐饮服务的特点

（1）消费层次高。旅游景区因客流量大以及地理位置特殊，人均消费比一般餐饮点高。随着人们收入的提高，游客对餐饮服务质量也提出了更高的要求。

（2）经营方式灵活。旅游景区餐饮服务的经营方式具有灵活性，主要有自主经营、承包经营、特许经营等经营方式。

（3）管理难度大。旅游景区餐饮服务因其经营方式灵活，缺乏有效的管理制度，所以管理难度很大。例如，景区的小餐饮点多数为家庭作坊，产品粗糙，环境卫生得不到保证，食品加工、储运的工具卫生不合格以及偷工减料、以次充好等问题，这使游客消费时缺乏安全感。

（三）景区餐饮服务管理

景区内的餐饮单位包括中餐厅、西餐厅、果汁店、冷饮店、茶室、酒吧等。旅游景区餐饮服务管理包括单位选址、设计，经营方式的选择等方面。

1. 景区餐饮单位的选址

景区餐饮单位不同于一般的餐饮单位，要考虑到景区特殊的环境和功能。景区餐饮单位的选址应该遵循以下原则：

（1）不破坏景观。景区是游客游玩赏景的地方，优美的环境是吸引游客的主要因素，餐饮单位的选址不能破坏环境美感，其建筑体量和风格要与周围环境相一致。

（2）不污染环境。餐饮单位的废弃物会给景区环境带来污染，应该进行专门处理。餐饮单位的规模也应该受到限制，以快餐式服务为主，一方面是游客来景区的目的主要是游览，餐饮消费量不会太大；另一方面可以减少对景区的环境影响。

因此，景区的餐饮点一般设置在景区内人流较多、游客进行休憩的地方，比如景区的出入口、景区内娱乐活动区等。

2. 景区餐饮单位的设计

景区内餐饮单位的设计应该符合景区的主题，建筑风格和材质应该与景区环境协调一致，起到为景区锦上添花的作用。

（1）外观设计。景区餐饮单位的外观设计不能太突兀而影响美观，在色调和材质上做到不影响景观，并且其结构、造型还应成为景观的一部分。此外，还要尽量减少广告宣传牌等，做到醒目而不抢眼。

（2）内部环境。景区内的餐饮点在一定程度上还起着休息点的作用，旅游者需要一个舒适的环境休息，恢复体力。旅游本身就是旅游者追求休闲舒适的过程，因此，游客对景区餐饮环境的舒适度要求很高，因而餐饮服务单位的环境应该舒适、淡雅，光线柔和，同时内部的装饰应该突出景区特色，如在门窗设计方面，应该尽量做到使游客就餐时还能欣赏到外面优美的环境。

3. 景区餐饮服务经营方式的选择

（1）景区自主经营。自主经营，即景区拥有餐饮单位的所有权和经营权。这种方式有利于景区的管理和控制，但是增加了经营和管理成本。

（2）承包经营。承包经营，即将在景区内经营餐饮的权利授予个人、公司或其他实体，双方签订契约，经营者自负盈亏。这种方式灵活，有利于服务质量的提高和技术的改进，但是容易出现短期利益行为，破坏景区形象，甚至危害景区环境。

（3）特许经营。特许经营，即景区按照有关法律的规定，通过市场竞争机制选择经营者，明确双方权责关系，允许特定经营者在一定期限和范围内经营景区的餐饮单位。这种方式既可以减轻景区管理部门的负担，又可以有效地对经营者进行监督管理，避免产生不良后果。

四、旅游景区住宿服务

景区住宿部门可能设置在景区内，也可能设置在景区外，主要类型有宾馆、饭店、疗养院、度假村、民居旅馆、野营地等，经营管理方式一般为景区直接经营，也有租赁经营、委托饭店集团经营等方式，不论采用何种方式，都应该视为景区的一个组成部门进行管理。

（一）景区住宿服务的内容

景区住宿服务主要包括两个方面的内容：前厅部服务和客房部服务。前厅部服务内容包括客房预订服务和接待服务，如入住登记、问询、礼宾、收银和销售等；客房部服务包括清洁卫生服务和对客服务。

（二）景区客房服务的要求

景区客房的客源主要是到景区观光、游览、度假的客人，客源相对较为单一，并且易受景区旅游淡旺季的影响。因此，景区客房的规模相对较小，功能也不全面，需借助别的部门的弥补和配合。景区客房服务在业务和管理上与饭店管理差别不大，下面以总台服务为例介绍相关服务要求。

1. 住宿登记制度

饭店业属于特殊行业，为做好安全治安工作，提高服务质量，游客在景区入住必须进行登记。例如，住客在饭店入住一般要填写“住宿登记卡”，记录客人的姓名、年龄、住宿时间等相关内容。

2. 交接班制度

对于全天营业的住宿接待单位，工作中各班次应办好交接班手续，相互间紧密衔接，明确职责，防止混乱。上下班交接的主要内容包括：空房空床情况、住客交办未了的事项、患病住客的病情及照护情况、宾客留言或委托转交事项、客房设施变动情况、叫醒服务等。

3. 总台服务人员的工作要求

(1) 掌握预约客房。掌握当天或未来几天内所能腾出的房间数，热情接待并明确答复预约者提出的要求，作出妥善安排。

(2) 验证登记。客人走近柜台，登记员应微笑迎候，介绍客房情况。办理手续时，要验证仔细，登记迅速。接待团体客人应预先把房间分好，统一登记。对特殊客人可让其先进房间，后办理手续。

(3) 客房分配。全面掌握客房的方位及档次条件，分配时尽量满足客人需求。如不能满足时应耐心解释，并表示歉意，符合条件时作出适当调整。

(4) 账目结算。审核填写时要认真细致，发票字迹清楚。结账后，向客人道谢，并欢迎再次光临。

(5) 代办事项。客人函电、留言应及时传递，叫醒服务应准时。客人委托代办事宜要认真对待，做到及时准确。

第四节　旅游景区辅助服务管理

一个景区要想取得游客的满意和信任，不仅要依靠其资源的独特性，还需要为游客提供人性化的服务。景区辅助服务主要是指为了方便游客在景区内的游览和娱乐而提供的交通、邮电、医疗救助等方面的服务。景区辅助服务内容丰富、形式多样，是增强游客旅游体验、提高景区经济效益的重要手段。

一、旅游景区交通服务

景区交通服务是指景区向游客提供的、以便游客在各景点之间、景点与旅游设施（餐厅、客房、购物商店、公共设施等）之间进行空间活动的各种服务。景区交通服务是景区旅游活动顺利进行不可或缺的物质基础，是景区发展的先决条件。

(一) 旅游景区交通服务的分类

旅游景区的交通方式随景区类型的不同而有很大差异，可以从不同的角度进行分类。

1. 按运输方式划分

(1) 现代交通运输方式。我国旅游景区的现代交通运输方式包括：环保车、电瓶车、出租车、缆车、游轮等。

①环保车。随着时代的发展，人们对环境保护和可持续发展越来越重视，很多景区也开始使用环保车为游客提供交通服务。环保车的核心技术就是使用氢作为能源提供动力。

②电瓶车。一种由牵引蓄电池提供电能，由电动机驱动的纯电动机动车。目前国内的电瓶车主要用于观光载客、治安巡逻、搬运货物之用。电瓶车有很多种类，景区内使用的叫做电动观光车，主要用途是在公园、景区、休闲度假村、大学、高尔夫球场等场所用做载客，具有无污染、无噪声等优点。例如，广州市番禺区大夫山森林公园就采用了这种交通方式（如图 2－11 所示）。

图 2-11 番禺区大夫山森林公园电瓶车

③出租车。某些景区允许出租车的存在。例如，庐山风景区的牯岭镇就有这种交通方式。

④缆车。利用钢绳牵引，实现人员或货物输送目的的设备的统称，包括观光缆车和运输缆车两种，很多山岳型景区都建有缆车。例如，华山建有观光缆车，既有交通工具的作用，也有观光的功能。

⑤游轮。一般是水域风光类景区采用的交通运输方式。例如，游览长江三峡时乘坐游轮，不仅可以起到交通工具的作用，同时也能尽享两岸的风光。

(2) 民间传统运输方式。这类运输方式较为古老，一方面可以完成景点之间的连接，另一方面古老的运输方式本身就是一种资源，是一种很具吸引力的旅游项目。这类运输方式主要有以下几种：

①羊皮筏子。羊皮筏子俗称“排子”，是一种古老的水运工具。它由十几个气鼓鼓的山羊皮并排捆扎在细木架上制成。黄河边供游客乘坐的羊皮筏子都是用 13 只皮胎采取前后各 4 只、中间 5 只的排列方式绑扎成的小筏子，重 20 多斤，能坐 5 个人。

②溜索。在云南怒江流域，溜索是当地人最具代表性、最典型的原始交通工具（如图 2-12 所示）。特点是将人悬于钢索上，借助铸铁制成的滑轮由高向低作长距离滑行，可运输人和羊、柴垛等生产生活用品。现已成为新型健身娱乐项目。

图 2-12 怒江溜索

③雪橇。在高纬度地带，地面积雪较厚，于是产生了由动物（狗、鹿等）拉牵爬犁而行走的运输工具。例如，在我国东北林海雪原中的狗拉雪橇。

2. 按经营方式划分

(1) 组织经营。这种方式在我国旅游景区比较常见，尤其是大型景区，比如，环保车、电瓶车、缆车等。

(2) 个体经营方式。主要是指民间运输方式，这种交通方式一方面具有地方性、民族性，另一方面经营起来比较方便灵活，但是给管理者在管理方面带来一定的困难。

（二）旅游景区交通服务的要求

景区交通服务是景区向游客提供的重要服务，应该满足以下要求。

1. 准时性

由于旅游景区交通服务具有连贯性，前一阶段的耽搁和滞留会影响下一阶段的旅游活动，由此会产生一系列连锁反应，最终导致经济事故的发生，如费用的结算问题。对于国际游客还可能诱发涉外事件，如有些外国游客不能按时出境，影响工作、生活等。从根本上说景区交通服务的准时性是衡量景区服务质量优劣的重要标志。

2. 节奏性

景区的客流量在时间上具有波动大的特点。一般来说，景区早晨开门、傍晚闭门时的客流量大，中午时客流量小。一周之中，周末是客流量的高峰。近年来，我国假日制度的改革，使人们有了更多可以自由支配的闲暇时间，尤其是“黄金周”期间，大部分景区都会客流量大增，给景区交通服务带来很大的压力和挑战。这就要求景区管理者要合理计划安排景区的交通设施，从而为游客提供高效、快捷的交通服务。

3. 多层次性

旅游者的结构具有多元性，对于景区交通方式的要求也不尽相同。例如，外国游客、高收入游客会选择豪华型高档次的交通方式，对价格高、趣味性强的民间运输服务方式也非常青睐。因此，景区管理者应该对运量和运力进行综合考虑，以满足游客的不同需求。

二、旅游景区医疗服务

（一）旅游景区医疗救援服务的重要性

(1) 保证游客生命安全的重要举措。游客外出旅游，由于长途跋涉再加上水土不服，很容易出现身体不舒服的情况，有时还会出现意外情况，这就需要景区为游客提供医疗服务。当个别游客出现意外伤亡事故时，景区更应及时地提供紧急救援服务。

(2) 保证景区工作人员安全的有力措施。景区工作人员出现生病的情况，也需要景区为其提供必要的医疗服务，确保景区员工能健康的为游客服务。

（二）旅游景区医疗救援服务的要求

(1) 向游客宣传医疗救援服务。在游客进入景区前，要向其进行医疗服务的宣传，使游客了解景区医疗服务的地点、内容、联系方式等，以便游客在需要医疗服务时联系景区。

(2) 医疗救援服务要迅速。救人如救火，景区提供的医疗救援服务一定要迅速，尽最大努力救治游客的伤病和挽救病危游客的生命。

(3) 医疗救援服务网点要分布合理。除了在景区的出入口等明显位置设置医疗救援服务网点外，还要在危险地段建立服务网点，并采用医疗救护车的方式，流动地为游客提供服务，将固定和流动的方式结合起来，为游客提供全面医疗服务。

知识链接

三亚市提供完善的景区医疗急救服务

由三亚市人民政府出资100万元，市人民医院提供医护人员和医疗保障而成立的亚龙湾国家旅游度假区急救站，于2009年1月16日正式投入使用，为即将到来的春节旅游黄金周提供了更为完善的医疗急救服务。

亚龙湾作为全国首批12个国家级旅游度假区之一，经过16年的发展，已经成为三亚旅游的金字招牌，不仅汇聚了诸多国内外知名品牌酒店，拥有五星级酒店7家、待评五星4家及其他酒店等共19家，拥有客房6390间、床位10512张；还有景区（点）、高尔夫球场、高档住宅区和商业街、游乐场等设施；并且成为三亚各项大型活动的重要举办点和接待点。过去，由于度假区内医疗设备比较简陋，离市区比较远，而且每天都有数以万计的游客进入亚龙湾内，已不能满足湾内的日益发展对医疗急救服务的迫切要求，建立亚龙湾国家旅游度假区急救站已迫在眉睫。

急救站建成后，已配备了急救所需的呼吸机、除颤仪、全自动吸痰机、全自动洗胃机、多功能抢救床、全导联心电图机等先进医疗设备，还配备了两部120急救车，十几名专业医护人员实行24小时值班制。急救站的建成使用，使三亚市能切实为度假区内广大游客和群众提供及时、便捷、高效、优质、安全的院前急救服务；是确保在事故突发时能快速反应，就近抢救各种危急病人的保证；是保障广大游客、人民群众的身体健康和生命安全的重要措施。

资料来源：http：//www. cinic. org. cn/shownews. php? id=39221.

三、旅游景区邮电服务

景区为游客提供的邮电服务主要包括邮政和电话通信服务，这对于完善景区服务体系起着非常重要的作用。

（一）旅游景区邮电服务网点布局原则

(1) 方便游客原则。景区的邮政分局应建立在景区入口处，方便游客寻找和为游客提供服务。电话亭应分布在景区各主要交通路口处，便于游客使用。

(2) 环境保护原则。景区设置的邮电通信设备要符合环境保护的原则。例如，电话亭外观要美观醒目，材质要和景区特色相一致；景区邮政分局的选址、建筑材料、建筑风格等都要考虑环境保护和与周围景观相协调的问题。

（二）旅游景区邮电服务的意义

（1）有利于游客顺利地进行游览。很多游客外出旅游，会随时和亲朋好友进行联络，或是购买特色旅游商品而又携带不便，就需要景区提供相应的通信和邮电服务，以便顺利地进行游览。

（2）游客安全游览的重要保障。游客在游览过程中，遇到疾病等意外情况时，首先需要的是景区提供良好的邮电服务，进而才能获得其他所需的服务。

案例一

摔坏的鼻烟壶

王女士和老伴到北京旅游。到北京第二天，由导游引领，进入一家定点商店购物，喜欢收藏古董的老伴，挑选了一件据说是溥仪用过的鼻烟壶，而且价格不菲。王女士不放心，想让导游员给鉴别一下。于是，她把导游员请到跟前，导游员接过鼻烟壶认真地看了起来，最后说："东西不错，但有些贵。"此时，王女士夫妇很高兴，请导游员帮着讲价。商场服务员最终同意便宜200元。正在这时，司机找导游员有事，导游员一急，将手中鼻烟壶随意一放。谁知没放好，一下掉到了地上，摔掉了一个角儿。顿时大家都变得很尴尬，购物店老板见此情形，马上说："这个问题你们得内部解决，东西你们拿走，钱得交上。"王女士夫妇没办法，把钱交给了收银台，导游员连声赔礼道歉。旅游结束后，王女士将导游员告到了旅游质监部门。经过协商，导游员承担30%的购货款，王女士也同意了这样的调解结果。

资料来源：http：//jpk.hbtvc.com/2009/w9funonews.asp?id＝561.

案例分析

本案例给所有的导游人员提了醒，在为游客选择商品时，一定要注意主次关系。导游员不能左右客人的最终决定，即使游客盛情邀请帮助选购，也要把握好尺度。同时，应该认识到，做好导游工作仅仅具有良好的愿望和出发点是远远不够的，还必须把工作做得仔细、周到。这样才能使游客得到实惠和帮助。否则，如本案例中所示，好心办坏事，更容易导致客我之间的关系恶化。在与游客相处的过程中，导游员要把握一定的尺度，一旦出现了问题，要把"游客至上"作为处事的原则，在优质服务和针对性服务的基础上，给予游客满意的答复。

案例二

导游的冷场

小徐是位刚跨出旅游学校校门的导游员，这次他带的是来自某地区的旅游团。与前几次带团一样，上车后小徐就认真地讲解了起来。他讲这个城市的历史、地理、政治、经济，他讲这个城市的一些独特的风俗习惯。然而，游客对他认真的讲解似乎并无多大兴趣，不但没有报以掌声，坐在车子最后两排的几个游客反而津津乐道自己的话题，相互间谈得非常起劲。虽然也有个别的游客回过头去朝那几位讲话的看一眼以表暗示，但那几个游客好像压根儿没有意识到似的，依然我行我素。看着后面聊天的几个游客，再看看一些在认真听自己讲解的游客，小徐竭力保持自己的情绪不受后面几位聊天者的影响。但是他不知道怎样做才能阻止那几位游客聊天。

资料来源：http：//www.zg.china-b.com/dy/503611.html.

案例分析

在一个旅游团中，导游员不能期望所有的游客都依照你的愿望去行事，都像小学生似地专心致志地听你讲解。作为导游员，当发觉旅游团中有游客不爱听自己的讲解时，首先应该反省自己：是自己讲解的内容游客不能听懂，还是自己的讲解缺乏吸引力。如果说自己在讲解的语言、内容、趣味性、技巧上都无懈可击，而仍有个别游客在其中干扰的话，则应该拿出良好的对策，而不该视而不见。因为放任这种干扰，且任其蔓延，将会影响到整个旅游团的旅游气氛。本案例中小徐可以尝试这样去解决问题：首先边微笑边说："对不起，可能刚才我的讲解有些游客不感兴趣，这样吧，接下来，我讲一些大家都感兴趣的内容。"然后顿一顿再加大嗓门说："哎，后面的几位游客希望我讲些什么内容呢?"这样的发话，一箭双雕，既没有损害游客的面子，又可以阻止他们在车厢里谈天说地。

本章小结

旅游景区的服务管理是我国旅游景区经营管理中的薄弱环节，当然也是未来我国旅游景区需要重点改进的方面之一。旅游景区服务的内容非常丰富，限于篇幅，本章重点介绍和阐述了景区接待服务管理、旅游解说服务管理、景区娱乐服务管理、景区购物服务管理和景区辅助服务管理，景区服务的内容、流程、服务管理是本章的重点。

复习思考题

1. 景区接待服务包括哪些工作内容?
2. 如何做好景区接待服务工作?
3. 旅游解说服务包括哪些内容?
4. 旅游商品有哪些属性?
5. 常见的景区现代交通运输方式有哪些?

第三章　旅游景区旅游资源管理

本章导读

旅游景区的发展要以景区的旅游资源为依托，富有特色的景区旅游资源是景区产品开发的基础。在一定条件下景区旅游资源的类型、规模、品质及其所处的区位条件往往决定着景区的发展方向、规模和发展速度。因此，景区应该在旅游发展中深入了解旅游资源的性质和特征，对景区旅游资源进行合理的分类和科学、全面的评价，对旅游资源的合理利用和保护及旅游市场定位等方面有着重要的意义。通过本章学习，使学生理解景区旅游资源的基本概念和内涵，掌握旅游资源的分类与评价，能够依据本章所学的旅游景区旅游资源管理的知识，创造性地分析和解决景区资源管理中的实际问题。

第一节　旅游景区旅游资源概述

旅游资源是景区借以吸引旅游者的最重要因素，是确保景区开发成功的客体基础。在景区开发经营过程中，首先要对旅游资源的含义、特征等有所认识，并作出客观的评估，才能为景区的市场定位、开发规模、产品组织等经营决策提供依据。

一、景区旅游资源的含义

“旅游资源”一词，并非自古有之，它与旅游活动一样，是随着人类社会的发展而产生的，也就是说，自人类开始有意识地关注旅游活动和旅游业开始，旅游资源才成为人们研究和探索的对象，特别是现代旅游业的飞速发展，更促进了人们对它的重视，最终成为现代旅游学研究的热门课题之一。前人从不同的出发点对旅游资源进行了不同角度的分析和研究，产生了许多具有开创和建设意义的认识，也从而奠定了我们今天对旅游资源认识的基础。

（一）旅游资源的含义

旅游资源作为旅游活动的对象物，在今天人类旅游活动空间极度开阔、旅游活动内容极度深化的情况下，它的内容和范围也成为一个十分复杂的问题。总体来说，人们已经确定了一个对旅游资源的基本认识，即旅游资源是动态的，是随着人类旅游需求的变化而变化和发展的。

作为旅游的对象物，旅游资源必须首先适应旅游活动的需要，在理论上就要以旅游的概念和内容为前提来进行探讨。但人们总是从不同的角度、不同的出发点来认识和研究旅游资源，致使直到今天仍没有一个被普遍认同的定义，关于旅游资源概念的争论至今也没有停止，但旅游产业发展的实践不允许不确定的概念继续存在下去。为了对实践领域进行规范，国家质量监督检验检疫总局于 2003 年 2 月 24 日颁布了中华人民共和国国家标准 GB/T 18972—2003《旅游资源分类、调查与评价》，该标准中对旅游资源的概念确定为："自然界和人类社会凡能对旅游者产生吸引力，可以为旅游业开发利用，并可产生经济效益、社会效益和环境效益的各种事物和因素。"这一定义包含以下几层含义。

(1) 旅游资源对旅游者产生吸引力。旅游资源对旅游者产生某种吸引力，能够激发旅游者的旅游动机。当旅游资源吸引力足够强大时，形成异地吸引力，就可以促使旅游者实现异地迁移，从而促成一次旅游活动的形成。

(2) 旅游资源是旅游业的开发对象，是旅游产品的来源和基础。一方面，旅游业通过一定的辅助因素和手段对旅游资源进行开发利用，将资源转化为产品，推向市场，其中的辅助因素和手段不能算做旅游资源；另一方面，只有通过旅游业的开发利用，成为旅游产品，旅游资源才能和旅游者发生联系，从而实现自己的价值。另外，由于旅游资源的开发具有层次性，开发出来的旅游产品也是多级别的，所以旅游资源既包括尚未被开发但有开发价值的部分，也包括已经被开发过，可以被组合成不同旅游产品的部分。

(3) 是否能实现效益是现今社会环境对旅游资源是否可以为旅游业开发利用的限制条件。旅游资源开发后形成的旅游产品既要满足市场需求，又要符合社会规范，还要遵循生态原则，这是现代社会对资源利用的要求，也就成为资源开发的条件。

(4) 旅游资源包含多种因素。由于现代旅游形式和目的的多样性，也使旅游资源的范畴随之扩大了，一切能够具有吸引力的因素都可成为旅游资源，除了常见的山川、河岳、建筑、工艺品等，许多人类社会中的常态因素、社区生活景象，如公园晨练、老年人的"故事会"、老牛拉犁等，都能够成为吸引旅游者的资源和景观。

（二）旅游景区旅游资源

旅游景区旅游资源是指存在于旅游景区内，能够吸引旅游者，满足其旅游需求，能被旅游业开发利用并产生经济、社会、生态效益的自然景观和人文景观以及旅游服务设施的总和。景区旅游资源和旅游资源的主要区别是：景区旅游资源是限定于景区之内的，范围比较小，而旅游资源是相对于自然界和社会来说的，范围比较大；景区旅游资源是景区之内的，而景区是已被开发利用的并形成旅游吸引力的，所以，景区旅游资源当然也是被开发利用的，而旅游资源还包括未被利用的资源。可以说，景区旅游资源是旅游资源的一个组成部分。

二、景区旅游资源的特征

景区旅游资源作为旅游资源的组成部分，拥有和旅游资源相同的共性。认识这些共性，对于发展旅游业，尤其是景区旅游资源的开发利用、旅游市场营销及旅游资源的保护等工作有重要的意义。结合旅游资源的本质属性，其基本特征主要包括以下五个方面。

（一）广泛性

旅游者的社会组成和心理特点具有多样性，这决定了旅游资源的存在极为广泛。一般的资源，都有特定的物质内容和分布特征，而旅游资源则不然，它的品种和表现形式多种多样，物质内容纷繁复杂，它的存在范围十分广泛。甚至可以说，世界上任何一种客观存在都可能成为旅游资源。

由于人类社会的发展，一方面人们的旅游动机和需求在向高层次、多元化发展，另一方面人类的空间活动范围也在不断扩大，于是许多新的旅游形式和内容被纳入到旅游资源范畴中来，从而使旅游资源的分布更加广泛，内容更加多样。

（二）地域性

(1) 尽管旅游资源类型复杂、品种繁多，但都分布在一定的空间范围内。由于地理环境的差异，各地的地质、地貌、水文、动植物、气候以及人类长期创造的建筑、宗教、民俗等均存在或多或少的差异，形成了具有不同特征地域文化。这种地域差异性，使旅游资源具有了明显的地域特征。以云南三个著名的景区为例，三大景区所处的区域不同，其资源特色也各异：香格里拉＝雪山峡谷＋藏族风情，大理名邦＝银苍玉洱＋白族风情，西双版纳＝热带森林＋傣族风情。

(2) 旅游活动的本质决定了只有具有鲜明地域特色的事物和因素才能成为旅游资源。旅游活动是旅游者的异地特殊生活经历，旅游资源是旅游产品的核心来源，异地吸引因素的吸引性来自于其与旅游者本身生活环境的差异。所以，一个地方的自然资源、人文风情越具有地方特色，对旅游者的吸引力就越大。

(3) 由旅游资源的地域特征而决定的区域特色是划分旅游区的主要依据。旅游资源的地域差异性，形成了世界上各具特色的旅游区，从而影响了旅游者的空间流动。

（三）文化性

旅游资源的文化性来源于旅游者的精神需求。旅游是人类的一种活动，旅游需求是一种高层次的需求，旅游活动是一项高级消费活动。任何资源都不如旅游资源这样具有显著的文化属性。无论哪种旅游资源，它们之所以能成为旅游资源，最根本的原因就在于它们为旅游者提供了特殊的经历，满足了人们高层次的精神需求，这就是旅游资源文化性的具体体现。例如，高山令人感到雄伟，大海使人心情舒畅，森林草场给人以幽静的感受等。旅游资源的文化性对于不同旅游者而言是不同的，这与旅游资源本身的文化底蕴以及旅游者的职业、受教育程度、生活经历等有关。

（四）利用永续性

有些资源在利用过程中将被消耗掉或需要自然、人工等方式来再生产。旅游资源则不然，旅游者只有在旅游活动中才能使用这些资源，以获得需要的美好感受，旅游者买到的是观赏权，带走的仅仅是对于旅游资源的“感受”，而不能带走旅游资源本身。从这一点来说，旅游资源具有利用上的永续性。但这种永续性是相对的，是建立在对旅游资源合理利用的基础上，自然资源如果利用不当或开发过度，则可能导致资源质量下降，从而难以为旅游者提供高品质的审美体验。历史文化资源都是历经风雨沧桑，一旦被破坏，即使进行人工修复，也不再具有原来的价值。另外，合理开发利用的程度越深，利用的时间越长，旅游资源的知名度就越高，就越能长久地被利用。

（五）变化性

变化性是指旅游资源不是一成不变的，它会随时间或空间的改变而发生变化。

(1) 旅游资源在时间上往往表现出季节性变化，最明显的是气象气候旅游资源和生物旅游资源。例如，高纬地带冬季严寒而漫长，旅游活动主要集中在夏季（雪上、冰上项目除外）；中纬度地带四季分明，春秋季节是旅游的良机；低纬度地带常年可旅游。

(2) 在不同的空间范围内旅游资源也会有很大变化。例如，黄山上的迎客松如果移到平地，其原有的观赏价值就会大大降低，显得不伦不类。

(3) 不同时代的人们对旅游资源的构成、价值判断等表现出极大的差异。一是旅游资源随时代的需求而产生、发展，其品种数量正在不断增加，许多原来不具有旅游价值的事物也纷纷加入到旅游资源的行列中来；二是随着时代的发展，古代部分旅游资源已开始淘汰、消失，如由于长江三峡工程的修建而导致部分历史遗迹被永远淹没在水下，一些石窟壁画由于物理风化等作用而损毁严重，其观赏价值大大降低；三是旅游资源因时代的差异而评价不同，一些著名画家、文学家等的作品在作者在世和逝世后的评价有天壤之别；四是因时代不同，旅游资源的功能也不同，古人的生活用具现今成为博物馆中的观赏品，北京四合院、陕北窑洞、福建客家土楼等民居建筑形式现已成为著名景点。

第二节 旅游景区旅游资源分类与评价

一、景区旅游资源分类

为了开发、利用景区旅游资源，促使资源优势能够得到有效发挥，有必要对景区旅游资源进行科学、合理的分类。遵循不同的原则与分类标准，旅游资源可划分为不同的类型。

（一）理论性分类

1. 按旅游资源的属性和成因分类

这是最基本也是最普遍的分类方法。按照旅游资源的属性和成因，人们将旅游资源分为自然旅游资源和人文旅游资源两大类。

(1) 自然旅游资源。自然旅游资源又称“自然景观”，主要是由地表、气象气候、水文、生物、太空等自然地理要素构成，它是地球表层所有自然要素之间相互联系、相互制约以及有规律运动的结果，主要是在同类型中比较典型，具有美学观赏价值或科研、教学、探险、健身、娱乐等功能的部分。

①地表：典型地质构造、标准地质剖面、生物化石点、自然灾害遗迹、天然矿藏点、名山风光、观赏洞穴、火山熔岩景观、水蚀景观、风蚀景观、沙蚀景观、造型地貌、沙漠戈壁景观、水滨沙滩、黄土景观、岛屿等。

②气象气候：避暑胜地、冰雪风景、云雾景观、树挂奇观、海市蜃楼、极光、小气候等。

③水文：风景河段、湖泊、潭池、瀑布、冰川、浪潮景观、沼泽滩涂、海湾海域等。

④生物：森林、草原、古树名木、奇花异草、野生动物、典型自然生态景观等。

⑤太空：宇宙星体、天文观测、陨石、太空遨游等。

(2) 人文旅游资源。人文旅游资源又称“人文景观”，是指古今中外人类所创造的，能够激发人们旅游动机的物质实体和精神财富的统称。它受人类历史、政治、经济、文化、民族以及地域环境等多种人文因素的影响，比自然旅游资源具有更加丰富的形式和内容，主要包括历史遗迹、古建筑园林、文学艺术、民俗风情、休闲求知健身、购物、现代景观等。

①历史遗迹：人类文化遗址、社会经济遗址、军事遗址、名人故居、历史纪念地等。

②古建筑园林：古代墓葬、水利工程、桥梁、宫殿建筑、宗教建筑、中外园林、历史城镇、传统街区、古典院落等。

③文学艺术：文学作品、神话传说、楹联题字、音乐、书法、绘画、戏曲等。

④民俗风情：生养婚娶、饮食起居、节庆活动、服饰等。

⑤休闲求知健身：科教文化设施、动物园、植物园、公园、体育设施、游乐场所、主题公园等。

⑥购物：市场、购物中心、庙会、店铺、地方物产、超市等。

⑦现代景观：具有典型现代化特征或现代社会特征的景观，前者如磁悬浮铁路，后者如现代化大都市、工厂、农场等。

2. 按旅游资源的再生性分类

从旅游资源开发利用的角度出发、按旅游资源的再生性分类，可将旅游资源分为可再生性旅游资源和不可再生性旅游资源。

(1) 可再生性旅游资源。可再生性旅游资源是指在旅游过程中被消耗后，仍能通过一定的途径人工再生产所补充的旅游资源，如旅游纪念品、土特产品、地方风味等。

(2) 不可再生性旅游资源。不可再生性旅游资源是指那些自然生成或长期历史发展过程中的遗留物，这些旅游资源一旦遭到破坏则极难恢复，即使能复原，其原有价值也将大大降低，如古建筑等。

3. 按旅游资源的市场特性和开发现状分类

(1) 潜在旅游资源。包括具有旅游价值但目前尚没有开发的旅游资源；对个别游客具有异地吸引力且这一吸引力具有继续发展趋势的资源；目前对游客无吸引力但根据市场情况可以预测到其将来成为旅游资源可能性的资源。

(2) 现有和即将开发的旅游资源。这类旅游资源是指已经客观存在的资源，已经成为当地旅游业发展的主体，或是指已经通过可行性论证、即将开发的资源。

(3) 市场型旅游资源。这类旅游资源是比较适合市场需求的资源，它可能原本不是旅游资源，但由于某一社会事件使其影响力倍增而成为旅游资源，如北京奥运会后的鸟巢和水立方等比赛场馆，现已成为热门旅游景点，或者是由于市场需求而可以创造出来的新的旅游资源，如各类主题公园。

4. 按资源开发利用的变化特征分类

(1) 原生性旅游资源：山水、生物、气候、文物古迹、传统民族民俗、传统风味等。

(2) 萌生性旅游资源：现代建筑风貌、现代体育科技、社会新貌与民族新风尚、各类展览馆、名优产品及购物场所、自然力作用遗迹、人工改造景观等。

5. 按旅游资源的动态分类

(1) 稳定类旅游资源。

①长久稳定型旅游资源：城市、宗教圣地、会议中心、港口、古建筑、遗址、出土文物、山岳、大江、大海、大湖、造型地貌、温泉、岩洞、民俗风情等。

②相对稳定型旅游资源：古树、野生动物、常年性溪流、瀑布、常绿树木、花卉、钟乳石、冰川、黄土造型地貌、游乐设施等。

(2) 可变类旅游资源。

①规律变化型旅游资源：季节性气候、季节性河流、鱼群、动物迁徙、鸟鸣、沙丘、海潮、农业特产等。

②不规律变化型旅游资源：云海、云雾、树挂、沙鸣等。

③随机型旅游资源：海市蜃楼、极光、佛光等。

(二) 应用性分类

旅游业的发展不仅仅需要旅游资源的理论性研究和分类，更需要能指导旅游业发展实践的、可供操作利用的规范化分类。由于在旅游业发展的短暂历史中，旅游资源一直处于不断更新和蔓延的状态，目前世界各国尚未形成统一的分类标准和方案。在 30 年的旅游业发展和学术研究中，我国先后主要形成了三大分类系统，作为旅游资源普查实践工作的规范化依据。

1. 1992 版旅游资源分类系统

国家旅游局原资源开发司和中国科学院地理研究所联合编写了《中国旅游资源普查规范（试行稿）》，1992 年形成，1993 年国家科学技术委员会和国家旅游局联合发文，作为试行稿向全国推荐。《中国旅游资源普查规范（试行稿）》中的资源定义、分类原则和分类体系等一直为学术界广为利用，通过云南西双版纳州、玉溪市、福建东山、新疆维吾尔自治区、广西北海市、南宁市、山西平遥、宁夏回族自治区、黑龙江省、江西赣州、辽宁本溪等地的旅游资源普查工作实践，对比相应的具体成果，提出修订分类系统和评价方法。

1992 年版的《中国旅游资源普查规范（试行稿）》中依托传统的旅游资源概念"自然界和人类社会凡能对旅游者产生吸引力，可以为旅游业开发利用，并可产生经济效益、社会效益和环境效益的各种事物和因素"，将旅游资源划分为两大类（自然旅游资源与人文旅游资源）、6 类（地文景观、水域风光、生物景观、古迹与建筑、休闲求知健身、购物）和 69 种基本类型（如表 3-1 所示）。

表 3－1　　　　中国旅游景区旅游资源普查分类表

类	基本类型	含　义
地文景观类	地形地质	由于地壳运动而在岩体中形成的构造形迹。包括有一定规模和造型特色的典型节理，各种典型褶皱类型和典型的断层构造地貌
	标准地质剖面	据以建立一个地层单位的具有主要特征的典型剖面，其特点是：地层出露齐全，年代确定，有较大厚度，具有标准化石
	生物化石点	保存在地层中的地质时期的生物遗体、遗骸及活动遗迹的发掘地点，包括在研究古生物演化和古气候变迁等方面具有重要意义的，有化石实物仍保存在原处的
	自然灾变遗迹	各种自然灾害发生后，自然遗留经人为保存下来的遗迹，可以反映灾害的历史面貌，说明灾害发生的特点、类型和发生强度
	名山	指具有登山探险、科学考察意义的险山峻岭，和以山岳自然景观为主体，并经过人类长期的宗教、文化等活动的影响形成了丰富的人文景观的历史名山
	火山熔岩景观	地壳内部喷发与溢出的高温物质堆积而成的火山、高地、台地、泥火山等。主要是喷发、溢出物形成的各种奇观胜景以及各种地貌景观和微地貌形态
	蚀余景观	由于不同外营力，主要是水和风对不同岩石和土层的侵蚀、溶蚀、风蚀作用，而形成的奇特景观
	奇特与象形山石	由于自然作用，有时也因人为作用使某些山石变得突兀奇特，拟人状物，有的还可演绎出寓意故事，具有很好观赏价值的奇山怪石
	沙（砾石）地风景	沙地指沙质荒漠。砾石地指被砾石覆盖的地面，称为戈壁。重点是那些在沙漠、戈壁与其他景观交界地带或经常出现特殊景观或自然现象，如沙暴、蜃景等的地区
	海滨沙（砾石）滩	低潮线以上的沙质海岸或砾石磨圆度好的砾石滩
	小型岛礁	海洋、江河、湖泊中或风光秀丽，或具有民族风情魅力，或有常年或季节性成群栖息或成片分布的特殊动植物景观，或具有特殊自然现象或独特的文化景观的岛礁
	洞穴	在各种地质作用下形成的洞穴
水域风光类	风景河段	两岸植被茂密，景色秀美，河水清澈，人文资源丰富，可以进行水上游览、观光的河段
	漂流河段	河水流速大、安全，可以开展水上漂流、探险活动的河段
	湖泊	四周有岸的水域，包括池塘、水库等
	瀑布	从河床纵断面陡坡或悬崖处倾泻下来的水流
	泉	地下水的天然露头。重点是那些具有奇特喷发现象，具有洗浴、医疗等特殊功能，与著名历史人物或事物有关的泉
	现代冰川	在高山和高纬度地区，积雪在压力和重力作用下，形成向前流动的冰川。重点是那些有重要科研、考察和探险价值，冰川表面溶化，具有很高游览价值的冰川

续　表

类	基本类型	含　义
生物景观类	森林	稠密生长在一起，主要由乔木组成的植物群体。包括树形高大，分布面积广，林内有丰富的珍稀景观及观赏植物、动物，或有奇异生物现象
	古树名木	树龄较大（一般超过百年），或个体高大，或造型奇特，或属珍稀树种，或在历史上与知名人物或事件有关的单生或几株群生的树木
	奇花异草	以稀有植物为主的花卉和珍贵草类，包括珍稀植物集中成片的群落，或单株珍稀花草
	草原	以草本植物为主的植被类型。重点是那些范围广阔、覆盖度大，具有浓厚的民族风情，可以开展游览、野营、骑马、狩猎等旅游活动的草原、草甸
	野生动物栖息地	一种或多种野生动物常年或季节性栖息的地方，包括野生动物数量或种群繁多的高度栖息区，具有很高科研价值的珍稀动物栖息地
古迹与筑筑类	古代人类文化遗址	史前人类的遗迹与遗物的发现、发掘地址，包括已保存的古人类栖居聚落和文化遗址
	历代社会经济文化遗址	历代工矿、交通贸易、文化、科学、教育活动机构或场所的遗址。代表当时技术工艺水平，对全国和地区文化发展具有重大影响并保存较好
	军事设防构筑物遗址	历代为防御外来入侵而修筑的军事工程遗址或发生重大战争的战场遗址，地下古栈道以及海岸要塞、边境要塞、古炮台以及军事城堡等
	古城遗址	古代在都邑四周用做防御的墙垣遗存，指保存较好的古代都城、地方名城遗址
	长城	古代为阻止敌人入侵而修建的城墙防御工程。有知名战事或知名人物附会，或形势奇特、险峻、类型齐全，保存较好的段落
	营迁建筑群	历代帝王居住的宫殿，包括皇宫王侯居住及朝会之所的宫殿建筑群，专供帝王避寒、避暑及游乐和出巡使用的行宫等
	宗教建筑与礼制建筑群	宗教徒修行及举行宗教仪式的建筑群，以及帝王或民间为祭祀祖先和神祇而建造的坛庙建筑群。有坛庙、道观、寺庵、教堂、宗祠等
	殿（厅）堂	历代帝王、官宦、僧道用于办公、议事或宗教活动所设的高大宽畅房舍
	楼阁	用于藏书、远眺、巡更、饮宴、娱乐、休憩、观景等建的两层或两层以上的建筑
	塔	细高型直立建筑物，包括为藏经和舍利而建的宗教建筑物，外形似塔但具有其他功能的建筑物
	牌坊（楼）	为宣扬礼教、标榜功德、荣宗耀祖；旌表贞烈而建的纪念性建筑物
	碑碣	为纪事颂德而筑的刻石。长方形的称“碑”，把圈首形成在方圆之间，上大下小的称“碣”。多以书法或雕刻的艺术价值，所刻内容的史实价值而有观赏意义
	石质古建小品	主体古建筑的附品，包括阙、华表、经幢、影壁等
	造型园林	以自然地形为基础，利用美学、艺术手法和技术手段，在一定的空间范围内，通过改变地形、种植花草和点缀人工建筑等手段形成的具有游览、观赏和居住等多种功能的空间艺术综合体

续 表

类	基本类型	含 义
古迹与筑筑类	园林景观建筑	一般造型园林内独立存在的建筑物，也可在其他风景名胜处见到。主要有亭、台、廊、榭和舫、假山、叠石等
	桥	架在水上或空中以便通行的建筑物。主要类型有代表时代技术水平，在桥梁史上占有重要地位，影响深远的名桥；造型奇特，保存比较完整的各种古代桥梁；组成园林构景要素的小型桥梁；城市立交桥
	雕塑	用以纪念、装饰、美化环境的个体雕塑或雕塑群
	陵墓和陵园	为纪念先烈、历史人物而设的建筑群。以陵墓为主体，包括陵墓建筑群、墓碑、墓表、纪念性建筑的园林
	墓地	历史名人或具有历史价值的单个坟墓或葬地。包括墓冢、墓室、悬棺及随葬文物
	石窟	在临崖开凿而成的具有宗教意义的洞窟，以及窟内的雕刻造像建筑、壁画及洞窟工程、其他文物
	摩崖字画	在山崖石壁上镌刻的文字、绘制的图画。如名人真迹或书法造诣较高的石刻，具有独特的文化价值或重要的历史价值的石刻，刻画在岩穴、石崖面及独立岩石上彩画、栈及浮雕（统称岩画）
	水工建筑	以水利、发电为主的大型水利开发工程，包括水库、堰、水坝、水利枢纽、灌区工程、运河、海塘、河堤等
	厂矿	实际进行产品生产有参观价值的各类型经济开发单位
	农林渔牧场	农业、林业、牧业、渔业等专门经营的经济实体，包括具有先进技术和高度机械化水平的新型农林场、农林业试验场、大型养殖场等
	特色城镇与村落	在建筑风格、居民习俗、生产经营、商业贸易、文化艺术、地理环境等方面有特色的城镇与村落
	港口	位于江、河、湖、海或水库沿岸，具有一定的设备和条件，以进行航运、商贸、渔业活动的地方
	广场	用来进行休憩、游乐、礼仪活动的城市内的开阔地
	乡土建筑	民间建造的具有浓厚乡土特色的各种古代与近现代建筑
	庭院与民居	各个时代形成的具有比较突出的地方风格和历史色彩的居民建筑物，以及古代各级官员办理公务的衙署、私宅等
	传统与民俗街区	城市中有较长发展历史，能反映某一时代风貌，古代邸店、商肆集中的街、区
	纪念性建筑	后人为纪念在社会历史和经济文化发展进程中有重大影响的各种著名人物或事件而建立的纪念堂、馆及纪念地
	观景地	专门为游人设立的观察旅游区内特有自然景观或人文景观的场所

续　表

类	基本类型	含　义
休闲求知健身类	科学教育文化设施	在古代和近代科学技术、文化教育发展史上具有重大影响的各种文化、科学、教育活动机构或场所
	休疗养和社会福利设施	旅游自然条件和资源、为修养性治疗而修建的营业性设施
	动物园	专门饲养各种野生动物供展览观赏、科学教育与科学研究的场所
	植物园	收集、种植各种植物，以科学研究为主，并进行科普教育和供游人观赏的园林
	普通公园	在一定的地域通过改造地形、种植花草、营造建筑和布置路径等创作而成的优美的人工自然环境或游憩场所
	体育中心	设备完善、容量大，场馆类型多，功能齐全，可进行综合性或专项体育比赛的正式比赛场所
	运动场馆	体育中心或其他地方的单独运动场所
	游乐场所	拥有多种现代化或富有趣味性的娱乐设施，能进行娱乐活动的商业性活动场所
	节日庆典活动	城乡各地定期举行的节庆、娱乐、体育活动
	文艺团体	当地所属能正常上演节目的文艺团体
购物类	市场与购物中心	定期或经常进行商品交换的场所
	庙会及宗教活动	在寺庙节日或在寺庙所在地举办的聚会，具宗教活动、民间游乐等多种性质
	著名店铺	有声望的餐饮购物场所，如长期经营的老字号商店，与著名历史人物故事有关联的商店
	地方产品	具有跨地区声望的当地名特优产品和经销产品

虽然1992年版的《中国旅游资源普查规范（试行稿）》中的分类系统形成之后应用较广，发挥了重要作用，但随着实践和研究的发展，其中存在的问题也日益显现。如该分类系统没有包括一些新的旅游资源形式，对资源单体和复合形式未加区分，有些基本类型包容太大等。

2. 1997版旅游资源分类系统

1997版旅游资源分类系统是吴必虎等学者在1992版分类系统的基础上，对其进行修订和完善的结果（如图3-1所示）。

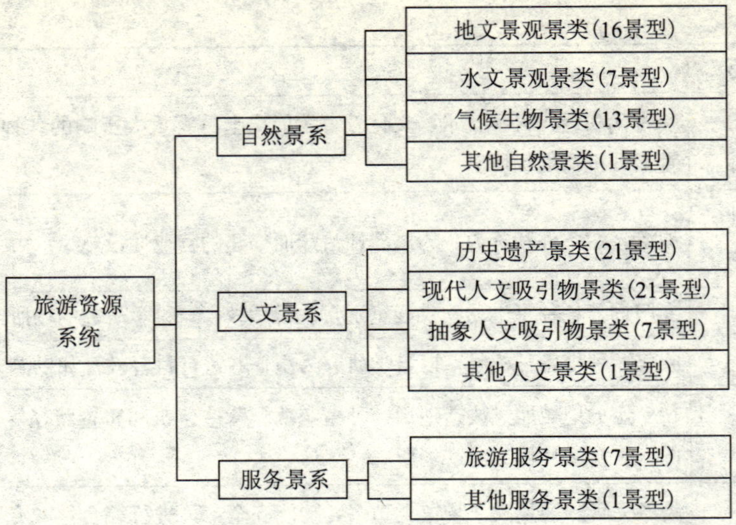

图 3－1　1997 版旅游资源分类系统

此分类系统力求兼顾科学性和可操作性，依托当时较为新颖的旅游资源概念，把服务和有关设施也作为一种旅游资源纳入分类系统，该分类系统分为三个层次：景系、景类、景型。景系为第一层次、景类为第二层次、景型为第三层次。第三层次的景型是最基本的层次，称为基类。分类中共有 3 景系、10 景类、95 景型（如表 3－2 所示）。其中景系分为自然、人文、服务三大景系。

表 3－2　　中国旅游资源分级分类系统

景系	景类	景　型
自然景系	地文景观景类	(1) 地质现象景型；(2) 山岳景区景型；(3) 探险山地景型；(4) 火山景型；(5) 丹霞景型；(6) 地表岩溶景型；(7) 峡谷景型；(8) 土林/沙林景型；(9) 黄土景型；(10) 雅丹景型；(11) 沙地/砾地景型；(12) 海岸景型；(13) 岛屿景型；(14) 洞穴景型；(15) 探险/徒步旅游地景型；(16) 自然灾变遗迹景型
	水文景观景类	(1) 海面景型；(2) 非峡谷风景河流景型；(3) 湖泊/水库景型；(4) 河口潮汐景型；(5) 瀑布景型；(6) 泉景型；(7) 现代冰川景型
	气候生物景类	(1) 天文/气象景观景型；(2) 日照景型；(3) 空气景型；(4) 冰雪景型；(5) 雾/雾凇景型；(6) 气候景型；(7) 原始植物群落景型；(8) 风景林景型；(9) 风景草原/草甸景型；(10) 观赏花草景型；(11) 野生动物栖息地景型；(12) 游憩性渔猎地景型；(13) 构景地表土壤景型
	其他自然景类	其他自然景观景型

续 表

<table>
<tr><th>景系</th><th>景类</th><th>景 型</th></tr>
<tr><td rowspan="4">人文景系</td><td>历史遗产景类</td><td>(1) 人类文化遗址；(2) 社会经济文化遗址；(3) 军事防御体系遗址；(4) 古城与古城遗址；(5) 帝陵与名人陵墓；(6) 皇室/官署建筑群；(7) 宗教/礼制建筑群；(8) 殿堂；(9) 古塔；(10) 碑碣；(11) 古典园林；(12) 近代西洋建筑；(13) 名桥；(14) 传统聚落/田园；(15) 古井；(16) 古民居；(17) 石窟/摩崖石刻；(18) 古代水利/交通工程；(19) 历史街区；(20) 历史纪念地；(21) 革命纪念地</td></tr>
<tr><td>现代人文吸引物景类</td><td>(1) 产业旅游地景型；(2) 现代水工建筑景型；(3) 现代大型桥梁景型；(4) 特色聚落/平日活动景型；(5) 城市现代建筑景型；(6) 城市广场/客流集散地景型；(7) 现代城市公园景型；(8) 植物园景型；(9) 主题公园/人造景观景型；(10) 购物旅游地景型；(11) 疗养度假地景型；(12) 科学教育设施景型；(13) 博物馆/展览馆景型；(14) 体育/军体设施景型；(15) 健身康体设施景型；(16) 节庆活动景型；(17) 景观建筑景型；(18) 人工喷泉景型；(19) 土特产/工艺美术品景型；(20) 娱乐设施/表演团体景型；(21) 雕塑景型</td></tr>
<tr><td>抽象人文吸引物景类</td><td>(1) 民间传说景型；(2) 山水文学作品景型；(3) 名胜志/地方志景型；(4) 戏曲/民间文艺景型；(5) 少数民族文化景型；(6) 特色民俗景型；(7) 历史寻踪景型</td></tr>
<tr><td>其他人文景类</td><td>其他人文景观景型</td></tr>
<tr><td rowspan="2">服务景系</td><td>旅游服务景类</td><td>(1) 旅游住宿设施景型；(2) 旅游餐饮场所景型；(3) 旅行社景型；(4) 旅游交通设施/机构景型；(5) 旅游教育/科研机构景型；(6) 旅游管理机构景型；(7) 特种劳务/服务场所景型</td></tr>
<tr><td>其他服务景类</td><td>其他服务景型</td></tr>
</table>

1997 版旅游资源分级分类系统是旅游学理论研究的重要成果，具有较高的应用价值，为旅游资源分类的研究更能贴近实践提供了一种新思路，为开展资源普查奠定了规范化的科学基础。

3. 国家标准分类系统

为了推动旅游产业实践的进步，规范实践领域的操作行为，2003 年 2 月 24 日国家质量监督检验检疫局颁布了中华人民共和国国家标准 GB/T 18972—2003《旅游资源分类、调查与评价》，该标准于 2003 年 5 月 1 日起实施，这是在总结以前实践经验的基础上，综合新的理论研究成果的一个新标准。该标准所确定的分类方法和分类体系，将旅游资源确定为“主类”“亚类”“基本类型”三个层次，8 个主类、31 个亚类和 155 个基本类型（如表 3 - 3 所示）。

表 3-3　　　　旅游资源分类表

主类	亚类	基本类型
A. 地文景观	AA. 综合自然旅游地	AAA. 山丘型旅游地；AAB. 谷地型旅游地；AAC. 沙砾石地型旅游地；AAD. 滩地型旅游地；AAE. 奇异自然现象；AAF. 自然标志地；AAG. 垂直自然地带
	AB. 沉积与构造	ABA. 断层景观；ABB. 褶曲景观；ABC. 节理景观；ABD. 地层剖面；ABE. 钙华与泉华；ABF. 矿点矿脉与矿石积聚地；ABG. 生物化石点
	AC. 地质地貌过程形迹	ACA. 凸峰；ACB. 独峰；ACC. 峰丛；ACD. 石（土）林；ACE. 奇特与象形山石；ACF. 岩壁与岩缝；ACG. 峡谷段落；ACH. 沟壑地；ACI. 丹霞；ACJ. 雅丹；ACK. 堆石洞；ACL. 岩石洞与岩穴；ACM. 沙丘地；ACN. 岸滩
	AD. 自然变动遗迹	ADA. 重力堆积体；ADB. 泥石流堆积；ADC. 地震遗迹；ADD. 陷落地；ADE. 火山与熔岩；ADF. 冰川堆积体；ADG. 冰川侵蚀遗迹
	AE. 岛礁	AEA. 岛区；AEB. 岩礁
B. 水域风光	BA. 河段	BAA. 观光游憩河段；BAB. 暗河河段；BAC. 古河道段落
	BB. 天然湖泊与池沼	BBA. 观光游憩湖区；BBB. 沼泽与湿地；BBC. 潭池
	BC. 瀑布	BCA. 悬瀑；BCB. 跌水
	BD. 泉	BDA. 冷泉；BDB. 地热与温泉
	BE. 河口与海面	BEA. 观光游憩海域；BEB. 涌潮现象；BEC. 击浪现象
	BF. 冰雪地	BFA. 冰川观光地；BFB. 长年积雪地
C. 生物景观	CA. 树木	CAA. 林地；CAB. 丛树；CAC. 独树
	CB. 草原与草地	CBA. 草地；CBB. 疏林草地
	CC. 花卉地	CCA. 草场花卉地；CCB. 林间花卉地
	CD. 野生动物栖息地	CDA. 水生动物栖息地；CDB. 陆地动物栖息地；CDC. 鸟类栖息地；CDD. 蝶类栖息地
D. 天象与气候景观	DA. 光现象	DAA. 日月星辰观察地；DAB. 光环现象观察地；DAC. 海市蜃楼现象多发地
	DB. 天气与气候现象	DBA. 云雾多发区；DBB. 避暑气候地；DBC. 避寒气候地；DBD. 极端与特殊气候显示地；DBE. 物候景观
E. 遗址遗迹	EA. 史前人类活动场所	EAA. 人类活动遗址；EAB. 文化层；EAC. 文物散落地；EAD. 原始聚落
	EB. 社会经济文化活动遗址遗迹	EBA. 历史事件发生地；EBB. 军事遗址与古战场；EBC. 废弃寺庙；EBD. 废弃生产地；EBE. 交通遗迹；EBF. 废城与聚落遗迹；EBG. 长城遗迹；EBH. 烽燧

续 表

主类	亚类	基本类型
F. 建筑与设施	FA. 综合人文旅游地	FAA. 教学科研实验场所；FAB. 康体游乐休闲度假地；FAC. 宗教与祭祀活动场所；FAD. 园林游憩区域；FAE. 文化活动场所；FAF. 建设工程与生产地；FAG. 社会与商贸活动场所；FAH. 动物与植物展示地；FAI. 军事观光地；FAJ. 边境口岸；FAK. 景物观赏点
	FB. 单体活动场馆	FBA. 聚会接待厅堂（室）；FBB. 祭拜场馆；FBC. 展示演示场馆；FBD. 体育健身场馆；FBE. 歌舞游乐场馆
	FC. 景观建筑与附属型建筑	FCA. 佛塔；FCB. 塔形建筑物；FCC. 楼阁；FCD. 石窟；FCE. 长城段落；FCF. 城（堡）；FCG. 摩崖字画；FCH. 碑碣（林）；FCI. 广场；FCJ. 人工洞穴；FCK. 建筑小品
	FD. 居住地与社区	FDA. 传统与乡土建筑；FDB. 特色街巷；FDC. 特色社区；FDD. 名人故居与历史纪念建筑；FDE. 书院；FDF. 会馆；FDG. 特色店铺；FDH. 特色市场
	FE. 归葬地	FEA. 陵区陵园；FEB. 墓（群）；FEC. 悬棺
	FF. 交通建筑	FFA. 桥；FFB. 车站；FFC. 港口渡口与码头；FFD. 航空港；FFE. 栈道
	FG. 水工建筑	FGA. 水库观光游憩区段；FGB. 水井；FGC. 运河与渠道段落；FGD. 堤坝段落；FGE. 灌区；FGF. 提水设施
G. 旅游商品	GA. 地方旅游商品	GAA. 菜品饮食；GAB. 农林畜产品与制品；GAC. 水产品与制品；GAD. 中草药材及制品；GAE. 传统手工产品与工艺品；GAF. 日用工业品；GAG. 其他物品
H. 人文活动	HA. 人事记录	HAA. 人物；HAB. 事件
	HB. 艺术	HBA. 文艺团体；HBB. 文学艺术作品
	HC. 民间习俗	HCA. 地方风俗与民间礼仪；HCB. 民间节庆；HCC. 民间演艺；HCD. 民间健身活动与赛事；HCE. 宗教活动；HCF. 庙会与民间集会；HCG. 饮食习俗；HGH. 特色服饰
	HD. 现代节庆	HDA. 旅游节；HDB. 文化节；HDC. 商贸农事节；HDD. 体育节
数量统计		
8 主类	31 亚类	155 基本类型

注：如果发现本分类没有包括的基本类型时，使用者可自行增加。增加的基本类型可归入相应亚类，置于最后，最多可增加 2 个。编号方式为：增加第 1 个基本类型时，该亚类 2 位汉语拼音字母＋Z、增加第 2 个基本类型时，该亚类 2 位汉语拼音字母＋Y。

二、景区旅游资源评价

旅游资源评价是从合理开发利用和保护旅游资源及取得最大的社会、经济、环境效益的角度出发，运用一定的方法，对一定区域内的旅游资源本身的价值及其外部开发条件等进行综合评判和鉴定的过程。旅游资源评价是建立在旅游资源调查基础上的更深入的研究工作。

（一）景区旅游资源调查

旅游资源调查就是要对一个区域的旅游资源进行充分的考察和论证。因为旅游资源是旅游活动的核心条件，没有一定数量、规模和质量的旅游资源，旅游活动便无从谈起。但这也并不是说只要有了旅游资源就可以进行旅游活动。实际上，有些旅游资源，由于其自身的特性或其他条件的限制，可能一时还难以开发，因而，任何一个景区要开展旅游活动，首先要做的就是对区内的旅游资源进行全面、完整的调查。

1. 旅游资源调查的一般要求

旅游资源调查，要根据相应的国家标准进行。目前应用较多的旅游资源分类和评价标准是 GB/T 18972—2003《旅游资源分类、调查与评价》。根据该标准的要求，旅游资源调查分为“旅游资源详查”和“旅游资源概查”两个档次，其调查方式和精度要求不同。该标准中旅游资源调查要求：

（1）保证成果质量，强调整个运作过程的科学性、客观性、准确性，并尽量做到内容简洁和量化。

（2）充分利用与旅游资源有关的各种资料和研究成果，完成统计、填表和编写调查文件等项工作。调查方式以收集、分析、转化、利用这些资料和研究成果为主，并逐个对旅游资源单体进行现场调查核实，包括访问、实地观察、测试、记录、绘图、摄影，必要时进行采样和室内分析。

2. 旅游资源详查

（1）适用范围和要求：

①适用范围：旅游资源详查适用于了解和掌握整个区域旅游资源全面情况的旅游资源调查。

②调查程序：完成全部旅游资源调查程序，包括调查准备、实地调查。

③技术要求：要求对全部旅游资源单体进行调查，提交全部《旅游资源单体调查表》。

④调查组成员组成：旅游资源详查的调查组成员应具备与该调查区旅游环境、旅游资源、旅游开发有关的专业知识，一般应吸收旅游、环境保护、地学、生物学、建筑园林、历史文化、旅游管理等方面的专业人员参与，进行技术培训。

（2）资料收集范围。旅游资源详查主要收集以下三方面的资料：

①与旅游资源单体及其赋存环境有关的各类文字描述资料，包括地方志书、乡土教材、旅游区与旅游点介绍、规划与专题报告等。

②与旅游资源调查区有关的各类图形资料，重点是反映旅游环境与旅游资源的专题地图。

③与旅游资源调查区和旅游资源单体有关的各种照片、影像资料。

（3）实地调查的程序与方法：

①确定调查区内的调查小区和调查线路。为便于运作和此后旅游资源评价、旅游资源统计、区域旅游资源开发的需要，将整个调查区分为“调查小区”。调查小区一般按行政区划分（如省级一级的调查区，可将地区一级的行政区划分为调查小区；地区一级的调查区，可将县级一级的行政区划分为调查小区；县级一级的调查区，可将乡镇一级的行政区划分为调查小区），也可按现有或规划中的旅游区域划分。

调查线路按实际要求设置，一般要求贯穿调查区内所有调查小区和主要旅游资源单体所在的地点。

②选定调查对象。选定下述单体进行重点调查：具有旅游开发前景，有明显经济、社会、文化价值的旅游资源单体；集合型旅游资源单体中具有代表性的部分；代表调查区形象的旅游资源单体。

对下列旅游资源单体暂时不进行调查：明显品位较低，不具有开发利用价值的；与国家现行法律、法规相违背的；开发后有损于社会形象的或可能造成环境问题的；影响国计民生的；某些位于特定区域内的。

③填写《旅游资源单体调查表》。对每一调查单体分别填写一份《旅游资源单体调查表》（如表 3 - 4 所示）。

表 3 - 4　　旅游资源单体调查表格式

基本类型：

代　　号	
行政位置	
地理位置	东经　　°　　′　　″，北纬　　°　　′　　″

性质与特征（单体性质、形态、结构、组成成分的外在表现和内在因素，以及单体生成过程、演化历史、人事影响等主要环境因素）：

旅游区域及进出条件（单体所在地区的具体部位、进出交通、与周边旅游集散地和主要旅游区［点］之间关系）：

保护与开发现状（单体保存现状、保护措施、开发情况）：

资料来源：

共有因子评价问答（你认为本单体属于下列评价项目中的哪个档次，应该得多少分数，在最后的一列内写上分数）

续 表

评价项目	档 次	本档次规定得分	你认为应得的分数
单体为游客提供的观赏价值，或游憩价值，或使用价值如何？	全部或其中一项具有极高的观赏价值、游憩价值、使用价值	30～22	
	全部或其中一项具有很高的观赏价值、游憩价值、使用价值	21～13	
	全部或其中一项具有较高的观赏价值、游憩价值、使用价值	12～6	
	全部或其中一项具有一般观赏价值、游憩价值、使用价值	5～1	
单体蕴涵的历史价值，或文化价值，或科学价值，或艺术价值如何？	同时或其中一项具有世界意义的历史价值、文化价值、科学价值、艺术价值	25～20	
	同时或其中一项具有全国意义的历史价值、文化价值、科学价值、艺术价值	19～13	
	同时或其中一项具有省级意义的历史价值、文化价值、科学价值、艺术价值	12～6	
	历史价值、或文化价值、或科学价值，或艺术价值具有地区意义	5～1	
物种是否珍稀，景观是否奇特，此现象在各地是否常见？	有大量珍稀物种，或景观异常奇特，或此类现象在其他地区罕见	15～13	
	有较多珍稀物种，或景观奇特，或此类现象在其他地区很少见	12～9	
	有少量珍稀物种，或景观突出，或此类现象在其他地区少见	8～4	
	有个别珍稀物种，或景观比较突出，或此类现象在其他地区较多见	3～1	
如果是个体，有多大规模？如果是群体，其结构是否丰满？疏密度怎样？各类现象是否经常发生？	独立型单体规模、体量巨大；组合型旅游资源单体结构完美、疏密度优良级；自然景象和人文活动周期性发生或频率极高	10～8	
	独立型单体规模、体量较大；组合型旅游资源单体结构很和谐、疏密度良好；自然景象和人文活动周期性发生或频率很高	7～5	
	独立型单体规模、体量中等；组合型旅游资源单体结构和谐、疏密度较好；自然景象和人文活动周期性发生或频率较高	4～3	
	独立型单体规模、体量较小；组合型旅游资源单体结构较和谐、疏密度一般；自然景象和人文活动周期性发生或频率较小	2～1	
是否受到自然或人为干扰和破坏，保存是否完整？	保持原来形态与结构	5～4	
	形态与结构有少量变化，但不明显	3	
	形态与结构有明显变化	2	
	形态与结构有重大变化	1	

续 表

评价项目	档 次	本档次规定得分	你认为应得的分数
在什么范围内有知名度？在什么范围内构成名牌？	在世界范围内知名，或构成世界承认的名牌	10～8	
	在全国范围内知名，或构成全国性的名牌	7～5	
	在本省范围内知名，或构成省内的名牌	4～3	
	在本地区范围内知名，或构成本地区名牌	2～1	
开发旅游后，多少时间可以开发旅游？或可以服务于多少游客？	适宜游览的日期每年超过 300 天，或适宜于所有游客使用和参与	5～4	
	适宜游览的日期每年超过 250 天，或适宜于 80%左右游客使用和参与	3	
	适宜游览的日期超过 150 天，或适宜于 60%左右游客使用和参与	2	
	适宜游览的日期每年超过 100 天，或适宜于 40%左右游客使用和参与	1	
本单体是否受到污染，环境是否安全？有没有采取保护措施使环境安全得到保证？	已受到严重污染，或存在严重安全隐患	－20	
	已受到中度污染，或存在明显安全隐患	－10	
	已受到轻度污染，或存在一定安全隐患	－5	
	已有工程保护措施，环境安全得到保证	5	

本单位得分		本单位可能的等级		填表人		调查日期	

3. 旅游资源概查

（1）适用范围和要求。旅游资源概查是适用于了解和掌握特定区域或专门类型的旅游资源调查。要求对涉及的旅游资源单体进行调查。

（2）调查技术要点。技术方面参照“旅游资源详查”中的各项技术要求。工作程序可适当简化，如不需要成立调查组，调查人员由其参与的项目组织协调委派；资料收集限定在与专门目的所需要的范围内；可以不填写或择要填写《旅游资源单体调查表》等。

（二）景区旅游资源评价

旅游资源评价是科学开发和利用旅游资源，对景区旅游资源实施分类管理的前提。通过对旅游景区旅游资源的评价，可以对旅游景区旅游资源的品位、特征、开发条件等有一个全面而客观的认识，从而明确该旅游资源在同类旅游资源或在所处区域中的地位，确定旅游景区不同旅游资源的开发序位。

1. 景区旅游资源评价的内容

由于旅游资源涉及范围非常广泛，结构十分复杂，种类及性质又千差万别，因而，旅游资源评价是一项极其复杂而重要的工作。很难有一个统一的评价标准，而且，不同民族、不同职业、不同文化背景、不同阶层的评价者往往有着不同的审美观。对旅游资源价值的评价，主要包括以下 6 项内容：

(1) 美学观赏性。美学观赏性主要指旅游资源能提供给旅游者美感的种类及强度。旅游的基本形式是观光，观光是旅游者鉴赏美的活动，特别美的事物能使旅游者赏心悦目，陶冶性情，具有很高的观赏价值。旅游资源的美是多种多样的。自然美是通过山体、河流、湖泊、草原、森林、日光、月影、云雾、雨雪等构景要素的总体特征来体现。人文美主要包括艺术美和社会美，它是通过寺庙、陵墓、殿堂、亭台楼阁、石窟造像、摩崖石刻、民俗风情等来体现。具体来说、旅游景观的美包括形态美、形式美、色彩美、韵律美、嗅味美、朦胧美、听觉美、动态美、意境美等。

(2) 科学性。它反映旅游资源的科学意义。其主要是指旅游资源的某种研究功能，在自然科学、社会科学和教学科研方面具的特点，能为科学工作者、探索者和追求者提供研究场所，这些场所通常是自然保护区、特殊的自然环境区域、博物馆、纪念地等。例如，我国设立的第一个自然保护区——广东鼎湖山自然保护区，区内有 2000 多种高等植物，900 多种大型真菌，组成了一个百态千姿的森林生态系统，是多种学科进行考察研究和教学实习的重要基地。

(3) 历史文化性，即旅游资源所包含的历史文化内涵。它一方面是指旅游资源是否与重大历史事件、历史人物有关，及其遗存文物古迹的数量与质量；另一方面是指旅游资源是否具有或体现了某种文化特征，是否与某种文化活动有密切关系，或者是否有与之直接相关的文学艺术作品、神话传说等因素。前者如西安秦始皇陵兵马俑、北京故宫、曲阜孔庙等，后者如寒山寺、佛教四大名山等。

(4) 奇特性，即旅游资源的特色、个性。具体而言，它一方面是指旅游资源相对于非旅游资源的差异程度，表现为特异性；另一方面是指旅游景区唯我所有，有别于其他或不与其他重复，表现为新奇性。

(5) 规模与组合状况。旅游资源的规模是指景观对象数量的多少、体积及占地面积的大小等。旅游资源的组合状况为：自然旅游资源与人文旅游资源的结合与补充情况，各要素的组合及协调性，景观的集聚程度。只有在一定区域内，旅游资源密度较大，类型丰富，搭配协调，形成了一定规模的旅游资源才具有较高的旅游价值。

(6) 功能性。旅游资源的旅游功能是指旅游资源能够满足某种旅游活动需求的作用。比如，美学观赏性强的旅游资源可以开展观光旅游，文化、科学价值高的旅游资源适宜于开展修学旅游、探险旅游等。一项旅游资源若兼有两种或两种以上的旅游功能，则能够吸引不同兴趣爱好的游客类型，适合开展多种旅游活动，那么其价值就较大。

2. 景区旅游资源评价的方法

我国旅游资源的评价工作开展时间不长，目前多侧重于定性描述方法，缺乏定量模型研究。今后应逐步由定性分析向定量与定性分析相结合的方向发展，力求建立一整套能对不同类型的旅游资源评价的指标体系。

（1）旅游资源定性评价。

①“三三六”评价法。我国学者卢云亭在实践活动的基础上总结出一套旅游资源评价体系，概括为：“三大价值”“三大效益”和“六个条件”。

“三大价值”指风景资源历史文化价值、艺术观赏价值和科学考察价值。

历史文化价值：属于人文旅游资源范畴。评价历史古迹，要看它的类型、年代、规模和保存状况及其在历史上的地位。例如河北省赵州桥，外观很平常，但它是我国现存最古老的石拱桥，也是我国古代四大名桥之一，在世界桥梁史上占有重要的地位，因而有较大的历史文物价值。

艺术观赏价值：主要指旅游资源景象艺术特征、地位和意义。自然风景的景象属性和作用各不相同。其种类愈多，构成的景象也愈加丰富多彩。例如，华山以险为绝，泰山以雄为奇，庐山的瀑布最著名等。

科学考察价值：指景物的某种研究功能，在自然科学、社会科学和教学上各有什么特点，为科教工作者、科学探索者和追求者提供现场研究场所。例如，北京在旅游资源方面，不仅数量居全国各大城市首位，而且许多是全世界、全国最富科学价值的文物古迹。

“三大效益”指经济效益、社会效益和环境效益。经济效益主要包括风景资源利用后可能带来的经济收入。社会效益指对人类智力开发、知识储备、思想教育等方面的功能。环境效益指风景资源的开发，是否会对环境、资源导致破坏。一般可以通过综合考察，分析各种利弊条件，对风景区的环境效益作出评估。

“六个条件”指旅游资源的开发，必须建立在一定的可行性的条件基础上。这些条件最重要的是六个方面，即：景区的地理位置和交通条件；景象的地域组合条件；景区旅游容量条件；施工难易条件；投资能力条件；旅游客源市场条件。

地理位置和交通条件：地理位置是确定景区开发规模、选择路线和利用方向的重要因素之一。它不仅影响风景的类型和特色，而且影响旅游市场客源。一个旅游区景色再美，但交通不便，行程困难，那也很难招徕游客。可见位置和交通条件是评价旅游区开发的首要条件之一。

景象的地域组合条件：是评价旅游资源又一重要指标。如果旅游资源地域组合分散，景点相距遥远，或位置偏僻，交通不便，可进入性差，就大大降低了它的旅游价值，也影响了它的开发程序。

旅游环境容量：是指开发地的容人量（人/平方米）和容时量（小时/景点）。

客源市场条件：客源数量是维持和提高旅游区点经济效益的重要因素，没有最低限度的游人，风景资源再好，也难以开发和利用。所以调查客源及其数量，是评价风景区旅游功能的基本条件之一。

投资条件：财力是旅游资源开发的后盾。一个风景区旅游资源功能再大，但开发工程修筑设施耗费过多，在现有经济、技术条件下一时还无法解决，那么这个风景区就应暂缓开发。

施工条件：旅游资源的开发，还要考虑项目的难易程度和工程量的大小，首先是工程建设条件，如地质、水文等自然条件，它们一般随地随时而变化；其次是基本供应设施条件，包括设施的建设条件、食品供应条件、建筑材料条件等。只有合理地评估施工条件，才能既不浪费资金，又有可行性的施工效益。

②“六字七标准”评价法。上海社科院黄辉实提出的评价体系和标准。他分别从两个方面对旅游资源评价，一是资源本身；二是资源所处的环境。在旅游资源本身方面，他采用了六个标准：即美、古、名、特、奇、用。

美：指资源给人的美感。美感是欣赏者对于美的认识以及由于美所引起的主观感情。在评价旅游资源时，要注意资源给人的联想美和资源构成要素给人的综合美。

古：即有悠久的历史。如古庙、古塔、古城等古建筑、古墓、古战场、古书院等遗址。

名：名是具有声名的事物或与名人有关的事物。如埃及的金字塔、比萨的斜塔、中国佛教四大名山、孔子历代后裔居住的曲阜孔庙等。

特：指特有的、别处没有的或少见的资源。如秦陵兵马俑、中国的长城、少数民族的节日、婚礼，以及熊猫、金丝猴等动物。

奇：奇是给人以新奇之感的资源。如四川峨眉金顶的佛光，云南大理的蝴蝶泉，浙江海盐县的日月并升等。

用：是有使用价值的资源。如人文旅游资源中的手工艺品；自然旅游资源中有医疗价值的温泉，供玩赏之用的名花异卉。

在评价资源所处的环境方面，黄辉实提出了季节、污染、联系、可进入性、基础结构、社会经济环境、市场七个标准。此外，他还提出资源开发的成本评价问题，认为评价旅游资源时，对单位成本、机会成本、影子成本、社会定向成本等也要有个约略的估计。

③“吸引力”“开发条件”“效益”三项评价方案。

北京旅游学院科研室设计了一张《全国旅游区基本情况调查表》，表内提出了一套旅游资源评价体系，其项目有吸引力评价、开发条件评价和效益评价。

吸引力评价包括观赏价值（美、独特、新奇程度）、文化价值（年代、文物价值、地方民族特色等）、科学价值（学术、研究、普及知识）、旅游项目、游览内容丰富程度（种类、数量，以及之间距离等）、环境评价（气候、植被、水等环境质量）、季节差异（最适合旅游的月份，及其气温、降水、风、湿度等天气条件）、特殊价值（包括土特产品在内的其他内容）和容量（每日可接待最大游人量）9个子项目。

开发条件评价包括地区经济条件（收入水平、劳动力数量水平、农副产品供应条件等）、可进入性（交通方便程度、自然保护、军事设施或其他入境限制等）、依托城市（依托或最近的大城市名称及距离）、通信条件（与外界联系方式，特别是直通电话和方便程度）、地方积极性（地方政府对开发的设想）和已有服务设施情况（餐馆、旅馆、纪念品商店等）6个子项目。

效益评价包括目前年均接待游人量（国内、外游客）、开发所需投资量、投资来源（可能来源和可靠程度）、客源预测和社会效益（开发利用的社会、文化意义）以及可能造成的环境的、社会的不利影响5个子项目。

④一般体验性评价。常用方式是旅游者在问卷上回答有关旅游资源（地）的优劣顺序，或由各方面专家讨论评价，或统计旅游资源（地）在旅游书籍、常见报刊上出现的频率，从而确定一个地区最优秀的旅游景区，其结果表明旅游景区旅游资源的整体质量和知名度。例如，吉林省政府于2009年6月组织的“吉林八景”评选活动就采取公众投票与专家评选相结合的方法，其中公众可以通过网络、手机短信和邮寄或传真等方式进行投票。

（2）旅游资源定量评价。定量评价法是通过统计、分析、计算，用具体的数量来表示旅游资源及其环境等级的方法。定量评价较之定性评价结果更直观、简捷、准确，但在实际应用中，一般将定量评价与定性评价结合起来应用。

①技术性单因子评价。技术性的单因子评价是评价者在进行旅游资源评价时，针对旅游资源的旅游功能，集中考虑某些起决定作用的关键因素，并对这些因素进行适宜性评价或优劣评判。这种评价的基本特点是运用了大量的技术性指标，它一般只限于自然资源评价，对于开展专项旅游，如登山、滑雪、海水浴等尤为适用。

②综合性多因子评价。该评价方法是在考虑多因子的基础上运用一些数学方法，对旅游资源进行综合评价。这类评价方法也非常多，如层次分析法、指数表示法、综合评分法、模糊数学评价法、价值工程法、综合价值评价模型、旅游地综合评估模型等。以下介绍指数表示法。

综合性多因子评价方法属于多因子定量评价，其步骤分为三步：

第一步：对旅游资源开发利用现状、吸引能力及外部区域环境进行定量分析。

第二步：调查分析旅游需求。主要包括旅游需求量、旅游者人口构成、旅游者逗留时间、旅游花费趋向、旅游需求结构及规律性。

第三步：总评价的拟定。建立表达旅游资源特质、旅游需求与旅游资源之间关系的若干量化模型。公式为：

$$E = \sum_{i=1}^{n} F_i M_i V_i$$

式中：E——旅游资源评价指数；

F_i——第 i 项旅游资源在全体旅游资源中的权重；

M_i——第 i 项旅游资源的特质和规模指数；

V_i——旅游者对 i 项旅游资源的需求指数；

n——旅游资源总数。

③国家标准评价方法。根据GB/T 18972—2003《旅游资源分类、调查与评价》中规定的原则和评价体系，旅游资源单体评价的具体要求如下。

评价方法：采用打分评价方法，评价主要由调查组完成。

评价体系：依据“旅游资源共有因子综合评价系统”赋分，系统设“评价项目”和“评价因子”两个档次。评价项目为“资源要素价值”“资源影响力”“附加值”。其中：“资源要素价值”项目中含“观赏游憩使用价值”“历史文化科学艺术价值”“珍稀奇特程度”“规模、丰度与概率”“完整性”5项评价因子；“资源影响力”项目中含“知名度和影响力”“适游期或使用范围”2项评价因子；“附加值”含“环境保护与环境安全”1项评价因子。

计分方法：一是基本分值，所包含的评价项目和评价因子用量值表示。资源要素价值和资源影响力总分值为100分，其中：“资源要素价值”为85分，分配如下：“观赏游憩使用价值”30分、“历史科学文化艺术价值”25分、“珍稀或奇特程度”15分、“规模、丰度与概率”10分、“完整性”5分；“资源影响力”15分，其中：“知名度和影响力”10分、“适游期或使用范围”5分。二是附加值，“附加值”中包含“环境保护与环境安全”，分正分和负分。三是分值档次，每一评价因子分为4个档次，其因子分值相应分为4档。旅游资源评价赋分标准如表3-5所示。

表3-5　　旅游资源评价赋分标准

评价项目	评价因子	评价依据	赋值
资源要素价值（85分）	观赏、游憩、使用价值（30分）	全部或其中一项具有极高的观赏价值、游憩价值、使用价值	30～22
		全部或其中一项具有很高的观赏价值、游憩价值、使用价值	21～13
		全部或其中一项具有较高的观赏价值、游憩价值、使用价值	12～6
		全部或其中一项具有一般的观赏价值、游憩价值、使用价值	5～1
	历史、文化、科学、艺术价值（25分）	同时或其中一项具有世界意义的历史价值、文化价值、科学价值、艺术价值	25～20
		同时或其中一项具有全国意义的历史价值、文化价值、科学价值、艺术价值	19～13
		同时或其中一项具有省级意义的历史价值、文化价值、科学价值、艺术价值	12～6
		历史价值、或文化价值、或科学价值，或艺术价值具有地区意义	5～1
	珍稀、奇特程度（15分）	有大量珍稀物种，或景观异常奇特，或此类现象在其他地区罕见	15～13
		有较多珍稀物种，或景观奇特，或此类现象在其他地区很少见	12～9
		有少量珍稀物种，或景观突出，或此类现象在其他地区少见	8～4
		有个别珍稀物种，或景观比较突出，或此类现象在其他地区较多见	3～1

续　表

评价项目	评价因子	评价依据	赋值
资源要素价值（85 分）	规模、丰度与概率（10 分）	独立型旅游资源单体规模、体量巨大；集合型旅游资源单体结构完美、疏密度优良级；自然景象和人文活动周期性发生或频率极高	10～8
		独立型旅游资源单体规模、体量较大；集合型旅游资源单体结构很和谐、疏密度良好；自然景象和人文活动周期性发生或频率很高	7～5
		独立型旅游资源单体规模、体量中等；集合型旅游资源单体结构和谐、疏密度较好；自然景象和人文活动周期性发生或频率较高	4～3
		独立型旅游资源单体规模、体量较小；集合型旅游资源单体结构较和谐、疏密度一般；自然景象和人文活动周期性发生或频率较小	2～1
	完整性（5 分）	形态与结构保持完整	5～4
		形态与结构有少量变化，但不明显	3
		形态与结构有明显变化	2
		形态与结构有重大变化	1
资源影响力（15 分）	知名度和影响力（10 分）	在世界范围内知名，或构成世界承认的名牌	10～8
		在全国范围内知名，或构成全国性的名牌	7～5
		在本省范围内知名，或构成省内的名牌	4～3
		在本地区范围内知名，或构成本地区名牌	2～1
	适游期或使用范围（5 分）	适宜游览的日期每年超过 300 天，或适宜于所有游客使用和参与	5～4
		适宜游览的日期每年超过 250 天，或适宜于 80%左右游客使用和参与	3
		适宜游览的日期每年超过 150 天，或适宜于 60%左右游客使用和参与	2
		适宜游览的日期每年超过 100 天，或适宜于 40%左右游客使用和参与	1
附加值	环境保护与环境安全	已受到严重污染，或存在严重安全隐患	－5
		已受到中度污染，或存在明显安全隐患	－4
		已受到轻度污染，或存在一定安全隐患	－3
		已有工程保护措施，环境安全得到保证	3

等级划分：依据旅游资源单体评价总分，将其分为五级，从高级到低级为：

五级旅游资源，得分值域≥90 分。

四级旅游资源，得分值域≥75～89 分。

三级旅游资源，得分值域≥60～74 分。

二级旅游资源，得分值域≥45～59 分。

一级旅游资源，得分值域≥30～44 分。

此外还有未获等级的旅游资源，得分≤29 分。其中五级旅游资源称为“特品级旅游资源”；五级、四级、三级旅游资源被通称为“优良级旅游资源”；二级、一级旅游资源被通称为“普通级旅游资源”。

评价成果处理：整理评价数据，将评价结果用于《旅游资源评价报告》。在评价报告中，旅游资源等级陈述规范如下：

五级旅游资源，属于全方位优质旅游资源，在国内占有很高地位，国外占有优先位置。由于资源性质的不同，对它们的认定角度也不同：或者是其观赏价值、游憩价值、使用价值很高；或者是其同时具有很高的历史价值、文化价值、科学价值、艺术价值，整体上具有世界意义；或者本身是珍稀物种或由珍稀物种构成；或者是其成型景观异常奇特，在国内具有垄断性，在世界上也具有垄断意义；在同类资源中，如果是独立型单体，其规模、体量巨大，可供游览、观赏、使用的余地很大，如果是组合型单体，则其结构很和谐，疏密度优良；自然景象和人文活动周期性发生或频率极高；从资源整体形象上看，形态与结构保持完整；在国内和世界上有很高知名度；有极好的声誉，开放后受到所有游客的赞赏。未开发时，也能受到专业人员的普遍赞誉；一旦开发将很有发展前途，一年中适宜游览的日期超过 300 天。本级旅游资源经常是世界自然遗产和世界文化遗产的主体，或高级 A 级旅游区（点）的主体，或国家级重点文物保护单位的主体，或国优产品，或国家级称号单位。

四级旅游资源，属于优良级旅游资源，在国内占有重要地位，在国外占有一定位置。由于资源性质的不同，对它们的认定角度也不同：或者是其观赏价值、游憩价值、使用价值很高；或者是其同时具有很高的历史价值、文化价值、科学价值、艺术价值，整体上具有全国意义，或者是其中一类价值具有世界意义；或者本身是珍稀物种或由珍稀物种构成；或者是其成型景观异常奇特，在国内具有垄断性，在世界上也属少见；在同类资源中，如果是独立型单体，其规模、体量巨大，可供游览、观赏、使用的余地很大，如果是组合型单体，则其结构十分和谐，疏密度优良；自然景象和人文活动周期性发生或频率很高；从资源整体形象上看，形态与结构保持完整；在全国知名，在世界上也有较大知名度；有极好的声誉，开放后受到 80%以上游客的赞赏。未开发时，也能受到绝大多数专业人员的赞誉；一旦开发将很有发展前途，一年中适宜游览的日期超过 300 天。

三级旅游资源，属于优良级旅游资源，在国内占有重要地位。由于资源性质的不同，对它们的认定角度也不同：或者是其观赏价值、游憩价值、使用价值很高；或者是其同时具有很高的历史价值、文化价值、科学价值、艺术价值，整体上具有全国意义；或者是本身主要由珍稀物种或由较多珍稀物种构成；或者是其成型景观奇特，在国内属于少见；在同类资源中，如果是独立型单体，其规模、体量较大，可供游览、观赏、使用的余地很大，如果是组合型单体，则其结构很和谐，疏密度好；自然景象和人文活动周期性发生或频率较高；从资源整体形象上看，形态与结构有少量变化，但不明显；在全国知名；有很好的声誉，开放后受到70%以上游客的赞赏。未开发时，也能受到大多数专业人员的赞誉；一旦开发将有较好的发展前途，一年中适宜游览的日期超过250天。

二级旅游资源，属于普通级旅游资源，在省区内占有重要地位。由于资源性质的不同，对它们的认定角度也不同：或者是其观赏价值、游憩价值、使用价值较高；或者是其同时具有较高的历史价值、文化价值、科学价值、艺术价值，整体上具有省区级意义；或者是本身主要由珍稀物种或少量由珍稀物种构成；或者是其成型景观突出，在省区内属于少见；在同类资源中，如果是独立型单体，其规模、体量较大，可供游览、观赏、使用的余地较大，如果是组合型单体，则其结构较和谐，疏密度较好；自然景象和人文活动周期性发生或频率较小；从资源整体形象上看，形态与结构可能会有明显变化；在省区内知名；有较好的声誉，开放后受到60%以上游客的赞赏。未开发时，也能受到多数专业人员的赞誉；一旦开发将有发展前途，一年中适宜游览的日期超过150天。

一级旅游资源，属于普通级旅游资源，在地区内占有一定地位，有一定的开发利用前景。由于资源性质的不同，对它们的认定角度也不同：或者是其观赏价值、游憩价值、使用价值均较小；或者是其同时具有一定的历史价值、文化价值、科学价值、艺术价值，整体上具有地区级意义；或者个别由珍稀物种构成；或者是其成型景观突出，在地区内属于少见；在同类资源中，如果是独立型单体，其规模、体量中等，可供游览、观赏、使用的余地一般，如果是组合型单体，则其结构较和谐，疏密度较好；自然景象和人文活动周期性发生或频率一般；从资源整体形象上看，大体保持原来形态与结构；在地区内知名，有一定声誉；开放后受到50%以上游客的赞赏。未开发时，也能受到多数专业人员的赞誉；一旦开发将有一定的发展前途，一年中适宜游览的日期超过100天。

第三节　旅游景区旅游资源保护与管理

旅游资源是景区吸引游客的关键因素，但由于自然风化和人为破坏，旅游资源正面临各种威胁，旅游资源的保护就是要采取以防为主，以治为辅，防治结合的保护措施，减弱自然破坏过程，通过加强管理减少或避免人为破坏，对已遭破坏的旅游资源采取修缮或重建措施。

一、景区旅游资源保护的意义

（一）保护景区的自然生态和社会文化

旅游资源从其本质属性进行分类，可分为自然旅游资源和人文旅游资源。由此可见，旅游资源实际上是具有旅游价值的自然环境与社会文化中的各要素的综合。从某种意义上说，景区旅游资源就是景区自然生态与社会文化的构成体，不合理的旅游开发实质上等于对生态环境的破坏和对社会文化的冲击。如未经处理的生活污水、垃圾等排入河流、湖泊、海湾等风景水体，污染水质、破坏景区环境；又如类似“恐怖城”等低级庸俗题材旅游项目的开发，对旅游区社会文化的传播产生不利的影响。虽然某些受损的旅游资源可以通过自然调节和人为努力在一定程度上得到修护，但一定程度的修护不等于完全恢复。不合理的旅游开发带来的景区自然生态破坏和社会文化蜕变的恶果是难以恢复的。因此，加强旅游资源保护，合理开发利用旅游资源，不仅是旅游资源自我保护的需要，也是保护景区自然生态与社会文化这一生存环境的需要。

（二）保障景区经营可持续发展

旅游业是一个资源产业，非常依赖自然禀赋和社会遗赠。从资源开发的角度出发，景区旅游经营可看做是依靠资源，利用资源，达到获取经济、社会、生态综合效益的活动过程，它的经营基础是旅游资源。景区欲谋求旅游经营的持续发展，首先必须保证旅游资源的持续利用。然而，在景区旅游经营管理的实际操作中，却存在着许多片面追求经济效益，不注意保护旅游资源与旅游环境的问题。如四季常绿的西双版纳，以热带原始森林的苍茫神秘与勃勃生机吸引着广大游客，但近几十年来大搞毁林开荒，森林面积急剧下降，使原来良好的生态环境遭到严重破坏。旅游资源的退化导致的旅游吸引力下降，直接威胁到景区旅游经营的可持续发展。

可见，旅游经营的可持续发展是以旅游资源的永续利用为前提的，而旅游资源的永续利用只有在保护旅游资源的基础上才能得以实现。从这个意义上讲，保护旅游资源即是保障景区旅游经营可持续发展。

二、景区旅游资源的保护与管理

（一）旅游资源衰退的原因

造成景区旅游资源衰退的主要原因可归为自然损毁和人为破坏两个方面。

1. 自然损毁

自然损毁主要是由自然力造成的旅游资源损毁。由于自然界的寒暑变化、风吹雨淋、流水侵蚀、火山地震等，天长日久会造成旅游资源由于物理或化学等作用而不同程度地衰退，使旅游资源品质和外观等大打折扣。据监控数据显示，闻名中外的大同云冈石窟近30年来风化速度持续加快，大量工业粉尘超标附在石像表面，在空气、水分、阳光的作用下侵蚀千年古佛像，其破坏力极大。研究人员还发现，当地燃煤产生的二氧化硫也在其中扮演着极不光彩的角色。此外，其他一些生物原因，如植物根系生长产生生物风化作用以及鸟类粪便和白蚁等生物的破坏作用也会对旅游资源构成威胁。

2. 人为破坏

人为破坏是景区旅游资源衰退的重要原因，可分为有意破坏和无意破坏。有意破坏是在趋利意识支配下的资源破坏行为，是一种“明知不可为而为之”的恶劣行径。有意破坏主要表现为滥伐、偷猎、盗掘、倾污、挖刻等。无意破坏的表现有：景区工程建设对旅游资源自然美的破坏，景区规划不当而造成的破坏、景区超负荷运作而加速资源的衰退等。

（二）旅游资源的管理和保护措施

旅游资源的类型不同，遭受破坏的原因不同，保护措施也有差异：

1. 对文物资源的管理措施

加盖加罩；预防虫蚁危害；限制游人数量，减少游人对文物古迹的影响；配备防治大气污染的设备；配备防火设施；防止水对文物的侵蚀等。

知识链接

三维数字化技术在文物保护中的应用

据新华网2006年10月29日报道，河南洛阳龙门石窟研究院和北京大学在2006年10月28日携手启动“龙门石窟三维数字化技术标准制定”研究项目。龙门石窟将成为我国考古和文物保护领域内首家创立和使用三维数字化技术标准的单位。据悉，该项目的研究由龙门石窟研究院和北京大学视觉与听觉信息处理国家重点实验室合作进行，主要对龙门石窟开展洞窟三维数据采集、三维建模、纹理影射和软件研发等三维数字技术工作，并研究、建立石窟类文物的三维数字化技术标准。

据介绍，文物的三维模型可作为真实文物的副本保存，为文物保护研究建立完整、准确、永久的数字档案。三维数字化技术通过数字记录的方法为文物保护提供监测和修复依据，真实记录考古发掘现场，并对流散到国外的文物进行数字复原。同时，建立三维数字化虚拟博物馆和虚拟展览能为文物考古工作者及游览者提供更自由的观察视点。

在不久的将来，网民只需要轻点鼠标就可以进入一个具有真实空间感的博物馆，在这里，参观者不仅可进入博物馆的每一个角落，包括那些不对外开放的神秘地带，也可以看到平时无法展出的文物，并且以360°视角细读文物的细节。数字博物馆不同于博物馆网站——在普通网站上观看文物，只能是平面的，它是一个三维空间，可以选择从不同角度观看。这种网络虚拟空间在文化遗产保护领域的运用，带来的将是革命性的全新感受。

资料来源：http：//www. viscan. com/CN/Case/Case005. htm（有删减）.

2. 水体资源的管理措施

采取措施严格控制工业污染源，并逐步治理污染源；控制景区内农业排放的污染物，发展生态农业；对景区内的污水、污染物进行处理；景区的游船使用无污染的电瓶船，船上垃圾收集到岸上处理；减弱水体波浪对堤岸的冲击；加强对水体周围堤岸的绿化。

3. 地质地貌旅游资源的管理措施

山地景区容量有限，要控制游客数量；可在淡季实行短期封闭制度，休养生息，恢复生态平衡；加强建设项目的审批把关，减少和避免对山地资源的破坏；组织水文、环保、林业、地质、气象等专业技术人员，加强对山地自然灾害的调查研究，防止山地灾害。建立山洪、火灾、虫灾观测站等灾害预警系统和防火救援系统。

知识链接

美国黄石国家公园地热资源的保护

黄石国家公园（Yellowstone National Park），简称黄石公园，是世界第一座国家公园，成立于1872年。黄石公园位于美国中西部怀俄明州的西北角，并向西北方向延伸到爱达荷州和蒙大拿州，面积达7988平方公里。黄石河、黄石湖纵贯其中，有峡谷、瀑布、温泉以及间歇喷泉等，景色秀丽，引人入胜。其中尤以每小时喷水一次的“老实泉”最为著名（如图3-2所示）。园内森林茂密，还牧养了一些残存的野生动物供人观赏，如美洲野牛等。园内设有历史古迹博物馆。

图3-2　老实泉

美国黄石国家公园花费了大量的精力和数以千计的美元用以制作告示、讲解、演示，以便教育游客对那些极易受到损害的地热资源进行保护。有一些游客会将泥地里的淤泥作为纪念品带走；有一些游客在许愿时用硬币将温泉的出口塞住。1996年，资源运营人员在上、中、下间歇泉盆地考察了81个地热点，看看它们是否遭到破坏。结果在那个夏天，他们将3000多个硬币、烟蒂、铁钉、岩石碎片等从温泉池中清理了出来。

如果狭窄的通气孔被塞住，就会阻碍水从下面流出来，因此会改变温泉的喷发方式或是降低其温度，从而影响藻类的生长，而藻类的生长是许多温泉出现各种色彩的原因。公园守护者为防止通气孔被堵塞，就帮助地质学家抽出了池中的水，一直到能看到那些堵塞温泉通气孔的东西，然后设法将其取出，或者用其他的方式设法使温泉能够自身净化。

资料来源：邹统钎．旅游景区开发与经营经典案例［M］．北京：旅游教育出版社，2003（有改动）．

4. 溶洞旅游资源管理措施

要使各种人工措施不至于影响溶洞的原始自然风貌；进行灯光装饰时，只能见灯光，不能见光源和电线；设置防护网或专人看护，防止触摸、攀爬等行为的破坏。

5. 森林和植物资源的管理措施

加强游客教育，禁止林区吸烟、野炊、采摘花木树叶；游道宽度要适应游客流量，减少游客游道外踩踏；加强植被的修剪、防虫、防火、施肥、浇水等维护工作；珍稀植物，重点保护。

案例一

旅游资源单体调查表实例——吉林雾凇

基本类型：DBA　　云雾多发区

代　　号	220201DBA015
行政位置	吉林省吉林市全境

性质与特征（单体性质、形态、结构、组成成分的外在表现和内在因素，以及单体生成过程、演化历史、人事影响等主要环境因素）：

吉林雾凇与黄山云海、泰山日出、钱塘潮涌一起被誉为中国四大自然奇观。隆冬时节，走进吉林市，沿着松花江的堤岸望去，松柳凝霜挂雪浪，如朵朵白银，排排雪浪，十分壮观。

雾凇俗称“树挂”，是雾气和水汽遇冷凝结在枝叶上的冰晶，分为粒状和晶状两种。粒状雾凇结构紧密，形成一粒粒很小的冰块，而晶状雾凇结构比较松散，呈较大的片状。吉林的雾凇就属于晶状。它是在吉林市独特的地理环境中自然形成的。从吉林市区松花江而上 15 公里是丰满水电站，冬季江水通过水轮机组，水温升高变暖，每到隆冬从水轮机组滚出的水仍有 4℃，江水载着巨大的热能，形成了松花江几十里缓缓流经市区不冻的奇境。从水面源源不断地蒸发出水汽，使整个江面雾气腾腾，久不消散。沿江上堤，苍松林立，杨柳低垂，在一定气压、温度、风向等条件作用下，江面上蒸腾的雾气遇冷凝成了雾凇。

观赏雾凇，讲究的是“夜看雾，晨看挂，待到近午看落花”。“夜看雾”，是在雾凇形成的前夜观看江上出现的雾景。大约在夜里 10 点钟，松花江上开始有缕缕雾气，继而越来越大，越来越浓，大团的白雾从江面滚滚而起，不停地向两岸飘流。“晨看挂”，是早起看树挂。十里江堤黑森森的树木，一夜之间变成一片银白。“待到近午赏落花”，是说树挂脱落时的情景。一般在上午 10：00 左右，树挂开始一片片脱落，接着成串成串地往下滑落，在空中形成五颜六色的雪帘。

续 表

旅游区域及进出条件（单体所在地区的具体部位、进出交通、与周边旅游集散地和主要旅游区［点］之间的关系）：

吉林市坐落在中国东北地区中南部，地处东北腹地长白山脉，向松嫩平原过渡地带的松花江畔，三面临水、四周环山。东接延边朝鲜族自治州，西临长春市、四平市，北与黑龙江省接壤，南与浑江市、通化市毗邻。对外交通四通八达，市区交通体系良好。境内已形成以公路、铁路、水路、航空四大运输系统为经纬的网络，成为联系城市与乡村的纽带，沟通生产与消费的桥梁。铁路列车可直达长春、哈尔滨、图们、沈阳、大连、天津、北京、宁波等城市；公路连接着周围各县（市）和广大农村；除冬季外，松花江皆可水运；吉林已有直达北京、上海、广州等地的航班。

保护与开发现状（单体保存现状、保护措施、开发情况）：

吉林市旅游局自1991年开始每年举办国际雾凇冰雪旅游节，现已成为国内较大城市重要的大型节庆活动之一，到此观赏雾凇的国内外宾朋络绎不绝。近年来，为提高雾凇的观赏性，新开发了松江中路、滨江公园、国防园、青年园、松江东路、雾凇岛、雾凇长廊、五家哨、北大湖、莲花山等十几处雾凇观赏点，设计了多条旅游滑雪线路。

资料来源：资料收集及实地踏勘

共有因子评价问答（你认为本单体属于下列评价项目中的哪个档次，应该得多少分数，在最后的一列内写上分数）

评价项目	档　次	本档次规定得分	你认为应得的分数
单体为游客提供的观赏价值，或游憩价值，或使用价值如何？	全部或其中一项具有极高的观赏价值、游憩价值、使用价值	30～22	28
	全部或其中一项具有很高的观赏价值、游憩价值、使用价值	21～13	
	全部或其中一项具有较高的观赏价值、游憩价值、使用价值	12～6	
	全部或其中一项具有一般观赏价值、游憩价值、使用价值	5～1	
单体蕴涵的历史价值，或文化价值，或科学价值，或艺术价值如何？	同时或其中一项具有世界意义的历史价值、文化价值、科学价值、艺术价值	25～20	21
	同时或其中一项具有全国意义的历史价值、文化价值、科学价值、艺术价值	19～13	
	同时或其中一项具有省级意义的历史价值、文化价值、科学价值、艺术价值	12～6	
	历史价值、或文化价值、或科学价值，或艺术价值具有地区意义	5～1	
物种是否珍稀，景观是否奇特，此现象在各地是否常见？	有大量珍稀物种，或景观异常奇特，或此类现象在其他地区罕见	15～13	15
	有较多珍稀物种，或景观奇特，或此类现象在其他地区很少见	12～9	
	有少量珍稀物种，或景观突出，或此类现象在其他地区少见	8～4	
	有个别珍稀物种，或景观比较突出，或此类现象在其他地区较多见	3～1	

续　表

评价项目	档　次	本档次规定得分	你认为应得的分数
如果是个体有多大规模？如果是群体，其结构是否丰满？疏密度怎样？各类现象是否经常发生？	独立型单体规模、体量巨大；组合型旅游资源单体结构完美、疏密度优良级；自然景象和人文活动周期性发生或频率极高	10～8	10
	独立型单体规模、体量较大；组合型旅游资源单体结构很和谐、疏密度良好；自然景象和人文活动周期性发生或频率很高	7～5	
	独立型单体规模、体量中等；组合型旅游资源单体结构和谐、疏密度较好；自然景象和人文活动周期性发生或频率较高	4～3	
	独立型单体规模、体量较小；组合型旅游资源单体结构较和谐、疏密度一般；自然景象和人文活动周期性发生或频率较小	2～1	
是否受到自然或人为干扰和破坏，保存是否完整？	保持原来形态与结构	5～4	5
	形态与结构有少量变化，但不明显	3	
	形态与结构有明显变化	2	
	形态与结构有重大变化	1	
在什么范围内有知名度？在什么范围内构成名牌？	在世界范围内知名，或构成世界承认的名牌	10～8	8
	在全国范围内知名，或构成全国性的名牌	7～5	
	在本省范围内知名，或构成省内的名牌	4～3	
	在本地区范围内知名，或构成本地区名牌	2～1	
开发旅游后，多少时间可以开发旅游？或可以服务于多少游客？	适宜游览的日期每年超过 300 天，或适宜于所有游客使用和参与	5～4	
	适宜游览的日期每年超过 250 天，或适宜于 80%左右游客使用和参与	3	
	适宜游览的日期超过 150 天，或适宜于 60%左右游客使用和参与	2	
	适宜游览的日期每年超过 100 天，或适宜于 40%左右游客使用和参与	1	
本单体是否受到污染，环境是否安全？有没有采取保护措施使环境安全得到保证？	已受到严重污染，或存在严重安全隐患	－20	
	已受到中度污染，或存在明显安全隐患	－10	
	已受到轻度污染，或存在一定安全隐患	－5	
	已有工程保护措施，环境安全得到保证	5	

本单位得分	92	本单位可能的等级	五级	填表人		调查日期	

资料来源：http：//mwxyz. blog. 163. com/blog/＃pn2.

案例分析

旅游资源分类与评价中的一项前期重要工作就是旅游资源单体调查，全面、完整的旅游资源单体调查是后续工作开展的前提，案例中列举的是我国著名自然奇观中的吉林雾凇，从雾凇现象所处的行政位置、性质与特征、旅游区域及进出条件、保护与开发现状等方面进行具体说明，并根据共有因子评价问答对不同评价项目给出合理的分数，最终确定吉林雾凇可能的资源等级，为更好地开发和利用此项旅游资源提供依据。

案例二

保护黄山松

黄山松是“黄山四绝”之一，是黄山最重要的旅游资源，被誉为国宝。黄山设立了“黄山风景区园林局技术研究室”，还成立了由国内一流专家组成的古树名木保护专家小组，建成了迎客松小型气象自动观测站，常年对黄山古树名木的生长环境、分布规律、土壤特征等进行大规模的普查，把黄山的古树名木保护管理纳入科学化规范的轨道。黄山把保护措施细化到每个环节，给103株古树名木建立技术保护档案，实行分级挂牌管理；对54株列入遗产名录的古树实行责任到人、跟踪保护；成立古树名木保护专家组，编制了保护管理软件；对古树名木的病虫危害、环境影响、生长态势进行定期检测，并采取加固围栏、设立支架、改变游道等保护措施；对国宝迎客松，派驻一个守护班实行全天候专人守护，每天记录健康状况，每年两次邀请专家进行会诊，科学地补充营养，实行特级护理。为了防止松材线虫病等的危害，黄山建立了多重森林病虫害防治体系，一期投入6000万元，在风景区外围划出长100公里、宽4公里的防护隔离带，并在黄山4个大门均建立了检查站，严禁松木进入黄山，彻底杜绝虫源。

资料来源：杨桂华．旅游景区管理［M］．北京：科学出版社，2006（有删减）．

案例分析

黄山是我国著名的风景名胜区，奇松、怪石、云海、温泉并称为“黄山四绝”，案例中是专门对“黄山四绝”之首的黄山松的保护措施，从中我们可以看出：一是黄山松的保护既有大规模的普查与全面保护，又有古树名木的分级重点保护，做到了全面保护与重点保护相结合；二是作为单项旅游资源的管理，黄山却实行了专门机构管理、专人管理，责任层层落实，保护工作细致入微；三是保护中运用了先进技术，借助专家的意见，对古树实行科学防护；四是保护投入相当巨大，确保防护措施得到贯彻执行。黄山松的保护是我国珍稀单体旅游资源重点保护的典范。

本章小结

旅游景区旅游资源是旅游者在旅游景区内开展旅游活动的客体，是满足旅游者旅游愿望的客观存在物，是旅游景区的核心要素。旅游景区资源的特色及开发保护与管理的水平，直接影响旅游景区的游客数量、经营效益和发展前景。因此，旅游景区必须重视其旅游资源的管理。

复习思考题

1. 什么是旅游资源？
2. 简述旅游资源和景区旅游资源的关系。
3. 如何对旅游资源进行分类？
4. 景区旅游资源评价的内容有哪几项？
5. 旅游景区资源评价有哪些方法？

第四章　旅游景区规划管理

本章导读

旅游景区规划是景区开发建设、经营管理的一个指导性文件，景区规划质量水平的高低，直接影响到该景区旅游产业的发展和开发经营者的经营管理决策，直接关系到景区发展的成败。本章将对景区规划的各方面知识加以说明和介绍，包括旅游景区规划的概念、原则、目标、类型、程序，景区规划的主要内容空间规划和旅游产品开发规划以及旅游景区规划的发展趋势等。通过本章学习，使学生对旅游景区规划有一个全面的认识和了解，掌握旅游景区规划的技术路线及主要内容，依据本章所学的旅游景区规划管理的知识，深刻理解旅游景区规划在旅游开发和管理经营中的重要作用。

第一节　旅游景区规划概述

经过旅游资源的调查和评价，就可进入实质性规划阶段，进行具体的规划工作。项目的实施阶段实际上是从景区规划开始的。有时在前期的准备阶段，规划已经开始介入，与其他环节同步进行。

一、旅游景区规划的概念

（一）规划

“规划”通常是指：刻意去实现某种任务，以及为实现这些任务把各种行动纳入到某些有条理的顺序中。朗文大词典中对规划的解释是：规划是制订或实施计划的过程，尤其是为一个社会或经济单元（企业、社区等）确立目标、政策与程序的过程。广义上讲，规划就是为了实现某种目标而组织未来的过程。从个人学习计划、假期旅游安排到由政府制订的、正式的区域规划、城市规划、社会经济发展规划、国家五年计划等都属于规划的范围。

由于规划是基于对未来的预测，而未来往往具有难以确定性，因此规划过程是一个具有创造性和预见性的系统工程，需要人们不断提出新的构想并反复实践。规划之前应该对现有资源和可预见的变化进行分析，之后建立对未来最佳前景的设想，最终选择合理的战略并督促实施。

（二）旅游规划

旅游规划是从区域规划及管理科学中衍生出来的。美国学者岗恩（Gunn）认为旅游业起源于旅游者对旅游的欲望，终止于这种欲望的满足，因此规划者绝不能无视旅游者的需求，旅游规划的第一目标就是满足旅游者的需求。因此他指出“规划作为对未来的预测，处理可预见的事件是唯一使旅游业获得好处的方法，是经过一系列选择决定合适的未来行动的过程”。加拿大学者盖茨（Getz）认为旅游规划是：在调查研究和评价的基础上寻求旅游业对人类福利及环境质量的最优贡献过程。澳大利亚学者墨菲（Peter E. Murphy）的定义是：规划是预测和调整系统内的变化，以促进有秩序的开发，从而扩大开发过程的社会、经济与环境效益。它是一个连续的操作过程，以达到某一目标或平衡几个目标。

国内有学者认为旅游规划是对旅游业及其相关行业未来发展的设想和策划。也有人将旅游规划定义为：为达到旅游业特定的发展目标而确定的战略和措施体系，是实现旅游业有计划、协调和可持续发展的基础。

（三）旅游景区规划

景区规划是旅游规划中的一种类型，它是以景区为特定研究对象的旅游规划。景区发展旅游，是通过对旅游六大要素（吃、住、行、游、购、娱）的安排来满足旅游者的各方面的需求，并实现景区的经济、社会、环境效益。因此，景区规划就是以景区为对象，根据景区的资源特点、市场状况和其他相关的自然社会经济条件所进行的有关开发、保护、管理等内容的布局、设计、安排。其目的是为了使景区开发建设和管理能够有计划、有步骤、合理、科学地进行。

二、旅游景区规划的原则

旅游景区规划是一项具有深远意义的战略性工作，会对景区所在地的社会经济文化产生重大的影响。因此，必须严格地按照客观实际的要求，科学合理地进行规划编制工作，使规划方案真正建立在科学的基础之上。一般说来，旅游景区规划工作应遵循下列原则：

（一）独特性原则

旅游景区的独特性，是其对旅游者产生吸引力的根本原因，也是景区实现潜在经济优势的重要保证。景区规划要注重美学原理、突出个性、发挥特色、避免竞争，体现自然景观的自然美与人工景观的社会美和艺术美。在开发规划中，注意突出民族特色、增强地方色彩，满足游客的猎奇心理。

独特性原则是旅游景区规划的中心原则，必须通过各种产品与服务来突出景区的独特之处，如通过自然景观、建筑风格、园林设计、服务方式、节庆事件等来塑造与强化旅游景区的形象。因此，旅游景区规划要有意识地突出主题形象，建立鲜明的旅游景区形象。

（二）整体性原则

整体性原则是指要保持旅游景区的整体性不被分割。因为有的旅游景区区域面积广大，在管理上可能被几个自然区或行政区分割，这对于旅游景区的管理和发展是十分不利的。注重整体性原则，一方面将旅游景区的管理和开发与当地的社会发展和经济发展有机地结合起来，列入区域规划，合理地规划旅游地的建设发展；另一方面将旅游景区的管理形成一个统一的整体，避免权限分散所造成的混乱。

（三）协调性原则

协调性原则是指旅游景区在开发规划中应注意经济、社会、环境效益的协调统一。旅游开发活动是一种经济技术行为，即利用一定的资金、技术将旅游资源的潜在优势转化为现实的经济优势。因此，经济效益是规划的首要目标。但经济效益并非旅游景区开发规划的唯一目标，还必须考虑其社会效益和环境效益。社会效益，一方面体现在旅游者在旅游目的地获得精神享受、情感熏陶后的愉悦感和满足感；另一方面体现在旅游者与旅游地居民之间的经济、文化交流所产生的相互影响。这就要求，规划要将旅游地居民的利益与旅游者的利益平等看待，不能厚此薄彼。旅游景区的开发活动，必然对原有的生态环境产生一定的破坏作用，如对植被、水源的破坏；开发后大量外来游客的涌入也必然对旅游资源所在地的自然环境带来压力，并对当地居民的物质和文化生活产生一定的冲击，从而产生积极和消极两方面的影响。这就要求在制订规划时，要注意维护旅游地的基本生态进程，保护生物资源及其多样性，并制订相应的保护措施，处理好开发与保护的关系，使得旅游资源能被永续利用。

（四）市场导向原则

旅游业的发展，是以旅游者的空间流动为特征，其流向变化、流量大小决定着旅游景区发展的规模和命运。旅游景区规划，要实现其目标就要以客源市场为导向制订其内容。先通过周密调查，掌握潜在或现实的客源市场的地域构成、流量流向变化、消费特征变化及游客喜好程度等因素；再经过市场细分，确定目标市场及其需求状况；然后，以此为导向进行景区产品设计，选择开发项目，确定设施档次与消费水平，推出适销对路的旅游产品；并加强产品促销工作，用鲜明的特色和独特、完善的服务吸引旅游者的注意，不断挖掘潜在的客源市场，建立稳固的客源流条件，从而为规划目标的实现奠定基础。

（五）弹性原则

旅游市场变化很快，旅游者的口味也随着时尚潮流不断更替，规划不能预见未来所有的变数，因此景区规划应该在时间上和空间上留有弹性以适应不可预见的变化，并为后续开发、调节打下基础。时间上，景区规划有很强的时效性，旅游者的偏好、需求会随时间推移而波动，因此在景区规划中的分期目标和实现的具体年限之间应留有相应的弹性，以避免规划目标无法按期实现。空间上，景区的发展速度有时会超出前期预测，景区的服务设施和景点的空间容量会出现供应不足的情况。因此，旅游景区规划在空间布局时应留有余地为将来计划外的扩展储备发展空间。

（六）可操作性原则

如果提出旅游开发政策、规划的意见和建议确实可行，在制定政策和规划的过程中就应始终考虑具体的实施办法，并制订出一个具体的实施计划或战略。

三、旅游景区规划的目标

旅游景区规划的目标是要通过满足旅游市场需求来实现旅游功能系统的完善与运行，

实现旅游需求与旅游供给的动态平衡。常见的旅游规划目标有以下三类。一是美国学者岗恩（Gunn）在分析北美旅游业的规划时，提出的三个目标分别为：满足使用者的需求；为产权拥有者及开发者提供风险酬赏；保护环境资源。二是美国学者麦金托什（Mackintosh）提出的关于社区内旅游开发规划的目标，包括四方面的内容：通过旅游业的经济效益提高当地人们的生活水平；为旅游者及当地居民提供基础设施及娱乐设施；确保旅游区的开发类型符合这些社区的意愿；确定与当地政府及居民的文化、社会及经济追求相一致的开发项目。三是英国学者鲍德·博拉（Baud Bovy）和劳森（Lawson）认为旅游度假区开发的三个目标：满足个人的需求；提供不同的经历；创造一个有吸引力的“旅游形象”。

景区规划的目标选择必须将景区置于区域开发的背景之中来考虑，景区规划的目标应与该区域的经济发展目标、城市规划目标、社区发展目标、生态环境和历史文化保护等目标相协调一致，能纳入区域经济社会发展总体战略的框架之中。具体来说就是景区规划要提高旅游者的满意度、为投资者带来回报、帮助景区实现可持续地利用资源和以地方经济社会协调发展为根本价值取向。

（一）旅游者目标

旅游业是以旅游者为本，提高旅游者的满意度任何一个景区规划的根本目标之一。由于景区旅游活动的具有复杂性，要想获得旅游者较高的满意度不是一件容易的事情。实际上，旅游者在景区旅游过程中，很多看似细小的地方都会影响旅游者的满意度。例如，在制订市场营销规划时过分夸张的宣传可能会导致游客实际参与后产生失落感；旅游服务设施规划不合理、指示牌系统不完善、住宿设施、餐饮服务、导游服务差强人意等情况，也往往会导致旅游者满意度下降。

旅游景区规划就是为景区开发提供规范，并尽可能提高旅游者的满意度，尽量避免相关问题的产生，而不是事后帮助旅游者解决问题。景区管理者也应该清醒地认识到，游客数量不等同于游客满意度，每年黄金周热门景点人满为患，同时游客投诉量也居高不下就是最好的证明。或许规划方案无法令每一个旅游者都获得精神上的满足，但至少规划者和管理者有了努力的方向。

（二）投资者目标

景区投资者为景区开发、建设投入大量资金，承担市场风险，理应获得市场回报。因此在景区规划中帮助投资者实现经济效益是规划的另一个重要目标。保证投资者的回报，最主要的就是要实现规划设计的旅游产品能获得市场认同，满足市场的需要。首先，要求规划者能够在第一时间发现市场机会；其次，规划者要有足够的分析和综合能力为投资者设计出适合市场需求的旅游产品；再次，规划要对许多影响旅游的因素进行深入研究。比如景区与客源市场的距离、交通状况，景区旅游资源的品质和规模，基础设施的建设水平，景区开发所涉及的各个部门的情况等。

（三）环境目标

旅游资源和环境是景区开发与规划的对象，是景区的核心吸引力。如何实现旅游资源环境的合理开发利用是旅游规划的一个重要目标。旅游规划保护的对象是自然旅游资源和人文旅游资源，而这些正是旅游者渴望在旅游过程中体验到的东西。旅游规划者提供的方案应当是在当前技术和资金条件下允许的、合理的开发。如果不充分重视对资源和环境的保护，旅游企业、政府部分在未来不可能会有什么资源可供开发，旅游规划人员也可能面临无事可做的境遇。所以对旅游规划者来说，有责任和义务协助景区实现资源的可持续利用，使景区向着生态、绿色的方向发展。

（四）社区目标

旅游业是国民经济的组成部分，它和其他许多产业是有关联的。景区也只有在所属区域的经济整体框架中找到合适的位置才能得到应有的发展。因此，规划者在编制景区规划时不仅要考虑旅游者、投资者的需要，还要充分顾及当地社会经济发展目标，考虑当地社区居民的利益。

此外，在编制景区旅游规划时，应注意旅游规划与当地不同类型的其他规划相适应，如区域规划、城市规划、土地利用规划、各种专项规划等。要把规划目标与当地社会经济发展目标作为一个整体来考虑，了解和控制旅游业对当地社区的影响。

四、旅游景区规划的类型

旅游景区规划的类型十分复杂，从不同角度考虑有不同的划分方法。国际上通常以空间大小为标准，把旅游规划分为区域尺度、目的地尺度和景点尺度三种层次。一般的景区规划主要是指后两种尺度的规划，即中、微观层次的旅游规划。下面介绍几种常见的景区规划划分方法。

（一）按规划时限划分

根据国家标准 GB/T 18971—2003《旅游规划通则》的规定，我国现行的景区规划如果按时间来分，一般可以分为三个层次：近期规划（3～5 年）、中期规划（5～10 年）和远期规划（10～20 年）。划分的依据主要是尽量与国民经济和社会发展计划相适应，便于相互协调和包容。

1. 近期规划

近期规划应对景区近期的发展布局和主要建设项目进行设计和安排，提出发展目标、重点、主要内容，并应提出具体的建设项目、规模、布局、投资估算和实施措施等。期限一般为 3～5 年。

2. 中期规划

中期规划的目标应使景区内各项规划内容初具规模，并应提出发展期内的发展重点、主要内容、发展水平、投资估算、健全发展的步骤与措施。

3. 远期规划

远期规划的目标应提出景区规划所能达到的最佳状态和目标，是景区进入良性循环和持续发展的满意阶段。

（二）按规划内容划分

1. 景区综合规划

景区综合规划是一个整体的规划概念，是指按照国家和地方旅游业发展纲要精神，结合国家和地方旅游产业布局的要求，提出旅游资源开发、市场开拓以及景区发展战略的总体设想。

2. 景区专项规划

专项规划又称专题规划或部门规划，是在景区综合规划基本思想的指导下，针对景区开发过程中的各辅助部门而提出的专题计划。按规划内容可分为景区资源规划、景区线路规划、景区设施建设规划、客源组织规划、商品规划、人才培训规划。尽管这些规划在理论上可以分类排队，但在实践中都是互相交叉、互相联系、互相制约的。

（三）按所处阶段划分

根据国家标准 GB/T 18971—2003《旅游规划通则》的规定，我国旅游规划分为旅游发展规划和旅游区规划两个层次。旅游区规划又从总体规划、控制性详细规划和修建性详细规划三个阶段来进行。通常景区规划的层次和旅游区规划的层次大致相当。

1. 旅游发展规划

旅游发展规划是根据旅游业的历史、现状和市场要素的变化所制订的目标体系，以及为实现目标体系在特定的发展条件下对旅游发展的要素所作的安排。旅游发展规划按规划的范围和政府管理层次分为全国旅游业发展规划、区域旅游业发展规划和地方旅游业发展规划。

旅游发展规划的主要任务是明确旅游业在国民经济和社会发展中的地位与作用，提出旅游业发展目标，优化旅游业发展的要素结构与空间布局，安排旅游业发展优先项目，促进旅游业持续、健康、稳定发展。

2. 旅游区规划

旅游区是以旅游及其相关活动为主要功能或主要功能之一的空间或地域。

旅游区规划是指为了保护、开发、利用和经营管理旅游区，使其发挥多种功能和作用而进行的各项旅游要素的统筹部署和具体安排。

（1）旅游区总体规划。旅游区在开发、建设之前，原则上应当编制总体规划。旅游区总体规划的任务是：分析旅游区客源市场，确定旅游区的主题形象，划定旅游区的用地范围及空间布局，安排旅游区基础设施建设内容，提出开发措施。旅游区总体规划的期限一般为 10～20 年，同时可根据需要对旅游区的远景发展作出轮廓性的规划安排。对于旅游区近期的发展布局和主要建设项目，亦应作出近期规划，期限一般为 3～5 年。旅游区总体规划内容包括：

①对旅游区的客源市场的需求总量、地域结构、消费结构等进行全面的分析与预测。

②界定旅游区范围，进行现状调查和分析，对旅游资源进行科学评价。

③确定旅游区的性质和主题形象。

④确定规划旅游区的功能分区和土地利用，提出规划期内的旅游容量。

⑤规划旅游区的对外交通系统的布局和主要交通设施的规模、位置；规划旅游区内部的其他道路系统的走向、断面和交叉形式。

⑥规划旅游区的景观系统和绿地系统的总体布局。

⑦规划旅游区其他基础设施、服务设施和附属设施的总体布局。

⑧规划旅游区的防灾系统和安全系统的总体布局。

⑨研究并确定旅游区资源的保护范围和保护措施。

⑩规划旅游区的环境卫生系统布局，提出防止和治理污染的措施。

⑪提出旅游区近期建设规划，进行重点项目策划。

⑫提出总体规划的实施步骤、措施和方法，以及规划、建设、运营中的管理意见。

⑬对旅游区开发建设进行总体投资分析。

旅游区总体规划的成果包括：规划文本；图件，包括旅游区区位图、综合现状图、旅游市场分析图、旅游资源评价图、总体规划图、道路交通规划图、功能分区图等其他专业规划图、近期建设规划图等；附件，包括规划说明和其他基础资料等。

（2）旅游区控制性详细规划。在旅游区总体规划的指导下，为了近期建设的需要，可编制旅游区控制性详细规划。旅游区控制性详细规划的任务：以总体规划为依据，详细规定区内建设用地的各项控制指标和其他规划管理要求，为区内一切开发建设活动提供指导。旅游区控制性详细规划的主要内容包括：

①详细划定所规划范围内各类不同性质用地的界线。规定各类用地内适建、不适建或者有条件地允许建设的建筑类型。

②规划分地块，规定建筑高度、建筑密度、容积率、绿地率等控制指标，并根据各类用地的性质增加其他必要的控制指标。

③规定交通出入口方位、停车泊位、建筑后退红线、建筑间距等要求。

④提出对各地块的建筑体量、尺度、色彩、风格等要求。

⑤确定各级道路的红线位置、控制点坐标和标高。

旅游区控制性详细规划的成果包括：规划文本；图件，包括旅游区综合现状图，各地块的控制性详细规划图，各项工程管线规划图等；附件，包括规划说明及基础资料。图纸比例一般为1/1000～1/2000。

（3）旅游区修建性详细规划。对于旅游区当前要建设的地段，应编制修建性详细规划。修建性详细规划以上一个层次规划为依据，将景区建设的各项物质要素在当前拟建设开发的地区进行空间布置和具体设计。旅游区修建性详细规划的任务是：在总体规划或控制性详细规划的基础上，进一步深化和细化，用以指导各项建筑和工程设施的设计和施工。旅游区修建性详细规划的主要内容包括：

①综合现状与建设条件分析。

②用地布局。

③景观系统规划设计。

④道路交通系统规划设计。

⑤绿地系统规划设计。

⑥旅游服务设施及附属设施系统规划设计。

⑦工程管线系统规划设计。

⑧竖向规划设计。

⑨环境保护和环境卫生系统规划设计。

旅游区修建性详细规划的成果包括：规划设计说明书；图件，包括综合现状图、修建性详细规划总图、道路及绿地系统规划设计图、工程管网综合规划设计图、竖向规划设计图、鸟瞰或透视效果图等。图纸比例一般为 1/500～1/2000。

五、旅游景区规划的程序

规划是一件严肃的事情，规划最终形成的成果也将成为地方法规性文件。因此，景区规划要讲究程序的规范性、严谨性。同时，规划还是一个提高认识、统一认识的过程，因此，景区规划工作要注重规划过程的社会效果，规划内容的开放和规划过程的程序化也是非常必要的。根据规划编制工作的要求，旅游景区规划全过程的工作流程也包括多个环节（如图 4-1 所示）。

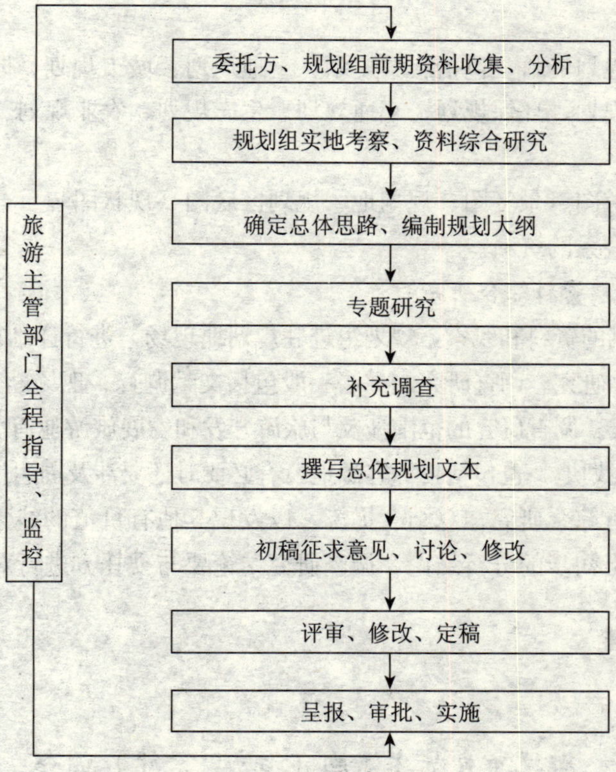

图 4-1 景区规划流程图

（一）前期资料收集和分析

规划的委托方、规划组在规划的准备阶段，要进行前期的资料收集和预分析工作，以为后期规划组进入规划地进行现场勘察作准备。此阶段的资料准备工作主要是交给委托方，一般需要准备下列材料：

1. 历史资料

地方志、风物志、民俗志等反映地方历史的史志资料；专门性的地方史研究资料。

2. 社会经济资料

近五年社会经济统计资料，如年鉴等；地方社会经济发展规划，如“十一五”发展规划等；本年度的政府工作报告。

3. 法规、政策资料

关于发展旅游业的地方法规和政策性文件，包括地方人民代表大会颁布的地方法规、政府出台的政策性文件等。

4. 旅游业发展资料

近五年来当地旅游统计资料；已积累的旅游市场调研资料；政府主管部门及各旅游区、旅游企业资料（机构、人力资源、宣传资料、经营项目及业绩等）；重点旅游企业的详细资料（旅游饭店、旅行社、景点、定点商店、旅游汽车公司等的数量、规模，饭店要提供房间、床位数）；在建项目、计划开发项目资料。

5. 相关规划

各相关领域的规划资料，包括旅游规划、土地规划、城市规划、园林规划、风景名胜区规划、文物保护规划、环保规划、交通规划、生态规划、农业规划、林业规划等。

6. 图件

行政地图、旅游图、景区图；规划地、规划区底图（现状图）。

其他与旅游有联系的资料。

（二）实地考察，资料综合研究

根据委托方提供的资料和线索，规划组进驻规划地现场，进行详细勘察，对规划涉及的所有领域进行调查、研究。调查研究的方法一般包括文献调查、现场勘察、问卷调查、专门访谈、座谈会等形式。调查研究的范围涉及与旅游开发和发展旅游业有关的所有领域。调查研究的地点既包括规划地，也包括目标客源地，有必要时还要涉及周边地区、同类地区。

对调查资料进行综合研究、总结、提炼，以发现其他有价值的线索，并同时对规划项目基础资料研究得出初步的分析结论。调查研究结论要与委托方进行对接，取得共识。

知识链接

聊城市目标客源地（北京、天津）调查

1. 调查对象

对市民、旅行社进行问卷调查。对游客的调查重点是了解市民的旅游频率、出游时间、出游倾向以及他们对聊城的了解和感兴趣的程度。

2. 调查结果

人们对聊城的了解多数只停留在知道地名上，对旅游点的了解不多，其中都不了解的

人过半，知道东昌湖、光岳楼、山陕会馆等的人数非常少，只有景阳冈和狮子楼的名气大一些，但大都是从《水浒传》故事中了解这两个地方，很少能够把景阳冈、狮子楼跟聊城联系起来；部分人了解聊城，都是因公、因私到过或听说那里的，没有人专程到那里旅游；在是否愿意到聊城旅游的问题上，选愿意的比不愿意的略少；大多数人对愿意在聊城花费多少钱说不清楚；不愿意到聊城旅游的原因主要是不感兴趣、没时间、健康原因、年龄原因以及经济不够充裕等；有部分游客到过聊城，对那里的住宿设施感到不满，因此也不愿意再去聊城。

3. 调查结果分析

一是从旅游偏好看，多数市民喜欢到与京津地区区位和文化差异较大的南方、西部地区以及国外旅游，聊城属于北方小城，对游客的文化冲击力较小，因此吸引力不足。而且，天津同样处在大运河边，水域面积较大，人们对此较为熟悉，不会太感兴趣。

二是作为短程旅游的潜在客源地来讲，北京郊区景点开发较早，而且各有特色，人们可以选择到郊区游玩，或者到天津旅游购物（由于天津的物价较低）；而天津的游客也往往选择到北京旅游。这是目前两地市民短程旅游的主要趋势。聊城要开发京津两地所不具有的特色，这还需要较大的努力。

三是从游客成熟度上来讲，京津两地游客相对较为成熟，他们对旅游目的地的要求较高。大家普遍对旅游设施提出了较高的要求，这也是完善聊城旅游地建设的一个重要内容。较为成熟的游客会对旅游地提出更高的要求，而且在作出游选择时也更加挑剔。

四是京津到聊城虽然路途较近，但是铁路交通并不方便，以北京到聊城为例，虽然很多火车经过聊城，但在那里停车的只有11列火车，而且多为下午和夜晚。此外，高速快捷的高档列车较少，仅为2列。而天津到聊城则不能直达，必须换乘列车。相比较而言，京津之间的列车则每天有20～30趟，交通非常便利，往返时间也较短。因此，如果开发京津市场的话，往往要依靠公路交通。

资料来源：http：//jpkc.aqvtc.cn.

（三）确定总体思路、编制规划大纲

实地考察并对资料进行综合研究后，根据研究的结论确定景区发展的总体思路，并以总体思路为指导，拟定规划大纲，确定规划重点。

（四）专题研究

根据规划人员拟定的规划大纲，针对确定的规划重点内容、重点项目展开专题研究，特别是空间布局规划、旅游产品开发与项目策划等，要组织专业队伍进行专门研究，以保证重要规划内容、重点旅游项目的科学性、可靠性、可行性。

（五）补充调查

专题研究实际就是对前期调研资料的应用过程和规划创意过程，要根据项目设计的需要进行补充调查，以获得更加充分的资料与依据。补充调查既包括对规划地的环境、资源等情况的深入调查，也包括对同类项目或相关项目的专业考察。

（六）撰写总体规划文本

在充分掌握资料、认真研究的基础上，按照规划大纲撰写规划文本。

（七）征求意见、讨论、修改

规划初稿要提交给委托方进行讨论，征求意见。与委托方讨论、征求意见的过程非常重要，这是取得提高认识、统一思想的重要环节。

1. 征求意见的范围

征求意见的范围包括：地方党委、政府、人大、政协的主要领导；旅游相关部门，包括规划、城建、工商、交通、文化、农业、水利、林业、渔业、园林及涉及的各级政府等；地方研究机构、民间组织（研究会、行业协会）等非政府组织；主要的旅游企业（旅游饭店、旅行社、旅游交通企业等）、相关企业（航空、铁路、公共交通、商场、娱乐企业等）；社区居民；其他领域。

2. 征求意见的途径

向社会征求意见，要通过书面形式或设立专门的信息反馈通道；召开专门的征求意见会、研讨会，对规划方案进行讨论。部门意见除在征求意见会、研讨会上提出了讨论外，要形成专门的书面意见。经过与地方的讨论、磋商，规划组对规划文件进行修改，提交规划评审稿。

（八）评审、修改、定稿

1. 规划评审人员的组成

规划评审人员应由经济分析专家、市场开发专家、旅游资源专家、环境保护专家、城市规划专家、工程建筑专家、旅游规划管理官员、相关部门管理官员等组成。旅游区规划的评审人员由规划委托方当地旅游行政主管部门确定。规划评审组一般由 5 位以上单数专家组成。其中行政管理部门代表不超过 1/3，本地专家不少于 1/3。规划评审小组设组长 1 人，根据需要可设副组长 1～2 人。组长、副组长人选由委托方与规划评审小组协商产生。

2. 规划评审方式

规划评审由地方政府或上级旅游主管部门主持。规划评审采用会议审查方式。规划成果应在会议召开 5 日前送达评审人员审阅。旅游的规划评审，需经全体评审人员讨论、表决，并有 3/4 以上评审人员同意，方为通过。评审意见应形成文字性结论，并经评审小组全体成员签字，评定意见方为有效。

3. 规划评审重点

规划评审应围绕规划的目标、定位、内容、结构和深度等方面进行重点审议，包括：旅游产业定位和形象定位的科学性、准确性和客观性；规划目标体系的科学性、前瞻性和可行性；旅游产业开发、项目策划的可行性和创新性；旅游产业要素结构与空间布局的科学性、可行性；旅游设施、交通线路空间布局的科学合理性；旅游开发项目投资的经济合理性；规划项目对环境影响评价的客观可靠性；各项技术指标的合理性；规划文本、附件和图件的规范性；规划实施的操作性和充分性。

规划组根据评审委员会的评审意见，经与委托方协商，对规划文件进行再次修改，经委托方确认后，提交最终成果。对未获评审通过的规划，在经过修改后，要再次组织评审。

（九）呈报、审批、实施

旅游景区规划文本、图件及附件，经规划评审会议讨论通过并根据评审意见修改后，由委托方按有关规定程序报批实施。规划文本、图件及附件一经批准，有同等效力。在规划执行过程中，可根据市场环境的变化对规划进行进一步的修订和完善。

第二节　旅游景区产品开发

一、旅游景区产品概念

旅游景区产品是一个复杂的概念，可以区分为广义、中义和狭义三种情况。

广义的旅游景区产品由景观（吸引物）、设施和服务三类要素所构成，其中景观（吸引物）是指自然实体和历史文化实体（包括文化氛围和传统习俗）所组成的中心吸引物，它是吸引潜在旅游者产生出游动机的关键；设施包括基础设施和游乐设施，通常为一些现代建筑物；服务则是旅游者在体验景观和身处设施场所中接受到的物质或精神上的享受，通常是非物质形态的。通常情况下，只有景观才能构成吸引物，但这并不是说设施和服务不能构成吸引物，在特定条件下，设施和服务本身就能形成主要的旅游吸引物。如深圳世界之窗内的巴黎购物广场和《创世纪》等大型文艺演出，就是景区的主要吸引物。

中义的旅游景区产品是指景观（吸引物）和设施构成的集合体，它带有较强烈的物质产品特点。这是旅游景区产品设计中最为关注的内容，它涉及旅游景区（点）、交通通信、给排水、能源、旅游住宿、餐饮、购物设施等内容。

狭义的旅游景区产品仅指旅游景观（吸引物）。它有时可以粗略地等同于通俗意义上的旅游景区（点），以及一部分非具象的人文景观。

其他关于旅游景区产品的概念，主要是从产品的不同角度进行阐述的。如从供给者的角度来说，景区产品是指旅游经营者借助一定的旅游资源和旅游设施为旅游者提供满足其在旅游过程中综合需要的服务。另外，从需求者的角度来说，景区产品就是旅游者通过向旅游产品供应者购买并且在一次旅游活动中所消费的全部产品和服务的总和。

旅游景区产品同样有整体产品和单项产品之分。整体产品是指满足旅游者在旅游活动中所需要的产品和服务的总和，如景区推出一条线路、一个专项旅游项目等。单项产品是指景区中各旅游企业分别提供的食、住、行、游、购、娱产品。旅游景区以提供单项或多项产品为主。

二、旅游景区产品特点

（一）旅游产品的共性

1. 无形性

无形性是指旅游者在与旅游景区经营者进行商品交换的过程中，旅游者获得的是经历，即对旅游经营者提供的服务及便利的感知，并不能获得有形的产品。这种感知是对各种设施及物品的限时使用权及便利的感知。景区经营者提供的是各种服务、便利及相应的设施及场所的使用权。双方在这个过程中都与旅游资源、旅游设施及其他必要的劳动工具有密切联系，但都没有对这些实物进行交换。

2. 生产与消费同步性

生产与消费同步性是指服务产品的生产是一个顾客与服务人员的互动过程，没有顾客的参与，服务没有对象，产品无法生产。服务的产生是以顾客存在为前提的，顾客参与产品的生产过程。

3. 异质性

异质性是指服务性产品不能像实物产品那样在一定的设计方案和生产工艺、生产条件下生产出相同的产品。服务性产品的生产和消费双方都是人，且生产和消费同时进行，不同的人之间会产生不同的互动过程和情感体验，因而顾客所获得的感受自然有所不同，这样产品就会有所差异，从而表现为产品的异质性。另外，旅游需求受游客的主观认识影响很大，旅游供求在质和量上存在很大的矛盾和差距，旅游需求主要取决于旅游者的个人特质，是典型的异质市场。

4. 不可储存性

不可存储性是由生产和消费的同步性派生出来的。例如，摩天轮上的空位，在其启动后就不能出售了。服务产品的不可存储性使景区需求管理的难度加大，对那些需求季节性很强的景区更是如此。服务人员及服务设施不可能将生产能力累积到某一时刻来使用。因此，景区的容量设计和产品的需求管理就成为景区管理的最重要内容。

（二）旅游景区产品的特性

1. 综合多样性

综合性是由旅游业的综合性派生出来的。旅游服务要提供食、住、行、游、购、娱六大要素的服务来满足消费者的需求，因而旅游服务具有综合性的特征。又由于旅游者的民族、职业、知识层次等方面的差异，以及旅游动机的不同，游客对景区产品需求存在差异。为满足这些不同的需求，景区开发的旅游产品，可能呈现多样化，这样旅游产品就具有了综合多样性的特征。

2. 需求波动性

景区旅游产品需求波动性是由旅游产品需求的波动性决定的。旅游产品需求波动性方面是指旅游产品的需求受社会、经济、政治的影响大，事实表明，经济的滑坡与政治上的动荡都会很快地体现在旅游业上。如近年来泰国频频发生的示威游行活动使“泰国游”大受打击，统计显示，2009 年 4 月泰国地接团人数较往年同期减少四成。另外，旅游产品的消费不同于基本物质产品的消费。从总体上讲，旅游产品的消费属于精神消费，是消费的高级层次，人们一般会先满足生理的需求和安全的需求后，才会追求精神生活。因此，旅游产品有较高的波动性。

3. 高成本性

固定成本是企业为开业接待顾客而不得不支出的成本，如基本的设施、房屋、地租、设备、全日制员工的工资、一般的管理费用和行政支出等。这些都体现出景区旅游产品固定成本高的特点。因而，景区在新开发旅游项目时，应着重以市场为导向。

三、旅游景区产品类型

旅游产品是个开放的系统，随着产品竞争和市场需求的不断变化，满足市场需求的产品形式也在不断地变化。因此要定义一个较稳定的旅游产品分类是比较困难的。大体上，旅游产品可分为传统旅游产品和新兴旅游产品两大类（如图 4－2 所示）。景区产品依据不同的资源状况，基本上覆盖了所有的旅游产品类型。因而，旅游产品分类也适合于景区旅游产品的分类。

- 旅游产品
  - 传统旅游产品
    - 观光旅游
    - 文化旅游
    - 商务旅游
    - 度假旅游
    - 社会旅游
    - 其他旅游
  - 新兴旅游产品
    - 康体旅游
    - 业务旅游
    - 享受旅游
    - 刺激旅游
    - 可持续旅游
    - 其他旅游

图 4－2　景区旅游产品分类图

（一）传统旅游产品

传统旅游产品包括观光旅游、文化旅游、商务旅游、度假旅游、社会旅游五类。下面介绍几种常见的传统旅游产品。

1. 观光旅游

观光旅游是一种最为常见的旅游产品，是人类为了满足其好奇心而产生的初级旅游产品。正因为其初级性，越发体现出普遍性，是最为普及的旅游产品。中国旅游业大多仍然停留在观光旅游的阶段上，或者占整个旅游产品的绝大部分。传统的观光产品分为自然观光、城市观光和名胜古迹观光等数种。

(1) 自然观光。自然观光是观光旅游产品中开发最早、最主要的形式之一，它包括名山大川、峡谷湖泊、喷泉瀑布、森林草原、海滨海岛等。自然观光旅游具有良好的环境教育功能，同时可以让旅游者享受欣赏大自然之美、陶冶个人情操、锻炼人生意志的益处。

自然观光的一个特点就是与多种旅游产品具有良好的兼容性。

（2）城市观光。城市是人类生活及物质、精神创造活动，以及这些活动得到密集展示的空间场所，是人类旅行活动十分集中的地区。作为一定领域内的政治活动中心、经济金融中心、商业和消费中心、科技教育中心、文化艺术中心、交通枢纽，城市几乎集中了开展旅游活动的一切必备条件，使其成为常见的旅游密集地带。常见的城市观光内容有园林、广场、公园及城市夜景等。

（3）名胜古迹观光。名胜古迹是人类历史时期创造的丰富多彩的文明所遗留下来的宝贵遗产。与人类的室内教育并列的户外历史文化教育，大多数由名胜古迹来承担。前往这些名胜古迹观光可以起到增长知识、享受艺术创造、增强爱国精神的效用。如各类革命纪念地等。

2. 文化旅游

旅游产品本身属于文化消费品的范畴，旅游产品的生产过程是一种经济运作过程，同时也是一种文化创造过程；旅游开发商由于对旅游产品的经营而成为客源文化与东道文化交流、融合的媒介，成为旅游文化产生的重要条件。从上述意义而言，所有的旅游活动都可视为文化旅游。但一般强调的是旅游经历的文化体验，文化旅游包括博物馆旅游、民俗旅游、宗教旅游等。

（1）博物馆旅游。博物馆是旅游资源的一个重要组成部分，被称为“旅游者之家”的博物馆，是旅游者、特别是具有一定文化素质的旅游者的必到之地。在一些古人类文化遗址，人们为了保护考古遗迹、并向旅游者提供参观游览机会，往往在遗址上或遗址旁修建遗址博物馆，其中一些遗址博物馆被开发为重要的旅游产品，如西安秦陵兵马俑博物馆、浙江余姚河姆渡博物馆等。

（2）民俗旅游。民俗旅游是以民俗事象为主要观赏内容的文化旅游活动，是一种高层次的文化旅游。它利用目的地民间的日常生活方式及其文化来吸引外来旅游者，是一种生动活泼、强调参与的新兴旅游产品，具有独特的审美特性。云南是中国民俗旅游产品开发最为引人注目的地区。云南省已经将民族风情旅游作为当地一类重要的旅游产品来开发，形成了民族舞乐、民族旅游村、以及融民俗与自然景观为一体的综合旅游区（昆明、西双版纳等）三种产品形式，大大促进了云南旅游吸引力的提高。

（3）宗教旅游。宗教旅游与宗教信仰和宗教文化体验两种活动紧密相关。从信仰角度看，宗教朝觐产生了大量的旅游流量，如进香、拜佛、朝圣等；从宗教文化体验角度看，即使没有信仰宗教的游客，或者信仰其他宗教的游客，对某种宗教产生的灿烂的建筑文化、雕塑及石刻艺术、特殊的活动氛围，也具有强烈的观摩希望，从中获得文化欣赏的愉悦。从旅游的角度看，宗教旅游具有如下四个特点：客源市场稳定；吸引范围等级系列分明，包括世界性、全国性、区域性和地区性几种不同腹地范围；重游率高；生命周期长。

3. 商务旅游

商务旅游包括会议旅游、奖励旅游、节事旅游等。

（1）会议旅游。会议旅游被称为“旅游之花”，已经成为旅游业中的支柱之一。东亚和太平洋地区是对会议旅游很有吸引力的地区。中国的香港、上海、广州、北京等也逐步成长为重要的国际、国内会议中心城市。会议旅游者一般具有团队规模较大、停留时间较长、消费较高的特点，同时在旅游淡季同样可以举行，弥补淡旺季之间的不平衡，对提高举办地的知名度也有深远影响。

(2) 奖励旅游。奖励旅游是一种管理手段，一般是指公司对为本企业作出卓著成绩或贡献的员工以提供免费旅行的形式给予的一种奖励。奖励旅游具有如下特点：旅游团队人数规模较大；组团时间多在淡季；消费支出较高。

(3) 节事旅游。节事旅游是从长远或短期目的出发、一次性或重复举办的、延续时间较短、主要目的在于加强外界对于旅游目的地的认同、增加其吸引力、提高其经济收入的活动。节事旅游的类型大致有：世界博览会和展示会、特殊游行会、体育赛事、文化和宗教节事、历史里程碑事件纪念活动、古典商业和农业节事以及与某些政治人物有关的节事。2008 年北京奥运会就是一届取得良好经济、社会和文化效益的大型体育赛事活动。

4. 度假旅游

度假旅游是指利用假期在一地进行相对较少流动性的休养和娱乐的旅游方式。在国际市场上，度假旅游是一种传统产品，对西方人来说，度假旅游习惯的形成已有 100 多年的历史。度假旅游具有以下特点：目的地相对固定；更加强调休息；在一地停留的时间相对较长；回头率较高；无须导游陪同；对娱乐设施要求较高。

(1) 海滨旅游。海滨旅游是世界上传统的度假方式之一，主要起源于拉丁美洲的加勒比海地区，然后逐步扩展到欧美和亚太地区。未受污染的沙滩和海水、充足的阳光日照、温暖的海洋气候是形成海滨度假最重要的条件。在海滨地区开展的活动主要是泳浴和沙滩活动，此外还包括海面上的非机动化的水上运动（冲浪、帆船航行)、无装备潜水（尤其在珊瑚礁海域)、机动化水上运动（摩托艇、滑水、飞机牵引滑水)、垂钓与赶海、观察自然等活动。

(2) 乡村旅游。城市居民前往乡村地区探古访幽和度假旅游，成为中外游客普遍偏好的选择之一。乡村旅游就是发生在乡村和自然环境中的旅游活动的总和。乡村旅游的优势在于：使游客具有接触大自然、领略田园风光、体验乡土气息、参观民俗风情、品尝传统风味、购买土特产品和手工艺品的机会；同时在那里可以享受价格低廉的好处。

5. 社会旅游

社会旅游是指通过某种形式的社会团体的组织支持而使因某些限制而不能顺利得到假期享受的人们得到旅游经历的旅游方式。这种帮助可以是向大众提供廉价旅馆的信息、金钱赞助或向社会经济能力较低的人们提供的度假机会，这些帮助来自互助机构、雇主、贸易联盟、社会团体以及其他机构。例如，年轻的学生，会在其假期利用青年旅馆或学生旅馆参加背包旅行等。

（二）新型旅游产品

新型旅游产品包括以下几类：第一类是满足游客健康需求的健康旅游产品，它是指能够使游客的身体素质得到不同程度改善的旅游活动，主要包括体育旅游（滑雪旅游、高尔夫旅游等)、保健旅游（医疗旅游、疗养旅游等)。第二类是满足游客发展需求的业务旅游产品，如修学旅游、工业旅游、农业旅游、学艺旅游、科学旅游、考察旅游等。第三类是满足旅游者享受需求的旅游产品，如美食旅游、豪华游艇旅游等。第四类是刺激旅游产品，指游客体验以前从未经历过的某种感官刺激的旅游产品，如探险旅游、冒险旅游、海底旅游、沙漠旅游等。享受旅游和刺激旅游都可视为感官满足产品。第五类是体现游客的环保意识的替代性旅游或可持续旅游，包括生态旅游、自然旅游等。下面介绍几种常见的新型旅游产品。

1. 体育旅游

一般把游泳、网球、保龄球及各种健身器械等经常附加于旅游宾馆和度假胜地的体育活动，称为一般体育旅游项目，而高尔夫、滑雪等可以独立开展的活动则作为专门的体育旅游项目。如我国黑龙江亚布力滑雪场、吉林市北大湖滑雪场等每年冬季都接待大量的游客及滑雪爱好者。

2. 工业旅游

工业旅游是一种真正意义上的新型旅游产品，产生于20世纪50年代。它是指人们通过有组织地参观工厂、了解科学技术与生产工艺、产品知识等来掌握相关的产品与工业知识，从中得到旅游体验。20世纪50年代法国雪铁龙汽车制造公司为宣传企业开放了生产车间，允许客人参观生产流水线，之后工业旅游就迅速发展起来。我国长春第一汽车集团于1994年组建一汽实业旅行社、对外开放卡车、轿车生产线及汽车研究所样车陈列室，我国具有现代意义的工业旅游开始走上规模化发展的阶段。

3. 休闲娱乐旅游

尽管休闲娱乐是依附于许多常规旅游产品中的一种服务，但在特定情况下它们同样可以被开发为独立的旅游产品。休闲产品可分为身体娱乐、实用娱乐、文化娱乐、社会娱乐四大类。身体娱乐包括散步、体育休闲等活动。实用娱乐包括所有需要具体完成和任何一种体力劳动的实用活动，如临时修理、家庭园艺、油漆工作、烹饪、缝纫等。文化娱乐中最为常见的方式是电视和广播，其他还包括休闲阅读、观赏演出、参观博物馆等。社会娱乐包括一切以社会关系占主导地位的娱乐，如咖啡馆、餐馆中的聚会、各种休闲性协会活动等。

4. 探险旅游

探险旅游地往往不需要进行任何人工开发，而保持当地的原始自然地貌、植被条件，使旅游者通过自身努力跨越考察地段。具体项目包括徒步旅行、激流探险、岩洞探险、矿井探险、航海探险、海底探险、登山运动等。与探险旅游相配合的项目包括一些必要的道路及住宿设施建设，以及针对探险过程中可能遇到的问题的科学培训、野外生存培训等教育项目。探险旅游的组织者可以是专业旅行社，也可以是探险协会，少数情况下散客旅游者自发组成探险队伍，甚至只身前往。

5. 自然保护区旅游

自然保护区按其保护对象和性质，分为原生环境、次生环境、生物种源、地质遗迹、资源管理、国家公园六类，其中大多数类型中以森林景观为主要自然特征，即使其保护重点并不突出植被的那些类型的自然保护区，一般也有较好的植被覆盖，因此绝大多数自然保护区可以开发为森林旅游产品。自然保护区的主要功能显然应该是保护有限的生态资源。但是它也具有重要的户外环境教育和游憩功能，在经过细致规划和严格管理的条件下，在允许的容量限制下，局部缓冲地带和外围地带可以向旅游者开放。

国家旅游局的文献表明，中国在国际、国内旅游市场上形成的旅游产品分为四类，即观光旅游产品、度假旅游产品、专项旅游产品和特种旅游产品。其中观光旅游产品包括自然风光观光、农业观光、乡土观光、技艺表演等；度假旅游包括海滨度假、温泉度假、湖滨度假和山林度假等；专项旅游产品包括生态旅游、节庆旅游、探亲旅游、会议旅游、宗教旅游、修学旅游、购物旅游、游船旅游等；特种旅游的主要内容有探险旅游、科学考察和体育竞技。

四、旅游景区产品创新

（一）产品创新原则

旅游资源内涵的广泛性和多样性，是决定旅游产品能够不断更新或变化的资源基础和源泉，也是旅游产品创新的重要依据。旅游资源的吸引力在一定程度上是景区旅游产品的核心竞争力。依据旅游产品本身特点和合理结构的建立，在旅游产品的开发创新过程中应注意以下几个原则：

1. 市场需求原则

景区企业化经营后，作为以赢利为目的的实体，景区的产品便成为景区赢利的核心途径。景区产品首先要能够实现销售，满足游客的需求，才能获利。要能实现销售，在开发景区产品时就要以游客的消费需求为主要依据，进行细致周详的市场需求调研，了解潜在游客及现有游客的需求动向及趋势，并对游客购买动机及购买的影响因素进行调研、分析，设计开发出适销对路的旅游产品。

2. 资源优势原则

从景区的资源优势出发，设计出有地方和民族特色的产品系列，优化景区旅游产品的结构。对景区现有的资源优势的合理利用和优化组合，是景区产品设计的资源基础。只有明确优势、深入挖掘、大胆创新，才能开发出独特的景区产品，才能充分引起游客的兴趣。同时，由于景区产品是在本景区资源优势的基础上开发的，其他景区无法在短期内效仿或者根本无法效仿。于是，景区产品形成一定的垄断性，产品的竞争力增强。

3. 创新性原则

“人无我有，人有我优，人优我新，人新我奇”是服务产品在市场竞争中的制胜法宝。消费者普遍具有求奇、求异的心理，因此，要发挥创造性，设计出新奇的旅游产品。旅游产品的设计是经济、艺术、科学三位一体的创造，是知识经济的典型表现。在知识、信息的基础上进行设计是现代知识经济在旅游规划中的典型表现。在产品设计中，要从景区文脉和资源特色出发，提出科学的设想，突出景区特色。同时，要有艺术家的想象力，大胆创造，化腐朽为神奇。

4. 突出重点原则

一方面，因为景区在人力、物力上的限制，景区不可能将每一种产品都作为重点向游客推出；另一方面，景区如果没有重点产品，对培育景区个性化旅游形象不利，同时，也不利于游客对景区产品的识别。因此，选择能发展成规模和名牌的产品，向旅游市场重点推出，会具有更强的竞争力。

（二）产品创新途径

旅游产品的开发创新主要有两个途径；一是放弃旧产品，重新开发新产品，即全新产品；二是对原有旧产品进行升级改造，注入新的资金，更新设备，并对产品本身进行更新换代，即改进产品和换代产品。

1. 开发新产品

美国学者厄本（Urban）和豪泽（Hauser）提出了开发新产品的程序化步骤：机会确认（包括市场定位、出点子和点子成型）——产品设计（包括旅游者测定、概念开发和战略开发）——产品试验（包括促销、市场预测和试验性营销）——向市场推介（产品规划并执行推介任务）四个过程。其中市场机会的确认，需要决策者具有敏锐的判断力，杭州宋城逆势建设的成功就是管理者对市场机会准确把握的结果。

新产品开发对景区而言，一是可以完善景区景观和丰富景观内涵，如天坛修缮神乐署、香山复建勤政殿，都是为了恢复历史景观的完整，让游客有更丰富的体验；二是可以拓展景区容量，缓解景区压力，为游客提供宽松舒适的旅游环境；三是可以增强景区吸引力，为老景区注入新活力。

2. 升级改造旧产品

对景区产品进行内涵式升华，即对产品进行深层次开发，实现产品高级化。实现深层次开发，起步在于变出售资源为出售产品，变被动服务为主动设计推销产品，变参观型为参与型，变单一产品为特色产品。

对现有产品进行质量提升，不仅是通过注入新的资金、更新设备，对产品进行更新改造，更重要的是对资源内涵和文化的挖掘。文化是景区产品内涵式升华的切入点。如自然资源应重视其自然文化导向，避免过多的人为冲击，保持其自然属性的本质。人文资源应以历史文化为导向，以民族性、艺术性、地域性为特色，以历史遗迹、宗教文化、文学艺术等为主题来创意设计具有文化品味和艺术氛围的项目。

3. 优化景区产品组合

优化景区产品组合，是指对各种景区产品（住宿、饮食、疗养、娱乐、游览等）进行最优化的结构组合，这一过程既包括了景区产品组合的设计，也包括了景区产品组合的实施。这是景区对产品创新的终极目标。

景区产品组合的规划，要从旅游市场与企业的实际出发，既要考虑目标市场的需要，又要兼顾景区自身的营销目标和营销能力。要实现产品组合的优化和升级，旅游景区应做到以下三点：对缺乏市场竞争力的产品实行自然淘汰；对传统骨干产品按市场需求变化加以改造，保持或提高市场占有率；对具有市场潜力的新产品给予发展机会和条件。只有这样，景区产品才能得到不断升级和优化。

第三节 旅游景区空间规划

一、旅游景区的定位

旅游景区的定位是整个景区规划最复杂也是最核心的内容，它关系到旅游景区被定位成什么类型的景区产品，是观光型、度假型、专项型还是复合型的旅游景区。旅游景区的定位是旅游景区的资源条件、区位条件、市场条件和空间竞争等因素综合决定的，这些要素是旅游景区形象定位的基础，通过直接对景区旅游产品的特色定位来确立景区的发展方向和景区产品特色。由于景区形象定位是在旅游景区产品定位基础上进行的，是以产品特色定位为支撑的，所以，在实践中以下要素对旅游景区定位来说就显得特别重要。

（一）旅游资源特色

旅游资源特色是旅游景区定位的基础。旅游景区定位的重要方法就是如何凸显旅游资源自身的特色。因此，在旅游景区定位中，旅游资源的基础特色十分重要，特别是对于那些具有垄断性的旅游资源的特色，或者是有竞争优势的旅游资源的特色。旅游资源具备度假条件才能开发度假旅游，如果旅游资源是以观光特色为主，只能在外围适当地开发度假产品；倘若加大了度假旅游的开发力度，则可能会破坏观光旅游的资源。当然，在景区定位时，也不能只注重旅游资源特色，还要兼顾其他要素，以免出现定位不准确。

（二）区位条件

区位条件是可进入性的一个重要因素，影响着景区产品的特色定位。对可进入性不好的旅游景区，不能定位为度假产品，如九寨沟及其附近的风景区，就不能开发度假产品。一方面，由于九寨沟这类风景区观光旅游都要适当控制，度假旅游更不适宜；另一方面，它的区位条件和可进入性等其他方面都不适合开发度假旅游。相反，对可进入性好的旅游景区，特别是在大都市周边地带，如果环境、气候良好，就可以考虑开发度假产品。对可进入性不好的旅游景区可选择观光旅游产品或专项旅游产品，因为选择观光型产品的游客，自然风光的独特、美丽，人文资源的奇异成为其首要需求，他们心里期盼的首先是风光、美景。选择专项旅游的游客，对可进入性的要求不高，注重原始体验，注重环境对体能、意志的考验。徒步、登山、探险、攀岩、科考等成为他们追求的旅游体验。所以，区位条件的不同，旅游景区产品特色定位就会不一样，当然，这并非说明区位条件是产品特色定位的决定因素，如果在其他因素一定的情况下，区位条件对景区定位的影响就显得十分重要了。

（三）市场条件

景区开发项目要想取得好的经济效益就要通过准确的市场定位来引导市场最终满足潜在的市场需求。景区市场定位的内容之一是建立市场的分级评估。通常按照市场的重要性可分为核心市场、外围市场以及机会市场；按所在区域可分为本地市场、国内市场以及国际市场；按旅游目的可分为观光市场、度假市场、商务旅游市场、修学旅游市场等。一般而言，由于旅游者的偏好差异，最好能够有针对性地对不同类型的景区产品进行市场定位。

（四）空间竞争

空间竞争是指在一定的地域空间范围内，分布着若干景区。由于旅游者的行为决定了不可能将这一区域内的所有景区作为自己的旅游目的地，因而客观上这些景区之间存在着市场竞争，这首先表现为景区之间的形象竞争，其次是产品竞争。

空间竞争导致了在某一区域内出现强势景区和弱势景区的差别。它对旅游景区定位产生着重大影响，甚至会抛弃景区资源自身的原有主要特色而另辟路径。如果处于弱势地位的景区若不实施针对性形象定位战略，推出全新的个性化形象，则在市场竞争中会处于极为不利的地位，会出现惨淡经营的局面。所以，处于弱势地位的景区一定要对自己景区的旅游产品特色和形象重新定位，才能找到出路。例如，灵岩山是泰山的支脉，灵岩山中的灵岩寺自古就有“游泰山不游灵岩寺不成游也”的说法，但是灵岩寺长期处在泰山的“盛名”之下，游客稀少。于是，规划单位在为灵岩寺编制旅游规划时明确提出，灵岩寺与泰山进行产品组合开发、捆绑营销的发展战略，把“游泰山不游灵岩寺不成游也”的说法落到实处，重新打开了市场局面。

二、旅游景区的功能分区和空间布局

旅游景区的功能分区是按功能要求将景区中各种物质要素进行分区布置，组成一个互相联系、布局合理的有机整体，为景区的各项活动创造良好的环境和条件。合理的功能分区不但可以更好的突出和保护旅游资源，而且还会使景区内部组织有序，方便游客游览并易于管理。空间布局就是根据功能分区的原则把产品、项目的设计思路落实到土地上，实现景区土地的合理利用。

（一）功能分区的原则

(1) 适宜性原则。以资源对旅游活动的适宜性、用途和区位分布条件为基础，适宜观光的资源划作观光功能区，适宜户外运动的资源划作户外运动区。

(2) 一致性原则。在区划定位中要注意差异性、一致性、相邻性原则。就功能区内的旅游活动而言，要保证这些旅游活动的一致性和相邻性，不能使其互相排斥。

(3) 相对集中原则。对于不同类型的设施（如住宿、娱乐、商业等设施）的功能分区，采用相对集中的布局，使各类服务综合体在空间上形成集聚效应。如把游客光顾次数最多、密度最大的商业娱乐设施区，布局在景区中心或交通便利的位置，可产生规模效应。

(4) 协调原则。功能分区的设计要协调好功能区与周围环境的关系、功能区之间的关系、主要结构物（核心建筑、主体景观）与功能区的关系。

(5) 环境保护原则。在布局上，要考虑保护旅游区的环境特色和各功能区的环境容量。区域内交通线路的规划要不破坏观赏效果，自然类区域采用无污染的交通方式，如步行、电瓶车等。

（二）景区空间布局模式

景区规划的功能分区、产品项目设计、游客游览组织都需要有机、统一的空间布局才能落到实处。因此，景区规划的空间布局也是景区开发和规划过程中需要重点解决的问题之一。景区空间布局原则上应该因地制宜，不同类型和性质的景区的布局方式也是各式各样的，但通常有以下几种主要形式。

1. 同心圆空间布局模式

美国景观设计师理查德·福尔曼（Richard Forman）等所倡导的同心圆空间布局模式（如图 4-3 所示），把国家公园景区由内到外分成核心保护区、缓冲区和开放区。这种模式得到了世界自然与自然资源同盟的认可。目前，我国自然保护区也参照了这种空间布局模式进行规划和管理。

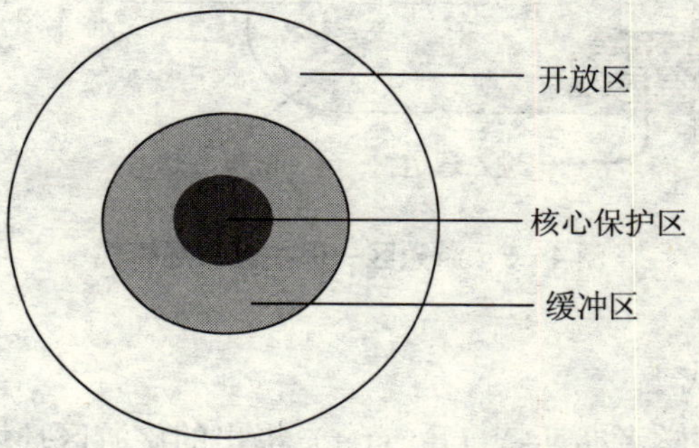

图 4-3　同心圆布局模式

2. 社区—吸引物空间布局模式

美国学者岗恩（Gunn）提出了社区—吸引物空间布局模式。这种布局方式是在各旅游吸引物中心布局一个服务中心，形成吸引物综合体，两者之间通过交通联系起来，形成“娱乐同心圈”（如图 4-4 所示）。

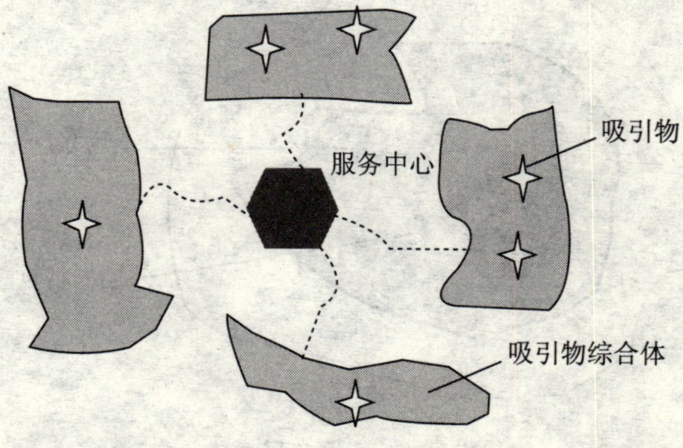

图 4-4　社区—吸引物布局模式

3. 游憩区—保护区空间布局模式

美国学者岗恩（Gunn）提出的游憩区—保护区空间布局模式，一直为旅游规划所借鉴。他把国家公园分成重点资源保护区、低利用荒野区、分散游憩区、密集游憩区和服务社区（如图 4-5 所示）。

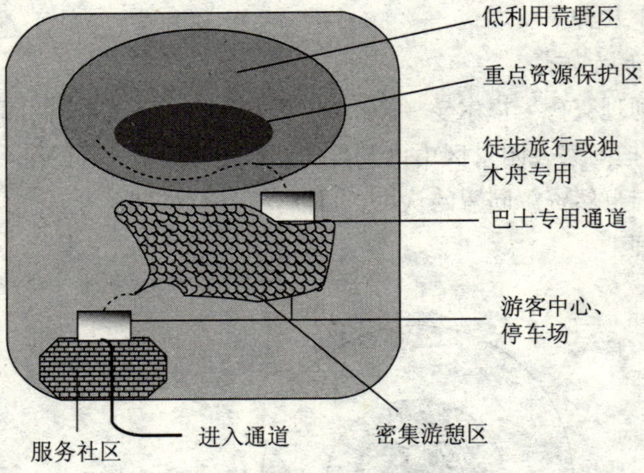

图 4-5　游憩区—保护区布局模式

4. 三区空间布局模式

三区结构模式是美国学者弗斯特（Forster）提出的旅游区环境开发空间布局模式。核心是自然区，被严密地保护起来，限制乃至禁止游客进入。核心区外围是娱乐区，在娱乐区里配置了野营、划船、越野、观望点等设施与服务。最外层是服务区，为游客提供各种服务，有饭店、餐厅、商店或高密度的娱乐设施。由于这种布局方式特别有利于环境保护，因此对依托风景名胜区、自然保护区、湿地等资源形成的景区布局很有借鉴价值（如图 4-6 所示）。

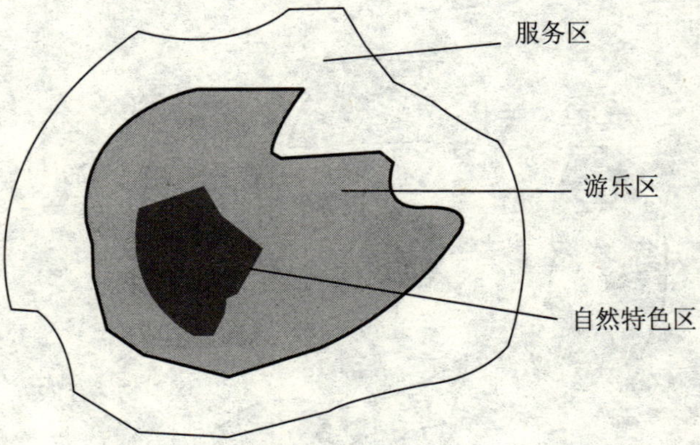

图 4-6　三区布局模式

5. 双核空间布局模式

该布局模式由特拉维斯（Travis）提出，这种布局模式是“三区布局模式”的一个变通方法，该布局方法为游客需求与自然保护区之间提供了一种商业纽带，通过精心的设计，将服务功能集中在一个辅助型社区内，处于保护区的边缘（如图4－7所示）。

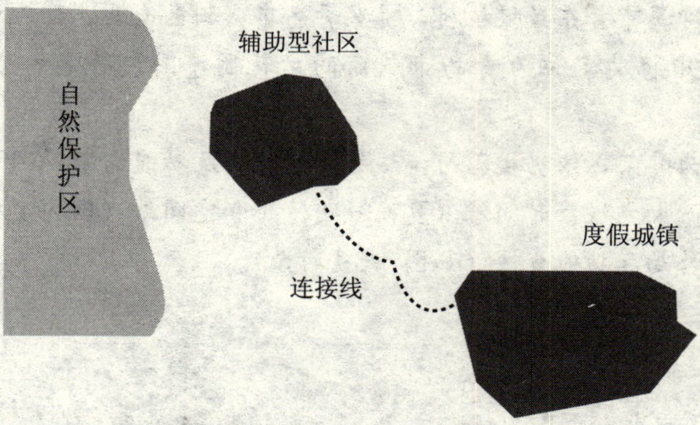

图4－7　双核布局模式

6. 核式环空间布局模式

这种布局的核心往往为一自然景观，如温泉、滑雪场、古建筑等，饭店、餐馆、商店等服务设施环绕自然景观布局，各种设施之间的交通联络道路构成圆环，设施与中心景观之间也有便道或车道连接，交通网络呈车轮或伞骨形（如图4－8所示）。

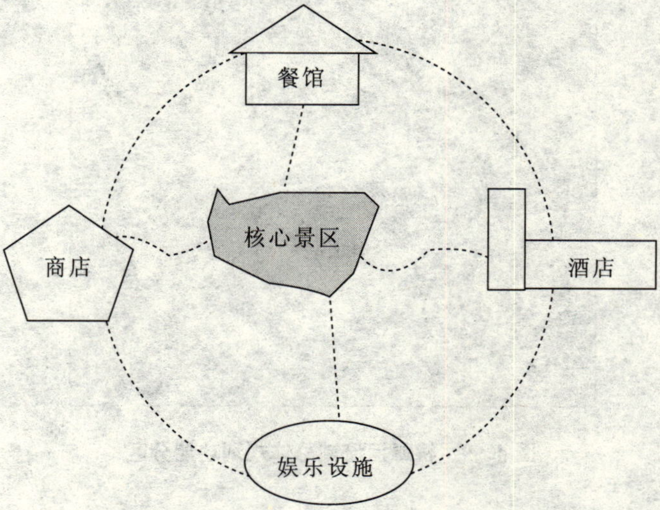

图4－8　核式环模式

知识链接

青岛市桃源河流域总体规划功能分区

桃源河发源于即墨市普东镇桃杭村，贯穿青岛市城阳区南北，注入胶州湾。青岛市桃源河流域总体规划中将其定位为青岛市美丽的后花园，国内著名的滨河生态旅游休闲公园。

规划以桃源河为骨架，依据桃源河流域的自然特征及功能需求对规划区域进行空间的围合和划分，结合两大主线：时间维（夏商—明清）和空间维（国内主要特色民族）营造出富有特色的空间格局和功能分区（如图4－9所示）。

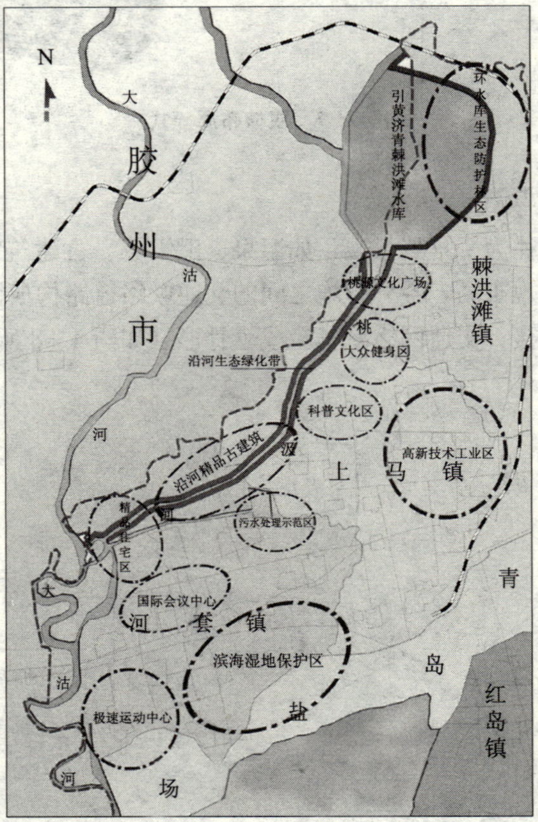

图4－9　桃源河流域总体规划功能分区

环水库生态保护林区规划出此区域的目的是通过建设环水库生态保护区，合理配置乔、灌、草以形成林区并与“都市农村体验休闲旅游”“桃花岛名优特果蔬采摘园”结合起来，保护自然、亲近自然、美化自然。

桃源文化广场地理位置特殊，靠近水库及桃源河发源处，交通便利，城市主干道通过此处。

大众健身区为促进“全民健身运动”的开展，展现“以人为本”的理念，规划中特在桃源河的上游，桃源文化广场的南端开辟大众健身区。主要开展室内健身及各种球类运动等健身活动来增强市民的身体素质，为青岛市民提供一个现代化的设施完备的健身“天堂”。

科普文化区位于桃源河流域的中部，毗邻大众健身区和高新技术工业园区。

高新技术工业园区交通便利，有铁路和沿海高速路从此区通过。园区内引进各种智力型产业，如高新技术的研发等。

沿河精品古建筑在桃源河的中下游沿河一带。本区预备建设一系列精品古建筑，从夏商到明清，突出各个时代建筑的特色，形成自身的景观，并结合观光、购物的功能，给市民和游人提供一个回味历史的场所。

污水处理示范区内有一座大型污水处理厂，专门负责城区污水的处理、净化、再利用。

精品住宅区位于桃源河与大沽河交汇处，桃源河的下游，交通方便，开发后水体景观丰富。

国际会议中心位于桃源河的下游，毗邻高速公路，连接精品住宅区。

极速运动中心位于城阳区的南端，高速公路的南侧，交通便利。区域内设置卡丁车赛场、射箭训练中心、赛马训练中心等场地，供来此游玩的人们进行各种休闲、刺激的运动，城市中导入自然，释放人性之“野”。

滨海湿地保护区位于城阳区南部临胶州湾一带，靠近青岛盐场。景区内道路为自然式布置，便于有序组织消防，运输及游览，通过道路把园内诸多景观串联起来，组成系统的湿地景观。

资料来源：http：//www. yuanlin168. com/Papers/content/2007/11/161. html（有删减）.

三、旅游景区游线规划

“旅游线路”有两个层次上的不同含义。一种是通俗层次上的提法，指在旅游地或旅游区内游人参观游览所经过的路线，它仅是某种行动的轨迹，仅涉及旅游通道。在这种意义上，它和“游览线路”是同义词。另一种是专业层次上的提法，是旅游经营者或旅游管理机构向社会推销的产品，并帮助旅游者完成旅游活动的过程；在内容上，包括在旅游活动中旅游者所利用享受的一切，涉及六大旅游要素。所以，此种“旅游线路”的含义比通俗用法要丰富得多。

（一）旅游线路的类型

旅游线路包括两种主要类型：一是景区内联系各个景点的小尺度游览线路；二是联系客源地和一系列旅游地的景区外大尺度旅游路径。两者既有联系又有区别。旅游路径包括旅游产品所有组成要素的有机组合和衔接；游览线路主要涉及小尺度的空间范围，即旅游景区的游览线路布设，是景区规划所关注的内容。

（1）Maeley模型。学者马特勒夫（Matley）将旅游线路分成进入路径、返回路径和游憩路径三种类型，这实际上是旅游线路的三个阶段（如图4－10所示）。

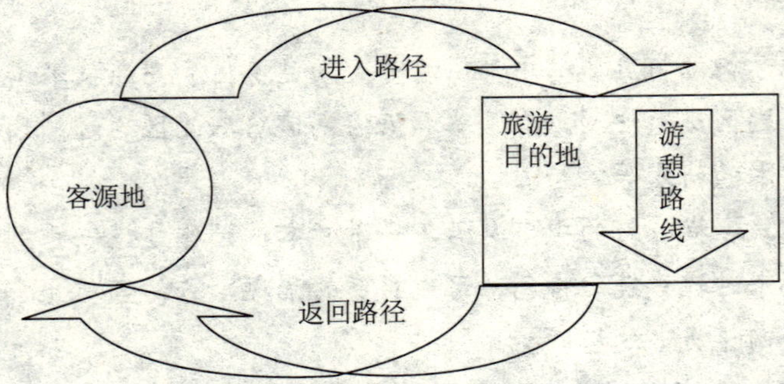

图4－10　旅游线路的Matley模型

（2）Campbell模型。英国学者坎贝尔（Campbell）根据不同旅游目的，将旅游线路分成度假路径、游憩路径和度假性游憩路径三种类型（如图4－11所示）。

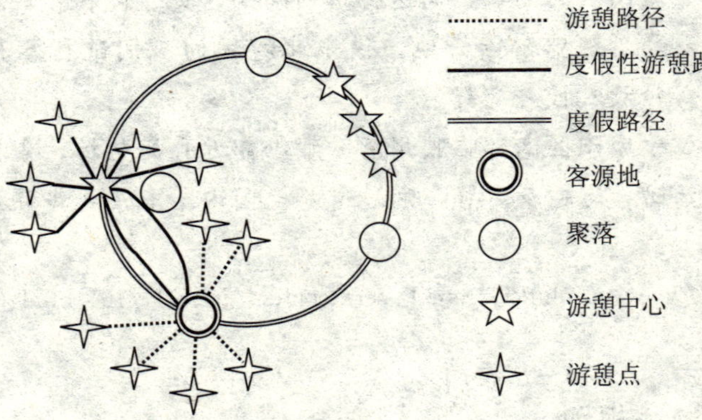

图4－11　旅游线路的Campbell模型

（3）按照旅游活动内容，旅游线路可分为：

①区域旅游线，简称区线，如“中国旅游国线”，新、马、泰8日旅游线。

②专项旅游线路，简称专线，如丝绸之路、长江三峡、长城旅游专线等。

（4）美国学者斯蒂瓦特（Stewart）和沃格特（Vogt）构造了五种类型的旅游线路：区域旅游线路、旅行链线路、单目的地线路、中途旅游线路和营区基地旅游线路（如图4－12所示）。

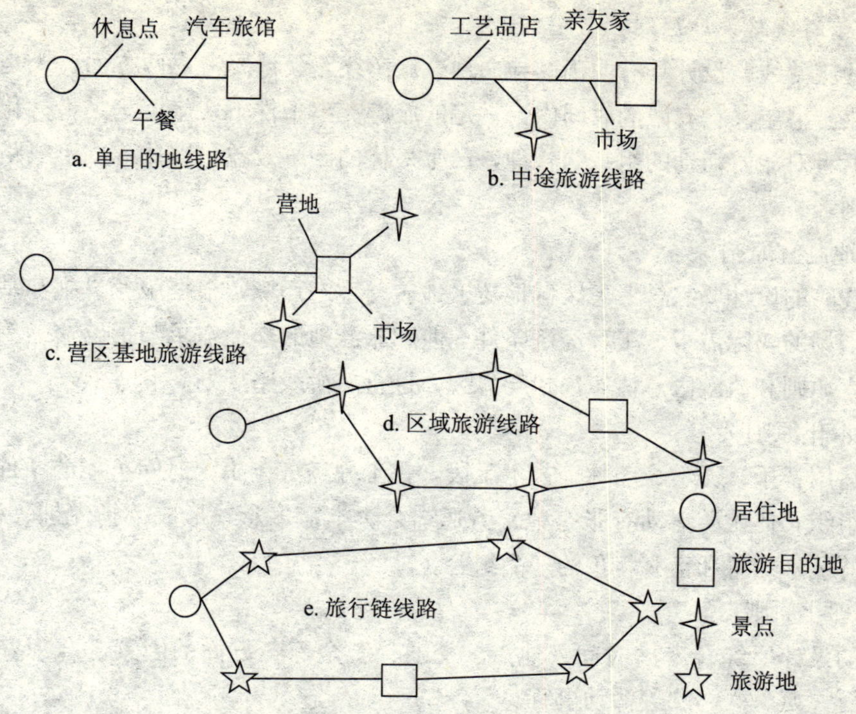

图 4-12 Stewart and Vogt 旅游线路的模型

（5）按照旅游地域系统的等级，可将旅游线路分成三类或三个层次：旅游地连接线路，即进入性旅游线路；旅游区连接线路，或称主体性游览线路；连接旅游点的游览线路，或称局部性游览线路（如图 4-13 所示）。

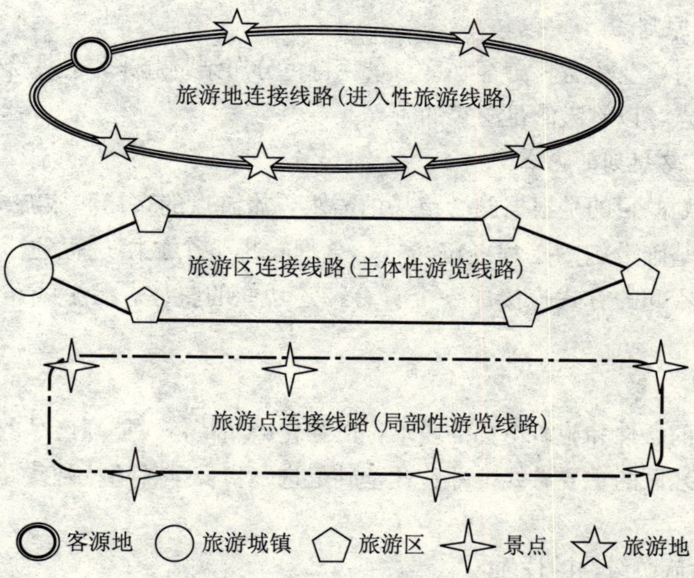

图 4-13 旅游线路地域系统类型结构模型

（二）旅游线路设计原则

合理的旅游线路设计具有明确的导向性。旅游线路设计要考虑两方面：一是尽可能满足游客的旅游愿望。在有限的时间内，一定的旅游支出条件下，旅游满足最大化。二是便于旅游经营者对旅游活动的组织与管理，产生最优的旅游效益。因此，旅游线路设计应遵循如下原则。

1. 因地制宜原则

旅游线路的设计要综合考虑区域地质、地貌与生态环境，根据服务设施和基础设施条件、旅游市场的实际需求、工程经济条件，兼顾旅游地的交通需求与道路交通等条件。根据因地制宜原则和旅游区总体布局指导思想，进行旅游线路规划。

2. 艺术化原则

综合运用音乐、文学、园林等艺术手段，在工程经济、旅游时间可能的条件下，通过旅游线路组织，使旅游活动有张有弛、劳逸结合、丰富多彩，形成欲扬先抑、移步换景、峰回路转等艺术效果和富有特色的产品组合。

3. 合理化原则

游线的设计要综合考虑时间、地点、交通、安全等各方面的因素，合理安排游客的食、住、行、游、娱、购等活动事宜。

4. 科学化原则

游线的设计要以“行程最短，顺序科学，点间距离适中”为原则，避免游客在旅途上浪费过多的时间和精力。

5. 联动协作原则

以旅游线路为纽带，不同的旅游区之间，可以优势互补、联合促销、互相促进。旅游线路应考虑与周围旅游城镇、旅游区的联动协作，跨地域跨行政区域整体设计。

6. 高潮景点原则

在游线设计时，要注意将游客心理与景观特色分布结合起来，在一条旅游线路中要设计一两个高潮景点，以刺激满足游客的游兴。

（三）旅游线路规划的内容

旅游线路规划的目的是根据旅游市场的需求、旅游点的布局和旅游资源的保护要求，结合服务设施和基础设施的工程经济条件，合理安排整个旅游过程的活动路线，使旅游点、服务设施以不同的方式连接成一个具有特定功能的整体。旅游线路规划的具体内容如下。

1. 确定主要游线

根据旅游区的条件和旅游市场的需求，以强化产品特色、提高产品的“组合力”为主要目的，确定本地区的主要游线，并在此基础上进一步安排各项特种线路（如生态游、商务游等）。

2. 确定各段旅游线路的性质

旅游线路是连续的，但每一段旅游线所处的位置和所承担的功能却有很大的不同。确定各段旅游线路的性质，是旅游线路组织规划中的关键性工作。按旅游功能和规划建设特征的差异，旅游线主要可分为三类：第一类是以旅行为主要功能的游线，这类游线一般要求方便、舒适、快捷；第二类是以游览为主的旅游线，要求人车分流、驻足或提供最佳视点等功能；第三类是旅游结合线，即边旅边游，一般要求特色交通工具、慢速，如竹排、马车、雪橇等。

3. 合理安排时间结构

旅游者客观要求在一定的时间内完成旅游活动，各旅游区所能吸引游客逗留的客观条件也不同，因此旅游线路组织规划应根据具体条件，安排一日游、三日游等。

4. 合理安排转换节点

节点是指不同性质的旅游线段的连接之处，它是游客的旅游方式变换点，常常也是不同种类游客的游线分岔点。旅游线路规划要求转换节点的分布相对集中、避开核心区；节点地带须安排停车场、交通换乘中心和适当级别的服务设施。

第四节　旅游景区规划的发展趋势

一、由产业规划向系统规划发展

由于旅游活动的复杂性涉及多个学科领域，所以，旅游规划从严格的意义上讲并非仅仅是一种产业规划。旅游涉及政治、经济、社会、文化、环境、心理、审美活动等诸多方面，是一个复杂的系统，所以旅游景区规划应是旅游系统的规划。

旅游景区规划就是对旅游系统进行全面的分析，找出旅游系统内部各个要素间相互影响、相互制约的反馈关系，遵循系统的发展规律，对各要素进行合理的干预，以增强系统的功能，促进系统的良性循环。因此，旅游景区规划应是对景区旅游系统的整体规划，是“整合规划”或“综合规划”。景区旅游规划要考虑自然、生态、经济、社会文化和社会管理等因素，因此在景区旅游规划的实践中，必须将旅游规划与交通规划、城市规划、环境规划、国土规划、土地利用规划等专项规划和综合规划相结合，遵行上述有关规划成果，或将景区旅游规划的成果纳入上述规划之中。

二、由专家型规划向参与型规划发展

目前，我国景区旅游规划主要是由专家队伍组成的规划编制组和由地方政府有关部门领导或旅游景区管理当局组成的规划领导小组来完成。规划领导小组主要的职责是协调地方或景区各部门之间的关系，以便能为规划编制的专家小组提供所需的资料、考察上的方便以及当地的一些实际情况；规划编制小组主要是进行规划的编制工作。由于未来的景区旅游规划更多的将是一种旅游的系统规划，旅游规划也必须考虑到企业、政府和目的地社区三方面的利益，因此，未来的景区旅游规划更应是各利益相关方参加的参与型规划。参与的人员中除规划编制专家组和政府有关的部门以外，还应有本地的专家，当地的社会文

化名人，当地的社区居民代表和企业家、投资商等方面的人员参加；在规划编制小组的人员构成中还应增加公路交通、市场营销、形象策划、文化、历史、美学等方面的专业人员参与。

参与型景区旅游规划的过程既是一种充分考虑当地实际情况、充分挖掘地方文化内涵，集思广益的过程，也是一种交流思想、统一思想，提高当地对发展旅游的认识，调动各方面的积极性的过程，同时也是一种宣传的过程。这一过程中使得规划编制的专家组对当地有了更为深刻的认识和了解，便于对景区旅游规划准确的定位。参与型旅游规划是未来我国旅游景区旅游规划的主要方法。

三、由规范化向多样化发展

国家旅游局颁发的《旅游发展规划管理办法》《旅游规划通则》中对规划进行了规范，这是我国旅游规划的发展方向。国家技术监督局和建设部联合发布了《风景名胜区规划规范》，国家林业局发布了《国家森林公园规划设计规范》，但由于旅游系统的复杂性，以及旅游规划自身的特点，景区旅游规划在遵循某些方面的规范之外，多样化的方面仍然存在。

在景区规划的内容上，旅游景区规划也是一种旅游系统可持续发展的规划，其内容既有经济效益目标，也有环境效益和社会效益等目标；其目的是使本地社会和文化得到全面的发展，使景区居民的生活环境更加美好。由于旅游系统要素复杂，涉及的面广，所以景区旅游规划的内容将逐步走向规范化。随着旅游的发展，未来的景区旅游规划在内容上除了包括规范的内容之外，还将根据各地实际情况形成其规划当中的特色内容，如旅游景区的形象策划与定位，景区发展中的人地感应系统规划等规划设计。规划成果也将多样化，除了传统的规划文本、基础材料、附件外，还可能增加景区旅游网站的建设以及景区宣传用的风景光盘、景区旅游信息系统、景区旅游决策系统等衍生成果。同时规划的成果的表现形式也更加多样化，表现形式更加生动活泼、直观形象，如既有印刷版，也有电子立体版，既有静态的显示，也有动态的演示等。

四、由传统规划向可持续规划发展

可持续发展是环保思想的结果，近年旅游者比以前更懂得爱护环境了，对环境更友好了。为了持续的发展，人们在规划时要求对资源的消耗最小化，以保障后代的使用。与大众旅游不同的是，可持续的绿色旅游倾向于小规模，为当地人所有，因此消极影响小，大量利益为当地人享受。大众旅游则是一种大规模、跨国界的旅游发展方式。可持续旅游规划中应当包括以下要素：建立生态极限和公正的标准；重新配置经济活动与资源；控制人口数量；保护基本资源；更公正、有效地利用资源；在承载力范围内开发，保持持续的发展；保护人类的文化遗产；消极影响最小化；广泛的国家与国际协作政策；社区控制；环境审计。这样的旅游规划才能更好地指导旅游开发并对区域发展起到积极的推动作用。

案例一

雪山湖旅游区总体规划

雪山湖旅游区位于吉林省东部山区安图县境内，是以第二松花江梯级开发的第五级两江水电站库区为核心旅游区。雪山湖旅游区是长白山北坡旅游线路上的一个结节点，由于旅游资源的相对独特性，雪山湖旅游区在安图县旅游和长白山旅游中的特点比较突出，特别是以人工水域、鱼类、鸟类等旅游资源的开发利用为主的旅游产品与长白山旅游具有较强的互补性。因此安图县人民政府特地委托规划组进行了雪山湖旅游区总体规划的编制。在进行实地踏勘、资源评价，市场调查分析之后规划组制订了景区总体规划，并提交了规划成果：规划说明书一份、文本一套和总规划图纸一套（如图 4－14 所示）。

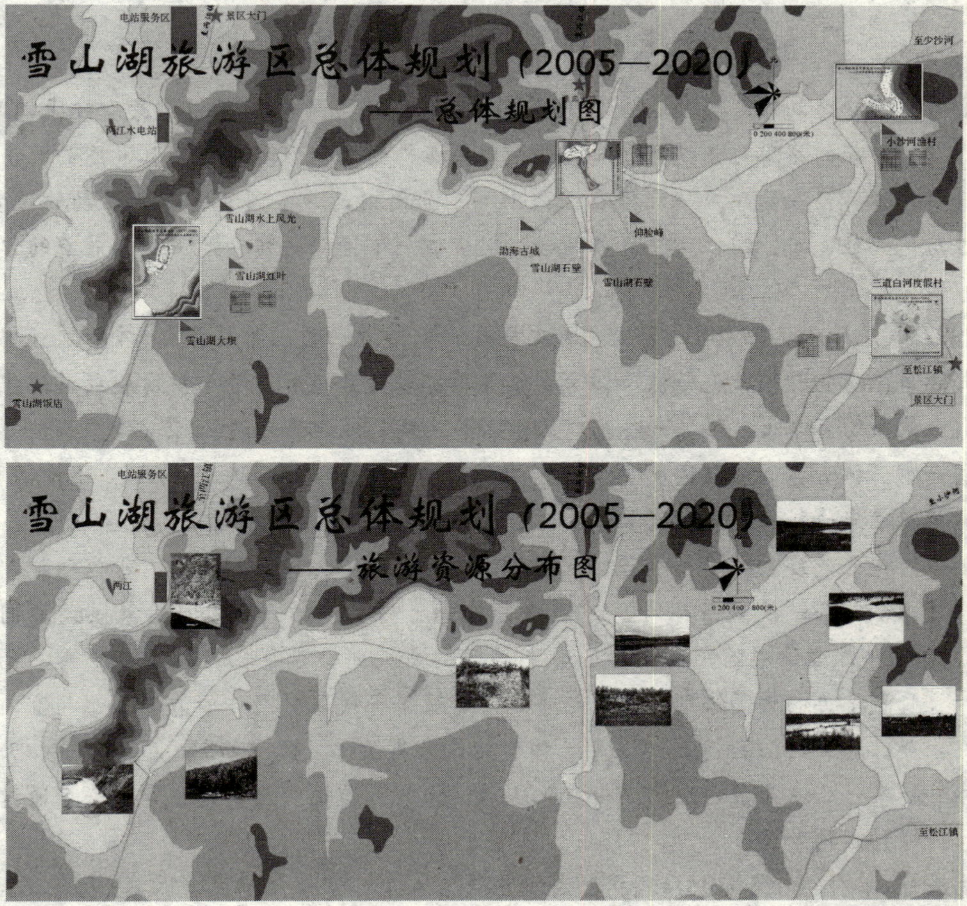

图 4－14　雪山湖旅游区总体规划图纸

资料来源：东北师范大学城乡规划设计研究院．长白山雪山湖旅游区总体规划（有删减）．

案例分析

景区总体规划需要在目的地层次的旅游发展规划的指导下进行，比较注重对景区进行宏观层面的分析和研究，比如对景区进行区位分析；确定景区发展的指导思想、规划依据和发展战略；综合评价旅游业发展的资源条件和基础条件；全面分析市场需求，科学测定市场规模，合理确定旅游区发展目标。

编制旅游总体规划对更好地推动和实现旅游的开发设计和发展目标，确保旅游资源的优化配置，使其实现最佳利用价值，确保设计的旅游产品与实际旅游市场需求的统一性；确保旅游地与所在区域间有关的各项事业在社会、经济和环境方面的协调发展具有重要的意义。

案例二

天目湖，体育旅游正当红

随着当代社会物质与精神生活水平的提高，旅游已成为一种有利于身心健康的时尚，基于此，一种新的旅游热正悄然兴起，就是风头正盛的体育旅游。在体育发达的北美、西欧、日本，体育产业的年产值已排在国内十大产业之内，这些国家将职业运动的观赏性、吸引性与吃、住、行、游、购、娱相结合，衍生成一个可以赢利和产生双重效益的体育旅游业。

1999 年“五一”黄金周，天目湖首次举办“中美滑水明星对抗赛”，该活动可视为溧阳体育赛事旅游的开端，也是溧阳体育由服务于游客健身娱乐，进一步发展到通过体育赛事吸引、聚集游客来天目湖的一个转折。前来旅游观赛的游客多达 20 万人，9 场比赛的门票销售一空。体育界的盛事同时也是旅游者的盛会。果然，赛事带来的人流还推动餐饮、交通、旅游景点等销售业绩的增长。

如今，一年一度的体育盛会已成为天目湖的传统节目。2005 年的环湖越野跑，参与者在自然山水中来一次健身体验；2006 年，南山竹海吴越第一峰之巅，象棋大师们对弈争雄；2007 年，邀请中国龙狮运动协会本年度最高级别的赛事在天目湖畔开赛，也是历年来在天目湖举办的最高级别的体育赛事，大赛冠军将代表中国参加第二届亚洲室内运动会龙狮比赛。1999—2007 年连续 8 年，体育健儿云集溧阳，观者如潮，盛况空前。天目湖举办体育赛事，已从业余逐渐步上专业化道路，但最大的收获是，天目湖的美名通过海内外媒体传遍神州内外。

据统计，溧阳 2006 年接待国内外游客 355 万人次，实现旅游总收入 35 亿元，7 年间收益翻了 7 倍！先行一步的天目湖，从体育与旅游联姻激发的巨大能量中深刻感受到：体育旅游不仅是纽带，更是一个露天金矿。

资料来源：http：//news. sina. com. cn/c/2007－08－30/155813779980. shtml.

案例分析

自1999年起，天目湖连年举办了体育赛事，天目湖的名字也随着这些比赛而传至海内外。每年一度的体育盛会成为了天目湖旅游度假区盛大的节日。据世界旅游组织预测：到2020年，中国将成为世界上第一位旅游接待大国和第四位客源输出国。体育旅游作为当前旅游产品中一个重要分支和未来旅游产品建设中的一个主要方向，也将获得巨大的发展机会。2008年北京奥运会的举办更为体育旅游带来新的发展空间。天目湖旅游区借助水上资源的优势，积极开拓体育旅游项目，通过举办体育赛事，开展划水、游泳等水上活动，使旅游空间得以延伸。

案例中天目湖旅游度假区的发展给我国旅游新景区的资源开发提供了新的思路，如何在开发旅游产品的同时不断创新，走可持续发展的健康之路，是我国新老景区都面临的一个重要问题。

本章小结

旅游景区规划是旅游景区开发的依据，也是景区管理中的重要内容。景区规划中的主要内容和旅游规划大致相当：景区规划的核心是产品开发，如何开发出对旅游者有吸引力的产品是规划者、管理者首先要解决的问题；其他重要内容如景区定位、功能分区和空间布局、旅游线路设计等也都关系到规划质量的高低。景区规划者和管理者要在思想上高度重视规划的作用，并制订出适合景区情况的规划，使景区朝着既定目标快速、健康发展。

复习思考题

1. 什么是景区规划？景区规划原则有哪些？
2. 旅游景区规划的类型有哪些？
3. 景区总体规划的主要任务和内容是什么？
4. 旅游景区的规划程序有哪些步骤？
5. 旅游景区产品特点有哪些？
6. 旅游线路规划的内容有哪些？

第五章　旅游景区营销管理

本章导读

本章将市场营销学相关理论与方法与旅游景区实际相结合，介绍旅游景区市场调研的作用、内容与常用方法；旅游景区市场预测的主要内容与定性、定量预测的几种方法；介绍旅游景区促销方法、形象定位与塑造、景区节庆活动的组织与管理等营销策略；根据景区营销的发展趋势介绍网络营销、绿色营销等创新营销方法。通过本章的学习，要求学生明确旅游景区营销工作的重要意义，了解旅游景区市场营销调研与预测的基本理论与方法，重点掌握旅游景区形象策划与节庆活动组织的程序、方法与注意问题。

第一节　旅游景区市场营销调研与市场预测

一、旅游景区市场营销调研

（一）旅游景区市场营销调研的作用

旅游景区市场营销调研是指运用科学的方法，有针对性、有计划、系统地收集、整理和分析有关旅游景区营销活动方面的信息，以了解旅游景区营销环境与市场状况，为旅游景区经营决策者提供决策依据。旅游景区市场营销调研的积极作用表现在以下几个方面。

1. 有助于景区了解市场需求特点和发现市场机会

旅游市场是瞬息万变的，旅游景区在整个营销过程中要时刻注意了解市场动向，把握机会，发现营销中的失误，随时改进景区营销活动，使景区的经营活动能更好地满足旅游者的需求。市场营销调研可以帮助景区及时了解市场发展态势，掌握旅游营销环境，旅游市场需求与供给状况等有关信息，发现有利于景区自身发展的市场机会。

2. 有助于景区制定科学、及时的营销决策

现代旅游市场环境处于不断变化之中，导致景区对信息的需求在数量和质量上都空前提高。第一，随着市场范围的扩大，景区的业务从地方市场扩展到全国乃至世界市场，必然需要更大范围和更远距离的信息。第二，旅游者收入的增加和选择的增多使得营销人员更需要获得消费者对他们的产品和促销活动的反应。第三，当旅游景区在日益激烈的竞争环境中运用复杂的营销技巧时，需要了解关于这些技巧的效果的信息。第四，市场营销环境的变化越来越快，为了提高景区的应变能力和竞争能力，必然需要大量的最新信息，以

便及时作出决策加以应对。总之，通过营销调研及时掌握必要的信息，是保证旅游景区营销决策及时、准确的前提。

3. 有助于景区改善经营管理，提高各方面效益

景区的效益功能不单单局限于经济效益，它带来的社会效益和环境效益在某种程度上更为重要。旅游景区开展经营活动，要进行充分的市场调研，不断收集和获取新的信息，以增强自身在市场中的竞争能力，减少劳动耗费，取得最大的经济、社会、环境效益。

4. 可以充实与完善市场营销系统，有助于开拓新市场

景区通过市场营销调研，系统、连续地搜集市场各个方面的信息并输入到市场信息系统中，使之不断充实和完善。当一种产品在市场上还未达到饱和状态时，景区就应开始着眼于更远、更多的新产品与新市场，寻找新项目的开发契机。

（二）旅游景区市场营销调研的内容

1. 游客

通过调研，了解游客的年龄、性别、学历、职业、收入、出游方式、出游率、旅游动机、旅游经历、满意度、对旅游景区的印象、对广告的反应等。

（1）游客规模及构成调查。包括经济发展水平与人口特征；收入与闲暇；旅游者数量与消费构成，即调查旅游产品或服务的现实与潜在旅游者数量（旅游者国籍、年龄、性别、职业、地区分布等），统计旅游者消费水平及构成、停留时间等；旅游者对旅游产品质量、价格、服务等方面的要求和意见等。

（2）旅游动机调查。旅游动机是激励旅游者产生旅游行为达到旅游目的的内在原因。常见的旅游动机包括身体健康动机（休息、运动、游戏、治疗等消除紧张不安的欲求）；文化动机（了解和欣赏异地文化艺术、风俗、语言、宗教等求知欲望）；交际动机（探亲访友、结识异地朋友、摆脱日常工作与家庭事务等厌倦熟悉的东西、逃避现实和免除压力的欲望）；地位与声望动机（考察、交流、会议、从事个人兴趣的研究等满足自尊、取得个人成就和为人类作贡献的需要）。

（3）旅游行为调查。旅游行为是旅游者的旅游动机在实际旅游过程中的表现。旅游行为调查就是调查旅游者何时旅游、去何处旅游、由谁决策以及怎么旅游。旅游行为的主要形式包括：文化观光旅游行为（欣赏自然风光、名胜古迹、社会风情、艺术博物馆、历史遗迹等）；度假休闲旅游行为（疗养健身、娱乐购物等）；专项旅游行为（体育运动、登山攀岩、科学探险等）；会议旅游行为；特色旅游行为（民俗文化、节庆活动等）。

2. 景区本身

（1）旅游景区自身的供给能力的调研。旅游供给是一定时期内为旅游市场提供的旅游产品或服务的总量。对旅游景区自身的供给能力调查主要包括以下几个方面：旅游景区主要旅游吸引物、旅游设施、景区可进入性、景区服务、旅游景区形象、旅游景区容量。

（2）旅游景区的内部实力的调研。对旅游景区内部实力的调查研究主要包括以下内容：一是旅游景区的经济战略，包括景区的发展趋势，景区的形象，国内外市场需求量，景区地域分布特点，景区的规模生产能力，服务规格及档次，景区生产或服务水平，人员

规模、素质，员工需求等。二是产品，包括景区现有产品的市场占有率，产品竞争力，新产品开发，竞争产品比较等。三是价格，主要包括旅游产品成本、利润及价格弹性等。四是促销，包括新闻媒体、广告的效果，旅游景区形象策划，促销策略与战略，促销人员的规模和能力等。

3. 竞争对手

景区应了解市场上有哪些竞争对手，他们的产品的优缺点，他们的市场经营策略以及价格策略等。具体调查内容包括：现实和潜在的竞争对手的数量；竞争对手所在地区及活动范围；竞争对手的市场占有率及市场覆盖率；竞争对手的销售组织形式、规模与竞争实力；竞争对手市场竞争策略与营销组合；竞争对手的销售渠道、宣传手段与广告策略；竞争对手产品质量、数量、品种与价格；竞争对手的服务种类、质量、档次、方式、在游客心目中的声誉和形象；竞争对手的缺陷等。

目前，大部分景区面临的主要任务是通过旅游产品的重新组合和旅游产品创新，在竞争激烈的旅游市场中推出符合主要客户群体需求的、富有特色的产品，吸引新的游客。因此，在营销调研时，要侧重于以下内容的分析：一是新的旅游消费需求趋势；二是客源市场社会和经济因素的变化对旅游成长性的影响；三是目标客源市场旅游消费者的出游意愿、动机和旅游线路选择变化的趋势分析；四是游客选择旅游景区时考虑的主要因素；五是旅游景区服务的满意度；六是旅游景区在目标客源市场的形象定位和再定位策略；七是新的旅游产品的概念测试；八是旅游产品要素分析（观赏性、娱乐性、参与性、舒适性、价格等）；九是不同旅游产品要素的偏爱度的模拟测试。

（三）旅游景区市场营销调研的方法

1. 文案调查法

文案调查法又称间接调查法，它是通过收集景区内部和外部各种现有的信息数据和情报资料，从中摘取与市场营销调研课题有关的内容进行分析研究的一种调查方法。这种方法常被作为旅游市场营销调研的首选方法，几乎所有的市场调查都可以始于收集现有资料。

这一方法的优点在于花费时间少，费用不高，能够为景区营销提供大量广泛的信息。文案调查法的信息来源主要有：国家机关公布的有关资料，旅游行业协会的资料，新闻媒介、书籍、旅游年鉴提供的资料，研究机构、专业情报机构、咨询机构提供的资料和研究结果，企业内部积累的资料等。

2. 询问法

询问法是指旅游景区营销调研人员以口头或书面询问被调查者的方式收集与营销调研计划有关的信息的一种方法。依据与被调查者的接触方式，询问法又可以分为以下几种形式：

（1）面谈式询问。面谈式询问是指旅游景区营销调研人员直接当面访问被调查者以获取有关信息的方法。其具体形式有个别交谈、小组交谈，一次性面谈，多次面谈等。面谈式调查法的优点在于：能直接获取被调查者的意见，得到第一手真实资料；方式灵活，启发性好；可以针对不同的调查者采取不同的询问方法。该方法的缺点是：调查时间长、费用大，调查成本高，调查结论受调查者和被调查者的主观因素影响比较大。

（2）电话式询问。电话式询问是指营销调研人员根据抽样要求，选取样本，用电话询问被调查者，以获得有关信息的方法。此种方法的优点是：获取信息速度快，经济省时；由于被调查者不受调查人员在场的心理拘束，对于那些当面不便回答的敏感问题，不失为一种好的调查方法。此种方法的缺点是：电话询问受通话时间的限制，提问不能太多，不能作深入的交谈，很难判断所得信息的真实性。

（3）邮寄式询问。邮寄式询问是指营销调研人员将设计好的调查表邮寄给被调查者，请他们根据要求填写调查表，填好后寄回的一种获取有关信息的方法。这种方法的优点是：调查面广，成本低；适合敏感性问题的调查。其缺点表现在：问卷回收率低，信息反馈时间长，代表性和准确定性难以把握，只适用于有一定文化程度的调查对象和简单、易于回答的问题的调查。

（4）留置式问卷调查法。留置式问卷调查法是指营销调研人员把调查表送交被调查者，请他们填写，再定期收回填写好的调查表，由此获得有关信息的方法。留置式问卷调查法可以避免邮寄式询问回复率低的缺点，还可以克服面谈式的某些不足之处。

3. 观察法

观察法是指旅游景区营销调研人员在现场观察具体事物和现象的一种收集资料的方法。该方法的主要优点是：由于被调查者处于“无意识状态”，被调查者没有感觉到自己正在被调查，没有相互交流，没有个人主观影响，因而所取得的资料真实性较高。该方法的不足之处在于：观察所需时间较长，并且只能观察到表面的信息，很难了解其内在原因。

观察法又可以分为：亲身经历法（营销调研人员通过亲自参与旅游活动而获取旅游市场信息的调查方法）；直接观察法（营销调研人员亲自或派人到现场观察被调查对象，以获取有关信息的调查方法）；行为记录法（营销调研人员用特定的装置在调查现场记录被调查对象在一定时间内的有关行为的调查方法）；痕迹观察法（营销调研人员通过观察被调查对象所留下的痕迹来收集有关信息的调查方法）。

4. 实验法

实验法是指营销调研人员通过特定的小规模实验获取有关信息的方法。它通过小规模营销活动的实验来测试某一产品或某项营销措施的效果，以决定是否要进行推广。实验法的具体做法是：从影响调查对象的众多因素中，选择一个或几个因素作为变量，研究这些变量对旅游景区营销问题的影响。

常用的实验法有两种：一是实验室实验，即实验在特定控制的环境下进行。这种方法常用于传播媒体的选择和广告效果的研究，如某旅游景区在进行传播媒体选择时，可以请一批旅游者来听取他们的意见。二是现场试验，即在市场上进行小范围的试验，也就是把旅游产品先投放到有代表性的旅游市场进行试销，由此了解旅游消费者的反应，收集相关资料，再进行分析、预测，最后决定是否进行全面推广。

实验法的优点是：客观性较强，有很好的实际应用价值。旅游景区在改变产品品种、价格、广告、分销渠道等方面均可以进行实验。通过实验，可以了解引起某一市场营销问题变化的原因和结果，并能检验营销活动的结果。实验法的缺点是：时间较长，费用较高，选择合适的实验对象较难。

知识链接

昌平民俗旅游调研方法

(1) 二手资料法。每到一村，都与该村的干部进行座谈，了解该村的基本情况，并从干部那里收集旅游业基本情况报表，及该村民俗旅游发展情况介绍等相关二手资料。

(2) 问卷调查法。在对民俗旅游进行探索性调查后，根据此次调查的目的，设计相应调查问卷，每到一村就从民俗旅游户中抽样，然后走访抽样户，完成调查问卷。

(3) 典型个案访谈法。由于各种原因，同一村中各户之间开展民俗旅游发展的水平也有一定的差别。调查组根据民俗旅游开展业绩将各户归为好、中、差三类，然后从各类中抽出移到两户进行深度访谈，每次访谈的时间为 2～3 小时。

(4) 半结构访谈法。考虑到村集体在民俗旅游中扮演的重要角色，每到一村，调查组都带着设计好的访谈提纲与主管民俗旅游的村干部进行深入访谈，从村里的整体角度了解该村的民俗旅游开展状况。

(5) 农村快速法（RRA）。请农民自己对他所经营的民俗旅游进行评估，从而获得第一手资料。

资料来源：李珂 . 昌平民俗旅游调研报告 [R] . 2010.

二、旅游景区市场预测

旅游景区市场预测就是在市场营销调研获取各种资料与信息的基础之上，运用科学的方法，根据旅游景区的需要，对旅游市场未来一段时间内的发展规模和趋势作出分析与判断的过程。

市场预测是市场营销决策的基础，是旅游景区编制发展计划和调整营销计划的重要依据，是增强旅游景区竞争力的有效途径，必须认识其重要性，认真做好预测工作。

（一）旅游景区市场预测的内容

1. 市场环境预测

旅游业是一个高度依托性的行业，受环境因素变化的影响较大，因此，在制订营销计划和进行营销决策之前，就需要用定性预测的方式对国内外的经济、政治形势及产业结构的变化趋势，自然环境和生活方式的变化趋势，旅游业相关行业的发展变化趋势等作出预测。

2. 市场需求预测

（1）市场需求总量预测。市场需求总量是指在一定区域、一定时间以及一定营销环境和一定营销费用水平条件下，旅游者可能购买的旅游产品总量。市场需求总量预测的公式为：

$$Q=\sum_{n=1}^{N}p_n v \qquad n=1,2,\cdots,n$$

式中：Q——市场需求总量；

n——特定产品的可能购买人数；

p_n——第 n 个旅游者平均购买数量；

v——特定产品的平均价格。

（2）需求结构预测。在对市场需求总量作出预测之后，还必须对旅游需求结构作出预测，以便有针对性地推出产品。旅游者在景区中的消费主要集中在门票、游览娱乐项目、旅游纪念品、餐饮等方面。

（3）客源预测。旅游景区应对客源作出预测，以便有针对性地采取促销策略。客源预测包括：游客数量的变化、季节的变化、旅游者地区分布状况、旅游者构成变化和游览时间长短变动等。

3. 旅游容量预测

旅游需求与供给是市场的两个主要因素，在预测市场需求的同时，也应对旅游容量进行预测。准确地测定旅游景区的现有容量并预测极限容量，使旅游景区的接待能力处在一个合理容量之内，维持供需相对平衡，这样才能够在满足旅游者需求的前提下，保持旅游资源的吸引力和维护自然生态环境的稳定。旅游容量预测包括观赏容量、环境容量、社会容量等。

4. 价格预测

价格预测的主要内容为：价格变化趋势及其对供求关系产生的影响；本景区的主要竞争对手的价格策略及其对市场价格的影响；本景区价格的变化对市场需求、本景区效益的影响等。

5. 效益预测

景区经营的目的是获得适当的经济效益、社会效益、环境效益。因此，必须对景区经营的成本和收益进行预测，只有对效益有准确的判断，才能够确立正确的营销战略和策略。

（二）旅游景区市场预测的方法

1. 定性预测方法

（1）旅游者意见预测法。这种方法采用随机抽样或典型调查的方式，从游客中抽取一定数目的消费者，通过表格、询问等方法进行调查，将消费者的购买意向加以汇总分析，推断旅游景区产品的未来需求。这种方法认为只有旅游者最了解自己的需要，只要全面询问旅游者的意见，就可以得出准确的预测结果。这种方法的优点是能够获得第一手资料，资料真实性较强。缺点是费时费力，并且由于个别游客的偏见可能会对整体调查产生影响。

(2) 旅游交易会和博览会调查预测法。这种方法是通过参加交易会、博览会直接向游客或中间商进行调查，以了解消费者对旅游景区产品的质量、价格的意见和需求量，加以汇总整理，综合判断景区产品的前景。这种方法的优点是能获得第一手资料且资料真实性较强。缺点是调查人群之局限在交易会、博览会的特定人群，具有片面性。

(3) 营销人员意见预测法。由于营销人员直接参与市场上各种营销活动，非常了解旅游者和竞争对手的情况，特别是对他们自己营销范围内的情况更为熟悉，因此他们的意见具有较高的参考价值。应用这种方法，首先要组织一些对预测对象熟悉的人员，其次由这些人员提出各自的主观概率，最后求概率的平均值，即得到事件可能发生的预测值。即：

$$P=\frac{1}{n}\sum_{i=1}^{n}p_i \qquad n\in N$$

式中：P——事件预测值；

p_i——第 i 个旅游预测人员的主观概率；

n——参加预测人员的人数。

(4) 德尔菲法。这种方法通过发函询问的方式进行预测，具体程序如下：

第一步：确定预测目标。

第二步：选择专家。要求人数适当，结构合理。

第三步：发送预测问卷。问卷要介绍预测的目标，所要解决的问题和要求，以及相关情况。

第四步：预测反馈。专家以不记名的形式在规定时间内将预测表格或问卷寄回，由预测组织者统计后，将所得结果再反馈给专家，使他们有机会参考其他人的意见对自己的预测作出修改。如果某位专家的意见与他人预测相差较大而又坚持己见时，则请他阐明理由。按照这种形式，经过 3～4 轮征询专家意见后，预测结果一般可趋于集中。

第五步：汇总专家意见。对众专家的预测结果进行处理，得出预测结论。

2. 定量预测方法

(1) 平均数预测法。这是时间序列预测法中的一种预测方法，它是以一定时间内，预测目标的时间序列的平均数作为预测目标趋势的预测依据，由此计算趋势预测值。

①简单平均数法，即根据过去多起资料数据计算算术均值，来说明某种现象在时间上的发展趋势的一种预测方法。这种方法简单易行，但精确度差。不能充分反映发展趋势和季节变化的影响，适用于短期预测。其计算公式为：

$$\hat{y}_{n+1}=\frac{1}{n}(y_1+y_2+\cdots+y_n)=\frac{1}{n}\sum_{i=1}^{n}y_i$$

式中：$\hat{y}_{n+1}$——$n+1$ 的预测值；

n——时间序列的资料期数；

y_1，y_2，…，y_n——各期的观察值。

②加权平均数法，即对不同时期的实际数给与不同的权数处理后再求加权平均值的一种预测方法。一般来说，参与预测的一组历史数据中，远期数据影响较小，近期数据影响较大，因此，为了减少误差，就应给近期数据较大的权数，这样可以体现各期数据的不同影响程度。这种方法的预测结果比简单平均法更为准确。其计算公式为：

$$\hat{y}_{n+1}=\frac{y_1k_1+y_2k_2+\cdots y_nk_n}{k_1+k_2+\cdots+k_n}=\frac{\sum_{i=1}^{n}y_ik_i}{\sum_{i=1}^{n}k_1}$$

式中：$\hat{y}_{n+1}$——$n+1$ 的预测值；

y_i——第 i 期的观察数据（$i=1$，2，3，…，n）；

k_i——第 i 期数据的权数（$i=1$，2，3，…，n）。

例：已知某景区 2006—2008 年的收入（如表 5 - 1 所示），预测 2009 年的收入。

表 5 - 1　　某景区 2006—2008 年的收入

年　份	2006	2007	2008	2009
收入 y_i（万元）	1100	1250	1400	
权值 k_i	0.2	0.3	0.5	

$$y=\frac{\sum_{i=1}^{3}y_ik_i}{\sum_{i=1}^{3}k_i}=\frac{1100\times0.2+1250\times0.3+1400\times0.5}{0.2+0.3+0.5}=1295$$

（2）回归预测法。回归预测法是对具有相互联系的现象，根据大量的观察和相关因素分析，找出其变量间的统计规律，用一种数量统计方法建立合适的数学模型，近似地表达变量的平均变化关系，并依此模型进行预测的一种方法。这种数学模型称为回归方程。如果研究的因果关系只涉及两个变量，并且变量间存在着确定的线性关系形态，则被称为一元线性回归。这里只讨论一元线性回归在旅游景区市场预测中的应用。应用一元线性回归进行市场预测的主要步骤是：

第一步：确定预测目标和影响因素，收集历史统计资料数据。

第二步：建立已选线性回归方程，即：

$$y=a+bx$$

式中：y——因变量，即预测值；

x——自变量，通常为时间值；

a、b——回归参数（a 为直线截距，b 为趋势线斜率）。

第三步：建立标准方程，求 a、b 直线回归参数。标准方程为：

$$\begin{cases}\sum y=na+b\sum x\\ \sum xy=a\sum x+b\sum x^2\end{cases}$$

如果简化计算，可将时间序列远点移到数列中心，使$\sum x=0$，即：

$$\begin{cases}\sum y = na \\ \sum xy = b\sum x^2\end{cases}$$

第四步：用回归方程进行预测，并对预测结果进行分析（如误差分析）。

例：某景区2002—2008年接待的游客数量如下（如表5－2所示），预测2009—2010年的游客数量。

表5－2　　某景区2002—2008年接待的游客数量

年　份	时间序数	游客人数（万人）	人数×期数	期数平方
n	x	y	xy	x^2
2002	－3	50	－150	9
2003	－2	58	－116	4
2004	－1	60	－60	1
2005	0	66	0	0
2006	1	70	70	1
2007	2	72	144	4
2008	3	70	210	9
$\sum n=7$	$\sum x=0$	$\sum y=446$	$\sum xy=98$	$\sum x^2=28$

表中数据，时间序数已作简化处理。根据该景区游客人数进行预测的步骤为：

A. 历史数据资料的处理结果如表5－2所示。

B. 将数据带入标准方程，即简化方程式：

$\sum xy = na$，即：$446 = 7a$，得 $a = 63.7$；

$\sum xy = b\sum x^2$，即：$98 = 28b$，得 $b = 3.5$。

C. 将回归参数带入回归模型，得到：$y=63.7+3.5x$。

D. 如果计算2009—2010年景区接待游客数量，则时间序数 x 分别为4、5。

预测值为：

2009年游客数量：$y=63.7+3.5\times4=77.7$；

2010年游客数量：$y=63.5+3.5\times5=81.2$。

E. 针对景区的实际情况，进行误差分析。

第二节 旅游景区营销策略

一、旅游景区的促销方法

（一）针对旅游者的促销方法

1. 样品

如先让游客观看景区影像资料。这种方法对于消除游客因不了解景区而产生的顾虑有很大帮助。

2. 优惠券

当价格是激发游客购买行为的主要因素时，使用价格优惠往往能收到很好的效果。目前，各大旅游景区均在淡季或特殊时期推出优惠价格项目，以招徕游客。

3. 抽奖

发放奖券和抽奖都是刺激游客消费的工具。奖券可以附在报纸或杂志广告中，也可以直接邮寄给游客，或在游客消费时奉送，以吸引其下次光顾。

4. 累积积分

这是对经常光顾本旅游景区和与景区有长期业务关系的客户所给予的优惠和激励形式，可提高游客对景区的忠诚度。有些景区按照游客每次游览的消费额累积分值，给予十分丰厚的奖励，以刺激游客在本景区的消费。

5. 购买折让

给予未得到满意服务的游客以全部或部分退款和折让，是使游客对景区服务质量充满信心的一种保证，同时也是吸引游客的一种方法。

（二）针对中间商的促销方法

1. 会员制

旅游景区设立俱乐部是稳住客源的一种有效手段。通过为俱乐部成员提供特殊服务和专门服务，如不必排队等候办理门票购买手续等，来提高游客对景区的满意度。

2. 特殊服务

旅游景区对中间商可以实行特殊服务，如向中间商赠送特别礼品等。

3. 红利

旅游景区为了刺激中间商的经销积极性，有时采取销售分红的方式，使之共享一定比例的红利。通过这种形式，将景区与中间商的利益紧密地联系在一起。

知识链接

顺德长鹿休闲农庄的会员制营销

长鹿休闲农庄，占地40万平方米，是一家集休闲度假、户外运动为一体的主题农庄。

该景区依托珠江三角洲地区的旅行社中间商以及企业自己建立的会员制的推广，市场增长稳定。

顺德是新型经济强区，区内拥有多处高档房地产项目。同时，多家大型企业的存在，也给农庄的发展打下了优越的基础。另外，地处中山、顺德、东莞等地交界的区位条件，给农庄的营销带来了巨大的潜力。因此，长鹿休闲农庄一开始就致力于会员制的推广，以周边居住区居民为依托，将目光瞄准珠三角中高端市场，量身定做，做到因人而异，因时而异，为每个会员提供贴心式尊贵服务，并为会员提供了一系列优惠政策和措施。农庄以周到的服务和优良的组织协调，为会员创建和谐、丰富多彩的大家庭生活环境。通过不断开拓，目前已经有了较大的会员群体，平时大众旅游与高峰期会员制的有机结合，较好地解决了景区高峰与低谷的接待量困扰。

资料来源：http：//www. radiofoshan. com. cn.

二、旅游景区形象策划

旅游者通过对旅游景区的空间外观、环境氛围、文化传统、服务展示、公关活动等全方位的体验与感受，形成对景区的综合感知印象，即旅游景区形象。旅游景区形象策划是旅游景区营销的重要内容。旅游景区形象策划的基本程序，一般包括形象调查、形象定位、口号设计、CIS设计、形象传播等。

（一）形象调查

明确地方性特征因素是景区旅游形象设计的基础工作之一，其主要任务是通过对景区所在地区文脉的把握，对地方历史文化进行提炼，明确当地的地方性特征。

景区形象调查的关键是进行受众调查与分析，了解人们对旅游景区形象的认知，即公众对景区现状、特征的主观看法和态度。可以根据如下三个步骤来进行旅游景区形象测定：首先，请被访者自由描述景区的总体印象；其次，请被访者抓住景区的总体心理方面的特征，描述景区气氛；最后，判断被访者认为景区独特的吸引物。

任何一个景区都将面临市场竞争压力，所以在进行形象调查时还应进行竞争者分析。

（二）形象定位

旅游景区形象定位是以旅游景区调研为依据，通过科学的流程和精心的提炼，对某一旅游景区未来发展的一种方向性判断、概括和总结。旅游景区形象定位就是使景区在游客心目中占据一个突出位置的过程。形象定位常用的方法主要有以下几种。

1. 领先定位

领先定位适用于那些独一无二，不可替代的事物，这些事物在旅游者心目中的形象阶梯中占据第一的位置，也就是有领先的形象。

比如中国的长城、埃及的金字塔、世界屋脊青藏高原，都具有相对领先地位。因为人们对“第一”“唯一”或者“之最”有一种好奇和崇拜心理，领先定位正是利用这种心态来吸引游客的。如广西龙脊梯田定位为“世界梯田之最”；若尔盖草原旅游主题形象定位是"黄河九曲第一弯，草原湿地生态园"，都是通过突出唯我独有的旅游吸引物来进行领先定位。

2. 比附定位

比附定位是指不去占据原有形象阶梯的最高位，而是甘居第二。如牙买加的形象定位是"加勒比海中的夏威夷"；海南三亚也定位在"东方夏威夷"上，目的就是利用夏威夷绝对稳固的海滨旅游胜地形象，使自己比较容易被国际旅游者认知。比附定位实际上就是借助其他旅游地的知名度来扬名，并争取瓜分剩下的市场份额。这种定位方法适用于规模小，自身特色不明显，并不占据原有形象阶梯最高处的旅游景区。

但是需要注意的是，在比附定位时，景区与比附的景区之间应该具有不同的客源市场。如果两者有共同市场，由于人们在面对同类事物时，习惯于选择第一的，也就是选择知名度更高的旅游景区，这样一来，比附的结果不但没有借助其他旅游景区提高自己的知名度，反而会误导人们觉得这是一个模仿、抄袭的旅游景区，而失去吸引力。

3. 逆向定位

逆向定位是用人们习惯思维相反和对立的角度去定位，其思路在于标新立异，突破常规，强调并宣传的形象是消费者心目中习惯形象的对立面或相反面，开辟出一个全新的易于接受的心理形象阶梯，从而抢先占据另一片广阔的市场空间。如在众多野生动物园都是白天开放的情况下，新加坡却极力打造"夜晚野生动物园"。

这种方法能否成功取决于两个条件：一是旅游景区是否存在超出常规但未被开发的新特质；二是旅游市场对这一潜在特质是否具有相当大的需求。

4. 空隙定位

比附定位和逆向定位都要和游客心中已经有的旅游地形象阶梯相关联，而空隙定位是完全开辟一个新的形象阶梯。空隙定位的核心是分析旅游者心中已经有的形象阶梯类别，发现和创造新的形象阶梯，树立一个与众不同，从没有过的新形象。从认知心理角度来说，越是新鲜、独特的形象越能引起大众的关注和好奇，新开发的旅游景区往往采用这种方法，如位于内蒙古阿拉善盟的月亮湖景区的腾格里沙漠，定位为"沙漠探险的大本营"。

5. 重新定位

重新定位是在旅游景区原有形象衰落的情况下采取的再定位策略。旅游景区在发展过程中都面临生命周期的问题，当景区形象处于衰落阶段时候，怎么使它复苏是旅游经营者所必须考虑的难题。重新定位就是促进复苏的方法之一。重新定位可以促进景区新形象代替老形象，引起人们重新关注。

（三）口号设计

有了形象定位，景区还需要一些外在的、界面的东西把定位直接表述出来，然后传递给旅游者，这就需要根据定位设计一定的宣传口号。口号是旅游者了解和接受旅游地形象最有效的方式之一，口号设计应注意：

1. 言简意赅，便于记忆和传播

旅游宣传口号要具备广告词的精练、生动和影响力。越是简单的表述就越容易被人们记住。

2. 体现旅游景区特色

宣传口号是旅游景区形象的提炼，实质内容应该来源于旅游景区的独特性，只有充分挖掘和深刻分析当地的特色，才能避免过于空泛。

3. 有针对性，迎合游客心理

旅游形象的主题口号要针对市场需求特征来设计，能反映旅游需求的热点、主流和趋势，才能更有效地引起目标市场的注意。如当前生态旅游、文化旅游和探险旅游逐渐兴起，景区就可以针对这些需求心理设计一些以回归自然、体验异域文化和民俗风情、挑战自我为主题的口号。

知识链接

著名旅游景区、旅游地宣传口号

锦绣中华：一步迈进历史，一日畅游中国

中国民俗文化村：二十四个村寨，五十六族风情

世界之窗：您给我一天，我给您一个世界

杭州宋城：给我一天，还你千年

开封清明上河园：一朝步入画卷，一日梦回千年

武夷山：千载儒释道，万古山水茶

浙江：山水浙江，诗画江南

资料来源：肖星．旅游策划教程［M］．广州：华南理工大学出版社，2005.

（四）CIS设计

旅游景区形象策划的理论来源于区域旅游形象理论，而区域旅游形象成功移植了企业形象策划的理论与方法。目前我国已经有很多景区导入了该方法，并且更加重视旅游形象设计在旅游业发展中的作用，为景区设计和塑造鲜明、独特的形象，构造完善的景区识别系统，传播景区特色，增强其在市场上的竞争力。

旅游景区形象策划（如表5－3所示），主要通过CIS系统进行，它包括理念识别（Mind Identity，MI）、行为识别（Behavior Identity，BI）、视觉识别（Visual Identity，VI）。

表 5-3　旅游景区形象认知要素与信息系统

	认知要素	信息标志
MI 要素	景区经营理念 景区发展宗旨和目标 景区企业精神与企业文化 景区发展战略	精神信条、口号、标语 景区企业文化座右铭 经营指导思想 CIS 手册
BI 要素	管理体系 制度规范 目标市场细分、选择、定位 产品研究开发 整体环境规划 文化娱乐活动 服务行为 行业合作化	组织结构 人力资源管理 工作环境、气氛 质量管理 岗位职责 服务规程 市场策略 行销策略 公关策划 广告和促销活动
VI 要素	景区标志 象征图案 名称标准字体 颜色识别 代表景点选择 符号系统及风格 建筑造型	建筑物设计与装潢 道路、小品、绿化、路灯、指示牌系统 交通工具 服务标识系统 旅游广告设计 传播媒体 宣传册、招贴画、海报、音像制品 标准字、徽标、吉祥物 办公用品、旗帜、服装、环境与陈设

1. 理念识别

理念识别是指由旅游景区的哲学、宗旨、精神、发展目标、经营战略、道德、风气等精神因素构成的旅游景区形象子系统。旅游景区的理念，反映的是旅游景区精神的本质，属于思想意识范畴。它是景区为了取得竞争地位，根据时代精神和文化传统的要求，在景区经营管理过程中形成的共同文化理念、价值准则、信念和发展目标。旅游景区 MI 策划的主要内容如下。

（1）使命策划。使命和宗旨是旅游景区经营的最高目标，它要解决的是“景区为什么存在”的问题，也就是景区依据什么样的社会责任而进行活动。

①使命书。景区一般以使命书的形式表达自己的使命，使命书的内容主要包括景区的事业领域、目标和达到目标的必要条件。

②表达。旅游景区使命的表达，要尽可能体现出社会责任感和道德感，语言应当简练恰当。设定的目标要有可行性和可操作性，过分夸大目标，就会难以实现，也不具备实际意义。

（2）经营方针策划。经营方针是旅游景区理念的重要内容，是旅游景区一切活动必须统一遵守的最高准则和战略方针，是对景区经营使命和信条的进一步明确和统一。经营方针的策划和设计，应该注意：第一，突出景区特点；第二，随时代变化而变化；第三，以简练文字形式表达。

（3）价值观策划。价值观是旅游景区对其经营行为的全部看法和评价标准，具体表现为旅游景区“崇尚什么、赞成什么、什么是目的地所鼓励的、什么是目的地所反对的”。

景区的价值观确立，要根据外部环境调查，了解本国、本地区和本景区的社会地位，确定社会对自己的期望，然后根据内部情况分析来确定自己的价值取向。具体来说，可以从旅游景区的经营目的、产品和服务、质量、旅游景区的精神等角度，确定本景区的价值观。

（4）行为准则策划。行为准则是旅游景区精神理念在经营行为领域的表现，是价值观的外在表现，是员工在日常工作中遵守的基本行为规范。主要表现为：工作守则、劳动纪律、道德规范等。

2. 行为识别

行为识别是指由旅游景区组织及组织成员在内部和对外的生产经营管理及非生产经营性活动中表现出来的员工素质、旅游景区制度、行为规范等因素构成的旅游景区形象子系统。

行为识别策划，就是对管理者行为、员工行为、对外公关、促销、广告宣传等的设计活动，它的基本内容包括旅游景区对内、对外各种活动的行为设计。内部行为设计包括员工招聘、培训、管理、考核、奖惩，各项管理制度的制定和执行等；外部行为设计包括采购、销售、广告、公益等公关活动。

旅游景区 BI 策划的目的是建立起一套景区特有的行为模式，并使它内化为景区全体员工和管理人员的共识，进而创造出景区具体生动的形象，赢得消费者和社会公众的好感。旅游景区 BI 策划的主要内容包括：

（1）服务行为策划。服务行为策划包括：

①推行标准化的服务。

②在一定程度上提倡个性。规划化、标准化的服务只能让游客满意，是建立服务形象的基础，而不是最终方式；鲜明的服务行为形象还要通过努力推行个性化服务来发展。个性化服务如果和当地的环境有机结合，会让游客产生鲜明的服务形象认知。

③出版管理手册。在管理手册中，明确指明旅游景区形象管理的组织机构设置，人力资源的管理，管理制度的具体目的和内容。

④对服务人员的语言进行规范化管理。

（2）外部行为识别策划。外部行为识别策划包括：

①形象广告。形象广告的形式可以是公益性广告、礼仪性广告和事件性广告。

②旅游公关。旅游景区应与新闻界保持密切的联系，经常发布新闻，使旅游地景区的名称、标志等形象载体与公众频繁见面，保持公众的注目率，以此来扩大影响，不断加深人们对旅游景区的印象。景区还应有意识地制造新闻效应，还可以加强旅游景区与社会的沟通。

3. 视觉识别

视觉识别是指由旅游目的景区的基本标识及应用标识、形象外观包装、品牌形象、外观等构成的旅游景区形象子系统。它是整个旅游景区形象识别系统中最形象、最直接、最具冲击力的部分。

旅游景区 VI 系统包括两大部分：基本设计要素和应用设计要素。基本设计要素包括：旅游地标志、名称、标准字等；应用设计要素包括旅游办公用品、宣传制品、知识系统、服饰系统等。

（1）旅游地名称。事物的名称是认识事物的起点，旅游地往往是以当地的地名为名称，高知名度的旅游地名称肯定是更容易被旅游者识别和记忆。为了获得高知名度的地名，一些旅游地抛弃原来默默无闻的地名，使用其他知名度高的名称，比如安徽的屯溪市改名为黄山市；湖南的大庸市改名为张家界市；吉林的浑江市改名为白山市。

（2）徽标（LOGO）。徽标是现代经济的产物，作为企业 CIS 战略的最重要组成部分之一，是应用最广泛、出现频率最高的因素。

在旅游景区的形象设计和塑造中，徽标设计就是把旅游景区的一些事物、事件、场景或抽象的精神理念，通过特殊的图形固定下来，通过不断刺激和反复刻画，深深地留在游客心中，使人们在看到徽标的时候，自然地产生联想，从而对旅游景区认同。如图 5－1 所示为不同地方的旅游徽标。

图 5－1　旅游徽标

（3）旅游地标准字体。旅游景区的各种路标、指示牌、导游图和旅游指南都要用到文字，旅游景区的文字也是形象的组成部分。景区可以利用标准字体传达形象。标准字体可以自己设计，也可以请名人题字。一般情况下，在不影响文字理解功能的前提下，尽量使用本地域和民族的文字，这是建立景区文字符号形象的基本原则。

（4）旅游地吉祥物。以象征物指代事物，是人们普遍采用的面对复杂事物的认识策略。国际著名的企业和主题公园都有自己的吉祥物，世界性的体育赛事也都会设计吉祥物形象。吉祥物生动有趣，容易取得公众的喜爱，达到广泛传播的效果。

（5）旅游办公系统。主要是对旅游景区相关部门的办公用品作统一的标识和规定，在视觉上给游客以鲜明的印象。具体包括将信纸、信封、公文袋、管理表格、员工胸卡、合同封面、工作证、记事本等，并作统一的规定或者使用统一的标志。

（6）环境系统，包括各部门的标牌、阳伞、接待前台等。

（7）户外广告系统，包括灯箱、纸杯、旅行袋、手提袋等。

（8）空间导向识别系统。具体做法是在停车厂、公共厕所、邮局、银行、机场、码头、旅馆饭店等地方使用系列统一鲜明的标识；设置指示方向或导游的指示牌。

（9）员工制服。

（10）出版发行系统，包括旅游地图、旅游画册、相关的书籍等。

（五）形象传播

旅游景区应向旅游者提供长期、有效、有吸引力的形象传播，诱发旅游者的动机，增强旅游者的购买信心。

1. 形象广告

广告是一种高度大众化的信息传递方式，传播面积广、效率高、速度快。通过广播、电视、报纸、书刊等媒体进行宣传，是目前旅游景区树立和强化旅游形象的首要途径。

2. 社会传播

社会传播指形象信息的非商业传播。能够起到社会传播作用的事件和信息包括：

（1）新闻发生地。如发现奇特景观的报道。

（2）游记。如《徐霞客游记》。

（3）文学作品描述地或故事发生地。如古典文学作品，武侠小说剧情发生地。

（4）电影或电视的地点影像信息。如《大红灯笼高高挂》《天下无贼》的故事发生地或拍摄地。

（5）口头文学。如神话与传说的发生地。

（6）课本信息。特别是中小学的语文课文，如《游金华双龙洞》《雨中登泰山》。

（7）风景图像信息。如邮票、货币、烟盒、火柴盒、门票等各种消费品及其包装上所留下的图案信息。

（8）名人的国籍与出生地的信息。如毛泽东的故乡韶山。

（9）历史事件或战争的地点。如中国的古赤壁，第二次世界大战战场。

3. 公关活动传播

公关活动传播一般是指运用政府间的交流和外事活动时的宣传，召开旅游新闻发布会，举办系列旅游节庆活动和相关的学术会议等，提高美誉度和知名度。公关活动的一般目标包括交流信息、联络感情、改变态度和引起行动等方面。此外还有些具体的目标，如开辟市场、参加公益活动、创造良好的消费环境、摆脱形象危机等。其基本策略包括制造和发布新闻、举办有影响力的活动等。

4. 文化传播

（1）设计与当地旅游资源相关的宣传画册、明信片、挂历、邮票、首日封、风景VCD片等。

（2）出版与旅游资源有关的书籍、史料和小说，整理有关的民间传说、民间故事、旅游景点介绍、导游图等。

（3）创作推广地方音乐和戏曲、歌曲。

（4）拍摄以当地旅游资源为背景的电影、电视剧及有关专题片，或争取电视台有关旅游栏目以当地的旅游景区为外景现场直播有关节目。

5. 人际传播

人际传播方式包括邀请专家学者、权威人士来参观访问，组织影视、体育明星协助宣传，旅游企业员工和经营管理人员的精神风貌展示等。

6. 常规新闻传播

常规新闻传播分为电子传播媒介和印刷传播媒介两类。电子传播包括广播、电视、电话、装饰照明系统等，也包括飞艇等现代传播媒介。印刷传播主要包括报纸、杂志和图书等。

三、节庆活动

（一）节庆对旅游景区的作用

节庆是以特定时间、特定地域为时空布局，以特定主题为活动内容的一种社会文化现象。旅游景区组织与开展各种节庆活动主要是为了提升旅游景区的吸引力。旅游景区的节庆活动是促销策略的关键环节。节庆活动的举办，不仅可以提升景区形象，也可以增加销量，强化景区的文化品位，提升景区知名度。

1. 提高游客的参与感，形成口碑效应

景区绝大多数的节庆活动都是以动态、开放的项目来展示，可以让游客亲身参与其中，丰富旅游者的旅游经历，增强其旅游价值认同感。同时，景区开展节庆活动，也会注重改善景区的环境，使旅游者在景区内更加愉快。这样，节庆活动不仅吸引了更多的旅游者，同时也在旅游者中形成良好的口碑，达到旅游者对景区自觉传播的目的。

2. 增加经济收入，延长景区生命周期

为了延长景区的生命周期，景区应该大力丰富游览内容，给游客带来更多层面、更大程度的满足，激发游客的重游愿望。在景区建设大体格局已定的情况下，景区内的节庆活动就成为十分重要的手段，成为推动景区持续发展的突破口。

3. 完善产品结构，延长游客活动时间

为了应对激烈的市场竞争，景区必须拥有合理的产品结构；同时由于景区经营具有明显的季节性，为了协调淡、旺季之间的关系，景区也应该开发出完善合理的产品结构。节庆活动组织就是一个很好的完善景区结构的方式。而且丰富的节庆活动还可以延长游客的停留时间。

4. 提升景区形象，扩大景区知名度

举办节庆活动不仅能增强景区的吸引力，使原来静态的旅游吸引物变得生机勃勃，营造良好的旅游氛围，同时又能作为很好的催化剂，促使景区更好地组织、协调各种要素，促进旅游景区形象的塑造。节庆活动可以在短时间内让高质量的产品、服务等众多因素围绕某一主题组织和整合，集中大众媒体的视线，迅速提升景区的知名度和美誉度。

（二）旅游景区节庆的策划程序

1. 调研

调查研究是节庆活动策划的第一个环节，调查的内容主要包括：游客的需求；可以挖掘和调动的相关资源，包括文化资源、物产资源、人力资源等；相关传播媒介，即节庆活动的广告、过程、效果需要邀请哪些媒体、通过哪些媒介、选择什么形式传播；活动资金情况；社会环境情况，如举办地点和时段的安全情况、气候情况、政策法规情况等。

2. 策划

（1）主题确定。主题是节庆活动策划的核心。景区应在评价资源特色、产品和服务质量，分析市场构成及兴趣，比较周边地区类似景区的节庆活动的基础上，寻找具有唯一性和特殊性，能够张扬个性、体现特色的主题。同时应紧扣景区的形象定位，选择和加工主题，确定内涵。这就要求景区节庆活动的组织者具有敏锐的市场感觉，并运用娴熟的商业运作经验，组织专业人员对主题进行提炼、包装和设计。

（2）明确节庆定位。结合资源特色评估、市场分析和竞争环境评价，确定节庆的名称、宗旨、指导思想、目的、任务、类型、组织原则、组织者、规模、地点、时间、过程、目标市场、活动内容、工作人员、经费、影响、预期效果等。

3. 组织准备工作

取得有关部门的同意和支持；成立组织准备工作小组，明确组织者的组织结构设立和内部责任分工；寻求赞助者；制订节庆日程，包括主题活动日程、内容和配套活动日程、内容；确定节庆活动的具体目标和经济指标；预计接待人数、收入来源和收入预测；确定节庆活动的总体口号、标识、吉祥物；设计和开发宣传品、纪念品和配套商品；制订节庆活动管理的有关条例；制订突发事件应急方案等。

4. 实施行动计划

方案确定后，就要进入具体的计划落实阶段。计划的落实要规定具体内容和时间，责任要具体落实到部门和负责人身上，并规定检查时间。此外，要做好各部门的协调工作。

5. 评估

活动结束后，要对整个活动进行评价，看策划是否成功，效果是否理想。评估的内容主要包括是否提高了景区的知名度，活动的投入、支出、利润是多少，对环境产生了哪些影响等方面。

（三）策划和管理节庆活动应注意的问题

1. 市场化运作

第一，景区要充分运用市场经济规律，把节庆活动作为一种商品或品牌来经营；第二，在节庆活动的具体策划和组织阶段，景区要通过市场化运作，广开融资渠道，建立多元筹资体系，除了政府提供财政资金外，要特别重视广告、捐赠、票务经营、赞助、纪念品等收入；第三，明确参与各方的权利和义务，按照市场经济规则办事，引入公平竞争机制，达成多方共赢，实现节庆活动的顺利有序进行。

节庆活动结束后，应该对此次活动的问题和效果进行评估，明确相应的经验和教训，是否给各方带来良好的效益，有无再次组织的必要，存在的问题和解决方法等。如果效果理想，可以采取评估后的市场化操作：对活动名称进行注册、成立专门的公司进行节庆活动的品牌管理、开展品牌经营等，以提高知名度和扩大市场影响。

2. 深入挖掘文化内涵

节庆活动只有充分挖掘本地文化内涵，或者借鉴外来文化的精髓，提升文化品位，才能不断扩大影响，形成景区的品牌产品。

我国历史悠久、民族众多、幅员辽阔，这使得我国很多旅游景区具有浓厚的文化背景和丰富的可挖掘素材。文化具有的地域性、民族性越强，对旅游者的吸引力就越大。所以，充分重视对本土文化的挖掘利用，是节庆活动组织的重要原则。只有根植于地方文化，突出景区的主题，才能使景区焕发出旺盛的生命力。

随着旅游活动的开展，外来文化对传统的本地文化产生着冲击。节庆活动的组织同样也可以借鉴外来文化。借鉴外来文化应该在适应市场需求的基础上，注意与当地的文化相协调，创造出和谐、新奇的效果。

3. 强调游客参与和体验

现代旅游者已经不满足于传统的走马观花的游览方式，而是热衷于主动参与、亲身体验。对具有许多动态的民俗风情旅游资源的景区来说，可以创造性地设计开发能让游客积极参与体验的项目和活动，如舞蹈表演、节气节令活动、体育性赛事等。

知识链接

景区表演项目

景区可以通过舞台表演的形式，来凸显景区文化，使之更加立体化、形象化、艺术化，从而达到深化主题，使游客在艺术享受中对景区文化有进一步的认识，提高体验质量。

杭州宋城通过每天多达 15 种民间杂艺表演，9 种宋史任务表演，17 种作坊表演和 4 种大型影视表演，使该景区成为 800 年前“东南形胜，三吴都会”的鲜活标本。尤其是其推出的大型音乐舞蹈史诗《锦绣天城》，让游客在艺术的氛围中领略宋都杭州的历史与传说的无穷魅力；《汴河大战》《宋城千古情》《金戈铁马岳家军》等品牌节目也让游客百看不厌（如图 5－2 所示）。

再如西湖景区的《印象·西湖》表演项目，以西湖浓厚的历史人文和秀丽的自然风光为创作源泉，深入挖掘杭州的古老民间传说、神话，将西湖人文历史的代表性元素得以重现，同时借助高科技手法再造“西湖雨”，从一个侧面反映雨中西湖和西湖雨的自然神韵。整场山水实景演出，通过动态演绎、实景再现，将杭州城市内涵和自然山水浓缩成以一场高水准的艺术盛宴，向世人推出。本项目的演出地点在岳湖景区：南至赵公堤，北至岳湖楼，西至曲院风荷，东至苏堤。在岳湖楼南边设置可容纳 1800 人的升降式可收缩、可移动阶梯形看台；在湖面演出区域内配备特制的灯光和激光照射，以满足舞台及背景的需要。演员的表演在西湖水域上表现，以自然的山水、景观为天然舞台做表演。这是一个特别的水上剧场的概念。拥有一个具有千年文化积淀的超大的视觉空间。它的演出内容必须和自然景观一致，它是唯一的、不可取代的（如图 5－3 所示）。

图 5－2 《宋城千古情》表演

图 5－3 《印象·西湖》表演

4. 加强管理

在节庆活动举办之前，景区应该把节庆活动内容、活动安排的日程、节目单、举办活动地点等引发成册，发给游人；或者刊登广告，将具体的信息公布于众，以使远道而来的游客可以实现选择自己喜爱的项目，并做好相关准备工作。

同时，在节庆活动举办期间，景区还要加强游客管理，有序引导游人，规范游览秩序；作好景区安全和环境管理，为游客提供一个舒适、安全的环境；制定并实施系统的交通管理政策，避免阻塞，保证交通畅通和活动的顺利进行；制订相应的管理条例，严格执行有关法律法规，做好市场规范保障工作等。

5. 大力宣传，形成轰动效应

节庆活动要想取得轰动效应，除了主题鲜明、内容新颖之外，还应借助新闻媒介的作用。景区可以通过大型焦点事件来吸引公众传播媒介。也可以借助报纸、杂志、网站等媒体高强度、大容量、全方位的宣传，大力宣扬景区的文化、资源、节庆活动等，提高社会工作的关注度，有力提升景区的形象和知名度，扩大景区节庆活动的影响范围和市场覆盖面。

第三节　旅游景区营销创新

一、绿色营销

（一）绿色营销的内涵

所谓“绿色营销”，是指社会和企业在充分意识到消费者日益提高的环保意识和由此产生的对清洁型无公害产品需要的基础上，发现、创造并选择市场机会，通过一系列理性化的营销手段来满足消费者以及社会生态环境发展的需要，实现可持续发展的过程。

绿色营销是人类环境保护意识和市场营销观念相结合而产生的一种现代市场营销观念，是将传统营销的“企业—顾客”营销系统扩大为“企业—顾客—社会—自然”的新营销系统，是实现社会经济持续发展的重要战略措施。

绿色营销要求企业在产前、产中和产后领域中，都要加入环境和资源保护的内容，并将其作为主要因素。可以说，绿色营销是一种侧重于环境和资源保护的新型营销模式和营销观念。它是人类和自然和谐共处、协调发展这一绿色文明目标在企业的现代市场营销活动中的体现，是环保意识和市场营销的有机结合。

（二）绿色营销管理的内容

绿色营销管理包括以下五个方面的内容：

1. 树立绿色营销观念

绿色营销观念是在绿色营销环境条件下企业生产经营的指导思想。传统营销观念认为，企业在市场经济条件下生产经营，应当时刻关注与研究的中心问题是消费者需求、企业自身条件和竞争者状况三个方面，并且认为满足消费需求、改善企业条件、创造比竞争者更有利的优势，便能取得市场营销的成效。而绿色营销观念却在传统营销观念的基础上增添了新的思想内容。

企业生产经营研究的首要问题不是在传统营销因素条件下，通过协调三方面关系使自身取得利益，而是与绿色营销环境的关系。企业营销决策的制订必须建立在有利于节约能源、资源和保护自然环境的基点上，促使企业市场营销的立足点发生新的转移。

对市场消费者需求的研究，是在传统需求理论基础上，着眼于绿色需求的研究，并且认为这种绿色需求不仅要考虑现实需求，更要放眼于潜在需求。

企业与同行竞争的焦点，不在于传统营销要素的较量，争夺传统目标市场的份额，而在于保护生态环境的最佳营销措施，并且认为这些措施的不断建立和完善，是企业实现长远经营目标的需要，它能形成和创造新的目标市场，是竞争制胜的法宝。

与传统的社会营销观念相比，绿色营销观念注重的社会利益更明确定位于节能与环保，立足于可持续发展，放眼于社会经济的长远利益与全球利益。

2. 设计绿色产品

产品策略是市场营销的首要策略，企业实施绿色营销必须以绿色产品为载体，为社会和消费者提供满足绿色需求的绿色产品。所谓绿色产品，是指对社会、对环境改善有利的产品，或称无公害产品。

3. 制订绿色产品的价格

价格是市场的敏感因素，定价是市场营销的重要策略，实施绿色营销不能不研究绿色产品价格的制订。一般来说，绿色产品在市场的投入期，生产成本会高于同类传统产品，因为绿色产品成本中应计入产品环保的成本，主要包括以下几个方面。

（1）在产品开发中，因增加或改善环保功能而支付的研制经费。

（2）在产品制造中，因研制对环境和人体无污染、无伤害而增加的工艺成本。

（3）使用新的绿色原料、辅料而可能增加的资源成本。

（4）由于实施绿色营销而可能增加的管理成本、销售费用。

但是，产品价格的上升会是暂时的，随着科学技术的发展和各种环保措施的完善，绿色产品的制造成本会逐步下降，趋向稳定。企业制订绿色产品价格，一方面当然应考虑上述因素；另一方面应注意到，随着人们环保意识的增强，消费者经济收入的增加，消费者对商品可接受的价格观念会逐步与消费观念相协调。所以，企业营销绿色产品不仅能使企业赢利，更能在同行竞争中取得优势。

4. 绿色营销的渠道策略

绿色营销渠道是绿色产品从生产者转移到消费者所经过的通道。企业实施绿色营销必须建立稳定的绿色营销渠道，策略上可从以下几个方面努力。

（1）启发和引导中间商的绿色意识，建立与中间商洽当的利益关系，不断发现和选择热心的营销伙伴，逐步建立稳定的营销网络。

（2）注重营销渠道有关环节的工作。为了真正实施绿色营销，从绿色交通工具的选择，绿色仓库的建立，到绿色装卸、运输、储存、管理办法的制订与实施，认真做好绿色营销渠道的一系列基础工作。

(3) 尽可能建立短渠道、宽渠道，减少渠道资源消耗，降低渠道费用。

5. 搞好绿色营销的促销活动

绿色促销是通过绿色促销媒体，传递绿色信息，指导绿色消费，启发引导消费者的绿色需求，最终促成购买行为。绿色促销的主要手段有以下几个方面。

(1) 绿色广告。通过广告对产品的绿色功能定位，引导消费者理解并接受广告诉求。在绿色产品的市场投入期和成长期，通过量大、面广的绿色广告，营造市场营销的绿色氛围，激发消费者的购买欲望。

(2) 绿色推广。通过绿色营销人员的绿色推销和营业推广，从销售现场到推销实地，直接向消费者宣传、推广产品绿色信息，讲解、示范产品的绿色功能，回答消费者绿色咨询，宣讲绿色营销的各种环境现状和发展趋势，激励消费者的消费欲望。同时，通过试用、馈赠、竞赛、优惠等策略，引导消费兴趣，促成购买行为。

(3) 绿色公关。通过企业的公关人员参与一系列公关活动，诸如发表文章、演讲、影视资料的播放，社交联谊、环保公益活动的参与、赞助等，广泛与社会公众进行接触，增强公众的绿色意识，树立企业的绿色形象，为绿色营销建立广泛的社会基础，促进绿色营销业的发展。

(三) 旅游景区开展绿色营销的必要性

1. 旅游业可持续发展战略需要景区实施绿色营销

旅游业并非无烟产业，在经营过程中也会制造污染。所以，旅游景区应该在环保方面承担起社会责任，将营销活动和自然环境、社会环境发展协调起来，使自身的营销活动有利于环境的良性循环。旅游景区应该从支持社会走可持续发展道路的高度开展绿色营销。

2. 消费者绿色消费观念增强

随着人们生活质量的改善、消费层次的提高，以及对生活空间和居住环境的追求，越来越多的消费者的绿色消费意识正在被唤醒。面对消费者的绿色意识觉醒，旅游景区必须转变观念，开展以产品及服务对环境的影响为中心的绿色营销策略。

3. 有助于景区实现合理的经济效益

由于绿色营销活动始终都和节省资源、重视环境保护紧密联系在一起，绿色营销活动过程就是景区努力提高资源利用率，尽可能减少污染，实现可持续发展的一个过程。通过这个过程，从长远上看，旅游景区可以从深层次上降低成本，提高经济增长质量。

(四) 旅游景区绿色营销策略

1. 绿色旅游产品的设计

旅游景区提供的旅游项目应该以保证旅游地生态环境不受破坏为前提，同时尽量满足游客求知、好奇的愿望，体现教育性。旅游活动的开展要突出参与性、体验性，满足游客的自我实现需求。在接待游客的数量方面，应该以小规模、多批次、专业性为原则，同时尽可能让旅游地居民从中受益。

2. 服务过程的绿色化

景区在对游客提供服务的过程中，在处理与旅游者的关系时应该注意通过服务人员的言行和有形展示来提高游客参与生态环境保护的自觉性，普及生态行为规范，倡导负责任的旅游，引导绿色消费方式。为此，培养景区服务人员的生态责任感，普及他们的生态环境科学知识和提高处理问题、事故的能力应该成为景区日常培训的必修课。

3. 采用绿色技术

所谓绿色技术就是技术的使用达到降低污染、保护生态、减少浪费、循环使用、节能降耗的要求，且符合环境保护和生态平衡的要求。绿色技术的采用是绿色营销的物质保证。如在景区草木灌溉方面，采用节水型工艺，安装自动化灌溉系统，这样既能达到灌溉植物的目的，又能最大限度地节水。

知识链接

喜马拉雅山旅游者的行为准则

遵循以下简单的指南，您可以帮助保护喜马拉雅山独特的自然环境和古老文化。

(1) 限制森林砍伐，不要自己或让他人使用明火，尽量少用稀缺木材烧水。

(2) 带走垃圾，焚烧或掩埋纸张并带走所有不能降解的垃圾。

(3) 保持当地水源清洁，避免污染物和清洁剂进入河流或泉水。

(4) 植物应该保证在自然环境中繁生，剪枝、采集种子和植物根茎在喜马拉雅山大部分地带是非法的。

(5) 协助导游和物资搬运人员执行环境保护措施。

(6) 拍照时请注意尊重别人的隐私，要先得到允许并有限制地使用。

(7) 尊重宗教场所的习惯，让您所看到的东西保持原状。

(8) 给儿童现金是在鼓励乞讨，可以向某个项目、健康中心或学校捐款，这是更有建设性的帮助。

(9) 如果遵守当地习俗，您会受到热情的欢迎和接待，用右手吃东西或致谢，要礼貌地用双手奉送或承接礼物。

(10) 尊重当地礼节您也会得到尊重，不要穿太短、露肩和紧身的衣服，当地人不喜欢在公众场合握手和亲吻。

(11) 注意观察食物标准和床费的基本价格，但是不要宽容索费过高的行为，请记住您讨价还价所买到的便宜商品来自他人的低收入。

(12) 珍惜当地传统的游客能积极鼓励当地居民以自己的家乡为荣，并能有效保护当地文化，同时也请您帮助当地居民了解真实的西方生活。

资料来源：克里斯·库帕，等．旅游学——原理与实践［M］．北京：高等教育出版社，2004.

二、网络营销

（一）网络营销的概念与特点

计算机网络技术的发展与应用，改变了人们对信息的分析和接受方式，也改变了人们的生活、工作、学习、交流环境，企业必须积极利用新技术来变革经营理念、经营方法。网络营销是适应网络技术发展的新生事物。网络营销就是利用国际互联网开展市场营销活动。网络营销具有以下特点。

1. 跨时空

国际化是近年来市场营销的一个发展趋势，然而传统的国际营销要受到种种限制，如巨额费用、营销活动深入程度参差不齐等。而互联网能够超越时间约束和空间限制进行信息交换，使得营销脱离时空限制进行交易变成可能，企业有了更多时间和更大的空间进行营销，甚至可以随时随地地提供全球性营销服务。

2. 多媒体

互联网被设计成可以传输多种媒体的信息，如文字、声音、图像等信息，使得为达成交易进行的信息交换能以多种形式存在和进行，可以充分发挥营销人员的创造性和能动性。

3. 交互式、个性化

传统的市场营销是单向式的。以广告为例，电视、报纸、广播都是通过单向信息吸引受众的视觉、听觉。而在网络营销中，消费者由被动成为主动，参与到双向互动营销过程中。消费者有权自由访问，既可以粗略浏览，也可以深入查询。

互联网上的促销是一对一的、理性的、消费者主导的、非强迫性的、循序渐进式的，而且是一种低成本与人性化的促销，避免推销员强势推销的干扰，并通过信息提供与交互式交谈，与消费者建立长期良好的关系。

4. 高效性

计算机可储存大量的信息，待消费者查询；其可传送的信息数量与精确度，远超过其他媒体，并能适应市场需求，及时更新产品或调整价格，因此能及时有效地了解并满足顾客的需求。

（二）网络营销的优势

与传统营销相比，网络营销具有如下优势。

首先，在产品方面，传统营销只能对现有产品开展营销活动，而网络营销既有现有产品的经营，又可以为消费者实施定制营销，满足其个性化需求。消费者可以在网上得到某一类产品的全部信息，也可以参与到制造产品的过程中来。这使消费者个人满足程度大大提高，又能使其在更大范围内选择产品。

其次，在价格方面，网络营销费用大大低于传统营销费用，并且网上的商品交易价格完全公开，某一企业的产品价格要受同行业、同类产品价格的约束。

再次，在销售渠道方面，网络本身就是渠道的最佳形式，它使整个交易过程都在举手之间完成，真正实现消费者与厂商的直接沟通，方便消费者购买，同时信息反馈也更加及时。

最后，在广告和促销方面，传统营销是单向的，同时企业成本较高，作为消费者无论是否需要这类产品的信息，甚至根本没有购买意向时，各类广告也经常充斥在消费者的生活空间。而网络营销是一对一和交互式的，更容易引起消费者认同，加强了企业与消费者沟通与联系。

（三）网络营销在旅游景区中的应用

1. 虚拟景区的设立

游客在进行游览之前需要对景区景点进行了解，虚拟景区的设立将极大提高游客的游览兴趣，激发购买欲望。旅游景区可以在网络上通过多媒体手段，将声、画、视频结合起来，立体、生动地展示景区全貌、标志性景点及相关资料。

2. 网上促销

旅游景区可以建立自己的网站，将其作为自己网络促销的阵地，网页的设计首先要给顾客鲜明、深刻的印象，界面美观友好。其次要注意网页结构设计合理，层次清楚，让游客可以方便地进行浏览和检索。再次网页的内容应该全面，尽量涵盖游客所需的信息。景区还可以采用电子邮件的方式与顾客获得联系、在大型门户网站提供网站查询检索服务等方式进行网络宣传。

3. 利用网络提高游客满意度

景区的网站应该能让游客在网络上找到自己所需的所有信息，甚至实现自行定制旅游线路，选择相关项目与服务。还可以通过论坛等方式，让有兴趣游览景区及曾经游览过景区的游客有机会相互认识，组成虚拟社区，进行交流，彼此回答对方提出的问题，交流旅行感受。这些做法，将使游客进一步产生对景区的感情，提高游客满意度。

案例一

乔家大院的影视营销

乔家大院是祁县乔家“在中堂”的宅院，“在中堂”是闻名海内外的商业资本家乔致庸的堂名。它地处山西晋中盆地，位于祁县城东北 12 公里处的乔家堡村，距省会太原 54 公里。

乔家大院始建于清乾隆二十年，后又在同治、光绪年间及民国初年多次增修。它占地 8725 平方米，由 6 个大院 20 个小院共 313 间房屋组成。高处俯瞰，建筑整体为双喜字型布局，城堡式建筑，建筑精巧，匠心独具。1986 年，乔家大院作为清代北方民居的代表，被辟为祁县民俗博物馆正式对外开放，以农俗、时岁节令、生活习俗、人生礼仪、商俗、民间工艺等为主题，较为系统地反映了明清时期山西晋中一代的民间风俗，展示当地的晋商老街及坐商、行商经商之道。

1990年由张艺谋执导，红极一时的电影《大红灯笼高高挂》在乔家大院拍摄；2006年电视剧《乔家大院》在央视热播。《大红灯笼高高挂》使海内外游客发现了乔家大院，使"在中堂"尝到了影视宣传的甜头。而为其量身定做的《乔家大院》则赋予了"在中堂"活的灵魂，这部讲述乔致庸在商家之间及家族内部斗智斗勇的传奇故事，揭示了"诚信""正则通，通则达"的儒商文化内涵，吸引着无数游客慕名而来，掀起奇新一轮的旅游热潮。

资料来源：禹贡，等．旅游景区景点经营案例解析［M］．北京：旅游教育出版社，2007.

案例分析

乔家大院借助于影视进行景点营销成效突出。

1. 产品设计新颖，借助影视传播效应提高知名度

乔家大院的产品设计从一开始就追求精品，它以建筑文化、雕饰文化、谱文化、民俗文化为产品内容，设计新颖，文化内涵深厚，这是产品成功的基础。虽然产品设计新颖，但在20世纪80年代时，它的知名度并不高，客源主要集中在省内。自从著名导演张艺谋迷上乔家大院，在这里完成电影《大红灯笼高高挂》，并在国际电影节一举成名，乔家大院便扬名天下。

2. 从借景拍摄到量身制作，提高景点美誉度

《大红灯笼高高挂》是对乔家大院特色的初步展示，但仅靠一部和乔家历史毫无关联的电影外景拍摄是远远不够的。所以祁县有关部门联系影视公司，积极准备拍摄以乔家大院为名的影视剧，讲述乔家历史，揭示晋商长盛不衰的原因，这部电视剧为乔家大院量身定做，起到了更好的宣传效果。

3. 熟练运用和宣传本土文化

《乔家大院》这部作品，深刻又生动地揭示了晋商文化中以诚实守信为本，见利忘义为耻，重信重义，百折不挠的精神品质，阐述了晋商文化的深刻内涵，因此拥有强大的营销力量。从这部电视剧热播之月起，来大院的游客增长300%。

案例二

常德花岩溪形象设计的启示

1. 旅游资源

常德市花岩溪风景旅游度假区，位于常德城南60公里处，景区面积40平方公里。生态环境保护完好，珍稀动植物种类繁多，森林覆盖率达到95%以上。景区内景色优美：九龙山气势磅礴、金鸡崖如雄鸡傲立、龙凤湖碧波粼粼、栖凤山流霞飞烟、燕子洞泉水叮咚。

2. 交通区位

景区交通便捷，从常德市区到景区已建成旅游专线公路，乘车1小时即可到达，景区距石长铁路、常长高速公路、常德机场40～50公里，距长沙180公里。

3. 旅游形象推广

花岩溪原名常德县林场，后改名为花岩溪林场，被批准为湖南省著名风景休闲旅游度假区，林业部国家级森林公园。每年6月举办花岩溪国际白鹭节。在常德市本地客源中，花岩溪知名度高达91.5%；常德以外的湖南省其他地区游客约有6%知道花岩溪，但周边省份知道的游客不到2%。

4. 市场情况

花岩溪景区的客源主要集中在200公里范围内，76%的游客来自常德市本地，周边城市约占8%，湖南其他地区占5%；来自外省的约有11%，主要有湖北、广东、浙江、北京等地，而且多是过境游客顺便而来。

资料来源：黄少辉，等. 花岩溪旅游度假区总体规划，2005—2020.

案例分析

花岩溪自被批准为风景旅游度假区以来，经过多次重大的形象推广活动，如白鹭节的举办、发行全国首张农民明信片、邀请湖南卫视在此现场录制节目等，但成效都不理想，游客数量有下降趋势，游客消费极低。其原因主要在于：

1. 形象定位起点低

花岩溪最初定位为“城市郊野公园”，很少有人知道它是省级旅游度假区，在长沙等潜在客源市场调查中，游客认为湖南有名的景点都没看完，现在没有必要到常德市的一个郊野公园区，在游客心目中很难激发自豪感。尽管每年花大力气进行推广，但仍然在常德市域外知名度低。

2. 城市郊野公园与度假胜地性质难兼顾

国外城市郊野公园一般不收门票，以休闲娱乐为主，很少有成为度假胜地的。但调查表明，无论旅游者还是专业人士都认为花岩溪适合休闲度假。形象定位于旅游地性质的偏差必然导致花岩溪旅游难以持续发展。

3. 农家旅馆形象渲染过度

花岩溪开发“吃农家菜、睡农家床、住农家屋、享农家乐”旅游产品，曾引领常德市城里人旅游时尚。发行全国首张农民明信片，以明信片为载体宣传农家旅馆，当时也引发了游客的关注。但农家旅馆这个产品生命周期短，随着城市游客收入的提高，低档次的农家旅馆被大部分游客淘汰，而经营农家旅馆的农民又没有及时升级产品，造成市场的衰退。但那曾经轰动一时树立起来的低廉而厚道的农家旅游形象又深深留在游客心中，掩盖了花岩溪本来的面貌：极佳的生态环境，陶渊明笔下的意境，桃花源的体验等。

4. 缺乏景区形象系统设计

花岩溪的形象推广，主题形象打造，都没有经过系统设计，缺乏科学性，这造成了景区形象模糊，推广成效不大的问题。应聘请专业人员系统、科学地设计景区形象。

旅游者购买前，一般首先确定大致的旅游目的地，然后在这一尺度的地域范围内选择购买知名度高的景区景点。很显然，旅游景区市场开发的首要任务是提高景区知名度，提高景区知名度的常规武器就是科学系统地设计景区形象。长期以来，花岩溪景区知名度影响力局限在常德本地客源市场，而且缺乏系统的景区形象设计，致使形象推广无目标。

景区单项产品形象的打造不能脱离景区整体形象的塑造，更不能掩盖景区形象的本来面目，同时应遵循旅游产品生命周期规律，适时进行产品升级换代。花岩溪农家旅馆的诞生，曾经发挥了重要的作用，成为花岩溪的一张名片。但由于忽略整体形象的推广，致使形象一直处于灰度区中。随着农家旅馆吸引力的衰落，整个景区市场遭受严重打击，而再造花岩溪景区形象任重道远，这是今后应认真总结的一个经验教训。

本章小结

旅游景区市场营销是指旅游景区通过对其产品的构思、定价、促销、分销的计划与执行过程，满足旅游者需求和实现旅游企业目标。市场营销对旅游景区的生存与发展具有重要意义。

旅游景区可采用问案法、询问法、观察法、实验法等方法对景区本身、游客需求及竞争对手进行调研，并采用定性与定量的方法进行市场预测。

旅游景区应根据实际情况制订适合自身的促销与宣传方法。利用 CIS 理论进行景区形象策划是目前多数景区采取的行之有效的营销手段，具体包括形象调查、形象定位、CIS 系统设计等内容。策划与管理旅游景区节庆活动时要依据科学的程序，并注意市场化运作、加强游客参与与体验、深入挖掘文化内涵等问题。

旅游景区营销活动应不断创新与发展，绿色营销、网络营销的应用将为景区市场营销开拓更广阔的空间。

复习思考题

1. 旅游景区的市场调研包括哪些主要内容?

2. 某旅游景区 2002—2008 年营业收入分别为 610、640、600、650、700、720、680（单位：万元），试用回归预测法预测 2009 和 2010 年的营业收入。

3. 结合本章案例二，为花岩溪景区进行新的形象系统设计。

4. 旅游景区策划与管理旅游节庆活动应注意哪些问题?

5. 利用互联网，调查我国主要景区网络营销开展情况。

第六章　旅游景区人力资源管理

本章导读

旅游景区的管理与其他企业一样，都是由人来进行的。具有一定质量且能在数量上满足景区需要的人力资源是景区的生命之源。本章首先通过对旅游景区人力资源管理内涵的辨析，提出了景区人力资源管理的意义及内容。其次深入探讨了旅游景区人力资源管理的具体内容，分别对员工招聘的原则、途径与程序，员工培训的意义、类型与方法，员工激励的意义、原则、类型与机制，员工绩效评价的原则、内容与方法等进行了阐述。通过本章的学习，要求学生熟悉旅游景区人力资源管理的内涵，掌握旅游景区人力资源管理中员工招聘的途径、员工培训的类型与方法，掌握旅游景区员工激励的类型与机制、员工绩效评价的内容与方法。

第一节　旅游景区人力资源管理概述

在现代管理实践中，以人为中心是当今世界最流行、最广泛采用的管理原则。通过景区人力资源管理，可以为景区提供有劳动能力、有服务意识、有才能、有创造力的人，达到保证景区业务经营活动顺利进行、增强景区活力、提高景区服务质量的最终目标。

一、旅游景区人力资源管理的内涵

（一）人力资源

资源是“资财的来源”（《辞海》）。在经济学上，资源是为了创造物质财富而投入于生产活动中的一切要素。人是生产力三大要素中最重要、最活跃、最具能动性的要素，在实现生产力现代化的进程中，始终起着主导的、决定性的作用。

人力资源是指一个国家或地区范围内的人口总体所具有的劳动能力综合。它是包含在人体内的、体现在劳动者身上的、并以劳动者数量和质量表示的资源或资本，其总量表现为人口资源的平均数量和平均质量的乘积。人力资源是各种生产要素中最积极、最活跃的能动要素，是经济增长中最重要的经济资源。

（二）人力资源管理

人力资源管理是指科学地运用现代管理学、人才学、社会学、心理学等原理，对企业人力资源进行有效的利用与开发，以提高企业人员的素质，并使其得到最优的配置和积极性的最大发挥，从而不断提高企业的劳动生产率。人是管理活动的主体，管理就是通过人的活动完成企业的目标。因此，最大限度地挖掘人的潜在能力，充分调动人的积极性、主动性和创造性，使有限的人力资源发挥出尽可能大的作用，是现代管理的核心。

传统人力资源管理仅仅包括行政和事务管理两个方面，现代人力资源管理不仅包含原有内容，而且管理重点由以事为中心转变为以人为中心，成为企业战略管理的重要组成部分。现代企业的人力资源管理与传统的人事管理相比，在管理内容、管理形式、管理方式、管理策略、管理技术、管理体制、管理手段上有着明显的区别。

(1) 在管理内容上，传统的劳动人事管理以事为中心，主要工作就是管理档案、人员调配、职务职称变动、工资调整等具体的事务性工作。而现代人力资源管理则以人为中心，将人作为一种重要资源加以开发、利用和管理，重点是开发人的潜能、激发人的活力，使员工能积极主动地、创造性地开展工作。

(2) 在管理形式上，传统的劳动人事管理属于静态管理。也就是说，当一名员工进入一个单位，经过人事部门必要的培训后，安排到一个岗位，完全由员工被动性地工作，自然发展；而现代人力资源管理属于动态管理，强调整体开发。也就是说，对员工不仅安排工作，还要根据组织目标和个人状况，为其作好职业生涯设计，不断培训，不断进行横向及纵向的岗位或职位调整，充分发挥个人才能，量才使用，人尽其才。

(3) 在管理方式上，传统的劳动人事管理主要采取制度控制和物质刺激手段；现代人力资源管理采取人性化管理，考虑人的情感、自尊与价值，以人为本，多激励，少惩罚；多表扬，少批评；多授权，少命令。发挥每个人的特长，体现每个人的价值。

在知识经济时代，人力资源管理的发展趋势主要体现在人力资源资本化、管理方法人性化、管理手段科学化等方面，这些变化应引起我国人力资源管理工作者的高度重视。为此，各类企业应坚持科学化、系统化、制度化与创新化的原则，树立以人为本的管理核心，加强从业人员的培训，适应人力资源管理的新趋势。

（三）旅游景区人力资源管理

旅游景区人力资源管理是指旅游景区为有效利用人力资源而制订的人力资源管理战略和人力资源计划，并在其指导下，进行人员安排、业绩评定、员工激励、管理培训及法定报酬和劳资关系等的活动。这一概念一方面充分概括了旅游景区人力资源管理应具有的功能、所包含的内容和所起的作用；另一方面体现了有别于传统人力资源管理的内容。现代景区人力资源管理不仅包含了传统的内容，而且把从业人员全部纳入了人力资源的管理范畴，现已成为景区战略管理的一个重要组成部分。

二、旅游景区人力资源管理的意义

旅游企业是以人为中心的行业，加强旅游景区人力资源的管理，具有极其重要的意义。

1. 加强人力资源管理是保证旅游景区业务经营活动顺利进行的必要条件

人和物是旅游景区业务经营活动的两个基本因素，其中人是业务经营活动的中心，是一个性决定因素。不仅如此，员工的劳动不是一种孤立的个体劳动，而是一种分工协作的社会劳动。因此，要保证旅游景区业务经营活动的正常进行，必须合理地吸纳具有一定数量和质量的劳动者，并科学地安排、处理、调整人与人之间、人与事之间的关系，使其有机地结合起来。而这些正是旅游景区人力资源管理的基本职能。

2. 加强人力资源管理是提高旅游景区素质和增强企业活力的重要条件

在商品经济条件下，旅游景区要想在竞争中站稳脚跟，打开局面，就必须提高企业的素质，增强企业的活力。而企业的素质，归根到底是人的素质。至于企业的活力，其源泉在于旅游企业员工积极性的发挥。所以，提高员工素质，激发员工的主观能动性的充分发挥，是提高旅游景区素质、增强景区活力的关键。

3. 加强人力资源管理是提高旅游景区服务质量，创造良好社会经济效益的基本保证

旅游景区是通过向游客提供服务来获得收益的经济组织，服务的多寡与优劣是旅游景区能否取得良好社会经济效益的决定性因素。旅游景区的设施、设备等物质条件只有通过员工的劳动才能发挥效能，决定旅游景区服务质量高低的关键还是服务人员的服务，而这种服务的好坏又取决于旅游景区服务人员的服务意识、精神状态、心理素质、身体状况等精神因素和操作技能、服务艺术等业务水平。因此，服务质量优劣实质上是员工素质好坏和积极性高低的体现。只有努力作好人力资源管理，才能提高景区的服务质量，取得良好的社会经济效益。

三、旅游景区人力资源管理的内容

旅游景区是一个多功能的、复杂的综合性旅游企业，人力资源的有效开发与管理，需要通过以下具体内容来实现。

（一）工作分析

旅游景区人力资源管理中的工作分析，也称职务分析，是指通过观察和研究，掌握职务的固有性质和景区内职务之间的相互联系，以确定该职务的工作任务和性质，以及员工在履行职务上应具有的技术、知识、能力和责任。简言之，工作分析就是确定该项职务的要求和胜任该职务的条件。旅游景区在景区管理体制确定之后与实施具体的人事措施之前，必须对每种工作职务的职务说明和所需的特殊心理品质及特殊能力加以分析研究，作为人力资源开发与管理的基本依据。

工作分析的结果通常表述为四种形式：

①工作描述，主要是对工作环境、工作要素及其结构关系等相关资料的全面记录与说明。

②工作说明书，主要是对岗位或职位工作职责任务的说明。

③资格说明书，又叫工作规范，主要是对任职资格与相关素质要求的说明。

④职务说明书，主要是对相关岗位概况、工作职责及其任职资格的完整说明。

以景区清洁绿化员的职位说明书为例：

部门：园务部

岗位名称：清洁绿化员

直接主管；园务部环卫主管

聘用人数：6名

聘用条件：第一，文化程度——初中以上；第二，自然条件——身体健康，年龄在40岁以下；第三，工作经验——有一定园林栽培技术经验，懂得花卉工具的使用和保养知识。

岗位职责与责任：第一，负责本人责任游览区的清洁卫生工作。做到全日、立体保洁，保证地面、路面无废弃物和污水，水面无漂浮物，绿地无垃圾和废弃物；第二，及时清理清扫垃圾，对垃圾桶的垃圾做到每日一清，每日清洗一次垃圾桶；第三，负责本人责任游览区内的绿化，日常水肥管理和繁殖工作，预防、治理花卉草木病虫害及除杀杂草；第四，定期完成花卉草木的修剪工作；第五，定期检查工具，注意维修和保养；第六，完成上级布置的其他工作。

薪水及其他收入：工资人民币700～900元，另外还有健康保险、养老金，可能还有奖金和其他福利。

休息天：每周休息2天。工作一年后可享受1周的带薪休假。

工作联系：与所有的清洁、绿化员工相关。

工作类型：一般技术。

成长机会：园务部环卫组长。

（二）人力资源规划

人力资源规划是指在不断变化着的环境系统中，合理地分析和预测人力资源的需求和供给状况，并据此制订或调整相应的政策和实施方案，以确保在合适的时间、合适的岗位上获得合适人选的动态过程。旅游景区人力资源规划主要包括以下三个方面的含义：

1. 旅游景区人力资源规划要适应不断发展变化的旅游业内外部环境的需要

随着经济形势的发展变化，对旅游业有重要影响的内外部环境也处在不断的发展变化中。这种不断变化的内外部环境必然会对旅游景区的人力资源供求状况产生持续的影响。旅游景区人力资源规划就是要充分考虑内外部环境的变化，并对这些变化进行合理预测，以便提出面对风险的应对策略。

2. 旅游景区人力资源规划的对象包括景区内外的人力资源

旅游景区的人力资源既包括景区内部的人员，也包括景区外部的人员。对景区内部的人员，要通过景区制度、激励、培训、晋升、奖惩等手段，充分调动他们的工作积极性；同时也要建立相应的机制，积极吸引外部人才，开发景区外部的人力资源，使行业本身人才流动性大的特点能够对景区产生有利的效果。

3. 旅游景区人力资源规划要使景区和员工都得到长期的利益

旅游景区的人力资源规划要创造良好的条件，充分发挥每个员工的主动性和创造性，在提高员工工作效率的同时，提高景区的效益，实现景区的最终目标。同时，也要切实关心每位员工的物质、精神和业务发展等方面的需求，帮助他们在实现组织目标的同时实现个人的目标。

旅游景区的人力资源规划是一项全方位的系统工程。从系统角度看，它应该包括三方面内容：评价现有的人力资源、预测将来需要的人力资源、制订满足未来人力资源需求的方案。

（三）招聘、录用员工

旅游景区的生存与发展必须要有合格的人才作为支撑点，旅游业对人力资源的需求量较大，而旅游景区的员工流动率相对较高，因此人员招聘、录用工作是旅游景区人力资源管理中的经常性工作。简单来说，这一工作就是要按岗位的需求，到合适的地方去挑选合适的员工，将合适的员工分配到合适的岗位上去。

（四）培训员工

旅游景区作为劳动密集型服务企业，同行业的竞争实质上也就是人的经营管理能力和生产技能的竞争。在当今知识更新较快的年代，仅靠员工在学校学习到的知识或者在工作中累积的经验是远远不够的，及时将工作岗位所需要的职业知识、职业技能、职业态度和职业习惯传授给员工，使员工能适应岗位的需要才是企业处于竞争优势的关键所在。

（五）考核评价

绩效是员工在评价期间内全部工作活动的结果，是其能力在一定环境中表现的程度和效果，是其在实现预定工作任务的过程中所采取的行为及这些行为的成果。绩效评价则是指主管或相关人员对员工的工作所作的系统评价。绩效评价的作用主要体现在以下几个方面：

1. 确定员工的薪酬分配

员工的薪酬分配应遵守公平和效率等原则。绩效评价的结果是决定员工薪酬的重要依据，合理的薪酬不仅是对员工劳动成果的认可，而且可以起到激励作用，在景区内部形成进取和公平的氛围。

2. 决定员工的升降调配

通过绩效评价，可以提供有关员工的工作信息，如工作成就、工作态度、知识和技能的运用程度等。根据这些信息，可以进行人员的晋升、降职、轮换、调动等人力资源工作。

3. 进行员工的培训开发

培训开发是人力资源的重要方式。通过绩效评价可以查出员工在知识、技能、素质等方面的不足，使培训开发工作有针对性地进行。同时，通过持续的绩效管理，还可以促进培训开发工作的深入。

4. 加强景区与员工共同愿望的建立

有效的绩效评价，要求上下级之间对考评标准、考评方式以及考评结果进行充分沟通。通过沟通，可以促进员工相互之间的了解和协作，有助于员工的个人目标同景区目标达成一致，增强景区竞争力。

（六）调整员工

根据考核评价情况，遵照国家有关政策法规、规章制度，对员工作出相应的奖励或处分，以及解聘、提升、调动，促进员工保持所要求达到的技能水平和服务质量水平。

知识链接

美国企业人力资源管理的特点

(1) 美国企业的人力资源管理已从辅助职能转变为企业的战略经营伙伴。

(2) 美国企业的人力资源虚拟管理趋势越来越明显。

(3) 制度化、规范化是美国企业人力资源管理的一个显著特点。

(4) 美国企业的人力资源管理非常注重吸引人才、留住人才的激励机制。

(5) 美国企业将员工培训作为人力资源管理与开发极为重要的一部分。

(6) 美国人力资源管理专业人员的素质非常高。

资料来源：袁伦渠，谢奕．美国企业人力资源管理的特点 [J]．中国人力资源开发，2001 (12)．

第二节 旅游景区员工招聘

一、旅游景区人力资源结构

(一) 旅游景区人力资源层次结构

1. 管理层

管理层主要由部门经理以上的管理者所组成。旅游景区中高级管理人员应具备有关旅游景区开发、建设与管理的知识、素质和能力。

管理层应建立相应的层次结构。旅游景区一级管理层可称管理局，由于管理范围广，主任（或局长、或总经理）一级可设1名正职，2～3名副职。一级管理层要求具有较高的综合管理能力，要善于用人及协调各种相关关系；要能根据有关信息资料，作出战略性决策；要有全局眼光，树立大旅游的观念，坚持可持续发展的思想，引导旅游景区健康持续地发展。二级管理层，即各部门管理人员的设置，可根据部门管理范围的大小和人员的多少，按一定比例配置。一般情况下，由于部门管理面较窄且管理较为直接，部门级管理人员的设置以设1名正职而不设副职为宜，必要时可设置1名副职，当正职不在岗时可代行管理之职。当然，由于部门专业性较强，若部门较大，工种较多时，可考虑设置1～2名副职，实行分工管理。二级管理层不仅要有管理才能，还必须掌握相应的专业知识，必须是工作中的带头人，要善于调动员工的积极性，指导员工的工作，处理部门的各类事务。

旅游景区一、二级管理层应组成一个三角形结构。也就是说，部门级管理层的跨度必定大于旅游景区一级管理层的跨度，绝不能形成一级管理层一个副职分管一个部门的现象，形成矩形结构。

2. 作业层

作业层是指旅游景区主管及以下的人员结构。作业层是旅游景区的一线工作人员，对这一层次工作人员的安排应遵循最大限度地发挥员工积极性和主观能动性、人员与岗位相适应的原则。根据各岗位的具体知识、技能、素质要求安排员工，最大限度地提高工作效率。旅游景区人力资源层次结构（如图6－1所示）。

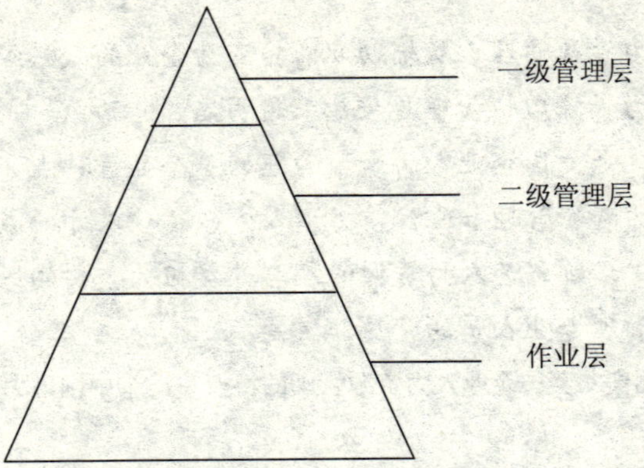

图6－1 旅游景区人力资源层次结构图

（二）旅游景区人力资源的专业结构

专业结构主要是指根据旅游景区各种业务开展的需要而合理配备的各种专业人才。所谓专业人才是指经过专业训练具有本专业所应具备的知识、技能、能力的人员。旅游景区的专业人才主要有：

1. 经营管理人才

这类人才不仅有旅游景区主要业务的专业知识，还要有一定的管理知识和能力，具有较高的行业素质、经营管理意识、管理者应有的气度和胸襟等。

2. 公关营销人员

这类人才应具有市场营销、公关宣传的一般知识，对景区特色有全面的了解；应具有组织客源、推销的能力；应有相当水平的组织能力和社会活动能力；具有组织旅游景区营销活动的能力。

3. 资源调查、规划人员

这类人才要具有旅游资源调查、规划的一般知识。对景区资源有全面的了解，要能根据本景区的资源特点，结合公关营销人员所提供的市场信息，合理地作出资源开发规划，不断制订出新项目及线路产品。

4. 接待人员

接待人员主要是指旅游景区定点导游人员，景区吃、住、娱乐设施的一线服务人员。这类人员应具有相应的专业知识，具有灵活应变的接待组织能力，娴熟而灵活的技术与技能。

5. 人事管理人员

这类人员对旅游景区的人力资源开发负有直接责任。他们必须熟悉并掌握国家有关劳动用工制度和规定。需要有人员招聘、人事培训、人才使用、劳动定额、编制定员、报酬待通、劳保福利、人事档案、劳动考核等方面的知识。

6. 财会人员

这类人员要懂得旅游景区业务和旅游景区经济活动，熟悉并掌握国家有关财税的规定，执行财会制度；应有业务知识和技能，具有相应的专业职称；还应有管理知识和当家理财的才能。

7. 其他人员

根据旅游景区的规模和特色，所在地区和管理权限的不同，旅游景区还应拥有其他一些人才，如行政人员、后勤保障工作人员，特种技术工人（如电工、司机等）。这类人员都应有本专业所需要的各种知识和技能。

二、旅游景区员工的招聘

员工招聘是指企业根据人力资源管理规划和工作分析的要求，通过科学的方法，从企业内部和外部吸收条件具备的人到企业任职，并从中选出合适的人员予以录用的过程。

员工招聘工作直接关系到企业人力资源的形成，有效的招聘工作不仅可以提高员工素质、改善人员结构，也可以为企业注入新的管理思想，为企业增添新的活力，甚至可能给企业带来技术、管理上的重大革新。

（一）员工招聘的原则

人员招聘是旅游景区人力资源管理的起点，对景区生存和发展影响重大，在员工招聘过程中应该遵循以下原则：

1. 双向选择原则

双向选择原则即用人单位根据自身发展和岗位要求自主地挑选员工，劳动者根据自身能力和意愿，结合劳动力市场供求状况自主选择职业，即劳动者自由选择用人单位，而旅游景区自主择优录用劳动者。

2. 效率优先原则

效率优先原则是指以尽可能少的成本录取到高素质的适应旅游景区需要的人员。不管采取何种招聘方法，都需要支出费用，如广告费用、招聘人员工资、对应聘者进行审查、评价、考核的费用等。效率优先原则在招聘中体现为根据不同的招聘要求，灵活选用适当的招聘形式和方法。

3. 公平公正原则

只有保证招聘过程的公平公正才能使人才脱颖而出。员工招聘必须遵循国家的法律、法规和政策，面向全社会公开招聘条件；必须对应聘者进行全面考核，公开考核结果，并根据考核结果择优录用。

4. 确保质量原则

一般来说，选聘人员应尽量选用高素质的人才，但也不能一味强调高水平，而应当是“人尽其才、用其所长”。景区招聘到优秀人才并不是目的，而是一种手段，最终是要每个岗位上的员工都是最合适的，达到景区效益的最大化。

5. 竞争择优原则

竞争择优原则是指在员工招聘中引入竞争机制，在对应聘者的思想素质、道德品质、业务能力等方面进行全面考察的基础上，按照考查的成绩择优选拔录用员工。

（二）员工招聘的途径

旅游景区的招聘可分为内部招聘和外部招聘，旅游景区应坚持内部培养提升和适当引进相结合的办法，以保证旅游景区人力资源的有效利用和持续开发。

1. 内部招聘

内部招聘是指在旅游景区某一岗位出现职务空缺时，从景区内部选择合适的人选来填补这一位置。内部招聘主要有以下几种类型：一是提升晋升。从内部提拔一些合适人员来填补职位空缺是常用的方法。它可使景区迅速从员工中提拔合适的人到空缺的职位上。二是工作调换。它是指职务级别不发生变化，工作的岗位发生变化。工作调换可以提供员工从事景区内部多种相关工作的机会，为员工今后提升到更高一层职位作好准备。三是工作轮换。与工作调换较为相似，又有不同，通常是短期的，有计划地进行。工作轮换可以使旅游景区的管理人员或普通人员有机会了解不同工作，给那些有潜力的员工提供以后可能晋升的条件，同时也可以减少部分员工由于长期从事某项工作而带来的烦躁和厌倦等感觉。四是人员重聘。一些景区由于一段时期经营效果不好，会暂时让一些员工下岗待聘，当企业情况好转的，再重新聘用这些员工。

内部招聘有以下优点：一是为景区内部员工提供了发展的机会，增加了对内部员工的信任感，这有利于激励内部员工，有利于员工职业生涯发展，有利于稳定员工队伍，调动员工积极性；二是可为景区节约大量的费用；三是简化了招聘程序，为景区节约了时间，省去了许多不必要的培训项目，减少了景区因职位空缺而造成的间接损失；四是由于对内部员工有较为充分的了解，使得被选择的人员更加可靠，提高了招聘质量；五是对那些刚进景区时被迫从事自己所不感兴趣的工作的人来说，提供了较好的机遇，使他们有可能选择所感兴趣的工作。

2. 外部招聘

从外部招聘人员，应根据所需人员的要求，采用不同的招聘途径：

（1）借用外力。人员招聘是一项专业性和竞争性非常强的工作，特别是高层管理者及重要的中层岗位与尖端技术人员，往往利用企业的自身力量难以招到合适的人才。对此，旅游景区可以委托专门搜寻、网罗人才的“猎头”公司，凭借其广博的人才情报网络和专业眼光，以及特有的“招人”技巧，往往能猎取到旅游景区所需的理想人才。

（2）借助网络。网上招聘将成为企业招聘的主要渠道之一，网上招聘具有费用低、覆盖面广、时间周期长、联系快捷方便、信息传递便利等优点。旅游景区通过网络招聘人才，既可以通过专门的招聘网站发布招聘信息，也可以在自己公司的主页上张贴招聘广告。

（3）借助会议。随着我国以市场为基础的人力资源开发和就业体制的建立和完善，人才市场的逐步形成与规范，各种人才见面会、交易会等相继增多。旅游景区可利用已有的人才交流服务机构，有针对性地网罗所需人才。同时要注意收集当地人力资源基本资料，同行业及其他行业的人事政策和人力资源需求情况，以便知己知彼，有的放矢。

(4) 借用“外脑”。现代社会知识爆炸，科技突飞猛进，经营环境千变万化，旅游景区要想自己拥有和培养所有各类人才显然既不经济，也不现实。所以，旅游景区可以采取借用“外脑”的途径，其方法主要有：聘请“独立董事”，以保证决策的客观性和科学性；聘请顾问，参与企业的重大决策和有关部门的专项活动；委托经营管理、财务等专业公司，进行项目咨询与市场营销策划，以减少风险。

(5) 借用“余力”。随着经济的发展，科技的进步和人民生活水平的提高，人的平均寿命在大幅度提高，人的有效工作年限也在大幅度增长，而我国的退休制度则未曾改变，而且由于经济结构调整过程中的劳动力相对过剩，导致对提前退休采取了比较宽松的政策。所以，旅游景区应该利用这一机遇，制订相应的人事政策，以吸引有一技之长的退休人员，充分发挥他们的“余力”。

（三）员工招聘的程序

1. 确定招聘计划方案

在对各岗位设计、工作分析的基础上，依据工作规程及职位说明书，景区人力资源部门在对各部门的人力需求情况，以及所需员工的工作层次、能力要求、数量等情况汇总后，制订出景区人力资源需求和供应预测计划，以确定景区需要多少人，需要什么样的人，并确定具体的用人标准和任用人员的种类及数量，以确保景区所需员工的数量和质量。

2. 确定招聘的对象、来源和途径

景区人力资源部门根据各部门人力需求的计划，在对各部门定编定员的基础上，经审核后，认定各部门所需增补员工配备的数量和工作性质、层次，所需增补配备员工的具体工种和职位，并确定招聘员工是外部还是内部聘用，是用刊登广告的方式还是景区内员工推荐的方式或是同步进行，以及学历和专业技术职称要求等。

3. 确定应试的时间和地点

在行业竞争日益激烈，各行业都注重人才的背景下，选择适当的招聘时间就显得重要。如每年的大中专院校学生的毕业时间就不失为较好的机会。但近年来由于教育制度的改革，用人机制更加灵活，毕业生双向选择的范围和余地较大，并且不少院校较早就开始着手毕业生分配工作，但招聘单位如果过早介入，又难免影响学生的正常学习且不能确保日后不发生变化。因此，如何适时地投入这项工作，把握住时机，是招聘单位值得研究的。另外在招聘时间确定上，还应注重收集信息。例如，在同一地区，几家同行业单位的招聘工作刚好结束，或是较大规模的人才交流会连续举办，那么，景区再采取一般性的招聘做法，就会因较难招收到素质较高的员工而陷入被动。在招聘过程中，应试的地点也很重要，因为它在某种程度上也会直接或间接地影响应聘者的情绪。所以，应试地点究竟是设在景区内，还是安排在某所学校或是另有选择，应视诸如招聘员工的数量、气候、交

通、周边环境、测试内容等具体情况而及早确定。

4. 初步面谈

初步面谈是招聘单位向应聘者第一次直接接触，也是招聘单位通过直观印象在招聘过程中对应聘者的第一次筛选。通过这种双向接触，景区招聘人员按照景区既定的用人标推，对于应聘者的身材、身高、容貌等仪表、风度、外观形象和语言表达能力等有了初步印象。并且借助沟通，对于应聘者的学习和工作经历以及应聘者对景区的工作环境、工作时间、职位安排使用和福利待遇等要求也有了大致的了解。

5. 审核材料

经过初步面谈并认为基本合格后，则要进一步对应聘者的有关材料进行审核和综合分析。如要求应聘者交付履历表、学历证明文书及其副本等个人资料，并填写应聘申请表。景区审核应聘申请表，应包括以下内容。

(1) 一般情况。如姓名、性别、出生年月、住址、身体状况、兴趣爱好和特长、通信联系方法等。

(2) 学历和受教育情况。如曾就读的各种学校和最后学历、取得学位情况、接受的各种培训、取得的专业资格证书等。

(3) 工作经历。如以前的工作单位和工作时间、担任的职务和专业职称、工作变动情况及离职原因等。

景区招聘主管人员在对上述材料进行审核时，除对书面的文字材料认真查阅外，必要时还可利用各种方式到应聘者原来所在的学校或单位进一步了解核实，以确保应聘者基本情况的可信度。通过审核材料，进而淘汰一部分基本情况不合适的应聘者，并在此基础上，确定下一步参加正式面谈和测试的应聘者名单。

6. 正式面谈和测试

正式面谈和测试是景区招聘过程中很重要的步骤。正式面谈包括测试（包括心理测试部分）。正式面谈和测试力求达到以下目的。

(1) 对应聘者作进一步了解。如澄清已有资料中未能定论的疑问和疑点，对应聘者的综合素质进行评估等。

(2) 作任职资格的能力测试。在对应聘者进行心理测试的同时，也对其应聘的岗位职位的任职资格和能力进行相关的测试考察。如应聘者申请的是管理人员职位，除对其一般能力进行测试外，还应着重对其组织管理理论和能力等进行测试。

(3) 初步发掘应聘者的潜在能力。有的应聘者由于对景区的具体结构和全面情况以及发展方向尚缺乏详细了解，因此，对于自己的潜在能力和今后发挥作用的余地缺乏计划，也可能对于自己应聘的岗位职位是否合适也不甚了解。了解和发掘他们的潜在能力，有利于合理地安排使用，并为今后对其培养，促进其在景区更好地发挥作用奠定良好的基础。

(4) 进一步加强双向沟通和联系。正式面谈和测试并不仅意味着是景区主动纯粹地向应聘者“索取”，而是双方相互沟通，加深了解的过程。在正式面谈和测试中，景区招聘主管人员有必要应应聘者的要求，进一步向其提供景区乃至应聘岗位、职位的更为详尽完备的资料，使应聘者便于排除盲目性，在不断加深了解的前提下，作出更为明智的选择。

7. 面谈结束的处理和体检

正式面谈结束后，应立即将各种记录汇总整理，结合背景资料，作出综合判断决定是否录用。如果是景区中层和高层职位的应聘工作，则应由景区中、高层领导再次或多次与之面谈后再行定夺。对于初步确定的录用人员，还要进行体格检查。旅游景区是服务行业，直接面对客人服务，因此，健康的体魄是胜任工作的基本条件之一。

8. 员工的录用

当审核确定无误和体检合格之后，基本确定了员工的录用。景区要为新员工发放录用通知。为示郑重，录用通知以书面为宜。其设计和内容的繁简视景区的具体情况而定，一般应独具匠心、不落俗套，从中反映出景区的品位和诚意。为使新员工减轻在新的工作环境中产生的不安和压力，尽快地进入状态，适应工作要求，景区应以各种方式让其熟悉大到景区的基本情况，如组织机构、部门设置、主要管理人员等；小到关于工作时间、就餐的方法、工资支付形式、工服的发放和仪表的要求等。同时，要向新员工介绍他的工作岗位和具体的工作内容，并将新员工介绍给一起工作的同事。当然，这里有些内容的介绍可以放在新员工的培训中进行。

第三节　旅游景区员工培训

一、员工培训的意义

旅游景区的员工培训，就是根据景区的发展目标和员工的职业发展计划，对员工进行的有计划的教育和训练活动。无论是企业还是员工，培训都是非常有用的。对于员工而言，培训能帮助员工更新观念、开阔视野、规范行为、增加知识、提高技能，从而提高员工的素质。对于企业而言，培训则能有助于提高效率、降低能耗、提高质量、增强合力、改善企业形象、增强企业凝聚力。

（一）培训是旅游景区人力资源开发的重要手段

在知识经济时代，作为知识载体的人是景区最重要的资源，而他们所掌握的知识、技能和能力是景区竞争力的关键。旅游景区的从业人员素质和技能的高低直接决定经营的成败和竞争的胜负。员工培训可以加快旅游景区从业人员的学习速度并提高学习质量，使其掌握正确的操作方法，提高劳动效率，避免工作中出现差错，真正提高旅游景区的服务质量。

（二）培训是旅游景区员工完成转型的关键环节

旅游景区是直接向游客提供服务的，旅游服务的无形性、不可预见性、不可储存性等特点，决定了旅游景区员工应具备多方面的能力，包括交际能力、合作能力、说服能力、管理能力等。在将各种专门的知识转化为旅游景区员工经验和技能的过程中，培训起着关键的作用。培训一方面把理论水平转化为实际技能；另一方面又把员工自身素质中所蕴藏的巨大能力诱发出来作用于景区经营管理活动。

（三）培训是旅游景区造就优秀员工队伍的重要途径

旅游景区凭借员工的专业知识、专业技能为旅游者提供各种服务来占有市场。旅游景区员工经常是分散、独立和自主地开展工作，在对外联系业务或接待业务过程中，往往没有来自管理者和同事直接的、面对面的帮助和监督，这就对员工的个人素质和工作能力提出了更高的要求。知识更新速度的加快也要求旅游景区员工不断吸收国内外先进的服务知识和管理理念，使员工自己和景区在激烈的竞争处于优势地位。

二、员工培训的类型

（一）按培训内容划分

1. 知识培训

通过培训使员工具备完成本职工作所需要的基本知识，对一个景区来说，常见的知识培训的内容包括一线工作服务人员的礼仪规范、专业技能、景点文化的基本情况。

2. 技能培训

目标是使员工掌握从事本职工作的必备技能，如设施操作技能、与游客处理人际关系技能等，并以此培养、开发员工的潜能。

3. 态度培训

经过这方面的培训，建立景区、企业和员工之间的相互信任关系，培养员工对企业的忠诚度和积极的工作态度，增强员工的组织观念和团队意识。

（二）按培训的形式划分

1. 岗前培训

岗前培训即员工上岗前的培训，是指对刚进入企业，对内外情况生疏的新员工所进行的使其了解新的工作环境、条件、人际关系、应尽职责、规章制度等的一系列培训活动。其目的是为旅游景区提供一支具有全面专业知识、较强业务技能和严谨工作态度的员工队伍。

2. 在岗培训

在职岗位培训是指在日常工作中直接对员工进行培训，通过聘请有经验的员工、管理人员或专职教师指导员工边学习边工作的培训方式。在岗培训一方面有利于改善现有员工素质不适应工作需要的局面，使员工的知识、技能从低水平向高水平发展，提高景区效益；另一方面也有利于解决景区经营管理和服务质量中存在的问题。

3. 转岗培训

转岗培训是指员工由于工作需要从一个岗位转向另一个岗位时，对转岗人员取得新岗位任职资格所进行的训练活动。转岗培训具有适应性的特点，要求为转岗人员进行适应新岗位任务要求的知识、技能培训。

4. 晋升培训

晋升培训是为晋升人员进行的以达到晋升岗位规范要求的训练活动，一般新晋升岗位与原岗位有内在联系，对其培训应是在原有水平基础上的提高。

5. 技术等级培训

技术等级培训是按国家行业颁布的技术等级标准为使人员达到相应级别的技术水平而进行的有关训练活动，如对景区内的导游进行相应的等级和语种培训。

（三）按培训的职能与层次划分

1. 各层次培训

各层次培训也称纵向培训，是指对企业经营和管理的各层次和各项职能部门所进行的培训。

(1) 组织中的高层管理人员应具有丰富的工作经验和杰出的才能。因此，针对这一层次的培训应使其迅速了解企业的战略方针、企业外部环境和内部条件状况及变化等。

(2) 中下层管理人员在处理企业利益和下属利益之间，很容易充当协调者的调节者的角色，通过培训应使其尽快掌握必要的相关管理技能和工作方法。

(3) 一般员工的培训主要依据工作规范的要求，明确职责权限，掌握必要的工作技能，培养良好的工作态度和工作习惯。

2. 各职能培训

各职能培训也称横向培训，是指只对经营及管理的各职能部门人员进行的培训，目的是使员工明确各职能部分的职业分工、操作规程、权责范围。与其他培训相比，更强调培训的专业性、适用性和前瞻性。

三、员工培训的方法

（一）课堂讲授法

这是目前国内最常采用的培训方式之一。基本上是教师讲、学员听。这种培训方式的优点是成本低，缺点是无法针对受训人员的差异进行培训，培训效果无法反馈。

（二）案例研讨式

案例既包括景区经营活动中的成功经验和失败教训，也包括一些尚待解决的问题。这种培训方式的优点是能使受训人员各抒己见、群策群力地研究问题。受训者参与程度高，能有效提高他们的决策能力、沟通能力和说服能力。

（三）角色扮演法

这是情景培训的一种方式，培训人员通过创造和模拟一种实际的工作环境，让学员在其中扮演各种不同的角色，培训人员对学员的表现进行评估和纠正。这种培训方式的优点在于：通过角色扮演可以给员工很大的信心和鼓励；可以增强员工之间的团队合作精神；可以实现即时双向反馈的培训效果。

（四）小组训练法

把学员分成若干小组，培训人员通过开展露营、旅游、外出考察等活动，把每个小组的成员带到远离工作环境的地方，让其在一起共同相处一段时间。培训人员只有在活动开始之前介绍行程安排，其余的时间便以观察员的身份出现。在培训过程中，由于员工接触的是真实的日常生活，常会非常自然地表现出不同的情绪、态度和个性特征，表现出面临各种各样问题时不同的处理方式和态度，同时也会对成功、挫折等做出不同的反应。培训人员在整个考核过程中要仔细观察、记录，分析员工的个人品质、特长等。

（五）操作示范法

培训人员在工作现场借助实际设备采用边演示、边操作、边讲解的方式进行培训，讲解完毕让受训员工开始动手操作，并对其进行辅导、纠正。目前，各大旅游景区在兴建网站的过程中，为了让员工熟悉网站的建设、维护和网页的更新设计，经常采用这种方法进行现场培训。

（六）以老带新法

这是在新员工培训过程中经常采用的方法。在这种培训方法中，老员工往往扮演师傅的角色，将自己多年积累的经验和技能传授给新员工。这种培训方式的优点是不会影响旅游景区的日常工作，有助于消除新员工对新工作环境的陌生感。

（七）网络培训法

随着网络技术的发展，互联网成为旅游景区的重要培训工具。旅游景区可以通过互联网及时、迅速更新网页，互联网可以持续提供最新的培训资料，这样就可使培训的循环和更新更为便捷，旅游景区也可因此而节省培训费用。

四、员工培训计划的制订与实施

为了使培训工作有正确的方向和明确的任务，必须制订科学的培训计划。要使培训计划科学可行，一般应包括以下几个方面的内容：

（一）确定培训目标

培训目标是制订培训计划的第一要素，是一定时期内希望达到的培训标准，是培训者检查培训活动是否完全达到培训要求的尺度。因此，培训目标应力求做到明确、具体，应包括一年内多少人参加培训，办多少期培训班，什么标准，以及配套的教学、管理等分项目标是什么。至于每一项培训活动要达到的培训目标更要具体，要尽可能量化。

（二）选择培训对象

旅游景区员工培训对象是两种人：一种是新录用的员工，另一种是企业现有的在岗员工。在培训计划中，要明确指出培训的对象。培训对象要落实到每一个人，在培训时的岗位工作要有妥善的安排。

（三）确定培训内容与方法

根据工作需求确定员工培训的具体内容，不同的培训内容应采用不同的方法。可主要采用一两种方法，也可采用多种方法变换组合的方式，使培训达到最佳效果。

（四）制订培训政策和措施

在培训计划中，为保证培训计划工作的有序进行，应采取相应的政策措施及时跟踪培训效果、约束员工行为、保障培训秩序、监督培训工作。具体的培训政策和措施主要包括：明确组织领导机构和部门分工；落实培训经费；提出保证培训顺利进行的有关规定等。

（五）验收培训效果

一般以考试、考核、操作表演及评述为主，其中考试为主要培训效果验收形式。

知识链接

美国迪斯尼乐园员工培训计划要点

(1) 寻找并挑选合适的员工。

(2) 争取员工对组织的承诺。

(3) 培训员工正确地工作。

(4) 有效地和员工沟通以维持他们工作的动机和士气。

(5) 以新颖的方式来奖励员工和表达对员工努力工作的敬意。

(6) 像关心你的顾客那样关心你的员工。

(7) 发掘迪斯尼世界文化的根本及有意识保持它的方法。

(8) 分析迪斯尼世界招募和挑选员工的过程。

(9) 通过新员工在迪斯尼世界的亲身体验，获得相对稳定的服务理念。

(10) 研究在职培训的方式以保证对顾客服务的连续性。

(11) 体验那些已被证明在迪斯尼世界文化行之有效的组织内部沟通原则。

(12) 了解一个充满关怀的工作环境是如何让员工感到得到了充分支持。

资料来源：董观志．旅游主题公园管理原理与实务［M］．广州：广东旅游出版社，2000.

第四节 旅游景区员工激励

所谓员工激励，就是创造满足员工各种需要的条件，激发员工的积极性、主动性和创造性，使员工以饱满的工作热情投入到旅游景区的服务工作中去。

一、员工激励的意义

（一）员工激励是调动员工积极性的重要手段

美国哈佛大学教授威廉詹姆士研究发现，在缺乏激励的环境中，员工的潜力只能发挥20%～30%；而在良好的激励环境中，员工却可发挥出80%～90%的潜力。因此，旅游景区人力资源管理部门应该积极创造条件，使每一位员工始终处于良好的激励环境中，为旅游景区的发展作出贡献。

（二）员工激励是提高员工素质的有力杠杆

培训和激励是提高员工素质的两个主要途径。其中培训主要解决员工具备相应工作能力的问题，而员工是否愿意将工作能力发挥出来，则取决于激励。旅游景区的激励行为就是要鼓励员工自觉提高各方面的素质，而对员工素质低下的行为给予相应惩罚。

（三）员工激励是形成良好景区文化的有效途径

景区文化是旅游景区生存和发展的基础。旅游景区通过对员工的优质服务行为进行奖励，必然会强化良好的服务意识；而对员工恶劣的服务行为给予惩罚，则会避免恶劣服务意识的出现。运用奖、惩手段，可以有力地促进景区形成良好的服务群体价值观。

二、员工激励的原则

（一）景区目标与个人目标相结合原则

员工激励目标的设置一方面要体现旅游景区长远发展的要求；另一方面要满足旅游景区员工的个人需要。只有将旅游景区目标与员工个人目标有效结合起来，使旅游景区发展战略中包含更多的个人目标价值，才能同时达到实现旅游景区发展和体现员工个人价值的双重目标。

（二）物质激励与精神激励相结合原则

旅游景区的激励方式应该是物质激励与精神激励相结合的产物。物质需要是人类的基础需要，但物质激励的作用是表面的，激励深度有限。旅游景区应把激励的重心转移到满足员工自尊、自信、自我实现等较高层次的精神需要上来。物质激励是基础，精神激励是根本，应以精神激励为主、物质激励为辅。

（三）按需激励原则

旅游景区对员工进行激励的出发点是要满足员工的需求，但员工的需求存在差异性和动态性，因人而异，因时而异，而且只有满足迫切需求的措施，才能起到最大的激励效果。旅游景区在激励员工时必须深入进行调查研究，不断了解员工需要层次和需要结构的变化，有针对性地采取激励措施，才能收到实效。

三、员工激励的类型

（一）物质激励与精神激励

按激励的内容划分，可分为物质激励和精神激励。两者的最终目的是一致的，但作用的对象不同。前者作用于人们的生理方面，是对人们物质需要的满足，后者作用于人们的心理方面，是对人们精神需要的满足。

（二）正激励与负激励

按激励的性质划分，可分为正激励和负激励。所谓正激励，就是当一个人的行为表现为符合社会需要或组织目标时，通过表彰和奖赏来保持和巩固这种行为，以达到调动积极性的目的。所谓负激励，就是当一个人的行为不符合社会需要或组织目标时，通过批评和惩罚，使之减弱或消退来抑制这种行为。

（三）内激励与外激励

按激励的形式划分，可分为内激励和外激励。所谓内激励就是通过启发诱导的方式，激发人的主动精神，使他们的工作热情建立在高度自觉的基础上，充分发挥出内在潜力。所谓外激励就是运用环境条件来制约人们的动机，以此来强化或削弱某种行为，进而提高工作意愿。内激励带有自觉性的特征，外激励则表现出某种程度的强迫性。

四、员工激励的机制

激励机制是激励活动的各项要素在运行过程中的相互联系、相互作用、相互制约及其与激励效果之间内在联系的综合机能。能否正确运用激励机制，对激励的成败有着决定性的影响。

（一）薪酬激励机制

薪酬是保障和改善员工生活的基本条件，也是员工个人价值的一种体现，薪酬设计与管理是否合理，既直接关系到能否吸引人才，也直接关系到员工的工作积极性，必须给予充分的重视。为了使薪酬起到应有的作用，旅游景区薪酬的设计与管理必须坚持以下准则。

1. 竞争性

竞争性就是指在社会上和人力市场中，旅游景区的薪酬政策要有吸引力。旅游景区薪酬政策的吸引力，一方面来自薪酬标准，即薪酬的绝对值；另一方面来自薪酬结构及分配方法。所以，旅游景区的薪酬设计与管理，必须重视市场调查，必须根据人力市场的供求状况及同行业的薪酬水平，合理确定本企业的薪酬标准和分配方法，以增强市场的适应性和竞争力。

2. 激励性

激励性就是旅游景区的薪酬政策要有利于增强员工的责任心和团队合作精神，要有利于员工刻苦钻研技术，不断提高业务水平，要有利于激发员工提高工作质量，增加企业经济效益。据此，旅游景区必须做好以下工作。

（1）合理的薪酬体系，即处理好工资、奖金、福利与保险的结构比例。工资是支付劳动者劳动报酬的基本形式，工资设计既要注意科学的工资制度和工资形式，又要注意工资在整个员工收入中的比重。我国目前的基本工资制度主要有三种：一是等级工资制，即根据劳动的复杂程度、繁重程度、精确程度和工作责任大小等因素划分等级，按等级规定工资标准，支付劳动报酬的制度；二是岗位工资，即按照职工在生产工作中的不同岗位确定工资的一种制度；三是结构工资，即依据工资的各种职能，将工资分解为互相依存、互相制约的几个组成部分，并分别确定工资额来支付劳动报酬的制度。工资形式是以基本工资制度为基础，按照员工实际付出的劳动量支付劳动报酬的方式，如计时工资、计件工资等。

员工福利是企业在工资和社会保险之外，对员工提供经济上的帮助，生活上的照顾和方便，以补充满足其基本的、经常的或特殊的生活需要所采取的福利措施和举办的福利事业的总称。现行的员工福利大体分为集体生活福利设施、文化娱乐设施和各种福利补贴三个部分。例如，员工食堂、员工制服、员工宿舍、医疗保健，开办浴室、理发室及提供上下班交通工具等。旅游景区必须按照国家有关规定建立福利基金，并且做到专款专用。

社会保险是国家依法建立的在劳动者遇到风险时帮助其解决生活问题的一种社会保障制度。旅游景区必须依据《劳动法》的规定购买社会保险。社会保险的类型有以下三种：一是基本保险。亦称法定保险，是指普遍适用的由法律规定的国家强制力保证实施的，在劳动者遇到劳动风险时，获得最低生活需要的保险制度。二是补充保险。补充保险是指除了基本保险外，企业根据自己的实际情况，也就是根据经济效益情况为劳动者建立的一种社会保险。三是个人储蓄保险。个人储蓄保险是指基于劳动者个人的经济能力和为了满足其更高的生活需求而设立的一种保险方式。个人储蓄保险是劳动者个人的自愿行为，投保多少由劳动者根据自己的经济能力确定。

(2) 科学的工作评价。所谓工作评价就是将企业中所有的岗位，按其劳动的技术繁简、责任大小、强度高低、条件好坏等因素划分为若干相应等级。工作评价实际上就是对企业各岗位重要程度的评价，它决定各岗位的工资等级。

(3) 差异化管理。可采取的策略主要有：一是实行不同的薪酬制度，如对经营层，可采取股权制、期权制的薪酬制度，对管理层可采用年薪制的薪酬制度，对员工层则采取经济责任制的分配方法；二是实行重点岗位倾斜制，即要拉开低职岗位和高职岗位的薪酬差距，薪酬政策应向关键岗位、关键人才、核心岗位和核心人才倾斜。

(4) 有效的薪酬激励政策。旅游景区的薪酬政策必须体现按效率、效益分配的原则，以成果多少和贡献大小来决定员工的薪酬。

3. 公平性

公平性即旅游景区薪酬政策的客观性和合理性。旅游景区员工在工作取得成果并得到报酬之后，他不仅关心报酬的绝对量，而且还关心报酬的相对量。旅游景区在薪酬制度的设计与管理中必须注意：一是旅游景区的薪酬政策要有明确一致的原则指导，并有统一的、可以说明的规范依据；二是必须给员工创造机会均等、公平竞争的条件，使他们能各尽所能、人尽其才；三是必须建立科学的绩效考评制度，保证绩效考评制度的客观性、公正性、准确性、全面性、完整性；四是要注意旅游景区薪酬管理的民主性和透明性，避免薪酬分配的“暗箱操作”。

4. 有效性

有效性就是薪酬制度的设计与管理作为一种投资决策，必须注意投入的可行性和效益性。对此，旅游景区的工资总额必须适度，要关注工资支出在营业收入中的比重这一指标，保证人力成本的增长与营业收入的增长相适应。

5. 合法性

合法性就是指旅游景区薪酬制度要符合党和国家的政策与法律，保证人力资本投入的合法有效。

(二) 竞争激励机制

竞争的工作环境能给人以极大的刺激，促进人们努力拼搏，不断奋进，在永无止境的奋进拼搏过程中求得满足的境界。

旅游景区引进竞争机制，一是必须注重员工职业生涯的设计，帮助员工确立职业发展的方向；二要建立科学的等级制度，为员工确立明确的追求目标；三要打破铁饭碗，破除终身制，实行能上能下，能进能出，岗位流动，职务流动的人事体制，赋予所有员工发挥各自才能的均等机会；四要建立和完善竞赛制度，利用各种形式开展以提高质量、提高管理、提高效益为中心的各种竞赛活动；五要完善奖惩制度，真正体现按劳分配、奖勤罚懒、论功行赏的原则。

（三）领导激励机制

员工工作的积极性的高低，企业凝聚力的大小，在某种意义上来说，取决于旅游景区管理者的素质高低。作为旅游景区的管理者，一方面要注意以身作则，身体力行，不断提高自身修养；另一方面则必须改进管理方法，提高领导艺术。景区管理者在激励员工方面应注意以下三个方面问题：

1. 充分理解员工，增强员工的自尊意识

理解是人们的共同需要，企业需要社会和员工的理解，员工同样也需要社会和管理者的理解。每个人都有自己的尊严和人格，需要得到社会的承认和别人的尊重。作为旅游景区的员工，这种欲望往往会表现得更为强烈。因为旅游景区作为服务性的行业，要取得良好的社会经济效益，就必须确立“宾客至上”的服务宗旨，即把客人当领导一样给予充分的尊重，像朋友一样给予充分的关注。但是旅游景区的员工也是人，他们同样需要得到别人的尊重和关注。这就要求管理者必须正确处理好管理者和员工、员工与客人的关系，既使客人的自尊得到满足，同时也不使员工的自尊心受到伤害。

2. 关怀员工，给员工以家庭的温暖

关怀可以满足人们对爱的需要，关怀体现出感情，给人以温暖，从而给人以力量。旅游景区必须把员工作为自己的家庭成员，给以无微不至的关怀，使员工体会到家庭的温暖。

3. 充分信任员工，增强员工的主人翁意识

旅游景区管理者必须充分信任和依靠全体员工，积极鼓励员工参与管理，让员工参与制订企业重大经营决策和人事、财务管理，赋予员工当家作主、管理企业的民主权利，强化员工的主人翁意识。同时，要切实建立合理化建议制度，积极支持员工的首创精神，把企业的命运真正地同员工的命运结合起来。

（四）文化激励机制

企业文化是企业中长期形成的共同思想和价值观念、作风和行为准则。优秀的企业文化建设，不仅有利于员工进行自我控制，增强员工的企业意识，改善人际之间的关系，增强企业的凝聚力，而且还有利于精神文明建设，树立旅游景区的良好形象，提高企业的知名度。

旅游景区文化的关键是精神文化，确定企业的企业宗旨、企业精神和道德规范，这是旅游景区文化建设的重心。企业宗旨是旅游景区员工在企业经营管理活动中追求的基本目

标以及实现这一目标的信心。企业精神是旅游景区员工在长期的工作中逐渐建立起来的一种共同价值取向、心理趋向和文化定式。它是企业和员工的精神支柱和活力源泉，用来激励、统帅旅游景区每个员工的意志，使企业目标变为员工的自觉行为，实现个人目标和企业目标的高度一致。道德规范是旅游景区员工在一切社会活动和人际关系的处理上所遵循的准则。

第五节　旅游景区员工绩效评价

一、员工绩效评价的原则

（一）明确公开的原则

在绩效评价工作中，考核的标准、程序和责任都应当有明确的规定，并且在考评过程中严格遵守这些规定。同时，考评的标准、程序和责任还应当向全体员工公开，这样才能使员工对考评工作产生信任感，才能理解、接受考评的结果，才能保证考评的权威性。

（二）客观评价的原则

考评应当以明确的考评标准为依据，针对客观考评资料进行评价，尽量避免掺入主观因素和感情色彩。考评首先建立在对客观事实分析的基础上，其次进行客观事实与既定考评标准的比较，而不是员工之间的比较。

（三）反馈的原则

考评的结果要反馈给考评者本人，否则就起不到评价的教育作用。在反馈评价结果的同时，应向被考评者进行必要的解释说明，肯定其成绩和进步，指出其缺点和不足。

（四）差异的原则

差异的原则主要体现在两个方面：一是考核标准在不同等级之间，应当有鲜明的差别界限；二是针对不同的评价结果，在未来的提薪、晋升、使用等方面应体现出明显的差异，即评价结果要与员工的发展前途挂钩，达到鼓励先进、鞭策后进的目的。

二、员工绩效评价的内容

员工绩效评价的内容大致可以分为德、能、勤、绩四个方面，根据不同的需要，考核时可有所侧重。

德，主要指员工的工作态度和职业道德。整个景区经营管理都以人为中心，集中地体现在人才的作用上。景区员工的创新性意见与建议，往往能给景区带来极大的效益，而这种创新仅靠监督的办法是难以从员工头脑中开发出来的。因此，景区不仅需要有适当的激励方法，而且需要景区员工具有较强的敬业精神和责任感。从德的方面考评员工，主要也就是考评这种精神和责任心。

能，主要指员工从事本岗位工作的能力，包括分析和解决问题的能力以及独立工作的能力。对不同岗位上的员工，有不同的能力要求。一般来说，理解能力、操作能力、交往能力、创新能力、组织能力等是员工技能考评比较常见的内容。

勤，主要指勤奋精神，包括积极性、纪律性、责任感、出勤率四个方面。具体地说，就是是否具有良好的工作态度、事业心、工作责任感和服务精神；是否肯学肯钻，任劳任怨；是否达到规定的出勤率等等。

绩，主要指员工的工作成绩，包括岗位上取得的成绩和岗位外取得的成绩。岗位成绩与岗位职责有关，是员工成绩的主体。在景区管理中，岗位职责体现为一系列任务标准和操作标准，这种标准是每一个员工都要达到的，达标成绩是员工的基础成绩，在此之上，根据工作任务和工作规范的执行情况，评定员工的不同业绩水平。除本职工作之外，员工也可能为景区作出其他方面的成绩，这些成绩同样体现着员工对景区的贡献，考评时不能忽视。

三、员工绩效评价的方法

绩效评价中所采用的方法直接影响评价结果的公正与否。一种好的评价方法应该具备良好的可信度和普遍性，并能够真实客观地反映出员工的成绩差异。通常旅游景区员工绩效评价可采用的方法有：

（一）量表评价法

这是一种应用最广泛的绩效评价法。首先要设定明确的评价项目，如评价中级管理人员的工作实绩时，制订的评价项目有政策水平、责任心、决策能力、组织能力、协调能力、应变能力和社交能力等；其次每项设立评分标准；最后把各项得分相加，即可得出被评价员工的绩效评分。

（二）关键事件法

关键事件法是一种以收集关键事件作为评价资料，对员工绩效进行客观评价的方法。所收集的评价资料，都是明确易观察且对绩效好坏有直接关联的。关键事件法分为三个步骤：一是当有关键性事件发生时，填在特殊设计的考核表上；二是摘要评分；三是与员工进行评价面谈。采用这种方法，实施评价者必须从正反两方面的事实着手。否则，评价会有偏差，员工也无法公正地对待和接受评价。

（三）指数评价法

一般来说，指数评价法分为定性评价和定量评价两个方面。定性评价包括接待服务质量状况、旅游者满意度、有无重大责任事故等；定量评价包括接团人数、外联天数、销售总额、销售利润和旅游者投诉量等。在指数评价法中，以定量评价为主、定性评价为辅。员工绩效评价表如表 6 - 1 所示。

表 6－1　**普通职员考核表**

（考核对象：办公室职员、文员）

岗位名称：＿＿＿＿＿＿＿＿姓名：＿＿＿＿＿＿＿＿考核日期：＿＿＿＿＿＿＿＿

项目及考核内容			配　分	自　评	上级审核
工作任务 30%		能保质保量，提前完成任务	30		
		能保质保量，按时完成任务	25～29		
		在监督下能完成任务	15～24		
		在指导下，偶尔不能完成任务	15 以下		
工作能力 20%	处理能力 10%	理解力极强，对事判断极正确，处事能力极强	10		
		理解力强，对事判断正确，处事能力强	8～9		
		理解判断力一般，处理事务不常有错误	7		
		理解较迟钝，对复杂事务判断力不够	5～6		
		迟钝，理解判断力不良，经常无法处理事务	5 以下		
	工作技能 10%	在工作作业改善方面，经常有创意性报告并采纳	10		
		有时在作业方法上有改进	8～9		
		偶尔有改进建议，能完成任务	5～7		
		工作技能无改善，勉强能完成任务	5 以下		
工作协调 10%		与人协调无间，为工作顺利完成尽最大努力	10		
		爱护团体，常协助别人	8～9		
		肯应他人要求帮助别人	7		
		仅在必要与人协调的工作上与人合作	5～6		
		精神散漫不肯与别人合作	5 以下		
责任感 10%		任劳任怨，竭尽所能完成任务	10		
		工作努力，能较好完成分内工作	8～9		
		有责任心，能自动自发	7		
		交付工作需要督促方能完成	5～6		
		敷衍了事，态度傲慢，无责任心，做事粗心大意	5 以下		

续　表

项目及考核内容		配　分	自　评	上级审核
工作勤惰 10%	不浪费时间不畏劳苦，交付工作抢先完成	10		
	守时守规不偷懒，勤奋工作	8～9		
	偶有迟到，但上班后工作兢兢业业	7		
	借故逃避繁重工作，不守工作岗位	5～6		
	时常迟到早退，工作不力，时常离开工作岗位	5 以下		
工作质量 10%	无工作错误，并经常改善	10		
	无工作错误亦无改善建议	8～9		
	需在指导下才能做好工作质量	5～7		
	在指导下工作，仍有错误	5 以下		
纪律性 10%	自觉遵守和维护公司各项规章制度	10		
	能遵守公司规章制度，但需要有人督导	8～9		
	偶有迟到，但上班后工作兢兢业业	7		
	纪律观念不强，偶尔违反公司规章制度	5～6		
	经常违反公司制度，被指正时态度傲慢	5 以下		

备注：

关于“工作任务”这个项目，必须另附上工作计划及工作总结供参考和审核。

考核人签名		（副）总经理确认		考核日期	

资料来源：http：//www. zh－rc. net/Hrm/data. aspx？id＝543.

案例一

一则成功的招聘启事

A 公司是一家外资企业，由于业务发展的需要，公司拟招聘一名采购经理。公司人事部门拟了一份招聘启事，其主要内容如下：

A 外资公司招聘采购经理的启事

大专以上学历，3 年相关工作经验，较好英语和计算机应用水平，有高度工作责任感和沟通协调能力。主要工作职责是联系供货公司，准确地在规定时间内将企业各部门所需货物发送至指定地点，并确保货物的质量和价格符合企业的要求。

资料来源：http：//space. goiee. com/html/39/t-159939. html.

案例分析

看似一则短短的招聘启事，其中却透露出一些招聘以外的信息。在中国有很多这样的招聘启事：大专以上学历，2 年相关工作经验，能熟练操作 OFFICE 者优先。

两种招聘启事是有本质差别的。上述外资企业启事中有较详细的工作职责，明确告诉了应聘者今后的职责范围和应负责任，同时，对应聘人员的四条要求也是“有根有据”的。而另一则招聘启事却没有对职责规定作出详细介绍。

A 公司找到合适人选，关键得益于这份成功的招聘启事，严格规定了岗位要求，显示出非常强的针对性。

案例二

迪斯尼公司鼓舞士气的新员工教育

迪斯尼公司对新员工进行的岗前教育不仅仅局限于基本技能，他们更重视的是精神层面的教育，希望通过这些教育能够使新员工明白公司对他们的期望和要求，并能够向这个方向努力。培训部经理帕克斯说：“我们不是希望将员工放在迪斯尼中，而是希望将迪斯尼放在员工心中。”

每位新员工都会接受一天半的“传统教育”，这些课基本上由那些自愿来授课的老员工讲解。他们通常会讲述自己在迪斯尼的工作经历，描述所发生的令人感动或震惊的事件。老员工史密斯讲述了他如何帮助一个患有癌症的 10 岁小男孩与家庭恢复原有的快乐，试图使新员工明白什么是规章上所要求的“主动性的友好”。听过他的讲述后，新员工的反应不大一致，但有一点值得肯定，他们都会承认选择到迪斯尼来工作是十分明智的。

当然，这种讲述不仅仅局限于老员工的自身经历，培训部门通常会按照各部门经理的要求有组织地安排讲课内容。这包括如何去做一些事情，如何在紧急事件突发时提供第一手的帮助等等。由于各部门经理对员工的要求不断增加，并考虑到这种岗前教育的重要性及良好效果，公司在 1994 年将其培训日程由原来的一天半改为三天。

尽管公司不断重申对服装的基本要求，仍有少数新员工穿着不符合规定的装束来参加岗前培训。对此，培训人员会把他们请到一边，提醒他们注意公司对员工的基本要求，并私下里告诉他们这种行为严重违反公司的规章制度及可能受到的惩罚。当这部分员工认识到自己的错误并加以改正后，公司会为他们重新安排岗前培训时间及起始工作时间。这一过程会使新员工更进一步了解公司的文化及其严肃性。

资料来源：http：//www. cnnccom. com.

案例分析

该案例主要是针对迪斯尼新员工的岗前培训。岗前培训是对刚进入企业，对内外情况生疏的新员工所进行的使其了解新的工作环境、条件、人际关系、应尽职责、规章制度等的一系列培训活动。其目的是为旅游景区提供具有全面专业知识、较强业务技能和严谨工作态度的员工队伍。

岗前培训的方式很多，案例中迪斯尼的岗前培训主要采取的是课堂讲授、案例研讨和以老带新等方法，通过课堂讲授使新员工了解到景区的基本规章制度，并促使其从自身出发严格遵守景区规定；通过老员工讲述工作经历，分析在景区工作中的成功经验和失败教训，一方面可将多年积累的经验和技能传授给新员工；另一方面可使新员工了解景区存在的尚待解决的问题，提高他们的参与积极性。

案例三

日本松下电器公司激励员工的21点技巧

松下幸之助生于日本一农夫家庭，家境困苦，9岁时被迫中断学业。1916年他以100元起家创办工厂。经数10年经营，松下终于成为世界电器制造业的巨人。日本松下电器公司的创始人松下幸之助总结自己一生的经营实践，提出了激励员工的21点技巧：

①让每个人都了解自己的地位，不要忘记定期和他们讨论他们的工作表现。②给予奖赏，但奖赏要与成就相当。③如有某种改变，应事先通知，员工如能先接到通知，工作效率一定比较高。④让员工参与同他们切身有关的计划和决策的研究。⑤给予员工充分的信任，会赢得他们的忠诚和依赖。⑥实地接触员工，了解他们的兴趣、习惯和敏感事物，对他们的认识就是你的资本。⑦注意经常聆听下属的建议。⑧如果发现有人举止反常，应该留心并追查。⑨尽可能委婉地让大家清楚你的想法，因为没有人会喜欢被蒙在鼓里。⑩向员工解释要做某事的目的，他们会把事情做得更好。⑪万一你犯错误，要立刻承认，并表示歉意。如果你推卸责任、责怪旁人，别人一定会看不起你。⑫告之员工他所担负职务的重要性，让他们有责任感。⑬提出建议性的批评，批评要有理由，并帮助其找出改进的方法。⑭在责备某人之前要先指出他的优点，表示你只是希望能够帮助他。⑮以身作则，树立榜样。⑯言行一致，不要让员工弄不清到底该做什么。⑰把握出每一个机会向员工表明并为他们骄傲，这样能够使他们发挥最大的潜力。⑱假如有人发牢骚，要赶紧找出他的不满之处。⑲尽最大可能安抚不满情绪，否则所有人都会受到波及。⑳制订长期、短期目标，以便让人据此衡量自己的进步。㉑维护员工应有的权利和责任。

资料来源：http：//zhangbaohua30. blog. 163. com.

案例分析

建立合理有效的激励制度，是企业管理的重要问题之一。松下公司对员工提供的物质条件，在日本算不上是最好的，而公司却可以网罗到一大批优秀人才。公司上下充满了活力，每个员工都表现出强烈的责任心和事业心。松下公司正是以一套激励机制为杠杆，借助高水平的管理手段，为员工创造良好的工作环境，充分开发每个员工的潜能，鼓励员工为公司创造价值，同时实现员工的自我满足。

反观国内企业，虽然近年来越来越重视管理激励，并尝试着进行了激励机制改革，也取得了一定的成效，但在对激励的认识上还存在着一些误区：

1. 激励不等于奖励

目前国内很多企业简单地认为激励就是奖励，因此在设计激励机制时，往往只片面地考虑正面的奖励措施，而轻视或不考虑约束和惩罚措施。有些虽然也制订了一些约束和惩罚措施，但碍于各种原因，没有坚决地执行而流于形式，结果难以达到预期目的。

从字面上看，激励有激发、鼓励、诱导、驱使之意。而在管理科学中，激励不等于奖励。仅仅将激励狭义地从字面理解为正的鼓励，只强调利益引导一个方面是不准确的，用于指导实践则是有害的。管理激励，从完整意义上说，应包括激发和约束两层含义。奖励和惩罚是两种最基本的激励措施，是对立统一的。另外，应该让员工参与管理，例如在本案例中提到：解释要做某事的目的，员工会把事情做得更好；告知员工他所担任职务的重要性，让他们有责任感。有些高素质的员工，假如只是让他按部就班地机械式工作，即使给他丰厚的奖赏，他也会有一种排外感、孤立感。积极性受到打击，创造性遭到扼杀。

2. 激励因人而异

许多企业在实施激励措施时，并没有对员工的需求进行认真的分析。从公司利益考虑，从事简单劳动的工人，创造的价值较低，人力市场供应充足，对于他们采用物质激励是适用的和经济的。相反，高层次的技术人员和管理人员，来自于内在精神方面对成就的需要更多些，而且他们是企业价值的重要创造者，公司希望将他们留住。因此公司除尽量提供优厚的物质待遇外，还注重精神激励（如优秀员工奖）和工作激励（如晋升、授予更重要的工作），创造宽松的工作环境，提供有挑战性的工作来满足这些人的需要。

随着社会生产力水平的提高，人类自身的发展激励因素也在不断地变化。在不同的组织结构中，在不同的文化背景下，甚至在每个人的不同发展阶段，激励因素也会有所不同，对激励因素的分析，将有助于设计有效的激励机制。

3. 激励要建立在客观的评估之上

在本案例第二条中谈到：给予奖赏，但奖赏要与成就相当。一些企业发现，在建立起激励制度后，员工不但没有受到激励，努力水平反而下降了。某公司推出“年终奖”的计划，本意是希望调动企业员工工作积极性，但是却因为没有辅以系统科学的评估标准，最终导致实施过程中的“平均主义”，打击了贡献大的员工的积极性。奖金本来是激励因素，可在实现过程中出现了偏差，使组织成员产生不满意感，以致变成负激励因素，抑制和消减员工的努力水平。

一套科学有效的激励机制不是孤立的，应当与企业的一系列相关体制相配合才能发挥作用。其中，评估体系是激励的基础。有了准确的评估才能有针对地进行激励，才能更有效。在激励实施的过程中，一定要注意公平原则，让每个人都感到自己受到了公平对待，必须反对平均主义、"一刀切"，否则激励会产生负面效应。

本章小结

本章首先介绍了人力资源、人力资源管理和旅游景区人力资源管理的基本概念，以及旅游景区人力资源管理的重要意义和主要内容。其次着重介绍了旅游景区人力资源管理的员工招聘、培训、激励和评价，分别就员工招聘的原则、途径与程序，员工培训的意义、类型与方法，员工激励的意义、原则、类型与机制，员工绩效评价的原则、内容与方法等进行了全面阐述。

复习思考题

1. 现代人力资源管理与传统人事管理的区别主要体现在哪些方面?
2. 旅游景区员工外部招聘的途径主要有哪些?
3. 旅游景区员工培训计划的制订与实施通常通过哪些步骤来完成?
4. 针对旅游景区员工激励，可采用的激励机制通常有哪些?
5. 在旅游景区员工绩效评价中常用哪些考核方法?

第七章　旅游景区游客和社区管理

本章导读

游客和社区是旅游景区发展重要的参与主体。游客是旅游景区提供服务的对象，构成了旅游景区需求的一方，游客在旅游景区的活动会对旅游景区产生正面和负面的影响。社区与旅游景区开发与管理密切相关，良好的社区关系可以争取社区公众对景区的理解和支持，为景区创造一个稳固的生存环境。本章将围绕景区内游客行为及社区管理，阐明游客行为的差异，游客不文明行为的表现、危害及管理，并剖析旅游景区社区管理的意义、影响及内容。通过本章的学习，要求学生掌握景区内不同类别游客行为的差异，了解游客不文明的行为及危害，掌握游客管理的目标，游客管理的方法及重点区域游客管理，熟悉旅游景区社区管理的意义、影响及内容。

第一节　旅游景区游客行为管理

一、景区内游客行为的差异

游客个体在景区内的时空运动受多种因素的影响，表现出较大的差异。这些影响因素包括组织方式、年龄、个性气质等，不同类型的游客行为特征有较大的差异。

1. 团队游客与散客行为特征的差异

景区内游客按组织方式有团队和散客的区分，其行为方式有不同的特点，管理和调控的侧重点也不同。

（1）团队游客。团队游客往往按既定路线统一行动，行程安排大都比较紧凑，可变性差。游客行为在群体中相互约束，相互影响，在从众心理、标新立异等心理的驱动下，游客行为会表现出一些独特特征。这就需要导游人员利用游客的心理特点，调控游客行为。团队游客在景区游览过程中也会有自由活动时间，往往在时间约束等条件的限制下，游览中行色匆匆；活动完结后，在出口或停车场附近慌乱寻找团队等。

（2）散客。散客旅游是人们突破传统团队的约束，追求个性化行为的表现，具有决策自主性，内容随机性和活动分散性的特点。我国旅游景区中散客旅游者以中青年为主，在景区内的活动不确定性因素很大，其行为的调控与管理难度相对较大。

2. 不同年龄游客行为的差异

不同年龄阶段的游客身体健康状况、体力、经历、个性心理有较大差异，其行为方式表现出不同的特点。

（1）青少年游客。青少年游客一般精力充沛、好奇心强、富于冒险精神和挑战精神。青少年往往行事不太顾及他人感受，不顾行为结果，我行我素，会对他人造成一定程度的伤害。在景区中受奇异景观和特殊活动的影响，青少年游客容易激动、自制力较差，容易违反景区内游客行为守则和安全规则，做出一些危及自己及他人安全的举动。因此，对青少年游客行为的调控与管理是景区管理人员的工作重点。通过设置安全措施和与其监护人合作管理，能有效控制青少年的不良行为。

（2）中年游客。中年游客指年龄在30～50岁的群体，这一群体往往自我控制力较强，行为上以稳重为特征。但这一群体的游客往往具有较强的自我中心意识，在景区活动中强调自己思想和行为的正确性，在某些问题上坚持按自己的方式来行事。对这一群体游客的管理要多通过沟通、说服、行为示范等方式进行，使他们对自己在景区中的行为形成正确认识，促使其遵守相关规定。

（3）老年游客。老年人跟青年人一样对许多事物都充满好奇，对景区内的很多活动都想去尝试尝试，但有时对周边事物与环境的安全性缺乏感知，在景区活动中常常会因精力和体力不支，而出现走失、疾病突发等事故。例如，2003年就有15名老人进入崂山深处，因迷路被困山中长达14小时；长城上也曾多次发生老年游客心脏病等突发的事故。对这一群体的游客，景区应尽量以服务性管理为主，对老年游客予以特别的关照、耐心地做好说服工作，提醒其监护人实施有效监护。

3. 不同个性气质游客行为的差异

气质是游客个性心理特征之一，是游客行为产生的内在驱动力量，不同个性气质的游客行为方式差距较大，有的遇事会表现出过于激动，有的则冷静、处乱不惊；有的循规蹈矩，有的爱好冒险；有的我行我素，有的顾全大局等。从心理学的角度来看，游客个人气质可分为多血质、黏液质、胆汁质和抑郁质四种类型。

（1）多血质游客。多血质游客的基本特征是：情绪不稳定、情感的发生迅速而易变，思维、语言迅速而敏捷。在情绪反应上表现为快而多变，但不强烈，情感体验不深，但很敏感；在行动方面表现为活泼好动、机敏、爱参加各种活动，但常常有始无终。多血质型的游客不愿循规蹈矩，易在好奇心驱使下进行一些冒险型的活动，景区管理人员尤其要注意发现和调控这类游客的行为。

（2）黏液质游客。黏液质游客的基本特征是：情感变化缓慢、内蕴、平静、动作迟缓、稳重且易于抑制。在情绪反应上，这种类型的游客大都安静、稳重、反应迟缓，情感不易外露，沉默寡言，善于忍耐，注意力不易转移，具有内倾向性；在行为方面反应较为迟缓，能够保持平和的心态，在任何情况下，做事都力求稳妥，深思熟虑，不做没把握的事。从总体而言，这种类型游客自我克制能力较强，由于行为倾向于保守，他们大多遵守规章制度，不会出现超越景区规则的行为。对这类游客的管理，管理人员重要的是激发游客的自我约束行为。

(3) 胆汁质游客。胆汁质游客的基本特征是：情感的发生较为迅速、强烈、持久。在情绪反应方面，胆汁型旅游者大多十分热情，直爽且精力旺盛，脾气急躁，心境变化剧烈，易动感情，具有外倾性；在行为方面，这类游客自制力较差，容易感情用事，在旅游过程中一旦丧失兴趣，则情绪急转直下。在管理中应通过游线设计、活动安排等保持游客高涨的情绪，通过柔性服务避免其出现暴躁行为。

(4) 抑郁型游客。抑郁型游客的基本特征是：情感体验深入而持久、动作迟缓无力。在情绪反应方面，这种类型的旅游者大都反应迟缓，善于察觉他人不易觉察的秋毫细末，具有内倾性；在行为上，这类游客遇事喜欢三思而后行，求稳不求快，表现为循规蹈矩且略微刻板。在团队中这类游客易与人相处，性格较为随和。

二、游客不文明旅游行为的表现及危害

(一) 游客不文明旅游行为的表现

游客不文明旅游行为是指游客在旅游景区游览过程中所有可能有损坏景区环境和景观质量的行为。它主要表现为两大类：

1. 游客随意丢弃废弃物的行为

如随手乱扔废纸、果皮、饮料瓶、塑料袋、烟头等垃圾，随地吐痰，随地便溺等。

2. 游客的违章活动行为

如乱攀乱爬、乱涂乱刻乱画、越位游览、违章拍照、违章采集、违章野炊、违章露营、随意给动物喂食、袭击动物、捕杀动物等。

(二) 游客不文明旅游行为的危害

1. 对景区景观质量造成损害，增加旅游景区环境管理、景观管理的困难

游客的不文明旅游行为可能导致旅游景区环境污染，景观质量下降甚至寿命缩短，其最终结果必然造成旅游景区整体吸引力下降、旅游价值降低，它影响严重，直接威胁着旅游景区的可持续发展。更有甚者，还可能给景区带来灾难性的影响，如违章抽烟、燃放爆竹、违章野炊等行为很容易引起火灾，一旦发生，后果将不堪设想。这些都为景区的管理增加了困难。

2. 影响其他游客旅游兴趣

游客不文明旅游行为本身往往成为其他游客游览活动中的视觉污染，影响游兴，破坏环境气氛，进而影响其他游客的游览质量。

3. 对游客自身造成安全隐患

如到一些未开放的景区游览、违章露营、随意给动物喂食、袭击动物、不按规定操作游艺器械等行为都可能给游客自身带来意外伤害。

(三) 游客不文明旅游行为产生的原因

游客的不文明旅游行为产生的原因可能很多，但是最主要的应是以下几个方面：

1. 游客的环保意识不强、生态道德素质较低

这是目前最常见的原因，文化素养低、环保意识差的游客很少会考虑到自己行为将产生的环境影响，而容易在不知不觉中产生不文明行为。此外，由于很多游客缺乏旅游的常识和旅游技巧，往往在无意识的情况下做出一些“不文明旅游行为”。

2. 寻开心或发泄不满情绪

游客故意破坏行为的动机一般有两种：一种是纯粹为了寻开心，寻求刺激和快感，有人称这种行为是“为了寻求刺激而对旅游资源的施暴行为”；另一种是为了发泄自己某种不满情绪，把对环境、景观的破坏作为发泄心中不满的途径。例如随着旅游景区门票价格快速上涨，导致游客的抵触心理，如果游览过程中接受不到高质量的服务，就比较容易产生不文明行为以发泄不满。

3. 旅游景区的管理不够完善

由于我国旅游产业的发展尚不成熟，景区管理尚需完善，行业运作尚需规范。如旅游景区管理不到位，景区设施不足，服务不周，导致旅游者“非自愿”违规，如垃圾桶间隔较远，厕所指向不明，卫生打扫不及时，容易使旅游者产生“不合作”心理，引发不文明行为。

知识链接

一群中国游客竟然在纽约华尔街“骑”牛

纽约华尔街的那只铜牛，在全世界都很出名，到纽约的游客常常要到牛前合影，希望带来点“牛市”的好运气。然而，前几天我在纽约街头却偶遇一群中国游客，他们竟然一帮一的翻身骑牛，让在场的老外无不感叹唏嘘。

看着这么一群人翻身上牛，很多老外摇头看热闹，有人问“Are you Chinese or Japanese?”这些人中的一位自豪的喊道：“我们是中国人!”更有意思的是，其中一个人看上去是他们的头儿，旁边一帮人都喊着和他说：“领导，你快骑上去，那样你就比牛还牛了!”

他们的行为很快引来一大帮各国游客的围观，附近的一位清洁工人也过来看热闹，交谈中他告诉我，在这里工作快两年了，还是第一次看到有人骑在牛上。

在中国有很多雕塑、假山前面都放置了牌子，明确写上“禁止攀爬”，可能在这个铜牛前也应该立一块这样的牌子。

由于这群游客兴致很高，一个个地照个不停，很多老外没办法只好绕到后面，和牛屁股合个影。说实话，现在很多国家还是很喜欢中国游客的，因为我们已经成为了新的消费主力军，听说平均每位中国人在欧洲的消费是5000美元，当我们的经济地位在世界上站住一席之地时，是否我们也应该更快地提高国人的素质?

资料来源：http：//www.eastday.com.

三、游客不文明行为的引导与管理

对不文明旅游行为进行引导和管理是一项复杂的系统工程，涉及多个层面、多个环节，需要多方面的共同努力。旅游景区管理者应该做出自己的努力，进行景区环境和秩序的维护与管理，引导文明旅游。

（一）加强环境保护宣传，提高公众环保意识

加大宣传力度，使公众意识到旅游与生态环境保护之间的互惠互利的关系，认识到不文明旅游行为给环境造成的污染和破坏，提高公众环保意识，共同维护景区旅游环境。旅游目的地管理部门可以通过编制旅游手册，并在游客购票进入景区时，通过各种途径免费发放给游人，利用色彩鲜艳、夺人眼球、生动有趣、具有较强吸引力的宣传手册使游客了解环保知识。景区也可以印制此类宣传手册，内容除了常规的事项外，还要根据景区自身的资源特点编制游客规则。手册印制虽然增加了费用，但可以达到宣传效果，更让游客感受到景区的关怀。

（二）通过法律、法规、制度等手段对游客进行管理

对游客行为管理还可以通过法规、制度等手段去实现。我国已经制定了许多旅游管理专项法律以及其他的相关法律，例如：《中华人民共和国环境保护法》《中华人民共和国森林法》《森林和野生动物类型自然保护区管理办法》《国务院关于严格保护珍贵稀有野生动物的通令》《中华人民共和国文物保护法》《风景名胜区管理暂行条例》《导游员管理暂行规定》《旅游行业对客人服务的基本标准（试行）》《旅游投诉暂行规定》等。这些法律、法规和地方性的管理条例、制度等为旅游景区的游客管理提供了管理依据，在保障了游客权益的同时，也对游客的行为进行了约束。

（三）制定游客文明管理条例

联合旅游行业协会研究制定《游客行为规范》和《游览须知》等强制性游客管理条例和《游客伦理规范》之类的非强制性的推荐指南在景区内张贴发放，引导游客的旅游行为。国外在这方面有一些做法值得借鉴，如美国旅行商协会（ASTA，American Society of Travel Agents）制定的《生态旅游十戒》、“拯救我们的地球”组织制定的《低影响度假准则》、加利福尼亚州地区“责任旅游中心”制定的《旅游者伦理规范》等等，都旨在对旅游者的行为进行引导和规范。通过这类规范对旅游者进行教育和引导，使旅游者认识到自己行为的正当与否，意识到自己对旅游景区环境应负的责任，从而有效约束其不文明行为。

知识链接

生态旅游十戒

（1）尊重地球的脆弱性。要认识到，只有所有的人愿意帮助和保护景区，独特而美丽

的风景区才会被后代享有。

(2) 只留下脚印，只带走照片。不折树枝，不乱扔垃圾。

(3) 充分了解你所参观的地方的地理、习俗、礼仪和文化。

(4) 尊重别人的隐私和自尊，拍照时要征得别人的同意。

(5) 不要购买用濒危动植物制成的产品。

(6) 要沿着划定的路线走。不打扰动物，不侵犯其自然栖息地，不破坏植物。

(7) 了解并支持环境保护规划。

(8) 只要可能，就步行或使用对环境无害的交通工具，机动车在停车时尽量关闭发动机。

(9) 以实际行动支持景区内那些致力于节约能源和环境保护的企业。

(10) 熟读有关旅行指南。

——美国旅行商协会

资料来源：http：//www.xmbirds.org/bbs/index.php? showtopic=22731.

(四) 景区员工以身作则

国内不少景区曾组织工作人员与青年志愿者一起开展环保活动，通过工作人员的示范作用，带头爱护环境，既可强化工作人员的环保意识，又能起到对公众的宣传作用。另外，员工要以自己的实际行动教育游客尊重环境，遵守规章。当游客看到清洁人员不辞劳累、默默无闻地捡拾游客留下的垃圾，也就不会再忍心乱扔垃圾给他们添麻烦了。

(五) 推出各种活动引导游客文明行为

除了硬性的禁止外，还应考虑一些积极的引导性方法，这样可以消除游客的抵制情绪，取得更好的效果。天台山风景区率先在四川省内景区中推出了以“捡垃圾换门票”的环保旅游活动，参与该活动的游客在领取“环保”纸袋后，到景区的游道、公路和游人聚集点清理被游客丢下的塑料袋、果皮等废弃物，每装满两袋垃圾后便可在景区售票处换得一张门票。天津水上公园曾在“五一”黄金周期间，为了督促游客自觉保护公园环境，推出游客可凭门票和垃圾免费换鸡蛋的活动。

(六) 加强员工与游客的有效沟通

加强管理者与游客的相互理解，可以获得旅游者的更多的支持和帮助，克服对立、抵触情绪，减少误会和冲突，也容易将管理者的主张和规定落实到实处。所谓有效沟通，是指能有效地向他人表达自己的思想、看法和情感，并能够得到积极的回应和交流。有效沟通可以达到减少误解、促进相互合作、交流融洽、尽快解决问题的目的。

有效沟通对管理者的要求包括：目光接触、微笑服务、含蓄表达、表示兴趣、积极回应、着装整齐、语调柔和、有效倾听、建立友好关系等。

(七) 完善景区配套设施

景区应提供各种设施、设备以防止游客不文明旅游行为的发生，如合理安置美化有趣的垃圾桶，使游客便于、乐于负责任地处理废弃物；在景区明显位置悬挂和摆放规范的、必要的、美观醒目的标牌，配置有亲和力的标志性说明文字及提醒文字，达到游客自觉维护旅游秩序和环境的目的。

（八）加强对景区内居民的环保教育

旅游景区内的居民可以说是景区的“长期游客”，与旅游景区有着最亲密的接触；此外景区居民会与旅游者进行密切交往。因此，他们的日常行为会对景区产生巨大的影响，同时可以对外来游客产生示范作用。积极开展对景区居民的环保教育，引导旅游景区内居民积极参加景区环保活动，充分发挥其示范与监督作用，可有效地预防一些游客不文明旅游行为的发生，有利于景区环境、景观的保护。武夷山风景区成立了由大量居民参加的“风景旅游资源保护协会”，在保护资源环境、发挥示范作用方面取得了很好的成效；黄山旅游景区历史上曾发生两次森林大火，一次是 1972 年的天都峰火灾，最后一次是 1979 年的眉毛峰火灾，两次森林大火后，黄山在加强管理的同时，对景区附近居民展开广泛地宣传教育，收到良好效果，他们在游客进入景区前经常会提醒游客不要抽烟、用火，以防止森林火灾。

（九）加强与旅行社的联系，发挥组团社的作用

旅行社在组团过程中就应随时向游客介绍注意事项，确保他们了解应遵守的规范，并能转化为实际行动。例如，教育游客保护环境的办法有：

（1）在制订计划阶段要听取环境生态保护人员的意见和建议，科学安排游程，尽量避开生态脆弱区和危险区。

（2）对游客进行事前教育，提高他们的认识。

（3）每一个旅行团尽量不超过 20 人。

（4）引导游客尽量不购买商店中由濒危物种制成的商品。

第二节　旅游景区游客管理方法

游客管理是景区管理的重要环节，具有较强的综合性，它从管理游客行为的角度，涉及资源管理、环境管理、设施设备管理、安全管理、产品质量管理等多方面的内容。

一、游客管理的目标

景区管理者通过各种管理方法和管理技术的实施，引导、约束和规范旅游者行为，要实现资源环境保护、游客人身安全保障和旅游体验质量提升三个直接目标。

1. 景区旅游资源、旅游环境的保护

旅游资源和旅游环境是景区赖以生存和发展的物质基础。景区的相当部分旅游资源具有珍稀性、不可再生性，景区旅游资源具有脆弱性，一旦破坏难以恢复。任何景区都是一个有限的生态系统，它对于外来人流、能流等的容纳有一定的限度。游客是景区生态系统最主要的输入变量，旅游者的大量来访对景区资源环境造成了极大的压力，特别是游客不文明行为对资源环境的破坏更大。游客不文明行为的结果必然是造成景区整体吸引力下

降、旅游价值降低，严重影响和直接威胁着景区的可持续发展。更有甚者，还可能给景区带来灾难性的影响，如违章抽烟、燃放爆竹、违章野炊等行为很容易引起火灾，一旦发生，后果不堪设想。因此，景区游客管理的首要目标是把游客数量、旅游活动强度控制在景区生态系统的承载力范围内，引导、管理和约束游客行为，最大限度抑制游客不文明行为，减少或杜绝对资源环境的破坏。

2. 游客人身安全的保障

保护游客人身安全是景区的基本职责，游客不文明行为往往会给自己人身安全带来隐患。如违章露营、随意喂食动物、袭击动物、不按规定操作游艺器械等都能够给游客自身带来意外伤害。景区游客管理必须要做好提醒、示范、检查等工作，保证游客人身安全。

3. 游客体验质量的提升

使游客获得良好的旅游体验是景区游客管理的一个重要目标，也是景区树立品牌、扩大美誉度、提高游客的回头率并最终获得较好经济效益的一个基础。游客不文明行为本身往往成为其他游客游览活动中的视觉污染，影响游兴，破坏环境，进而影响其他游客的体验质量。景区游客管理通过把游客数量控制在游客心理容量范围之内，抑制游客不文明行为，可提升体验程度。

二、景区游客管理的方法

游客管理的方法须以服务性管理为主，通过引导激发游客的自我控制意识而保证其按照景区的游客行为规范行事。但是，现实中某些场合，特别是涉及珍稀资源环境的保护、游客人身安全保护等方面，强制性管理也是十分必要的。即制定明确的行为规则，强制要求执行，并对违规行为进行惩罚。

1. 服务性管理方法

由于游客既是管理者的管理对象，又是管理者的服务对象，因而，要让游客意识到自己绝不是被约束、监督，甚至惩罚的对象，而是被尊重、理解和关心的对象。这就需要管理者在深入了解游客行为根源的基础上，在为游客提供服务的过程中，通过信息传递、行为示范、有效引导的方法实现服务性管理。

（1）信息传递。不同类型的景区为保障旅游者人身、财产安全，保护旅游资源、旅游环境，对景区内的游客行为都会有不同的要求。景区管理者应该通过游客中心信息发布、门票背面印制注意事项、发放宣传材料、利用交通工具上的视听设备、导游宣传讲解等方式把这些要求向游客介绍。

国外在这方面有一些做法值得借鉴，如美国旅行商协会制定的《生态旅游十戒》、“拯救我们的地球”组织制订的《低影响度假准则》、“绿色环球 21”《国际生态旅游标准》中明确规定的游客行为准则、加州地区“责任旅游中心”制定的《旅游者伦理规范》等，都旨在对旅游者的行为进行引导和规范。通过这类规范对旅游者进行教育和引导，使旅游者认识到哪些行为是正当的，哪些行为是不文明的，意识到自己对旅游景区环境应付的责任，从而有效约束自己的不文明旅游行为。

信息传递是双向的。景区还要通过在游客中心，甚至在对客服务的各个环节接受游客意见、建议和投诉，合理处理游客投诉，建立方便的反映问题的渠道、及时消除游客意见、建议和投诉，及时消除不满情绪，预防破坏行为的发生。

（2）行为示范。景区的员工，特别是对客服务的一线员工，必须养成文明礼貌、爱护环境的习惯，杜绝乱扔乱丢等不文明行为，在工作中起到表率作用，用自己的行为为旅游者率先垂范，以自己的实际行动教育游客尊重环境，遵守规章。黄山的环卫人员的经验值得推广，黄山之所以卫生保洁好，除了到处都是石砌的垃圾箱外，黄山的环卫人员总是不辞辛劳、默默无闻地跟在游客身后，捡拾游客留下的垃圾。为了捡拾游客丢下山崖、山谷中的包装袋等废弃物，黄山的环卫工人在悬崖上打了130多个吊环，用绳子吊着在山崖间捡拾游客丢下的垃圾，看到这样的情景，还有谁会忍心乱扔乱丢呢？

社区居民的言行也会深刻地影响游客行为，张家界国家森林公园内的经营户大多是周边的山民，他们的经营摊点总是干干净净，剩下的杂物、废弃物、废水等总是自己用背兜背下山，而且他们还会提醒游客不要抽烟、用火，防止森林火灾等。

当然员工与社区居民的文明行为和示范作用，是建立在景区的管理制度、管理方法、社区参与的激励机制等基础上的，这涉及人事管理、员工绩效评估、薪酬制度、社区利益回馈、社区参与激励等景区管理的其他领域。

（3）有效引导。景区游客的服务性管理还有一些相对积极的措施，如景区在提供优质服务的同时，让景区的标牌系统、提醒文字发挥无声的引导作用，让景区工作人员，特别是导游人员发挥有形的引导作用。

景区的导游讲解员、旅行社的全陪和领队可对游客的行为起到直接的示范、监督、制约作用。导游员不仅要完成组织、协调、解说等传统职责，还负有资源管理和环保宣传的职责。导游员应鼓励游客表现出对景区环境、景观负责的行为，预防和制止其不文明行为。旅游管理部门在导游员考评、培训中心应增加有关生态环境、资源保护等内容，引导和鼓励导游负责任地行使好管理资源和环境保护的职责。

许多景区都有与环境和周围景物相协调的美观的标识牌，针对不同的情况，配有亲和力的提醒文字，达到引导游客行为的目的。例如草坪上置“青青小草，踏之何忍”，林海深处有“气候干燥，万勿火烛”，悬崖护栏边“景色奇绝，勿忘安全”，重点文物前“镁光氧化，请勿拍照”等。在景区的游艺设施前不少景区都配有使用说明和安全注意事项。在一些景区，游客进入景区前发放纸质垃圾袋，上书“感谢您对××景区环保事业的支持”，游客离开景区可用垃圾袋换景区纪念品，这些都是景区引导游客行为的有效手段。

2. 强制性管理方法

使用强制性管理方法首先要制定比较完备的规章制度对可能出现的各种不文明行为，尤其是对故意破坏行为加大制约力度，并配备一定数量的管理人员约束游客的不文明行为，包括加强巡查、长期雇佣看护员、使用闭路电视或摄影机监视等，对违规行为实施罚款等处罚措施。景区常见的强制性游客管理措施包括：

关闭某些地域的活动场所、禁止在某些区域或某些时间段内从事某些活动；限制停留时间、限制团体规模、限制游客数量、禁止野营；禁止超出道路和游径的旅行、禁止篝火晚会、禁止带狗（或给狗系上皮带）、禁止乱扔废弃物、禁止游客纵容马匹啃食植物等。

知识链接

意大利威尼斯管理经验

历史悠久的世界著名水城威尼斯是一座面积不足8平方公里的小城，城市中居住着不足8万居民，而每年平均接待1200万游客。巨大的客流量严重威胁着当地旅游业可持续发展的能力。为了保持威尼斯的吸引力、减少旅游业对当地的负面影响，当地政府以及旅游主管部门制定了一系列游客行为管理政策。

为了有效维护当地的文明旅游氛围，威尼斯政府采取了"软硬兼施"的方法，具体表现为：

首先，大力开展环境保护教育和宣传活动，以培养和提高旅游者以及当地居民的旅游资源环境保护意识，形成环保内在驱动力。当地旅游政府部门以及旅游企业共同倡导旅游可持续消费理念，即倡导旅游者的消费观念、消费结构、消费行为和消费模式向有利于环境、资源合理利用和人们整体素质提高的方向发展。

其次，在加强旅游者环保意识教育的同时，切实加强执法力度，从而有效地规范了游客行为、保护了旅游资源环境。威尼斯的旅游环保法规比较健全，除了严格执行欧盟、意大利的各种环保法规以外，威尼斯还专门制定了相关旅游法规，例如威尼斯市政府为规范旅游者行为而专门出台了名为"您不能"的行为规范手册，其内容包括游客不能在街头吃午餐、不能乱丢垃圾、不能在河道里游泳、不能在城内骑车或是驾驶其他任何车辆、不能在公共场合脱衣服、不能身着泳装行走街头等。对于游客的不文明行为执法官员会不留情面的给予高额罚款，如对在圣马可广场上野餐的游客的处罚高达250欧元。

资料来源：http：//www. lwwzx. com/Freepaper/35280 _ 2. htm.

三、重点区域的游客管理

景区游客管理的重点区域主要集中在停车场、出入口、热门景点、重点旅游资源、乘骑设施、安全隐患突出地、排队区、游客中心等。对这些重点区域，一般要设专人进行管理，提醒、疏散游客，保护游客安全，保护资源环境等，下面重点介绍排队区和游客中心的管理。

1. 排队区管理

在旅游旺季，或接待高峰期，在景区入口、热门参观点或乘骑设施前常常会出现游客排队等待的现象。排队问题管理不好，会严重降低游客体验质量和满意度。排队区管理宜采取如下措施：

(1) 设置合理的游客排队队列。我国的不同的景区根据游客流量、游客集中度、排队项目特点、排队区地形特点等采取不同的队形和接待方式，一般有单列单人型、单列多人型、多列多人型、多列单人型、主题或综合队列型等 5 种形式（详见第二章）。例如丽江玉龙雪山索道、乐山大佛通过九曲栈道到大佛脚下的排队区，由于索道和九曲栈道瞬时容量的限制、排队游客较多等原因，采用的是迂回的单列多人型队列；昆明世博园入口采用多列多人型，队列多达 12 条，根据入园游客数量多少，开启部分队列，确保游客不至于在入口滞留。景区在设计和改进排队区队列类型时，要考虑人员成本、排队游客的视觉效果，多用横列，少用纵列。

(2) 利用技术手段加快游客进入过程。游客等待时间过长必然影响游览或游乐时间，产生焦虑、烦躁心理。排队区管理的最高目标是减少或杜绝排队等待。一些大型景区率先利用高科技或独特的管理手段，如使用电子门票、设立电动快行通道等缩短游客进入时间，一些热点项目实行提前预约，以分流高峰期游客。

(3) 设计排队区环境。如果不能杜绝等候现象，设计良好的排队区环境可以转移游客的注意力，使他们不至于感到无聊或浪费时间。欧美主题乐园设计的一个重要组成部分就是排队区设计。很多著名的主题乐园会在热门游乐项目前花很大心思，如在矿山过山车的排队区让排队的游客穿过曲折幽暗的隧道，用各种道具和声光效果渲染环境的神秘气氛，让游客在越来越接近乘骑体验的同时积累对这种体验的期待；很多表演性游乐活动在正式表演开始之前都有丑角"捉弄游客"，制造气氛，让预先等候表演的观众不会觉得无聊。国内景区也开始重视排队区设计与服务，例如，泰山索道的排队区设计有座位，有电视介绍泰山美景，提供免费茶水。云南丽江的玉龙雪山在景区内的候车厅，旅游者可以看电视、听音乐，在乘索道的地方，旅游者可以听到广播里有关雪山的介绍，周围墙壁上也布满了有关雪山、冰川等的图片和文字介绍。

2. 游客中心

游客中心又称游人中心，或访客中心，一般位于景区的入口，是景区游客服务与管理的重要场所。游客中心的有无和它提供的服务项目与服务质量直接影响到游客对景区的印象。国家旅游局颁布的《旅游区（点）质量等级的划分与评定》中也对游客中心有明确的要求。游客中心的主要职责表现在三个方面：一是信息咨询服务，包括景区的基本情况、经典分布情况、最佳旅游路线、新近特殊景观、需要保护的动植物、当天的天气、各个景点游人数量预报、拥挤程度、食宿设施可利用情况等；二是提供游客所需要的其他服务，如导游服务、托儿服务、餐饮及零售服务等；三是接受游客投诉。我国的许多大型景区的游客中心建筑极富特色，内部设备设施现代化，使用电子触摸屏、视频技术、声光电技术等高技术手段向游客提供各种信息与服务。

第三节 旅游景区社区管理

一、旅游景区社区管理概述

1. 社区的含义

社区一般是指生活在一定地域范围内的人们所形成的一种社会生活共同体。它既是人们聚集、生活的一定区域，也是社会成员参与社会活动的基本场所。在这里，旅游景区就是一种社区的概念。它是由生活在旅游景区范围内的人们所形成的一种社会生活共同体。它的主要功能是吸引游客前来进行旅游活动。在旅游景区内，大多数有劳动能力的人都从事旅游业或者其他产业。

2. 旅游景区社区管理的含义

所谓旅游景区社区管理，是指在旅游景区政府及其职能部门的指导和帮助下，动员和依靠各方面的力量，对社区内的各项公共事务和公益事业进行规划、组织、指挥、控制和协调的这样一个过程。旅游景区，是旅游者进行旅游活动的主要场所，也是景区居民学习、生活和工作的场所，集政治、经济、文化、日常生活等各方面于一体。管理好旅游景区，是一项取信于民的事业，是一项有关与该旅游景区旅游业能否发展的事业，需要旅游景区政府及其职能部门给予指导、帮助和支持。

景区不同于国家的“行政区”，它不是国家行政管理的一个层次，尤其是景区内人们形成的各种利益关系，往往不是以行政权力的直接介入为前提的，而是自主、平等的社会成员以相互需要为缘由、通过居民自治组织以一定的契约方式建立起来的。所以，景区成员的社会利益关系始终贯穿着自我管理、自我发展、自我服务的性质，政府的积极引导只是促进这种社会自治向良性化发展的基本条件。也就是说，景区社区管理主要依靠景区内的有关群众组织、社会团队、中介组织，它始终体现着“共治、共享、共有”的特征，必须减少行政干预，淡化景区社区管理的政治色彩。

二、旅游景区社区管理的意义

社区与旅游景区有着共同的生存背景，是旅游景区发展的重要力量；社区的复杂网络关系制约着旅游景区的生存和发展；建立良好的社区关系是为争取社区公众对旅游景区的理解和支持，为旅游景区创造一个稳固的生存环境，也可以扩大旅游景区在本区域的影响，同时体现旅游景区对社区的责任和义务。其重要意义表现在以下方面。

（一）社区管理直接影响着旅游景区的生存环境

社区如同旅游景区扎根的土壤，没有良好的社区管理，旅游景区就会失去立足之地。旅游景区从创意、开发建设到经营管理，整个过程都离不开当地社区的参与。

首先，社区为其提供人员保障。社区为景区提供各类技术人才和管理人员，是旅游景区生存的重要力量。旅游景区的运作往往需要社区居民进行景区的基本建设，参与景区的管理、旅游服务、园艺、保洁等工作。旅游景区吸纳当地居民从业可以缓解当地就业压力，有助于当地社区稳定，社区居民在旅游景区就业还能为景区降低成本，至少节省旅游景区在住宿、伙食及车旅等方面的压力。另外，当地居民比外来人员更了解景区的社会背景，例如，当地导游熟悉本地的风土人情、宗教禁忌，容易与当地公交部门进行沟通，具有比外来人口就业更有利的条件。

其次，社区关系直接影响着旅游景区各方面的关系，如员工家属关系、本地顾客关系、地方的政府关系和媒介关系等等。例如，旅游景区从业人员和非旅游景区从业人员在旅游景区资源利用上面的关系处理不好，将会产生矛盾。2004 年海南三亚南山文化旅游区安保部副经理宋国为制止村民私带游客逃票进入旅游景区，竟被殴打致死。据了解，附近居民与旅游景区冲突、争执之事不只在南山发生，琼海、陵水等地的旅游景区也存在。旅游景区与政府关系处理不当，将会失去政府对旅游景区运作的支持，旅游景区应与媒介保持沟通，以便争取对旅游景区运作正面的舆论导向，保持良好的社会关系。

（二）社区为旅游景区提供各种物质供应和社会服务保障

旅游景区的活动直接受社区的制约，旅游景区的供水、供电、供热等基础设施和其他各种社会服务保障均需要社区提供。旅游景区所在社区的治安状况、制度建设、交通、卫生、邮政、商业等都直接影响和控制着旅游景区工作的正常运行，离开社区的支持，旅游景区的一切活动将无法进行，甚至瘫痪。景区要善于同物质供应部门和社会服务部门保持良好的关系，以争取社区提供各种地方性的服务和支持，使景区能够在各种完全不同的社区环境下获得生存和发展。

（三）良好的社区管理为旅游景区创造一个安全的环境

社区的管理和服务水平是能否为旅游者提供一个安全、方便、舒适的旅游环境的关键。旅游者除游览景观之外，还要在社区停留，社区是旅游者比较集中的地方，是进行旅游消费的重要场所。社区负有管理的责任，要大力整治旅游环境，全面进行安全管理，保障旅游市场的诚信和旅游者人身、财产和心理安全，让旅游者放心旅游。

（四）社区直接影响着旅游景区的公众形象

社区公众涉足当地社会政治、经济、文化、教育等各个领域，类型繁多，涉及面较广，对旅游景区客观上存在着各种不同的感受、要求和评价。处在景区内的社区，对景区的各种评价和看法就容易相互传播，形成区域性的影响，因此，景区与社区关系好坏，直接影响着景区的社会公众形象。一个旅游景区如果没有良好的社区关系，就很难在社会上获得良好的名声。为此，旅游景区要主动承担必要的社会责任和义务，在社区的物质文明和精神文明建设中发挥重要作用，为社区公众多作贡献。

三、旅游景区开发对社区的影响

（一）旅游景区为社区建设添砖加瓦

旅游景区本着与社区共同发展的指导思想，与社区互动联系。景区的运作不仅考虑内部的景观、环境，而且将旅游开发融入当地的社区建设，使当地居民成为旅游开发的参与者和受益者，促进社区发展；社区发展又反过来促进景区保护和发展。具体来说，景区可参与社区的文化建设，环境建设、经济建设等。景区参与社区文化建设，满足社区居民文化需求，是协调旅游景区与社区发展的重要途径；旅游景区要有环保观念，积极参与社区的环境建设，除了自身要进行绿色经营塑造绿色形象外，可承担社区一些地段的绿化美化工作，为社区居民创造舒适的环境；旅游景区积极参加社区经济建设，对社区的旅游项目和基础设施建设进行投资，使其服务于旅游者也服务于社区居民，并为社区居民提供较多的就业机会，为地方经济的腾飞作出努力。

（二）旅游景区对社区造成的负面影响

1. 旅游景区开发影响社区产业结构

旅游活动经常会从其他生产领域比如农业和渔业吸引劳动力，从而对这些生产领域产生不利影响，甚至使这些领域因提供旅游服务而被放弃。特别是一些发展中国家，旅游业的发展使其历史文明的附着体——传统农业迅速垮台，农民离开了耕种多年的土地去寻求有更大利润的工作机会——旅游业是促成这种转变的源泉。经过旅游开发后的地域，很多都充满了商业的气息，整个社区从事旅游业的现象屡见不鲜。

2. 旅游景区影响社区日常事务

一旦成为旅游景点所在地，社区的物价、地价都会有所上涨，旅游者带来的环境污染增加，交通拥挤等都要落在社区全体居民身上。威尼斯是个典型例子，该市的人口已从1945年的15万降至目前的8万。原因固然很多，但居民们认为人口的锐减是由旅游者造成的。卖纪念品的商店挤垮了许多为当地人服务的店铺，咖啡店和饭店的价格飞涨，最后连游客自己在面对账单时也畏缩不前了，然而度假者仍然多得阻塞了街道，给居民的日常生活带来了诸多不便。

3. 旅游景区影响社区文化

传统艺术和宗教活动因旅游业的开发而世俗化，为满足游客的欣赏要求而在传统艺术中加入了众多非传统的成分，于是文艺舞台化、手工艺品市场化，旅游的示范效应十分明显。旅游者在旅游地表现出的失真的高消费现象对社区青年群体消费价值观影响十分深远；另一个副产品是违背传统道德的色情、犯罪和赌博行为的增加。

大量的案例表明，当旅游的负面影响被忽视时，会产生大量的经济和政治后果。这种社会反应包括：

（1）居民对旅游促进的主管部门（旅游局等）的支持减少。

（2）不愿意在旅游景区工作或者过多地集中在旅游景区。

（3）对旅游口碑宣传丧失热情。

（4）居民对旅游者表示敌意，以多收费、态度粗野和对游客旅游独家经历漠不关心等方式表现出来，从而影响了景区的吸引力。

（5）由于社区反对而延误了旅游开发建设。

四、旅游景区社区管理的内容

世界上各地区的发展经验表明，一个地区的旅游业发展过于迅速但却没有行之有效的应变措施，旅游所带来的对社区和环境的压力就会十分明显。社区管理就是通过对居民、治安、文化、服务的管理来缓减旅游业对社区的负面影响，为景区和旅游业的发展创造良好的社区环境和好客的旅游地形象。

（一）居民管理

1. 提倡公众参与旅游规划

旅游开发直接关系到当地居民的切身利益，对居民的管理应在旅游地开发之初，即在进行旅游规划的时候就应将旅游发展与社区建设的工作很好地衔接。在经济发展的同时，让广大群众得到经济发展所带来的利益，必须是任何经济发展规划首先追求的目标。因此，旅游规划不能也不应该纯粹是专家和政府领导人的工作，更是与旅游开发息息相关的，当地社区居民密切关注的切身问题，在规划过程中征求他们的意见，并反映他们的意愿是现代旅游居民管理的第一步。具体表现在：

（1）旅游发展的整体目标和重点应与居民的目标和重点相协调。

（2）对当地吸引物的促销须经居民同意。

（3）当地人或民族群体密切参与开发过程，要尊重他们的社会需要。

（4）社区广泛地参与旅游活动。

（5）目的地区域采纳和改进反映当地历史、位置和地理环境的主题与活动。

知识链接

旅游规划的社区参与

中华人民共和国国家质量监督检验检疫总局于2003年2月发布、2003年5月开始实施的《中华人民共和国国家标准·旅游规划通则［GB/T 18971—2003］》要求“旅游规划编制鼓励采用先进方法和技术。编制过程中应当进行多方案的比较，并征求各有关行政管理部门的意见，尤其是当地居民的意见。”国家质量技术监督局和中华人民共和国建设部于1999年联合发布、2000年1月1日开始实施的《中华人民共和国国家标准·风景名胜区规划规范［GB 50298—1999］》中的“专项规划”部分确立了“居民社会调控规划”，规定凡含有居民点的风景名胜区，应编制居民点调控规划，还指明了居民社会调控规划编制的基本原则及所包含的内容。

资料来源：保继刚，孙九霞．旅游规划的社区参与研究——以阳朔遇龙河风景旅游区为例［J］．规划师，2003（7）．

2. 遵循增加居民各种机会的原则

一个与旅游的社区影响密切相关的因素是对当地居民娱乐、购物和舒适生活机会的限制。这种限制因素的存在往往会引起居民极大的不满。故此，在旅游开发中要充分考虑居民原有的生活模式，增加居民的生存空间。例如在澳大利亚，设计和修建新设施时必须尊重当地人自由出入海滨、国家公园和风景区的传统。杭州在发展旅游业的过程中，十分注重和谐的居民关系，比如实施了5年的公园年票制度以及现在的西湖南线全面免费对居民和旅游者开放，在发展旅游业的同时改善了居民生活质量，可谓一举两得。

3. 对居民进行教育

(1) 加强景区道德建设，抵御旅游业带来的负面影响。道德建设主要是指以集体主义为基本原则的社会主义基本道德规范建设，它不但规定了精神文明建设的性质，而且是精神文明建设的核心，对于抵御旅游业带来的负面影响具有特别重要的意义。随着大量旅游者的进入，不可避免会带来一些精神垃圾。景区道德建设的目的就是提高居民的思想道德素质，增强自身抵抗力。具体来说，要求居民在思想素质方面，能高举邓小平理论的伟大旗帜，拥护党的基本路线，在自己的岗位上为建设景区作出自己的贡献；在道德素质方面，能以集体主义原则正确处理国家、集体和个人三者之间的利益关系，遵守社会道德，文明礼貌，遵纪守法。所以，景区道德建设应从社会功德、家庭美德、职业道德入手，重点搞好社会公德建设。

(2) 提高居民的文化素质和旅游业知识。景区的社区教育不同于一般的基础教育、学历教育，它是面向景区全体成员的，旨在满足居民在人生过程中不断提高自己、完善自己需要的一种全方位教育体系。社区教育体现了教育社会化、社会教育化这一现代教育发展趋势，它以人的全面发展为核心，以人人接受教育、人人参与教育为宗旨，对提高居民的文化素质具有重要意义。景区的社区教育内容非常广泛，涉及居民生活的方方面面，具体包括：

①基础教育。这是社区教育的主题，也是社区发展的重要内容。

②职业教育。随着景区旅游业的发展，需要大批高素质的旅游从业人员，可以通过在景区内开办中等职业学校，举办各种以旅游业为主要内容的培训。

③其他教育包括普法教育、科学教育等。景区社区教育的目的就是提高景区居民的综合素质和景区的文明程度，树立良好的景区形象。教育水平高低直接影响着对旅游者的态度，对外来事务接受的程度和方式、管理水平、环境保护态度、对生活质量追求的目标和方式以及旅游开发决策等。但是，教育水平高并不等于居民好客度高。例如，北京人的文化程度在全国可谓高水平，但许多人的自我优越感太强，传统文化根深蒂固，并没有意识到外地人到北京旅游是创造了财富的，他们总认为北京拥挤的交通是外地人造成的。相反，一些比较偏远的旅游区，居民虽然没有受多少教育却好客热情，给旅游者留下了美好的印象，例如，河北野三坡风景区开发初期，其民风淳朴得让人感动。

国际知名的旅行社会影响分析专家莫非强烈的认为，如果社区能得到有关旅游业更充分的信息，这个产业会更受欢迎。国内一些专家提出要通过教育，提高旅游区居民的“大众旅游觉悟”。所谓大众旅游觉悟，是指旅游地居民对旅游者应当持有友好的态度，并对当地旅游业有积极、正确的态度和认识。

所以，发起介绍旅游、旅游者习惯和文化差异知识的声势浩大的运动能够提供一个促进旅游者——居民关系改善的途径。具体来说，可以通过积极联系新闻媒体和旅游消费单位，通过开辟旅游消费专栏和专题、开设旅游和英语频道、每年评选良好市民等方式，开展对游客和市民的理性教育活动，指导游客和市民理性消费等方式来提高居民旅游觉悟和居民素质，从而提高游客满意度，让旅游发展与当地居民生活环境和谐统一，让旅游业融入到大众生活中去。

4. 积极开展景区文体活动，活跃居民的文体生活，丰富旅游活动内容

发展景区文体事业，运用景区居民喜闻乐见的形式，开展多种健康有益的、群众便于参与的文体活动，必须有利于提高景区居民的文化素质和身体素质，而且还有利于丰富旅游者的旅游活动内容。为此，要加强景区文体队伍的建设，成立一些群众性的文体社团，并要努力扩大参加者的范围。同时，要积极创造条件开展各种景区文体活动，举办各种晚会、演唱会、展览会、趣味运动会、文化节、知识竞赛等活动，吸引景区积极参加，不断丰富景区居民的文体生活，为群众享受文化生活创造一个良好的空间，使其能够在娱乐、健身、益智的活动中，体验到一种健康向上的景区文化氛围。如果景区的夜生活文化活动丰富，还可以避免出现旅游者“白天逛庙，晚上睡觉”的局面，使旅游者的旅行生活更加丰富多彩。

（二）治安管理

旅游景区社区治安管理是景区安全管理和整个景区管理的一个重要方面，也是打击、预防犯罪，保障公共安全的一项重要措施，其目的是为景区居民和旅游者提供有效的安全保障，创造一个安定和谐的景区环境，维护景区稳定，促进景区发展。旅游景区的治安问题同其他的社会问题一样，具有客观性、普遍性、社会性、连锁性的特点，不仅损害景区居民的利益，而且损害旅游者的利益，进而妨碍景区的发展。同时景区治安问题产生的原因是多方面的，其中既有社会的原因，也有发展旅游业本身的原因。尤其是中国尚处于社会转型时期，社会矛盾增多、思想政治工作薄弱、社会管理工作跟不上、社会控制机制不健全，而旅游业的发展更加速了这些问题的显现。因此，必须进行旅游景区社区治安管理。

（三）社区服务管理

景区社区服务的内容非常广泛，涉及居民生活的各个方面，具体来说，本书主要介绍以下两个方面：

1. 社区家政服务

随着社会的发展，竞争越来越激烈，人们除了上班时间需要努力工作外，还迫切需要有更多时间来充实自己，提高自己，以不断增强自身的竞争能力。家务劳动繁杂琐碎，占用人们不少的闲暇时间，所以，许多居民都希望通过家务劳动社会化来减轻这一沉重的负担。由社区组织出面来开展家政服务，是实现家务劳动社会化的一条重要途径。所以，景区社区组织要精心安排加强管理和协调，开展诸如修理服务、搬家服务、送粮送煤服务、护理病人、接送小孩上学、介绍家庭保姆和钟点工、搞家庭卫生、买菜配菜、代购商品、操办家庭宴席等各项服务，将这些比较繁杂的家务劳动引向社会，解决居民家庭中衣、食、住、行等方面的困难，并保护当事人双方的合法权益。作好了这方面的服务，可以使景区居民有时间掌握更多的技能为旅游者服务。

2. 社区就业服务

失业问题是世界各国普遍面临的一个与经济发展和社会稳定密切相关的难题。任何国家要想完全消灭失业这种社会现象都是不可能的，但尽量减少失业人数，使失业率保持在社会能够承受的适度水平，以免成为一个影响公众生活和社会安定的社会问题和政治问题，则是可以做到的。在我国景区，必须要加快劳动就业机制转换的步伐，建立规范的劳动力市场，尤其是要把对失业者的培训和教育作为人力资源开发的一项重要措施来抓，提高失业者的素质，增强他们的再就业能力。景区社区就业服务在这方面大有可为：一方面，可以为居民的劳动就业提供各种培训和用工信息服务，增强他们的就业竞争力；另一方面，可以针对失业者开办一些再就业培训班，既教他们技术，又使他们鼓起再就业的勇气。

案例一

八达岭长城向各界求援去除城砖上游客刻字

在各地的名胜古迹，都经常会看见一些留在上面涂画的痕迹。北京著名的八达岭长城的城砖，也是被各路不自觉的游客弄得遍体鳞伤。最近，八达岭长城决定向社会各界求援，要治治它一身的陈年老疾。

记者近日来到八达岭长城，随意登上一处城楼，都能看到被涂写过的城砖，仔细一看，城砖上留下的大多都是“××到此一游”的字样，拼音、汉字、还有英文，字体五花八门，看到好好的城砖被划得遍体鳞伤，实在让人觉得心痛。游客：挺心疼的，但是感觉没法阻止这种行为。游客：这个是非常不好的习惯，在我看来，这么多的文物，保留这么多年，几百年下来，作为我们中国人更应该很好的保护它（长城）。

工作人员分析，现在刻字的少了，原因有二：一是人们现在整体素质逐渐提高；二是长城管理处加大了管理力度，在长城沿线安排了公安、城管进行监督，还有长城保护志愿者也加入了这一队伍。但是要想彻底杜绝游人在城砖上刻字，目前还没有更好的办法。

长城城砖被游客刻写，不仅有损长城面貌，实际上对长城实体也造成了破坏。为此，中国长城学会与八达岭长城管理委员会近日发起了一项去除长城墙体字迹的活动，向社会征求为长城整容的办法。如果您有什么好的方法能去除长城砖上的这些刻字，同时又不会破坏墙体，请您与中国长城学会或八达岭长城管理委员联系，为保护长城贡献一份力量。

资料来源：http：//news. sina. com. cn/c/2005－11－08/11108243198. shtml.

案例分析

游客不文明行为对长城这一世界遗产产生了很大的危害。一方面损害了长城景观质量，增加了长城景区环境管理、景观管理的困难；另一方面也影响了其他游客旅游兴趣，破坏了环境气氛。

长城管理处采取了许多措施来规避游客的行为，包括通过法律法规制度、加强对景区内居民的环保教育，推出各种活动引导游客文明行为等，保护长城这一世界遗产，并力图挽救游客对长城造成的损害。

案例二

九寨沟亡羊补牢终回头

虽然有关部门早就要求九寨沟要“沟内游，沟外住”，但实际上九寨沟有很长时间处在“屋满为患”的状态。客人不断涌入，九寨沟内忙着修葺旧屋，平地起新楼，几百户人家都成了客栈，有的还建起了“带星”的宾馆，整个沟里竟然有5000多张旅客床位。水泥、石灰、瓷砖、马赛克、卫星接收器等城市化的设施遍布九寨沟。

旅游业的兴旺让九寨沟伤痕累累。土质和植被被破坏。宾馆饭店四周污水横流，垃圾丛生。2000年，居然有人还在九寨沟的沟口修起了跑马场。水是九寨沟的灵魂，素有“九寨归来不看水”之说。但九寨沟管理局的监测结果表明九寨沟的水体已经有富营养化的趋势，湖泊有沼泽化倾向。九寨沟危在旦夕。九寨沟管理局下了死命令，2001年5月1日起，景区内的宾馆饭店一律关闭，游客一律“沟内游，沟外住”。投资近百万元的跑马场也在一片责骂声中被拆除。怎样给当地人找生活的新路子？九寨沟国家级自然保护区管理局首先从每年的门票收入中拨钱给居民作生活保障费，同时安排当地人给景区打工。沟里1000多居民绝大部分都在景区内找到了保洁员、护林员、消防员、票务员的工作。在旅游淡季管理局把当地干部送到北京、上海去进修。现在当地人的年均人收入有一两万元，不比原来开旅馆差。有了稳定的收入，农民自觉地退耕还林还草，64000公顷的保护区，森林覆盖率恢复到63.5%。

资料来源：http：//www. guilinlife. com.

案例分析

旅游景区的商业化开发对九寨沟造成了严重的负面影响，为此，九寨沟拆除了很多商业化的设施。九寨沟遵循增加社区居民各种机会的原则，十分注重和谐的社区关系的营造，让社区居民从景区的发展中获得相关的收益。

本章小结

本章围绕景区内游客行为及社区管理，阐述了游客行为的差异，游客不文明行为的表现、危害及管理，分析了游客管理的目标及游客管理的方法，并剖析旅游景区社区管理的意义、影响及内容。

复习思考题

1. 不同组织方式、个性气质、年龄的游客行为存在哪些差异？
2. 简述游客不文明行为的表现及危害。
3. 游客管理的目标是什么？旅游景区游客管理有哪些方法？
4. 简述旅游景区社区管理的含义及意义。
5. 简述旅游景区开发对社区造成的负面影响。
6. 论述旅游景区社区管理的主要内容。

第八章 旅游景区质量管理

本章导读

质量是旅游景区竞争力的核心要素，景区质量管理是景区管理的中心环节，也是游客在景区获得满意体验的基本保证。本章从景区质量管理的相关基本原理的阐释入手，剖析了旅游景区质量的概念、构成、特性，着重介绍了旅游景区质量管理的方法，包括全面质量管理和PDCA循环的方法；旅游景区服务质量是旅游景区质量管理的重要组成部分，根据服务质量管理的相关理论，阐述了景区服务质量的要素，景区服务质量差距模型，旅游景区的技术质量和功能质量；最后介绍了景区质量的标准化管理，包括我国景区管理质量的标准体系及国际通用的景区质量管理标准，其中重点阐述了ISO 9000系列标准，“绿色环球21”，ISO 14000等。通过本章的学习，要求学生熟悉景区质量管理的相关基本理论，掌握旅游景区质量管理的方法，理解并掌握旅游景区服务质量管理的内容，了解我国及国际上通用的旅游景区质量管理的标准。

第一节 旅游景区质量管理概述

质量已成为社会经济发展的关键因素之一，不仅是国家振兴的动力，是企业成功的根本，更是可持续发展的基础。旅游景区的质量是景区竞争力的关键因素，景区质量管理是景区管理的中心环节，具有统揽全局的意义，景区的管理活动，特别是内部资源配置为主的管理活动都可以以质量管理来统领。

一、旅游景区质量的概念

国际标准化组织（ISO）在国际标准ISO 8402—1994中认为，质量是能够满足明显的或隐含的需求的产品或服务的特性和特点的总和。根据这个定义，我们可以把质量理解为符合顾客需要的目标。旅游景区质量可定义为反映旅游景区满足游客明显和隐含需要的能力的特性总和。

对以上景区质量定义可以做出如下解释：

（1）景区质量所研究的对象是景区。景区是“可单独描述和研究的事物”。

（2）游客需要可分为明显需要和隐含需要。明显需要是指游客对旅游景点的显在期望。隐含需要是指那些人们公认的、不言而喻的，因而不必明确表达的需要。隐含需要也指那些必须加以分析、研究、识别才能够确定的游客潜在需要。

(3) 特性是指景区所特有的性质。

(4) 景区质量具有动态性。游客需要会随时间和环境而变化，这就意味着要对景区质量需求进行定期评审。

(5) 优良的景区质量的受益对象并不仅单指旅游者，它还包括景区的员工、社会投资者、社区等。

(6) 景区质量具有相对性。其主要表现在景区不同历史时期，人们对景区质量的理解和要求不同，不同的游客对景区质量的要求也不同，同时对景区质量的要求也会因景点不同而异。

二、旅游景区质量的构成

景区之所以能作为一个社会组织存在，就在于它能提供景区产品，以景区产品满足游客的各种需要，景区产品是由有形产品和无形的服务构成的。因此，景区产品的质量必须从有形的基础产品及其组合的质量，景区员工提供的服务的质量等方面去考查。景区质量主要包含景区基础产品质量、产品组合质量、服务质量、产品价格等。

1. 基础产品质量

景区基础产品质量包括景观、环境、交通、饭店、餐饮、购物和娱乐等设施的质量。景区基础产品是旅游者在景区内进行旅游活动所必需借助和消费的物质方面，是旅游者从整个旅游活动中得到精神享受的必要的物质条件。其中任何一部分质量的低下都可能引发游客对整个景区质量的不满。

2. 产品的组合质量

景区产品的组合质量是指景区内各景点之间的线路设计、日程安排等是否合理。在景区内有多处景点，如何针对不同的游客设计合理的线路，也是决定景区产品质量好坏的重要方面。比如，一个适于休闲度假的景区，若只提供年轻人喜好的大强度、长距离的徒步观光项目，老龄或体弱的游客对此景区的质量评价必然不高。

3. 服务质量

景区工作人员的服务质量具有无形性的特点，游客在旅游活动各个环节上所接受的服务质量的高低就成为其评价景区产品质量高低的重要依据。可以说，景区服务质量是景区产品中最中心的环节，它不仅贯穿旅游活动的始终，而且成为评价景区产品质量的主要依据。

4. 产品价格

人们往往有一种误解，认为价格高的旅游产品常常是高质量的。实际上质量是指向所选定的市场以合适的价格提供合适的产品，对于游客来说物有所值，或物超所值的景区产品才是高质量的产品。所以，产品质量往往是相对于价格而言的质量，价格是构成景区产品质量的一个方面。

三、旅游景区质量的特性

一般地说，旅游景区所设计的旅游产品的质量需具备以下特性，才会使游览者的需要得到满足：功能性、安全性、方便性、刺激性、舒适性、经济性和文明性。

1. 功能性

这是最基本和最重要的质量特性。旅游景区是一个综合性很强的行业，里面由一系列相关行业部门组成，各部门都有着自身的独特功能。例如，旅游景观为游览者提供观赏和游览；餐馆为旅游者提供膳食；接待部为旅游者提供高质量的导游；卫生部为旅游者提供清洁、卫生的环境；娱乐部为旅游者提供相关的娱乐项目；商品部为旅游者提供相应的商品；住宿部为旅游者提供良好的住宿；交通部则为旅游者提供景区内有特色的交通工具，供他们舒适地参观游览。这些功能都是游客最基本的需要，它们既互相独立，又综合成为一个整体。

2. 安全性

游览的安全性，是旅游者普遍关注的有关切身利益的首要问题。没有安全保障就没有旅游者进入景区游览。旅游景区有责任和义务保证每个游览者在游览全过程中的人身和财产安全。为此景区应建立完善的保安、医疗、救护、游览和娱乐安全保障系统。

3. 方便性

游客在游览过程中是否方便，设施设备等能否为游客提供方便快捷的服务，是游客能否满意的一个重要因素。

4. 刺激性

在游客游览过程中可适当为游客提供一点安全的冒险项目，以便其在游览中留下深刻的印象，增加对景区的美好记忆，如高山滑雪、蹦极等。

5. 舒适性

旅游景区既要考虑到游览服务设施的齐全、适用、方便，又要考虑接待环境的高雅、整洁、美观、有序和服务态度的热情、周到，使游客在游览过程中产生舒适的感觉。

6. 经济性

游客在支付了一定的费用后，便应享受相应数量和质量的服务，这样可使游客感到物有所值，从而产生一种在价值上得到满足的心理体验。

7. 文明性

旅游景区要文明开发、文明服务、文明保护、文明管理，使游客获得一种景观优美、环境良好、自由、亲切、尊重、友好的游览气氛，满足游客的精神需求。

四、旅游景区质量管理的方法

（一）旅游景区质量管理

旅游景区质量管理是指确定旅游景区质量方针、改进并使其实施的全部管理职能的所有活动。

(1) 景区质量管理是一个景区全部管理活动的重要组成部分，它的管理职能是负责质量方针的制订和实施。

(2) 景区质量管理的职责应由景区的最高管理者承担。

(3) 景区质量与景区内的每一个成员有关，他们的工作都直接或间接地影响着景点或服务的质量。

(4) 景区质量管理涉及的面很广，从横向来说，它包括景区战略规划、资源分配和其他相关活动，如景区质量计划、质量控制和质量保证活动；从纵向来说，景区质量管理应当包括质量方针和质量目标的制订以及实现质量方针和目标的质量体系的建立和维持。

(5) 在景区质量管理中必须考虑经济因素，即要考虑景区质量系统的经济效益。

(二) 旅游景区全面质量管理

1. 全面质量管理

全面质量管理源于美国，费根堡姆博士于 1961 年出版的《全面质量管理》一书中最先提出全面质量管理（Total Quality Control，简称 TQC）的概念，认为全面质量管理是为了能够在最经济的水平上并考虑到充分满足顾客要求的条件下，进行市场研究、设计、制造和售后服务，把企业内部各部门的研制质量、维持质量和提高质量的活动构成一体的有效体系。这个概念的提出，在全世界引起了反响。日本大力推进全面质量管理并取得了明显效果，更加引起世界各国的瞩目，在发达国家得到了很快的发展，形成了公认的全面质量管理学科。特别是在 ISO 9000 系列标准和 ISO 14000 标准体系颁布和广泛采用之后，全面质量管理被推向了更加科学化、规范化和标准化的阶段。

1994 年 4 月 1 日发布的 ISO 8402 将全面质量管理定义为一个组织以质量为中心，以全员参与为基础，目的在于通过让顾客满意和本组织所有成员及社会受益而达到长期成功的管理途径。通过比较，可以看出两个定义的内涵完全一致，全面质量管理的内涵包括：

(1) 具有先进的系统管理思想。

(2) 强调建立有效的质量体系。

(3) 其目的在于用户和社会受益。

知识链接

全面质量管理发展简史

全面质量管理的起源可以追溯到第二次世界大战结束以后。

20 世纪 40 年代，人类在科学技术上获得了巨大的突破，生产力水平得到了空前的发展和提高，市场竞争加剧，消费者意识开始崛起，消费者权益运动日益高涨，人们对产品和服务的质量表现的要求越来越高。人们逐渐开始意识到，光靠统计质量控制，不足以实现对质量的有效控制。质量的实现，还受到许多其他因素的影响，如员工的参与度和积极性、生产过程的合理性等。在这样背景下，全面质量管理开始兴起。

1951 年，朱兰博士将当时关于质量管理的一些重要思想和论文汇编成《质量控制手册》，后来这本书风靡全球。

同一时期，美国的贝尔实验室开展了“全面质量保证计划”（Overall Quality Assurance Plan）活动，宣传和强调从建立质量标准到产品最终处理为止的各种活动的重要性。

1956 年，美国通用电器公司的费根堡姆在《哈佛商业评论》上发表了论文《Total Quality Control》，首次提出了 TQC——全面质量管理的概念。

1961 年，费根堡姆出版了书籍——*Total Quality Control*。他认为“全面质量管理是为了能够在最经济的水平和考虑到充分满足顾客要求的条件下进行市场研究、设计、生产和服务，将企业内部各部门研制质量、维持质量和提高质量的活动整合为一体的有效体系”。质量管理由制造过程中的统计质量控制发展到了对满足顾客要求所必须关注的各方面的控制和管理。

随着全面质量管理的传播，服务业也开始普遍实行质量管理。20 世纪 50 年代后期美国一些银行、航空公司为了解决自己所面对的问题，逐步开始运用质量管理的思想和方法，并取得了很好的效果。

质量管理开始渗透到各个行业，各国也纷纷开展全面质量管理。在全面质量管理运动中，成就最为突出的当属日本。日本从第二次世界大战的战败国一跃而成为世界经济强国，并能对当时美国的经济霸主地位产生严重威胁，以及最近几十年里日本制造成为高质量的代名词，这一切都应主要归功于全面质量管理。

经过几十年的发展，全面质量管理也得到了进一步的深化。从 20 世纪 80 年代后期以来，全面质量管理由早期的 TQC 演变为 TQM（Total Quality Management）。TQM 的实质是以顾客满意、附加价值和持续改善为核心的一种全面的经营管理理念。它指的是组织以质量为中心、以全员参与为基础，目的在于通过让顾客满意和本组织所有成员和社会受益而达到长期成功的一种管理理念。TQM 强调用事实和数据说话，强调广泛应用统计方法和技术。TQM 的对象不仅包括一般意义上的产品和服务，还包括组织的所有活动、过程、人员和组织结构等各个方面。

资料来源：http：//www. qaiso. com.

2. 旅游景区全面质量管理

（1）景区全面质量管理的含义。景区全面质量管理指以质量为中心，以全员参与为基础的一种管理途径，充分调动旅游景区内各行业和全体从业人员关心产品质量的积极性；切实有效地运用现代科学和管理技术做好设计、开发、销售和服务工作，加强预防性和预见性，控制影响旅游产品质量的各种因素。推行全面质量管理的目的是通过游客满意和景区所有成员及社会受益而达到长期成功。

（2）景区全面质量管理的特点：

①全员参加的质量管理。景区中任何一个工作环节、任何一个成员的工作质量都会不同程度的直接或间接地影响景点质量和服务质量。

②全过程的质量管理。景区质量具有产生、形成和实现的过程，这些过程必须在受控的状态下排除任何偏离现象，确保景区质量。

③管理对象的全面性。景区全面质量管理的对象是广义的质量，不仅仅包括景点质量。管理对象全面性的另一个含义是：对影响景点和景区服务质量因素的全面控制。

④管理方法的全面性。根据景区不同的情况，针对不同的因素、不同的对象，灵活运用各种现代化的管理方法和手段，将众多的影响景区质量的因素系统地控制起来，提高质量水平。

⑤经济效益的全面性。除保证景区能取得最大经济效益外，还应从游客和社会的角度综合考虑经济效益问题。

(3) 景区全面质量管理的核心观点。景区全面质量管理的核心观点是：游客至上，一切凭数据说话，预防为主，以质量求生存，以游客满意为目标等。

(4) 旅游景区全面质量管理的实施：

①质量教育工作。质量教育是推行质量管理的前提条件。它包括四个方面内容：一是质量意识的教育。质量意识是员工对质量的看法和认识。通过教育，使员工认识到“质量是企业经营的生命线”，“没有质量就没有效益”；“质量只有好坏之分，而不存在较好与较差，必须追求完美”；“保证质量的最好办法就是事先预防错误的发生”；“优质服务是各部门互相协作、全体员工立足本职，共同努力的结果”。二是全面质量管理基本知识的普及教育，使员工掌握企业服务质量的基本内容和标准，了解企业质量管理的基本知识和方法，从而强化自我管理意识。三是职业道德教育，培养员工高尚的道德情操。四是业务技术教育，使员工掌握正确的技能和方法，提高业务技术和服务水平。只有全体旅游从业人员了解全面质量管理，关心全面质量管理。掌握全面质量管理，才能参加全面质量管理，从而提高服务质量，增加游客对景区的满意度。

②标准化工作。标准是质量管理的基础，质量管理是执行标准的保证。标准是对重复性事物和概念所作的统一规定，它以科学、技术和实践经验的成果为基础，经有关方面协商，由主管机构批准，以特定的形式发布，作为共同遵守的准则和依据。标准化则是在实践活动中对于重复性事物与概念实施统一标准，以获得最佳秩序和效益的活动。旅游景区的标准化是指以国家、地区、企业三者利益兼顾为目标，以重复性特征的事物和概念为对象，以管理、技术和经验为依据，参照国际惯例和国际通行标准，对景区内旅游企业制订和贯彻行业标准的一种有组织的活动。标准化的实施，利于旅游企业的经营者和从业人员明确工作质量的标准，并能参照此标准执行和检验自己工作的完成程度。

③质量信息工作。搞好质量管理，提高景区的产品质量，关键要对来自各方面的影响因素和标准执行效果有个清楚的认识，做到心中有数，因此，质量信息是质量管理不可缺少的重要依据。旅游景区在全面质量管理中，应注意掌握三个方面的质量信息：第一，员工的工作质量信息。通过旅游者的意见反馈和自我检验，及时调整与改进从业人员的服务。第二，旅游产品的设计组合质量信息。第三，国内外同类旅游产品的质量信息。

④质量责任制。要使景区的质量工作落到实处，必须建立责权利挂钩的质量责任制，

明确区内各部门、各企业以及每个员工应达到的质量目标，健全质量激励机制、质量约束机制和质量考核机制，在客观上促进产品与服务质量的提高。

（三）旅游景区 PDCA 工作循环

PDCA 循环是英语 Plan—Do—Check—Action（计划—执行—检查—处理）4 个词首字母的组合。PDCA 循环就是按照四个阶段的顺序来进行质量管理工作的（如图 8-1 所示）。PDCA 循环首先是由美国质量管理专家戴明博士提出的，因而也称戴明环，PDCA 循环不仅是一种质量管理方法，也是一套科学的、合乎认识论的通用工作程序。

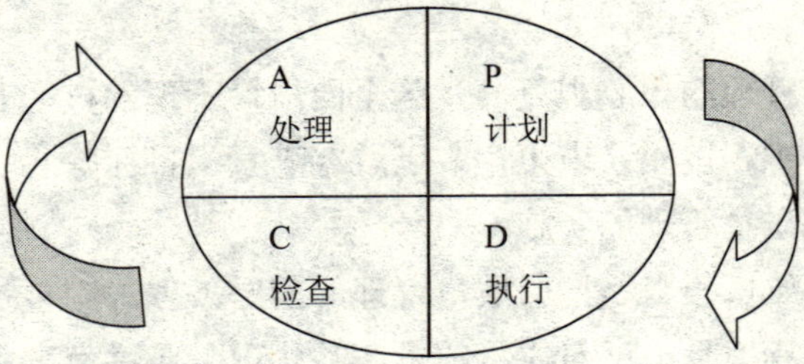

图 8-1　PDCA 工作循环示意图

1. PDCA 工作循环需要遵循以下四个阶段，八个步骤

（1）计划阶段：

第一步：分析景区质量现状，找出景区存在的质量问题。

第二步：分析影响景点质量和景区服务的因素。

第三步：从影响景区质量的各种因素中找出主要原因，解决主要矛盾。

第四步：针对影响质量的主要原因，拟订管理、技术和组织等方面的措施，提出景区质量改进活动的计划和要达到的预期效果。

（2）执行阶段。按照所制订景区质量改进的计划、目标和措施去具体实施。

（3）检查阶段。根据计划和目标，检查计划的执行情况和实施效果，并及时发现和总结计划执行过程中的经验和教训。

（4）处理阶段：

第一步：总结经验教训，修正原有的制度和标准。

第二步：将本次 PDCA 循环没有解决的问题转入下一次循环的计划阶段，为景区质量改进提供资料和依据。

2. PDCA 循环应注意的问题

（1）PDCA 循环必须按顺序进行，四个阶段既不能缺少，也不能颠倒。

（2）PDCA 循环必须在旅游景区各个部门、各个层次同时进行。旅游景区是个大的 PDCA 环，各个部门又有各自的 PDCA 环，各班组甚至个人都应有 PDCA 环，只有当这些大环套小环，并且每个环都按顺序转动前进，互相促进，才能产生作用。

（3）PDCA 循环不是简单的原地循环。每循环一次都要有新的更高的目标。每循环一次必须达到既向前推进了一步，又向上升高了一层。这意味着每经过一次循环，旅游景区的质量水平就有了新的提高。

第二节　旅游景区服务质量

一、旅游景区服务质量含义

旅游景区服务是为满足游客的需要，景区和顾客之间接触的活动以及景区内部所产生的结果。服务是以游客为核心展开的。景区服务质量是指景区服务满足明确的或隐含的游客需要的特性的总和。景区服务质量的评判具有很强的主观性，在一定的环境和道德前提下，游客根据自身的需要和期望，来评判服务质量。景区服务质量具有变动性，当游客口味改变或提高以后，自身的服务质量应随之而改变或提高。

旅游景区的服务对象是寻求愉快经历的游客，因此，旅游景区的服务质量对景区来说至关重要。旅游景区必须提供高质量的服务，通过采用严谨的策略和制度加强人员管理，来满足或超常满足现有的及潜在的游客的要求和愿望。景区服务质量的提高，可以获得更多的市场份额，并为景区每个员工提供良好的发展和工作环境。

二、旅游景区服务质量要素

对旅游景区而言，产品质量评估是在服务传递过程中进行的。顾客对质量的满意可以定义为：将对接受的服务的感知与对服务的期望相比较，当感知超出期望时，服务被认为具有特别质量，顾客表示出高兴和惊讶；当没有达到期望时，服务注定是不可接受的；当期望与感知一致时，质量是满意的。服务期望受到口碑、个人需要和过去经历等因素的影响。

1. 可靠性

可靠性是指可靠地履行服务承诺的能力。可靠的服务行动是顾客所希望的。它意味着服务以相同的方式、无差错地准时完成。在景区游览中，游客对于自己旅游经历的期望是来自于朋友的推荐或者广告宣传。可靠性的服务意味着游客能够接受到他通过朋友的介绍所能感知到的服务内容，他在景区广告宣传中所能感知到的服务等。可靠性要求景区一线员工保持一如既往的服务态度，要求一线员工与市场行销部门的沟通顺畅。即合理承诺服务，积极兑现服务承诺。

2. 反应性

反应性是指帮助顾客并迅速提供服务的愿望。让顾客等待特别是无原因的等待会对质量感知造成不必要的消极影响。出现服务失败时，迅速解决问题会给质量感知带来积极影响。在误点的航班上提供补偿饮料可以降低旅游潜在的不良感受。在景区中经常遇到的响应性问题是在旅游旺季，由于游客量过大，景区售票处拥挤不堪，购票游客总是要面临长时间的等待；在旅游热点，服务设施和人员不足以匹配过量的游客群，导致服务反应减慢。这些服务反应问题需要景区管理部门根据经验和科学的管理方法，对旅游旺季和旅游高峰期在时间上和游客量上及应配备的服务人员数量上有合理的估计和科学的管理。同时，可以借助高科技的设施设备正确地引导游客，如迪斯尼乐园在每个通往热点项目的路上或者排着的长队附近都有电子告示牌告诉游客还要等待多长的时间才能参加此项目。

3. 保证性

保证性是指员工所具有的知识、理解以及表达出自信与可信的能力。保证性包括如下特征：完成服务的能力，对顾客的礼貌和尊敬，与顾客有效的沟通，将顾客最关心的事放在心上的态度。在景区服务中，保证性的问题主要体现在接待游客投诉和处理游客纠纷上。与游客的有效沟通是合理解决纠纷和处理投诉问题的关键。有效的沟通要求员工站在游客的角度着想，往景区利益方面合理的引导才能让游客达成对景区的理解，从而实现沟通的目的，较好的解决游客投诉问题。员工的素质成为这个服务质量因素的决定因素。

4. 移情性

移情性是指设身处地地为游客着想和对游客给予特别的关注。移情性有下列特点：接近游客的能力、敏感性和有效地理解游客需求。例如，服务员为误机的游客着想并努力找出解决问题的方法。在旅游景区中对特殊游客的照顾，如各种门票减免优惠措施，为行动不便的游客提供的特殊交通服务等，都是移情性的重要表现。同样，在容易排长队等待游玩的项目附近安排各种娱乐活动和演出等，也是出于对游客需要的关注，消除游客在排队等待过程中的焦虑感。

5. 有形性

有形性是指有形的设备、设施、人员和沟通材料的外表。有形的环境条件是服务人员对游客更细致地照顾和关心的有形表现。对这方面的评价可延伸至包括其他正在接受服务的顾客的行动（如旅馆中隔壁房间喧哗的客人）。与通常所说的服务的无形性不同，有形性的提出是针对在游客游览过程中所接受到的服务所依托的有形设施设备，以及可能影响到游客旅游质量的客观环境因素，如正在消费的游客之间互相的影响等。

游客从这五个方面将预期的服务和接受到的服务相比较，最终形成自己对服务质量的判断。期望与感知之间的差距是服务质量的量度。从满意度看，既可能是正面的也可能是负面的。

三、服务质量差距模型

1988 年，美国著名的营销学家贝利等提出了服务质量差距模型的理论，他们认为企业管理过程中的五种差距会导致服务质量问题（如图 8－2 所示）。

（1）客人对服务的期望与管理人员对这些期望的认识之间的差距。产生这种差距的主要原因有：旅游企业设计服务产品时没有进行充分的市场调研和需求分析；或进行市场调研和需求分析时得到的信息不准确；一线员工了解客人的需求和愿望，但由于管理系统的障碍，这些信息没被及时地传递给管理层。

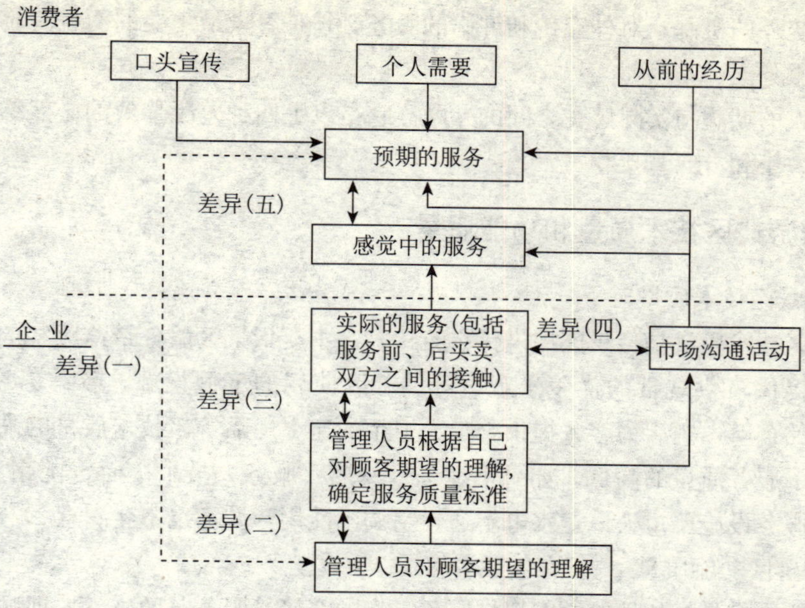

图 8-2　服务质量差距模型

缩小这一差距的策略包括改进市场调研、增进管理者与员工之间的交流、减少管理层及缩短与客人间的距离。

(2) 管理人员对客人期望的认识与服务质量规范之间的差距，或者说管理者没有建立一个能够满足客人期望的服务质量目标并将这些目标转换成切实可行的标准。这一差距由以下原因造成：旅游企业没有明确的质量目标；服务质量管理的计划性差；计划实施与管理不力，使计划流于形式。

缩小这一差距的方法是树立明确的质量目标，制订严格的质量标准；管理人员与服务人员密切配合，共同制订服务质量标准以及落实措施。

(3) 服务质量规范同服务提供之间的差距，即员工未能按照旅游企业服务质量标准和操作规范提供服务。引起这一差距的原因主要有：一是服务质量标准、操作规范不切实际，可操作性差；二是旅游企业设备设施、技术支持系统不能达到服务规范的要求；三是管理、监督、激励系统不力。

解决这一问题的方法有：根据客人的需求和旅游企业硬、软件的实际情况制订服务质量标准，加强员工培训，提高员工素质，使其在技术、观念行为上都能够了解和适应服务质量规范的要求；改善旅游企业的监督和激励机制。

(4) 服务提供与外部沟通之间的差距，也可称为许诺和守诺之间的差距。产生这一差距的原因主要有：旅游企业对外宣传促销活动与内部经营管理、服务质量控制脱节；对外宣传促销时不客观或过分许诺；旅游企业高层管理者对市场营销活动没有进行严格控制和管理。

解决这一问题的方法是旅游企业要同时抓好外部营销和内部营销两种活动，建立内外部运转协调统一的机制；对外宣传和许诺的服务必须是客人最需要的而且是旅游企业能够完全落实的服务。

(5) 客人的期望与实际感受之间的差距。它是以上四种差距导致的必然结果，与上述四种差距的大小和方向直接相关。

四、旅游景区技术质量和功能质量

1. 旅游景区技术质量

旅游景区技术质量是指景区提供什么给顾客。主要指景区服务带给顾客的价值。例如景区为游客提供可供观赏的优美景观，可供游客使用的度假设施，餐馆为客人提供色、香、味俱佳的菜肴，酒店为客人提供干净、卫生的床上用品等。技术质量的高低，在很大程度上决定了服务质量的高低，如果下榻一家酒店，服务人员个个面若桃花，笑逐颜开，然而酒店的服务设施严重失修，水电不通，空调不能用，游客也不会满意。

2. 旅游景区功能质量

景区功能质量是指如何给游客提供服务，指顾客接受服务时的感觉，即顾客对服务的认知程度。例如，饭店服务人员上菜时的动作、旅游服务人员结账时的态度等。功能质量的好坏关键取决于客人的感觉，无论服务人员如何工作，客人的感觉总是“主观性”居多。因此，在功能质量中，主观的因素占据相当成分，功能质量的变数也相当大。

管理者必须加强对景区服务技术质量和功能质量这两方面的考虑，尽量缩短顾客期望和实际受到的服务之间的差距。

第三节　景区质量标准化管理

一、我国景区管理质量标准体系

为加强对旅游景区的管理，提高旅游景区服务质量，维护旅游景区和旅游者的合法权益，促进我国旅游资源开发、利用和环境保护，在总结了国内旅游景区的管理经验，借鉴了国内外有关资料和技术规程，并直接引用了部分国家标准或标准条文的基础之上，2003年5月1日我国正式实施了《旅游景区质量等级的划分与评定》(GB/T 17775—2003)。这一标准代替了原来1999年制定的《旅游景区质量等级的划分与评定》(GB/T 17775—1999)。新的标准根据GB/T 17775—1999《旅游景区质量等级的划分与评定》自1999年—2002年间的实施情况，在原标准基础上对一些内容进行了修订，使其更加符合旅游景区的发展实际。该标准由国家旅游局提出，由全国旅游标准化技术委员会归口并负责解释，由国家旅游局规划发展与财务司起草。

《旅游景区质量等级的划分与评定》(修订)(GB/T 17775—2003)在划分等级中增加了AAAAA级旅游景区，新增的AAAAA级主要从细节方面、景区的文化性和特色性等方面做更高要求；对原AAAAA级旅游景区的划分条件均进行了修订，强化以人为本的服务宗旨，AAAA级旅游景区增加细节性、文化性和特色性要求；细化了关于资源吸引力和市场影响力方面的划分条件。

该标准主要内容涉及景区质量等级的标志以及各等级景区应该具备的详细标准。该标准将旅游区（点）质量等级划分为五级，从高到低依次为5A、4A、3A、2A、1A级旅游景区。旅游景区质量等级的标志、标牌、证书由国家旅游行政主管部门统一制订。2007年全国首批通过了66家5A级景区。

《旅游景区质量等级的划分与评定》对旅游景区设施设备和服务进行了较为细致的规定。主要涉及的内容有：

(1) 旅游交通，包括景区可进入性、交通设施设备状况、游览线路设计、交通工具等。

(2) 游览设施设备和服务，包括游客中心设置、引导标志的设计、公众信息的发放、导游员及导游词的安排、公共信息图形的规范、公共休息设施设备设置等。

(3) 旅游安全，包括应该符合相关安全标准和规范，安全设施设备的完备性，紧急事故应对措施和设施设备等。

(4) 景区卫生，包括景区环境、相关卫生标准、公共厕所的设计、垃圾箱的设置、食品卫生标准等。

(5) 邮电服务，包括有无邮政服务，通信设施设备的布置，通信信号强弱及便捷性。

(6) 景区购物，包括购物场所的设置和管理，旅游商品销售从业人员素质，旅游商品丰富程度等。

(7) 景区经营管理，包括管理体制的科学性、管理制度的完备性、管理人员的高层次、项目管理的合法性、服务管理的针对性等。

(8) 景区资源与环境保护，包括空气环境、噪声环境、水环境、污物排放、景观保护、景区容量控制、设施设备的环保性能等。

(9) 景区资源吸引力，包括观赏游憩价值，历史文化科学价值，资源的质与量，资源的保护完好程度等。

(10) 景区的市场吸引力，包括景区品牌知晓度、美誉度、辐射能力 、品牌特征等。

(11) 景区的国内外游客年接待规模。

(12) 游客满意度的抽样调查结果。

旅游景区（点）质量等级的具体确认是依据以下三个标准来进行的：

(1)“服务质量与环境质量评价体系”。对旅游景区服务质量与环境质量的评价主要分旅游交通、游览、旅游安全、卫生、通信、旅游购物、综合管理、旅游资源与环境保护八个项目进行。

(2)“景观质量评价体系”。对旅游区（点）景区质量评价主要分资源要素价值与景观市场价值两大项目。每一评价项目分为若干评价子项目。对各子项目赋以分值，各旅游景区（点）按各评价项目及子项目的相应得分确定其等级。

(3)“游客意见评价体系”。该体系是旅游景区（点）质量等级评定的重要参考依据，包括总体印象、可进入性、游路设置、旅游安排、观景设施、路标指示、景物介绍牌、宣传资料、讲解服务、安全保障、环境卫生、旅游厕所、邮电服务、购物、餐饮、旅游秩序、景物保护等评价项目。每一评价项目分为很满意、满意、一般、不满意4个档次，并依此计算游客意见得分。

《服务质量与环境质量评分细则》、《景观质量评分细则》及《游客意见评分细则》由国家旅游行政主管部门规定。

知识链接

全国首批66家5A级旅游景区（景区按行政区划排序）

北京：故宫博物院、天坛公园、颐和园、八达岭长城。

天津：天津古文化街旅游区（津门故里）、天津盘山风景名胜区。

河北：秦皇岛市山海关景区、保定市安新白洋淀景区、承德避暑山庄及周围寺庙景区。

山西：大同市云冈石窟、忻州市五台山风景名胜区。

辽宁：沈阳市植物园、大连老虎滩海洋公园·海洋极地馆。

吉林：长春市伪满皇宫博物院、长白山景区。

黑龙江：哈尔滨市太阳岛公园。

上海：上海东方明珠广播电视塔、上海野生动物园。

江苏：南京市钟山风景名胜区——中山陵园风景区、中央电视台无锡影视基地三国水浒景区、苏州市拙政园、苏州市周庄古镇景区。

浙江：杭州市西湖风景名胜区、温州市雁荡山风景名胜区、舟山市普陀山风景名胜区。

安徽：黄山市黄山风景区、池州市九华山风景区。

福建：厦门市鼓浪屿风景名胜区、南平市武夷山风景名胜区。

江西：九江市庐山风景旅游区、吉安市井冈山风景旅游区。

山东：烟台市蓬莱阁旅游区、济宁市曲阜明故城（三孔）旅游区、泰安市泰山景区。

河南：登封市嵩山少林景区、洛阳市龙门石窟景区、焦作市云台山风景名胜区。

湖南：衡阳市南岳衡山旅游区、张家界武陵源旅游区。

湖北：武汉市黄鹤楼公园、宜昌市三峡大坝旅游区。

广东：广州市长隆旅游度假区、深圳华侨城旅游度假区。

广西：桂林市漓江景区、桂林市乐满地度假世界。

海南：三亚市南山文化旅游区、三亚市南山大小洞天旅游区。

重庆：重庆大足石刻景区、重庆巫山小三峡——小小三峡。

四川：成都市青城山——都江堰旅游景区、乐山市峨眉山景区、阿坝藏族羌族自治州九寨沟旅游景区。

贵州：安顺市黄果树大瀑布景区、安顺市龙宫景区。

云南：昆明市石林风景区、丽江市玉龙雪山景区。

陕西：西安市秦始皇兵马俑博物馆、西安市华清池景区、延安市黄帝陵景区。

甘肃：嘉峪关市嘉峪关文物景区、平凉市崆峒山风景名胜区。

宁夏：石嘴山市沙湖旅游景区、中卫市沙坡头旅游景区。

新疆：乌鲁木齐市天山天池风景名胜区、吐鲁番市葡萄沟风景区、阿勒泰地区喀纳斯景区。

资料来源：国家旅游局官方网站 http：//www. cnta. com.

二、国际通用质量标准体系

国际上通行的质量标准主要为ISO系列标准和由世界旅行旅游理事会创立的“绿色环球21”（Green Globe 21）组织的标准。其中ISO系列标准主要针对制造业，而“绿色环球21”标准则目标在于旅游景区的质量管理。

（一）ISO 9000族系列标准

质量管理是培植实施旅游景区的核心竞争力和实施可持续发展战略的基础工作和重要措施。ISO 9000标准是质量体系认证依据的国际标准。该标准由国际标准化组织（ISO）于1987年首次发布，并于1994年进行修订，2000年对ISO 1994版标准再次进行修订，目前为2000版ISO 9000标准。导入ISO 9000族标准是旅游景区避免出现质量问题、提高质量管理水平、赢得旅游者满意的客观需要和国际化大趋势。

国际标准化组织（ISO）于1979年成立质量保证技术委员会，专门从事质量保证领域国际标准化工作，于1987年改名为质量管理和保证技术委员会。由于质量管理和保证技术委员会的积极工作，1986年正式颁布第一个国际质量系列标准：ISO 8402《质量——术语》。

1994版ISO 9000标准达27项，包括术语标准、两类标准的使用或实施指南、质量保证标准、质量管理标准和支持性技术标准。其中，质量保证标准和质量管理标准是核心标准。

1. 质量保证标准

ISO 9001质量体系——设计、开发、生产、安装和服务的质量保证模式；

ISO 9002质量体系——生产、安装和服务的质量保证模式；

ISO 9003质量体系——最终检验和试验的质量保证模式。

质量管理标准包括4个标准，编号为ISO 9004。

修订后的2000版ISO 9000标准保留了5个标准，前4个为核心标准，后1个为支持标准：

ISO 9000：2000质量管理体系——基本原则和术语；

ISO 9001：2000 质量管理体系——要求；

ISO 9004：2000 质量管理体系——业绩改进指南；

ISO 19011：2000 任务和环境指南；

ISO 10012：2000 测量控制系统。

另外还包括 6 个技术报告（ISO 10006、ISO 10007、ISO 10013、ISO 10014、ISO 10015、ISO/TR 10017），3 个小册子和一个技术规范构成。其中，核心标准中的 ISO 9001 将替代 1994 版的 ISO 9001/2/3，仅在 ISO 9001 中规定了允许剪裁的范围和原则，以适应不同组织的需要。

2. 质量管理标准

为了更有效地指导组织实施质量管理，帮助组织实现预期的质量方针和质量目标，必须有一套适用于世界范围内的，可接受的质量管理理论——吸纳了国际上最受尊敬的质量管理专家的意见，整理归纳为八大质量管理原则，并应用于 ISO 9000 族标准中。

（1）以顾客为中心：组织依存于其顾客，因此，组织应理解顾客当前和未来的需求，满足顾客的需求并争取超越顾客的期望。

（2）领导作用：领导者将本组织的宗旨、方向和内部环境统一起来，并创造使员工能够充分参与实现组织目标的环境。

（3）全员参与：各级人员是组织之本，只有他们的充分参与，才能使他们的才干为组织带来最大的收益。

（4）过程方法：将相关的资源和活动作为过程进行管理，可以更高效地得到期望的结果。

（5）系统管理方法：针对设定的目标，识别、理解并管理一个由相互关联的过程所组成的体系，有助于提高组织的有效性和效率。

（6）持续改进：持续改进是组织的一个永恒的目标。

（7）以事实为决策依据：对数据和信息的逻辑分析或直觉判断是有效决策的基础。

（8）互利的供方关系：通过互利的关系，增强组织及其供方创造价值的能力。

知识链接

ISO 与 ISO 9000

ISO 是一个组织的英语简称。其全称是 International Standards Organization，翻译成中文就是“国际标准化组织”，又称“经济联合国”。

ISO 为一非政府的国际科技组织，是世界上最大的、最具权威的国际标准制订、修订组织，它成立于 1947 年 2 月 23 日。ISO 的最高权力机构是每年一次的“全体大会”，其日常办事机构是中央秘书处，设在瑞士的日内瓦。

ISO 宣称它的宗旨是“发展国际标准，促进标准在全球的一致性，促进国际贸易与科学技术的合作”。

ISO 标准由技术委员会（TECHNICAL COMMITTEES，TC）制订。ISO 共有 200 多个技术委员会，2200 多个分技术委员会（简称 SC）。

ISO 9000 是指质量管理体系标准，它不是指一个标准，而是一族标准的统称。ISO 9000 是由 TC 176（TC 176 指质量管理体系技术委员会）制订的所有国际标准。ISO 9000是 ISO 发布之 12000 多个标准中最畅销、最普遍的产品。

资料来源：岑詠霆．质量管理教程［M］．上海：复旦大学出版社，2005.

3. 旅游景区 ISO 9000 族标准的实施

（1）旅游景区实施 ISO 9000 族标准的理念。实施 ISO 9000 存在两种方式：第一种是受益者推动方式，主要是源于顾客的要求、市场的需要或扩大影响的要求实施质量管理体系，这种方式可以较快获得宣传效益和推动效益。第二种是管理者推动方式，源于管理者对提高管理的要求或预测实施质量体系。旅游景区是一种以满足旅游者多样化需求为手段、实现企业发展目标的旅游形态，适合的标准是 ISO 9002。对于旅游景区来说，ISO 9002质量体系的核心理念是：第一，着眼于服务“过程”的质量控制。第二，注重预防为主。第三，确保既定目标的实现。

深圳锦绣中华发展有限公司 1997 年 8 月导入 ISO 9002 质量认证体系，正常试运行 10 个月后，1998 年 6 月 26 日顺利通过了 ISO 9002 国际标准质量体系 19 个要素的正式认证，“锦绣中华”和“中国民俗文化村”两旅游景区的质量体系文件及具体措施达到了 ISO 9002国际质量标准要求，认证小组对试运行过程中游客对两景区服务质量的评价、公司管理层和员工的质量意识，以及敬业精神给予了高度肯定。“锦绣中华”成为全国首家通过 ISO 9002 国际质量体系认证的旅游景区，从而率先实现了 1997 年国务院《质量振兴纲要》中明确提出的“旅游等服务性行业 2010 年服务质量基本达到国际标准”的目标。

（2）旅游景区实施 ISO 9000 族标准的程序。旅游景区实施 ISO 9000 族标准的步骤，如下所述：

ISO 9000 族标准基础知识培训→ 确定认证的服务范围→ 选择质量保证模式→ 任命管理者代表→ 成立工作组→ 制订质量方针→ 体系诊断体系设计→ 制订实施计划质量体系文件编写知识培训→ 编制、颁发体系文件→ 质量体系运行→ 内部质量审核培训→ 成立内审组→ 制订、实施内审计划→ 管理评审→ 申请认证（选择质量管理模式）→ 模拟审核或预审→ 正式审核认证证书→ 审核后行动（建立内部质量体系）→ 维持、改进与完善。

（二）“绿色环球 21”系列质量体系

1. “绿色环球 21”的产生与发展

“绿色环球 21”标准体系是在 1992 年巴西举行的联合国环境与发展首脑会议上获得通过的《21 世纪议程》的框架下建立的。“绿色环球 21”理念则是由当时的联合国首脑会议秘书长、第一任联合国环境计划署署长、前任联合国秘书长安南的特别顾问——毛瑞思·斯特朗（Mauris Strong）先生提议，于 1994 年由世界旅行旅游理事会（WTTC）正式创立。

“绿色环球21”（简称GG21）是目前全球唯一的旅行旅游行业世界性认证体系，是公认的企业/景区可持续旅游的形象标志，当今世界上唯一涵盖旅游全行业的全球性可持续发展标准体系，其目标是在全球范围内改善旅行旅游行业的环境、社会和文化形象，增强旅游企业/景区对环境和社会的责任，以及让公众了解该企业/景区对环境与社会和谐发展的承诺。

实施“绿色环球21”认证是为了帮助旅游企业和旅游景区改善环境质量、保护当地自然与文化遗产、促进地方经济建设、改善当地人民生活质量和吸引游客，并在《21世纪议程》的框架下推动旅游业蓬勃健康发展。

2.“绿色环球21”标准体系

“绿色环球21”拥有针对各个旅游部门的一系列指标体系（目前已有25个），要求企业/景区根据这些可持续性操作指标进行达标评估，只有达到基本要求才能进行最后评审，“绿色环球21”的标准体系涵盖四大类：

（1）旅游企业标准（针对宾馆饭店、餐馆酒吧、度假村、旅游教育/管理部门、架空索道、航空公司、飞机场、旅游交通公司、租车行、游轮游船、会议中心、展览中心、农家乐、高尔夫球场/俱乐部、游船码头、旅游列车、旅游公司、旅行经销商、节庆活动、旅游景点、旅行车野营地、游客中心和葡萄园/酒厂）。

（2）旅游社区标准（针对旅游区、景区、市县乡镇等行政区）。

（3）旅游设计和建设标准（针对建设中的旅游景点与设施设备）。

（4）生态旅游标准（针对生态旅游产品）。

作为一种旅游产业的自律机制，“绿色环球21”是目前全球旅行旅游业公认的可持续旅游标准体系。“绿色环球21”成为全球100多个国家、1000多家旅游企业的共同选择。成员单位涵盖旅行社、宾馆饭店、度假村、机场、航空公司、风景区、森林公园、自然保护区、观光缆车、会展中心、博物馆、城镇社区、旅游学院和政府旅游行政管理部门等。

加入“绿色环球21”认证的企业在为保护环境作出积极贡献的同时，也取得了更好的经济和社会效益。效益增加的主要原因之一是通过节约各种资源减少了经营成本。效益增加的另一个主要原因是通过更好的环境和社会可持续发展获得了全社会的认可并吸引了更多的游客。

3.“绿色环球21”认证在国内外的发展现状

（1）“绿色环球21”在国外的发展情况。作为旅游行业的自愿性标准，“绿色环球21”是目前旅行旅游行业唯一全球性公认的可持续旅游标准体系。迄今，全球有100多个国家和1000多家旅游企业已经通过“绿色环球21”认证。其中包括新加坡航空公司、印尼巴厘岛旅游度假区、澳大利亚黄金海岸机场、悉尼机场、马来西亚机场、英国万豪酒店集团、澳大利亚Binna Burra生态度假村和Skyrail观光缆车公司。全球知名的酒店品牌如希尔顿、喜来登、万豪、索非特、卡尔顿、洲际、梅丽亚等旗下的数家酒店和度假村也已加入“绿色环球21”认证行列。

目前，在国外，"绿色环球 21"认证已覆盖旅行社、宾馆饭店、度假村、机场、航空公司、风景区、森林公园、自然保护区、观光缆车、会展中心、博物馆、城镇社区、旅游学院和政府旅游行政主管部门等各种类型的组织，并与很多国家政府形成策略性联盟，并得到其在政策和资金上的支持。

(2)"绿色环球 21"认证在中国。在中国，越来越多的企业认识到保护环境和实施可持续发展的重要性。为进一步改善自身环境和社会形象，提高国际竞争力，旅游企业需要一种适合于本行业特点的认证标准。因此，"绿色环球 21"获得国内许多高素质旅游企业的关注，目前，国内已经获得"绿色环球 21"认证的企业包括国家级风景名胜区、宾馆饭店、度假村、博物馆等。如四川九寨沟国家级风景名胜区、黄龙国家级风景名胜区、广汉三星堆遗址博物馆、蜀南竹海国家级风景名胜区，浙江世界贸易中心大酒店、深圳圣延苑酒店等。

同时，"绿色环球 21"认证项目也得到了国内有关政府机构的关注。2002 年，国家环保总局与"绿色环球 21"签订合作协议，并在业务和技术上进行支持和试点工作。

4. 通过"绿色环球 21"质量认证对于景区的意义

(1) 节省运营成本。"绿色环球 21"标准要求景区对运营中的能源和物资消耗进行优化设计、通过减少能源消耗、减少废弃物总量、减少淡水用量以及通过综合系统的处理方法可以大大提高景区中的资源利用率，从而达到节省成本之目的。

(2) 增强景区竞争力。"绿色环球 21"作为唯一的旅游行业世界性认证体系，可以向所有利益相关团体与个人证明企业的环境实施成效。"绿色环球 21"认证体系在未来很可能是道德投资者和理性旅游者评价一个景区质量优劣的决定性因素。

(3) 促进市场推广。在世界范围内，游客已经越来越关心环保问题和旅游景区对待环保问题的态度。景区如果能够承诺应用可持续旅游原则和实践进行经营活动，尤其是利用"绿色环球 21"这个唯一的旅游业世界性环境认证品牌，那么它就能在新型市场上占据制高点，获得旅游者的信赖和认可。

(4) 改善环境。"绿色环球 21"通过推动可持续旅游为我们的地球家园创造更好的环境。每一个景区通过实施该标准而产生的对环境的改进可以直接改善我们的生活环境。

(5) 改善社区关系。"绿色环球 21"积极鼓励景区加强与当地社区的联系，这也是"绿色环球 21"标准的关键内容，并在评估中给与特别重视。尤其是"绿色环球 21"要求景区将他们获得的"绿色环球 21"证书或认证合格证书公开展示，景区取得的环境实施成效也向社区广为宣传。

(三) ISO 14000 系列标准

1. ISO 14000 标准产生的背景

随着全球工业的不断发展，全球性环境问题越来越突出。20 世纪人类出现了八大公害事件，即比利时马斯河谷事件、美国多诺拉事件、美国洛杉矶光化学烟雾事件、英国伦敦烟雾事件、日本四日市哮喘事件、日本米糠油事件、日本水俣病事件、日本痛病事件，这些公害事件使大批居民非正常死亡。因此，环境问题日益成为人们关注的焦点。随着可持续发展观念的提出，全球各领域，特别是工商业界逐渐认识到可持续发展和保护环境是自身应尽的义务。

为此，1993 年 6 月 ISO 组织成立 ISO/TC 207 环境管理技术委员会，并在 ISO 9000 系列标准的基础上推出了一套环境管理标准，即 ISO 14000 系列标准。目前，该标准已经成为世界上最全面和最系统的环境管理国际化标准。

知识链接

什么是 ISO 14000 标准

ISO 14000 系列标准是由国际标准化组织（ISO）第 207 技术委员会（ISO/TC 207）组织制订的环境管理体系标准，其标准号从 14001～14100，共 100 个标准号，统称为ISO 14000系列标准，它是顺应国际环境保护的发展，依据国际经济贸易发展的需要而制订的。目前正式颁布的有 ISO 14001、ISO 14004、ISO 14010、ISO 14011、ISO 14012、ISO 14040五个标准，其中 ISO 14001 是系列标准的核心标准，也是唯一可用于第三方认证的标准。

资料来源：http：//baike. baidu. com/view/115534. htm.

2. ISO 14000 标准的内容

ISO 14000 是国际标准化组织（ISO）第 207 技术委员会（TC 207）从 1993 年开始制定的一系列环境管理国际标准，它包括了环境管理体系（EMS）、环境管理体系审核（EA）、环境标志（EL）、生命周期评价（LCA）、环境绩效评价（EPE）、术语和定义（T&D）等国际环境管理领域的研究与实践的焦点问题，向各国政府及各类组织提供统一、一致的环境管理体系、产品的国际标准和严格、规范的审核认证办法。

环境管理体系是全面管理体系的组成部分，包括制订、实施、实现、评审、和维护环境方针所需的组织结构、策划、活动、职责、操作惯例、程序、过程和资源。

3. ISO 14000 标准的基本要求和特点

（1）ISO 14000 系列标准的基本要求如下：

①要求建立文件化的环境管理体系。

②制订环境方针，作出环境保护的承诺。

③识别企业的环境因素，制订目标指标以改善环境状况。

④要求污染预防，持续改进；遵守法律法规。

⑤针对企业的重要环境岗位，建立作业程序加以控制。

⑥注重各方面的信息沟通。

⑦要求对紧急突发事件，建立应急和响应计划。

（2）ISO 14000 系列标准的特点如下：

①注重体系的完整性，是一套科学的环境管理软件。

②强调对法律法规的符合性，但对环境行为不作具体规定。

③强调污染预防，持续改进。

④要求对组织的活动进行全过程控制。

⑤广泛适用于各类组织。

⑥与 ISO 9000 系列标准有很强的兼容性。

案例一

"绿色环球 21"：四川风景独好

2005 年 1 月 28 日，九寨天堂国际会议度假中心接到"绿色环球 21"组织通知，自 2005 年 1 月起，该组织确认九寨天堂国际会议度假中心通过"绿色环球 21"认证。至此，我国有了 6 家景区、博物馆和宾馆通过了"绿色环球 21"认证，其中四川独占 4 席，它们分别是四川九寨沟黄龙国家级自然保护区、四川三星堆遗址博物馆、四川蜀南竹海国家级风景区、九寨天堂国际会议度假中心（省外两家分别是浙江世界贸易中心大饭店、深圳圣廷苑酒店）。

"绿色环球 21"认证组织对四川省众多旅游景区、宾馆、博物馆的青睐和认可，标志着四川又向旅游大省和生态大省的目标大大迈进了一步，标志着四川省旅游服务业软硬件水平全面与国际接轨，又上了一个新台阶。

1. "绿色"考试——好严

作为一种旅游产业的自律机制，"绿色环球 21"是目前全球旅行旅游业公认的可持续旅游标准体系，目前在全球 100 多个国家的旅游景区推行。由于其科学、严谨的认证考察，对要求认证的旅游景区、宾馆要求近于苛刻，业内称之为"绿色"大考。

2005 年 1 月 4～7 日，"绿色环球 21"派遣以斯坦·罗杰斯先生和凯瑟琳·李明女士为成员的认证专家组，按照"绿色环球 21"旅游企业标准前来四川九寨天堂国际会议度假中心进行现场评估。专家组在为期三天的评估工作中，既有现场文本核对、关键人员面谈以及巡检，也有深入的抽查和监测，其范围包括了九寨天堂国际会议度假中心的各大经营场所及辅助设施，甚至包含了员工宿舍、气站、自来水厂、污水厂、锅炉房、停车场以及维修区和相关道路。

"你们这一带的藏獒怎么样？我的嗅觉肯定比它要强多了。所以，不要和我玩捉迷藏，没有任何地方能瞒得过我。伙计们，你们自己小心喽！"斯坦·罗杰斯先生把严厉的提示藏在诙谐的话语里，把细致的标准寓于一丝不苟的考察中。为了获取真实的第一手资料，不顾高原严寒和大雪纷飞，四处拍照取样，对九寨天堂员工进行全方位访问记录。由于他本人对油漆涂料等化学物品的使用和处理非常敏感，就是车辆或设备上滴落下来的废机油和润滑剂也绝不放过，每每一有蛛丝马迹都要细问究竟。这位专家先生不止一次对九寨天堂员工说：虽然专家组着眼于环保因素的控制，但是对员工的劳动安全健康以及各项法规政策执行落实方面也非常关注。

省内已经获得认证的三星堆博物馆、蜀南竹海景区等相关负责人，在谈到“绿色环球21”认证时，都禁不住连连摆手：这个认证太累了，准备工作长，培训要求高，通过认证很不容易。

2. 以人为本——核心

“我们所有工作的出发点和落脚点，就是以人为本，促进旅游的可持续发展。”“绿色环球21”的专家罗杰斯先生和理查胡贝尔先生，都曾多次来川参与考察认证和评审工作，他们在谈及“绿色环球21”及其“以人为本”的政策理念时，举了一个十分生动形象的例子：“绿色环球21组织，经常讲的就是踏踏实实地实践和改进。要说以人为本，我可以给大家举一个例子——罂粟比起常规的粮食种植来说，肯定就要环保得多——稀薄的土地也可生长，不会产生对化肥的需求；抗病虫害，免去了农药的使用；能保全生态体系。可是，“绿色环球21”由于自身就是以人为本的，离开了人类去谈舒适而安全健康的生存环境完全就没有意义，而且从法律和道义方面来讲，也绝不允许那样做的！”因此，按照以人为本的观点，四川省九寨黄龙景区、蜀南竹海、三星堆博物馆、九寨天堂等除了环境、服务等受到大考外，它们的劳动安全健康保护以及对法律法规的执行，都经受了一次国际水准的检验！

这项认证本身也不是终生制的。四川省旅游行业协会有关人士这样表示，按照“绿色环球21”组织有关章程规定，通过“绿色环球21”认证的相关旅游景区、企业等必须每年接受该组织的年审，年审不合格者，下课。2005年年初四川省个别景区在年审中因一些局部问题就曾受到该组织的责难。

3. 两个效益——双丰收

从几大获得认证标志的单位反馈的信息显示，通过“绿色环球21”认证的景区和企业都获得了社会效益和经济效益的双丰收。

譬如三星堆博物馆以认证为契机，先后通过温室气体排放控制、能源的管理、非再生能源的管理、废气物最少化管理措施、污水的管理等一系列环境整治措施的实施。而三星堆博物馆也惊奇地发现，随着一系列措施的执行，该馆利润增加了，形象得到了改善，取得了良好的社会效益和经济效益。

蜀南竹海有关人士表示，“绿色环球21”认证，不但提高了知名度，也提高了景区的经济效益。九寨天堂国际会议度假中心通过绿色认证，总裁陈萍认为，打造像“达沃斯”一样的国际旅游胜地的信心更足了。

资料来源：http：//www.sichuandaily.com.cn/2005/02/05.

案例分析

“绿色环球21”（简称GG21）是目前全球唯一的旅行旅游行业世界性认证体系，是公认的企业/景区可持续旅游的形象标志，当今世界上唯一涵盖旅游全行业的全球性可持续发展标准体系。四川省旅游景区积极申请通过“绿色环球 21”质量体系认证。通过此认证，提高了旅游景区的综合实力与竞争力，获得了较好的社会效益和经济效益。

案例二

千岛湖景区优化旅游服务质量

千岛湖景区 2007 年被列入中国旅游强县创建试点县后，除了在硬件设施加大投入外，也非常注重旅游服务质量的提升，全面整顿旅游市场秩序，推出了一系列旨在优化旅游服务质量的举措，全力打造品质旅游。

推行“四化”，优化千岛湖景区游览质量。一是服务标准化。制订和推行《千岛湖景区游船艇服务标准》，统一语言、统一着装、统一服务内容和程序。二是游览规范化。规定游览的景点、游览的线路、游览的时间。三是景区数字化。所有游船艇、景点都装备监控设备，由景区统一监控，一旦发现服务质量问题，立即下令整改和处罚。四是管理一体化。从码头到景点、景区的旅游经营服务都归景区综合管理处管理，保证旅游服务质量。

“四大机制”构筑旅游质量保障体系。一是建立行业自律机制，制订诚信合约，建立旅游企业诚信评价制度，建立旅游业信誉档案。对旅游企业进行诚信考核。二是建立挂牌机制。由旅游协会、消费者协会、物价协会等推广“旅游消费推荐场所”，统一挂牌。三是建立限价机制。会同工商、物价建立宾馆酒店房价、餐饮等限价机制。四是建立监察机制。设立旅游投诉中心，设立统一的旅游投诉电话；建立旅游监察大队。分别设立景区和城区监察中队，监管旅游服务秩序、服务质量、打击尾随兜售人员，维护旅游形象。

资料来源：华东旅游报，2007-09-04.

案例分析

旅游景区的服务对象是寻求愉快经历的游客，因此，旅游景区的服务质量对景区来说至关重要。旅游景区必须提供高质量的服务，通过采用严谨的策略和制度加强人员管理，来满足或超常满足现有的及潜在的游客的要求和愿望。景区服务质量的提高，可以获得更多的市场份额，并为景区每个员工提供良好的发展和工作环境。

千岛湖景区采取措施提高服务质量，使景区服务质量的可靠性、有形性、反应性、移情性、保证性等这些要素能够满足旅游者的期望和需求，来提高旅游者的满意度，给千岛湖旅游景区树立良好的旅游形象。

本章小结

质量是景区管理的生命线。本章根据质量管理的相关理论，剖析了旅游景区质量的概念、构成、特性，着重介绍了旅游景区质量管理的方法，包括全面质量管理和PDCA循环的方法；旅游景区服务质量是旅游景区质量管理的重要组成部分，根据服务质量管理的相关理论，本章阐述了景区服务质量的要素，景区服务质量差距模型，旅游景区的技术质量和功能质量；最后介绍了景区质量的标准化管理。

复习思考题

1. 简述旅游景区概念、构成及特性。
2. 简述旅游景区全面质量管理的含义及特点。
3. 查找相关资料，阐述旅游景区如何实施全面质量管理?
4. 简述旅游景区PDCA工作循环的四个阶段、八个步骤。
5. 旅游景区PDCA工作循环应注意哪些问题?
6. 简述旅游景区服务质量要素的基本内容。
7. 阐述旅游景区服务质量差距模型。
8. 举例说明旅游景区的技术质量与功能质量。
9. 阐述质量管理的八项原则。
10. 查找相关资料，论述ISO 9000系列标准、“绿色环球21”、ISO 14000系列标准在旅游景区中的应用情况。

第九章　旅游景区设施维护与管理

本章导读

旅游景区设施的维护与管理是保证旅游景区各种活动正常进行的关键，是对各旅游要素（吃、住、行、游、购、娱）的综合协调的需要，是旅游景区经营管理的重要组成部分。旅游景区设施的种类繁多，涉及面广，不同的设施在管理上均有严格的要求。旅游景区需要高度重视设施的前期管理、服务期管理及安全等方面的管理，以保证景区设施的良好运行。通过本章的学习，要求学生认识旅游景区设施的类型，了解旅游景区设施的要求及特点，并掌握景区设施设备维护及更新改造的管理。

第一节　旅游景区设施的类型与要求

一、旅游景区设施的概念及分类

旅游景区设施是景区为游客提供游玩、休闲和观赏的硬件部分，指构成景区固定资产的各种物质设施。它是景区服务人员提供旅游服务，进行服务活动的生产资料，是旅游景区从事经营活动为旅游者提供服务或者其他旅游产品的物质基础。

根据旅游景区设施的不同用途，可以将其分为四大类：旅游景区基础设施、接待服务设施、游览服务设施以及娱乐、游憩设施。

二、旅游景区基础设施和要求

旅游景区基础设施主要指为游客提供公共服务的物质工程设施，一般具有建设投资大、周期长的特点。主要包括交通设施、给排水及排污设施、电力及通信设施、绿化设施、建筑设施、安全防范设施与卫生设施等。

（一）交通设施

旅游景区交通设施主要包括专用停车场（码头）、景区内部交通道路以及运输设施。

1. 旅游景区停车场的建设及相关服务设施要求

（1）旅游景区停车场的规模建设要求。停车场面积的规模应根据旅游景区游客接待的容量合理建设。

停车场地面应该平整、坚实。根据景区情况停车场地面可以分别建设为生态停车场、硬化或黑化地面、砂砾地面、泥土地面。生态停车场系是指有绿化停车面或绿化隔离线的停车场，或者使用生态型或环保型建筑材料修建的停车场。

停车场的建设要注意美观，要与景区景观相协调，具有特色或文化性。如：在人文景观为主的景区，停车场设施及建筑应与景区建筑风格及特点相一致，与景区景观融为一体，做到既美观又协调；而自然生态景区则最好建设生态停车场。

(2) 停车场的服务设施要求。停车场须设立停车线，以便汽车按车位停车。要对每个车位进行编号，以方便停车服务和车辆管理。停车场应进行分区，一般分为大车停车区和小车停车区。大车停车区主要是供大型旅游车、大型公交车和卡车停放；小车停车区主要提供轿车、中巴车等小型汽车停放。

为了使车辆有序出入停车场，须设立明显的回车线以及方向引导指示标识，做到标志规范、醒目、美观，使司机能够根据指示有序出入。回车线主要采用地面硬化指示或灯光指示两种方式设立。按 LB/T 001—1995（旅游饭店用公共信息图形符号）设置停车场的标志。

景区停车场一般要分别设立出口和入口，以方便车辆进出，同时便于停车场管理人员对进出车辆进行服务和管理。停车场一般还需要设专人值管。

按照消防要求及规定，停车场须设立数量足够的消防设施设备，以便在发生火灾时能及时灭火。另外，保安部必须定期检查防火、灭火装置及设备，并训练停车场管理人员掌握灭火设备的使用方法和灭火技能。

(3) 船舶码头建设及要求。在水域游览区，根据水域面积及景区容量合理布局、建设游船码头。保证航线水域畅通、清洁。航道布局合理、顺畅，观赏面大。

2. 旅游景区内部交通道路建设要求及服务设施

旅游景区内部交通道路主要包括景区主要干道和步行游览道路。

(1) 主要干道建设及服务设施要求。旅游景区内主要干道主要用于景观间的游客运输和供应运输，要求道路地面平整，符合行车安全需求。

景区主干道服务设施主要包括：各景观点设立的供游客上、下车站牌及车站；根据道路情况设立的交通标志等。

(2) 步行游览道路建设及服务设施要求。景区内部道路以步行为主。旅游景区内各个景观内的道路一般以步行为主，可适当建设车行道。游道设计要注意景观组合。要求游览道路建设做到入景、展开、高潮、结尾。入景要新奇，引人入胜；展开即在景象特征、景观类型、游览方式和活动上不断变换，起伏跌宕，使游客流连忘返；高潮是在游览中使游客感受到最集中、最突出、最具有特色的景观，应利用游览线路对主景进行泄景，使之若即若离，待成熟时达到高潮效果；结尾，游客游览结束时，感到回味无穷。

重点景观要尽量使游客能多角度观赏。游览线路对反映主题的景物应多设计几个观景点，从不同角度重复观赏，以强化游客的感受。游览线路应选择最佳观赏点，有最佳的视角和距离，以扬景观之长，避景观之短。

游览线路宜曲不宜直，宜险不宜夷，宜狭不宜宽，宜粗不宜平。景观游览线可设置多条。通过不同游道，为不同年龄、兴趣爱好的游客提供多元选择。线路尽量为环形。避免走回头路，使游客有新奇感。对每个景观的游览线路都需要有进口和出口，以利于游客疏散。

应尽量采用生态型建设材料。如木板、竹板、卵石、石板等，修建生态或仿生态游步道，以利于生态和环境保护。游步道设计还要注意突出特色，有文化性效果，体现地方及民族特色。

适当配置服务设施。根据游览线路的长度和攀登高度，适时设立休息点；游览道路旁要设置足够的与景观相协调的垃圾箱；设置一定数量的公用电话设施；根据游览线路的情况设置箭头、指示牌、导游图等引导游览标志，特别是在游览线路的交叉口更应注意。

3. 旅游景区内部运输设施要求

旅游景区内最好使用低排放的交通工具，鼓励使用清洁能源的交通工具，如电瓶车、液化汽车等。还可以设置滑竿、轿子、人力三轮车等特色交通工具。山岳型景区可根据需要，设置缆车。

景区运输设备要求安全、整洁，外包装要与景区环境协调，体现地方特色。

（二）给排水及排污设施

为保证游客在旅游景区内顺利开展旅游活动，水是不可缺少的重要条件。在景区内必须有足够的水源或蓄水、提水工程设施，有完善的给排水干管系统设施。为保证不污染环境，还必须有污水处理设施及污物处理排放的工程设施。要求旅游景区给排水及排污设施能满足景区供水和排水的需要；污水处理设施处理过的水要能达到国家要求的排放标准。

沿景区规划道路铺设给水管道，给水管道应满足景区日常生产、生活及消防用水。加强地表水源和地下水卫生防护，地表水质均应达到国家Ⅰ类标准。坚持节约用水，推广节水型卫生洁具，通过优化调度和科学管理，减少供水过程中的漏损水量，加强对免费用水的管理，取缔非法用水。

（三）电力、通信设施

旅游景区内要有一个能保证质量、安全可靠的供电、输电网络，以及方便、快捷的通信设施，保证整个景区正常地为游客提供服务。

旅游景区的电力设施系统的基本原则是满足用电要求和安全用电。景区电力负荷分为照明用电和动力用电两部分，照明用电包括服务、工作、广告照明及家用电器等；动力部分包括水泵、娱乐设备及加工设备等。

旅游景区是满足游客游览、参观、娱乐、住宿、会议等重要活动的场所，因此景区对供电的可靠性有比较高的要求。

（1）要求保证供电的持续性，景区要自备发电机，保证景区不能长时间中断供电。

（2）要求保证供电系统运行的可靠性，一旦线路发生故障，可立即采取应急措施，不致使整个景区断电。

（3）各种电力线路应尽量埋设在地下管道中，以保持景观的完整性、美观性，这样也有利于对线路的保护。

旅游景区电话通信网由四部分组成：交换设备、传输设施、邮电系统安装的IC卡电话、移动电话基站。通信设施建设要求方便游客使用IC卡打电话及用手机与外界联系，同时要尽量使通信设施建设与景区景观相协调。

（四）绿化设施

在旅游景区内有一些绿化是为了满足功能的需要，或起到风景效应以及兼有风景效应的作用。这些既可观赏也可隐蔽、遮掩有碍景观的建筑，还可以服务于景区的绿化，也被看做是旅游景区的基础设施之一。如道路两旁的绿化、景区内的草坪、花坛、亭台楼架上的攀援植物等。

1. 绿化在景区建设中的作用

（1）草坪、花木是景区风景的素材之一。无论是以建筑、文物、山石及水体为主题的景区还是以花木、草坪为主题的景区都要进行绿化建设，美化景区环境。

（2）绿化可以丰富景点的构图。景区的山石、房屋色调单一，而绿化后配以草坪、花木可以改变景点构图，调整单一色彩。

（3）绿化给景区景点产生时空变化和生机。由于植物的花、叶随季节变化，一年中有春花、夏绿、秋叶、冬雪，因此，旅游景区的山石、建筑在旅游植物的陪衬下被赋予了变化的景致，使旅游景区四季有景、四季景异。

（4）绿化具有分割空间和隐蔽有碍景观的建筑物的功能。旅游景区常常用花木、草坪把空间划分为若干个独立的空间，便于游人游览。旅游景区中有的建筑观赏效果差，可用树木隐蔽，形成完整、美妙的观赏景观。

2. 旅游景区花木选择要求

（1）景区绿化选择花木时，以选择本地树种为主。因为本地树种容易存活，成长快，与景区特色相符。

（2）在绿化时要考虑季节的变化，合理搭配种植花木。

（五）建筑设施

景区建筑设施主要是指景区内一些公用服务设施、观赏建筑设施，如景区大门、游客中心、商业服务中心、餐馆、饭店、园林建筑、民俗建筑等，旅游景区对建筑的要求包括：

（1）建筑物占景区面积比率应控制在20%～25%。

（2）建筑物高度不能超过4～5层。

（3）建筑外形要求运用景区传统或历史的建筑风格，使建筑与景区环境相适应，体现民族性和地方性特色，并尽量使用当地的生态性建设材料建设，体现景区当地的建筑风格。

（六）安全防范设施

为了保证到旅游景区游览的游客安全，需要按规定建立消防、救护、保安、安全等一些安全设施。

（1）危险地带安全防护设施，主要包括安全防护栏、水上拉网等设施。

（2）消防、医疗救护设施，主要包括消防栓、保安设备、消防设备、医务室、医疗救护设备等。

（七）卫生设施

为了保持旅游景区环境整洁、卫生，需要建立足够的卫生设施。主要包括：

1. 旅游厕所

旅游厕所应建设在隐蔽处，但要易于寻找，方便到达，并适于通风排污的地方。厕所外观、色彩、造型应与景观的环境相协调。另外，可采用水冲式厕所或使用生态厕所。

2. 垃圾箱（桶）

垃圾箱（桶）应美观、整洁、与环境相协调，可根据景观环境特色专门设计造型。

3. 垃圾处理设施

按照国家有关规定建立垃圾处理设施，按要求处理垃圾。

卫生设施的设置应本着方便、实用和美观、协调的原则，合理安排数量和布点。做到数量充足，布局合理；造型美观，可根据景区的景观环境专门设计造型，体现旅游景区的特色，具有一定的艺术美；与旅游景区整体形象特别是相邻景观环境相协调，甚至可以在建筑设计上融为一体，内部功能具有实用性，外观形象上又可以成为景观的一部分。垃圾箱（桶）能最好做到分类设置。

三、旅游景区接待服务设施

（一）住宿设施

住宿设施主要是指旅游景区内为游客提供住宿服务的宾馆、饭店、疗养院、度假村、民居旅馆、野营地等设施。

（二）餐饮设施

餐饮设施主要是指景区内为游客提供食品、酒水饮料的快餐店、中餐厅、西餐厅、风味餐厅、咖啡厅和酒吧等设施。

（三）商业设施

除分散的一些饮食服务网点和购买食品及旅游商品的网点外，旅游景区内一般还应有一个商业服务设施较为集中、完善及标准较高的商业服务中心，以满足游客不同的购物需求。

（四）康体设施

康体设施主要是指那些为游客提供康乐、休闲服务的健身房、高尔夫球场、室内外运动场等。

四、旅游景区游览服务设施

（一）导游服务设施

导游服务设施主要是指那些引导游客在景区进行游览的设施，包括引导标志、导游全景图、景物介绍牌、标志牌、旅游信息触摸屏、游客中心设施等。

（二）游览游乐设施

游览游乐设施主要包括安全警告、标志、危险地带安全防护设施、特色交通工具、游览设施、救护设施设备等。

五、旅游景区娱乐、游憩设施

（一）水上娱乐、游憩设施

水上娱乐、游憩设施主要是指旅游景区内的浴场、游泳池、游船、游艇、垂钓池、水上乐园、漂流等设施。

（二）陆上娱乐、游憩设施

陆上娱乐、游憩设施主要是指动植物园、娱乐中心、游览车、索道、儿童乐园、博物馆、展览馆、高尔夫球场、滑雪场、狩猎场、速降、蹦极、攀岩等设施。

第二节　旅游景区设施设备管理

一、旅游景区设施设备管理概述

（一）旅游景区设施设备管理的概念

旅游景区设施设备管理是一种以旅游景区最佳服务质量和经济效益为最终目标，以最经济的设施设备寿命周期费用和最高设施设备综合效能为直接目标，动员全体人员参加，应用现代科技和管理方法，通过计划、组织、领导、控制等环节，对设施设备系统进行综合管理的行为。

（二）旅游景区设施设备管理的意义

游客在旅游景区除了游览观光之外，还要关心在景区是否能够享受到良好的食、住、行、游、购、娱等服务，景区要实现这些服务，离不开完善良好的旅游设施设备。所以加强旅游景区设施设备管理，使其经常处于良好的状态，不断合理地使用、改造、更新设施设备，是实现优质服务，保证景区正常经营活动的基本条件。设施设备管理是旅游景区服务与管理的一项重要内容，其管理的意义主要表现在以下几个方面。

1. 直接影响景区服务质量

旅游景区是以提供旅游服务为主的经济单位，满足游客的需要，使游客满意，是旅游景区经营服务的宗旨。对设施设备的成功管理，能够使所有的设施设备得到合理的配置，并通过及时地更新改造、维修保养保持设施设备的先进性，使游客能够在愉快舒适的环境中得到充分的消遣娱乐，旅游景区设施设备的功能发挥是一个优秀旅游景区优质服务的重要标志。

2. 影响景区经济效益

采用设施设备的科学使用方法、根据设施设备的特点制订设施设备的保养计划、维修制度，可以起到减轻设备磨损、促进资产保值、降低企业成本的作用，对企业获得长期、良好的经济效益具有十分重要的意义。

3. 设施设备的安全直接影响着景区的声誉

设施设备管理是保证游客安全的必要手段。保证游客的安全是第一位的，只有在保证游客安全的基础上，才能创造经济效益，提升景区的知名度。安全有效的设施设备，有利于旅游景区客源的稳定，有利于对旅游景区形象进行宣传。良好的设施设备运行状态，是景区服务质量的保证。

（三）旅游景区设施设备管理的特点

由于旅游景区必须适应市场的不断变化，满足游客的需求，所以，旅游景区设施设备管理有其独特的特点。

1. 综合管理能力强

旅游景区设施设备投资额大，维护保养费用高，而且设施设备种类多，这就要求管理者的管理能力要强，否则将很难管理好旅游景区的设施设备。

2. 技术水平要求高

旅游景区设施设备越来越先进，结构越来越复杂，对设备的操作人员和修理人员的要求也越来越高。这就要求景区管理人员要加强对员工的培训，使他们能操作和维修先进的设施设备，保证景区各种设备的正常运转。

3. 管理效率要求高

旅游景区的设施设备往往是为游客提供服务使用的，这就要求这些设备不能出现故障和缺陷，一旦出现问题，必须立即修复。景区对设施设备的维修工作一般有具体的时间限制。所以，管理者必须高效率、高质量地组织员工排除设施设备的故障，使游客满意。

（四）旅游景区设施设备管理的任务

1. 保证所有设备正常运转

设施设备管理的重要内容之一，就是通过建立科学的管理体系，聘用技术过硬的人才，保证所有设备在营业时间内能够正常运转，对出现的故障要及时清除，因为任何的设备故障或运转不正常都会引起营业收入的减少和景区形象的损坏。

2. 制订科学的设备保养计划和维修制度

设施设备的维修和保养关系到设施设备的使用寿命。设施设备管理人员必须了解所有设施设备的性能和使用要求，采用科学的设备使用方法、操作规程、各级保养计划和及时维修制度，尽量延长设施设备的使用寿命，从而降低企业的经营成本，提高经营效益。

3. 对设施设备进行更新改造

为了保证景区对目标市场的吸引力，景区必须不断地追求设施设备的先进性，因此，景区应根据市场竞争状况以及自身的情况，对原有设施设备不断进行更新改造，以提高景区的竞争力。

4. 对设施设备进行安全管理，保障游客生命、财产的安全

良好的设施设备运转情况是游客生命、财产安全的重要前提基础。景区经营者必须高度重视景区的安全生产状况，时刻注意景区设施设备的使用、维修状况，确保景区设备良

好的运行条件，保证设施设备运转正常，确保安全。

二、旅游景区设施设备的前期管理

旅游景区设施设备的前期管理工作，是指在旅游景区向游客开放之前对在景区内设置什么样的设施、设置地点、规模大小等的决策过程。做好前期管理工作，可以为今后设施设备的运行、维护、维修和更新等管理工作奠定良好的基础。旅游景区设施设备前期管理的基本内容，主要包括设施设备的规划，设备的选购、安装、调试等方面的管理。

（一）旅游景区设施设备的规划

旅游景区设施设备的规划内容包括：设施设备方案的提出、市场调查研究、投资决策和编制计划。

1. 设施设备方案的提出

景区设施设备的设置方案是根据景区的特色、当前游客的需求以及景区经营方针制订出来的。设施设备的设置要遵循“技术上先进、经济上合理、经营上可行”的原则，要适合游客的需求和景区的实力。

2. 市场调查研究

根据提出的设施设备设置方案，要进行技术、经济综合分析和对各种方案的比较论证，并要对市场进行调查研究，掌握详细而准确的市场调查研究资料。调查研究的内容主要有以下几个方面。

（1）景区方面。现有设施设备的利用率和潜力情况、安装设施设备的环境条件、能源和材料供应情况、资金来源、操作和维护的技术水平及人员配备。

（2）设施设备建设和制造方面。设施设备建设和制造方面的技术水平、信誉情况、售后服务情况、设施设备的规格和技术性能、设备供应状况等。

（3）费用方面。设施建设价格、设备售价、安装费、培训费、经营成本、修理、折旧费等。

3. 投资决策

景区管理者根据调查研究的材料，结合本旅游景区的经营方针、景区旅游资源特色以及现有资金和能源供给等方面的实际条件进行综合分析，从多个可行方案中选出最佳方案，作出最后投资决策。

4. 编制计划

投资方案获得批准后就要由景区设备管理部门会同有关部门组成建设购置小组，编制方案实施计划。计划内容包括：设施建设进度、施工原材料的供应、设备购置和安装调试进度、施工队伍的协调和组织、水电和交通等条件的配合，并根据各阶段进度安排，定出资金使用情况。

（二）设备的选购

设备选购是指新建景区景点时的设备购置和经营过程中的设备更新购置。设备的购置应根据景区的发展目标，有计划地进行设备的增添和更新改造。由于设备投入的资金较多，使用期限较长，对景区的经营活动影响较大，关系到企业的经济效益和长远发展，所以选购设备时应进行充分的调查研究，对多种方案进行经济技术论证，比较设备的寿命周期和综合效益，根据具体需要，作出科学的购置决策。具体购置设备时，应从以下几个方面去把握。

（1）适应性。景区设备的选择首先要考虑是否适应当前市场的需求，能否满足旅游者的游览要求。

（2）安全可靠性。景区设备的安全可靠是景区声誉和效益的重要保障，必须放在突出地位。因为设备的安全与否直接关系到游客的人身安全，也关系到景区工作员工的人身安全，所以选购设备时要特别注意设备的安全可靠性。

（3）方便性。选购的设备的使用要灵活方便，能适应不同的工作条件和环境，并能减轻操作者的劳动强度，改善劳动条件。同时，还要方便修理，能够保障景区以最少的时间修理有故障的设备，以避免游客的反感和抱怨。特别是那些直接供游客使用的设备更应如此。

（4）节能性。采购设备时，应注意其节能性。节约能源不仅能够促进景区环境保护，还能给景区带来直接的经济效益，因此要选用节能性好的设备。

（5）环保性，是指要避免设备的噪声和排放的有害物质对环境的污染。噪声会影响游客的游览，有害物质会对游客以及景区环境造成污染。景区应严格按照环保的标准来选择设备，否则会给景区的正常经营及服务质量带来不好的影响。

（6）配套性，是指设备单机要与景区设备管理系统配套，以便进行技术管理。包括要考虑技术上兼容、性能上互补、管理上协调等因素。

（7）特色性。要根据景区的特色采购具有特色的设备，这样既能方便吸引游客，又可和景区特色相统一。

（三）设备的安装调试

景区设备的安装调试是影响设备今后运行效果的一个环节。无论是旅游景区自行安装，还是由供应商、厂家等专业安装单位安装，都应派工程技术人员监督其质量、进度，作好安装数据记录。验收时双方均应在现场，并办理书面交接手续。验收过程中发现问题，由设备主管部门落实解决，验收交接报告以参加验收各单位共同签订的竣工验收单为准。

设备竣工验收后，由财务部门立账，建立固定资产管理账目。设备管理部门根据设备统一编号，填写设备登记卡，记入台账。然后向使用部门移交。根据设备移交单备案后，使用部门才能启用设备。

三、旅游景区设施设备的服务期管理

旅游景区从开始接待游客起，其设备就投入了服务。从规划到施工安装、实施完工属于设施管理的前期，设施一开始服务于游客，对设施的维护和保养就是设施的服务期管理行为。设施的服务期正是各类设施设备以最经济的费用投入，发挥出其最高综合效能的最重要的时期。如果在此期间，旅游景区设施设备管理不善，不但会在经济上给旅游景区造成巨大的损失，而且还会严重地影响景区的声誉、产生负面影响。

（一）设施管理的人员系统

设施管理是以人为中心的管理。人员系统结构合理化、人员素质现代化，从根本上保证了设施管理的最佳化。它包括：

1. 管理层人员

他们承担设施管理的规划决策、制度系统的建立、计划的制订和组织实施。这一层人员是人员系统的核心，其素质的高低决定着景区设施管理的水平。

2. 运行操作人员

他们是根据规定的操作规程和管理制度负责设施管理和操作。

3. 维护检修人员

他们进行设施设备的维护检修，经常检查设施设备是否出现故障，若有故障则进行维修和及时保修。

4. 日常操作监督人员

他们主要是服务工作人员，设施的各个环节的设备需要这些具体工作的服务人员进行日常清洁维护和出现故障时及时保修。

5. 设施服务对象

设施服务对象主要是指游客，他们在消费的过程中，往往要直接和间接使用某些设施设备。服务人员应该为游客提供舒适称心的服务，还必须防止他们由于使用不当造成设施设备的损坏。

（二）设施设备的使用管理

设备在额定的负荷下运行并发挥其规定功能的过程，即设备的使用过程。在设备的使用过程中，除了应创造适合设备工作的环境条件外，还要有正确的使用方法、合理的工作规范和良好的设备维护。因此，正确使用设备是控制技术状态变化和延缓设备磨损的重要环节。

1. 设施设备使用规范管理

（1）对运行操作人员的规范化管理。运行操作人员必须学习和掌握设施设备的运行原理、结构、性能、使用、维护、维修及技术安全等方面的知识。

（2）对服务人员的规范化要求。服务人员必须参加常用设施设备的使用操作学习培训，向游客介绍设备使用方法和注意事项，对游客使用过程中的设备进行清洁维护和报修。要有明确的岗位责任规范。

2. 设施设备使用管理规章制度

设施设备使用管理的规章制度包括：运行操作规程、维护规程、设施设备运行人员岗位制度和设施设备管理表格等。建立和健全旅游景区设施设备使用管理规章制度有助于实现科学管理，消除工作中的混乱现象；有助于提高设施设备的综合效益，延长使用寿命，减少维修费用，降低能耗；有助于充分调动员工的积极性，更好地完成工作任务。

为确保管理制度的严格执行，必须坚持定期检查和考核。要搞好检查、考核工作，就要抓好三条：一是抓标准，标准是考核的依据，没有标准就会好坏不分；二是抓考核办法，考核办法是否科学，关系到考核是否正确；三是在考核的基础上奖罚要分明，该奖的必须奖，该罚的一定要罚。只有搞好检查、考核、奖罚工作，才能促进管理制度的有效实施。

3. 设施设备使用的基本要求

旅游景区设施设备数量多、分布广、使用范围大。要搞好设施设备的使用管理，就要推行“设施设备全员管理”制度，要做到谁使用，谁就要维护好。要达到这个目的，首先必须抓好设施设备操作基本功和操作纪律的培训。设备部门和操作人员的基本要求有以下几点：

(1) 对设施设备使用部门的“三好”要求，即：

①管好设施设备。每个部门必须管理好本部门的设施设备，做到设备台账齐全，设备账卡清楚，设备使用规程和维护规程完善，不得违反规定随意使用设备。重要设施设备要定机定人操作，未经领导同意，不准他人随便使用。

②用好设施设备。对所有设施设备的使用、操作必须要求相关人员严格按照操作规程使用，不得超负荷使用和不文明操作，未经培训的员工不得单独操作设备。

③保养好设施设备。设备的使用人员在使用完设备或下班前，必须对设备进行保养。对于一般设备，日常保养就是清洁、除灰、去污。设备保养还包括由工程部专业人员进行的定期保养，各部门要积极配合工程部实施定期保养计划。

(2) 对操作人员的“四会”要求，即：

①会使用。操作人员应事先熟悉每一个设施设备的用途和基本原理，学习掌握设施设备的操作规程，学会正确使用每个设施设备。

②会维护。学习和执行设施设备维护规程，做到设施设备维护的四项要求：整齐、清洁、润滑和安全。

③会检查。设备管理人员应该了解所负责管理的设备的结构、性能和特点，能检查设备的完好情况。了解设备易损坏的部位，熟悉日常点检的检查项目、标准和方法，并能按规定要求进行点检。

④会排出故障。旅游景区的工程管理部门员工及其他部门的重要设备管理责任人应掌握所有设备的特性，能鉴别设备的正常与异常情况，了解拆装方法，会作一般的调整和简单的故障排除，不能解决的问题应及时报告，并协同维修人员进行检修。

(3) 操作人员的五项纪律，即：

①实行定人定机，凭证操作制度，严格遵守安全技术操作规程。

②经常保持设施设备清洁，按规定加油润滑，做到没完成润滑工作不开机，没完成清洁工作不下班。

③认真执行交接班制度，作好交接班记录及运转记录。

④管理好工具、附件，不能遗失、损坏。

⑤不准在设备运行时离开岗位，发现异常的声音和故障应及时停机检查，不能处理时要及时通知维修人员检修。

(4) 服务人员的“两介绍”，即：

①向游客介绍设施设备使用方法并示范操作。

②向游客介绍使用设施设备的安全注意事项。

（三）设施设备的维护制度

旅游景区设施设备的维护工作必须贯彻专业管理和游客管理相结合的原则，依靠运行操作人员、检查维修人员和服务人员共同维护好设施设备，同时要取得游客的支持与合作。

建立维护制度的目的是让景区内各方人员在维护工作中有章可循、各司其职，从而真正形成设施设备的使用维护保证体系。通常将维护制度按照层次划分为：日常维护、定期维护、区域维护和计划维护等几种。

1. 日常维护

日常维护又称例行维护，是全部维护工作的基础，它的特点是经常化、制度化。对于服务设施、娱乐设施、交通设施等一些大型的设备应做到在每天工作前必须检查电源以及电器装置的安全可靠；各操纵机构正常良好；安全保护装置齐全有效；在运行中是否有异常情况；每天停工后要保持设施设备清洁。如有损坏和故障，应该及时报修。

2. 定期维护

定期维护是在日常维护的基础上，规定在一段时间内对设施设备从更深层次上进行维护，一边消除事故隐患，减少设备磨损，保证设备长期正常运行。

3. 区域维护

除了一些大型的设施外，还有部分的小型设施设备和基础设施分布在景区内各处，这就需要对这些设施划分区域维护。区域维护小组或人员要认真执行负责区域巡回检查制度，对供排水设施、照明供电、电线电缆线路、绿化设施、游步道等基础设施及一些分散的小型服务设施进行巡回检查，科学安排巡检路线，发现故障和损坏要及时报修和处理。

4. 计划维护

计划维护又称指令维护。它是以全部设施的维护任务计划为基础，通过向维护人员发出指令，维护人员根据指令完成维护任务的一种维护管理方法。

（四）设施设备的点检制度

设施设备点检是一种现代化的先进的设施设备管理方法，它是应用全面质量管理（TQM）理论中关于质量管理点的基本思想，对影响设备正常运行的一些关键部位进行经常性检查和重点控制的方法。设施设备点检的“点”就是预先确定的设备的关键部位或薄弱环节，“检”就是通过人的感官和一定的检测手段进行调查，以便及时准确地获取设备、部位的技术状况异常或劣化的信息，及早采取措施预防维修。

设施设备点检的目的是为了及时掌握故障隐患并及时清除，从而提高设施完好率和利用率，提高设施维修工作质量和节省各种费用，提高总体效益。

1. 设施设备点检的分类

设施设备点检可根据设施类型不同划分为三类：属于接待服务设施的点检为“A类点检”；属于商业服务设施的点检为“B类点检”；属于娱乐、游憩设施的点检为“C类点检”等。如此分清类别，便于管理。

在各类点检中，根据各设施的服务时间及规律划分为“日常点检”“定期点检”和“专项点检”。

（1）日常点检。日常点检的时间周期是一天，主要通过感官检查设施设备运行中的关键部位的声响、振动、温度、油压等，检查结果记录在点检卡中（如表 9－1 所示）。

表 9－1　　设备点检卡

设备名称		所属类别		点检方法	
安装地点及位置				点检周期	
检查点					
点检路线					
点检项目					
检查结果					
点检时间				点检人	

（2）定期点检。定期点检的时间周期长短按设备具体情况划分，有一周、半个月、一个月或数月不等。定期检点对象是重点设备，点检内容也比较复杂，主要目的是检查设施设备劣化程度和性能状况，查明设备缺陷和隐患，为大中修方案提供依据。定期点检凭感官并使用专业的监测仪表工具。接待服务设施内的用电设施、电梯、缆车、渡船等都是定期点检的对象。

（3）专项点检。专项点检是有针对性地对设备某特定项目，使用仪器工具进行检查。

2. 设施设备点检的作用

（1）使维修工作减少盲目性和被动性，提高针对性和主动性。

（2）设施设备点检各个项目明确并且定量化，保证维修工作质量，培养技术人员的综合分析能力和判断问题能力，提高了专业技术水平。

（3）制订严格的点检线路，使用规范化的点检表，便于实行点检考核，增强责任感，提高工作效率。

（4）采用点检记录卡，累计设备的原始资料，有利于充实和完备设备技术档案，为设施设备信息的计算机管理奠定基础。

3. 设施设备点检的方法和步骤

（1）确定设施设备检查点和点检线路，设施设备的检查点应确定在设施内一些重点设备的关键部位和薄弱环节上。

(2) 确定检查点的点检项目和标准。

(3) 确定点检的方法。

(4) 确定点检周期。

(5) 制订点检卡。

(6) 落实点检责任人员。

(7) 点检培训。

(8) 建立和利用点检资料档案。

(9) 点检工作的检查。

四、旅游景区设施设备的维修与更新

(一) 设施设备的维修

即使设施设备的保养工作完全按照计划进行，各种设施设备的自然消耗仍会不可避免地发生。自然的侵蚀、不规范的使用以及各种意外事故，都会使设施设备在运转过程中发生各种故障，使其不能正常运转。要使其恢复正常功能，就必须修复磨损，更换失效的零部件，并调整各个组成部件之间的连接关系，使之协调。这种技术活动就是设施设备的维修，是必须由专业人员实施的专业管理工作。

1. 设施设备维修类别

在景区中，设施设备的维修按维修内容和工作量大小可以划分为大修、中修、小修、项修（项目修理）和计划外修理。根据维修方式可以分为检修和事后修理两部分。

(1) 检修。检修属于预防性修理，即专业人员检测故障隐患并及时予以修理，它包括日常检修和定期检修两项内容。

①日常维修。设施设备运转状态恶劣到完全不能运转，设施设备零部件从磨损到失效，是需要有一个过程的，其故障往往是有先兆、慢慢发生的过程。景区的工程管理部门应派出专业力量每天在各个设施设备的运转过程中巡查，用听、观、触及仪器检测等手段发现问题和事故隐患，并采取果断措施及时修理。设施设备的日常监测对防止重大事故的发生是十分有效的。

②定期维修。在设施设备得到正确使用、正常保养的情况下，其自然磨损和自然老化是可以预见的。对此，每一件设施设备在购入之初都会得到生产厂家有关设备正常保养和维修的说明和建议。工程部专业人员必须根据设备的磨损规律，结合本企业对该设施设备的使用频率，以时间为基础，精心制订对每一种设施设备在各个时期必须进行的检修内容及检修方法、检修类别、检修时间、所需材料、所需人力财力等方面的维修计划。这种维修由专业人员进行，是一种周期性的工作，具有强制性，即不管设施设备是否发生故障，定期维修时间一到就必须进行检查维修。同时，这种维修与日常维修相比更具有彻底性，它不是“头痛医头，脚痛医脚”式的应急维修，而是全面检查及调整，因此常常需要一个停止营业的时段，必须周密计划，否则会使检修成本过大。

(2) 事后修理。事后修理也称故障维修，是指当设施设备出现损坏，不能正常运转或完全停止运转时的非计划性的修理。在景区中，设施设备管理部门最多的日常维修工作还是事后修理。

①事后修理的要求。包括：

a. 反应迅速。由于景区的设施设备客用性强，一旦发现故障，就必然发生请游客等待或麻烦游客变更场地、甚至是将游客困在其中等情况，这会使游客不满，影响企业声誉。更重要的是，长久的等待会激起游客投诉，使企业蒙受损失。这就要求设施设备的事后处理必须反应敏捷，即修理人员必须及时赶到，并且业务熟练，迅速修复。

b. 保证修理质量。要避免修理完毕重新使用后短期内又发生故障，特别是相同的故障。如果说处于高运转状态的设施设备出现小故障是正常现象，游客对短暂的等待容易理解的话，那么在短时间内故障（尤其是同一故障）反复出现，就不能容忍了。

c. 修后重新使用要确保使用安全。为了抢时间，使发生故障的设施设备迅速恢复使用，维修技术人员可能会认为只要使设施设备重新运转就算完成任务，而忽略了修理后的安全检查工作，从而导致对使用者造成伤害。因此，要求在修理后作好安全检查。

②事后维修的管理。包括：

a. 设施设备管理部门必须专门设置维修组，并且在营业时间内始终有值班人员，以便及时接收设施设备事故的报告，并能够根据情况以最快的速度调配维修力量，有效地进行故障排除。

b. 服务人员发现设施设备故障，向有关实施设备专业管理部门保修时，必须填写正规印制的保修单（紧急情况可以先电话通知，后补保修单），这是设施设备故障和保修的原始凭证，对设施设备管理工作十分重要。保修单中要填明需要修理的设施设备名称、安装地点、故障部位或故障表现特征、修理的时间要求、保修时间、保修部门、保修人员等。保修单至少要一式两份，由保修人员与设施设备管理部门值班人员分别签字后各留一联备查。设施设备管理部门值班人员接单后必须作好记录，并按规定直接指派人员或由管理人员根据保修单指派维修人员前往维修。在指派人员时也要用书面的任务下达单联系，下达任务者与接收任务者分别签字后各留一联，单上要明确填写维修地点、维修设备名称、故障情况、维修时间要求。

c. 必须限定从送达保修单到维修人员到达现场的时间。在制度中避免使用“尽量”“尽快”之类的词语，而应用明确的时间数字规定反应速度。如很多娱乐场所规定维修人员的反应速度为5～8分钟。

d. 每次维修任务完成后必须有反馈报告。报告上填明修理项目、故障内容、修理耗时、处理办法、修后效果和修理人，要由使用该设备的部门负责人或服务人员签字证明。若修理未达到要求，使用部门服务员可以拒绝签字。这份报告必须送设施设备管理部门保存，这也是设施设备管理的重要原始凭证。

e. 设施设备管理部门对每次维修工作都必须检查，特别是比较重要的设备维修，认真评价维修人员的工作，并作好记录。

f. 景区管理部门还应对娱乐场所的设施设备维修人员进行礼貌礼仪的训练，因为他们经常到前台营业场所执行任务，他们的行为举止如何将给游客留下深刻的印象。在营业时间内维修客用设施设备时，应尽量不妨碍客人，如有妨碍到游客的地方，应使用礼貌的态度和语言征得游客的同意，请游客原谅，使游客满意。

2. 设施设备维修策略

旅游景区必须根据自身的特点，正确制订设施设备维修策略，具体可以选择的策略是：采用维护保养——检查监测——日常小修、项修——技术改造的设备管理技术路径。对于一些小设备可放弃项修和改修，设施设备的大修项目可通过专业维修公司或设备厂家来承担。同时，景区要培养全能维修队伍，提高设施设备管理和维修的效率和质量。从发展角度看，状态监测维修（即以设施设备技术状况监测和诊断信息为基础的预防性维修方式）是设备维修的发展方向。从旅游景区的特点来看，定期维修有利于按季节气温特点安排设施设备维修工作。因此，可取的策略还是根据季节特点安排定期维修，创造条件开展状态监测维修，多种维修方式并存。

3. 设施设备修理计划的编制

设施设备修理计划编制工作的目的是安排必要的维修资源，以便以正确的方法，在预定的时间内从事预定的维修工作。设施设备维修计划分为修理任务计划和作业进度计划，从时间上考虑有年度维修计划、季度维修计划和月度维修计划三种。

（1）年度维修计划。年度维修计划指导景区全年的设施设备管理工作有条不紊地进行。从计划中可以清楚地看到景区设施设备管理部门每个季度、每个月份的维修任务。

（2）季度维修计划。季度维修计划是根据年度维修计划，结合设施设备的使用情况和维护保养状况编制的。季度维修计划是对年度维修计划的细分和补充，同时又根据情况的变化对年度维修计划给予适当地调整。

（3）月度维修计划。月度维修计划是体现季度维修计划执行进度的执行性作业计划。月度维修计划必须规定具体修理工作的日程进度。

（二）设施设备的更新改造

旅游景区设施设备的改造，是指运用科学技术的新成果和现代设施设备，改变原有设施设备的技术面貌。设施设备的更新，是以比较经济、完善的新设施设备替代物质上不能继续使用和经济上不宜继续使用的设施设备。

1. 设施设备更新的形式

（1）原样或原水平的去旧换新，即当设施设备磨损到不能继续使用的程度时，以相同的设施设备进行替换。这是一种简单的设施设备更新，在科学技术进步很快的条件下，应尽量减少这种简单的更新方式。

（2）新水平的去旧换新，即用效能更高、性能更完善的先进设施设备，取代技术上不能继续使用、经济上不宜继续使用的陈旧设施设备，这是设施设备更新的主要形式。通过先进的设施设备更新，才能不断提高旅游景区的技术装备水平，为游客提供更好的服务。

2. 设施设备更新改造应注意的问题

（1）制订设施设备更新规划时，应有计划、有重点、有步骤地进行。注意克服服务工作中技术上的薄弱环节，提高综合服务能力。

（2）把设施设备更新和设施设备现代化改装结合起来。

（3）做好更新过程中旧设施设备的利用工作。对替换下来的旧设施设备，尽量采取改装使用、降级使用、有偿转让或拆卸、利用主要零部件等方法，以充分发挥老设施设备的剩余潜力。

（4）讲求经济效益，作好设施设备更新的技术经济分析工作。

3. 设施设备使用期限的确定

设施设备的更新是全部恢复设备的使用价值和价值。在实际工作中，因为既要及时更新过时的设备，又要节省景区的开支，所以要合理确定景区设施设备的使用期限。其使用期限通常由如下一些因素来确定。

（1）设施的使用频率及磨损程度。

（2）设施的维修保养状况，设施使用不当、浪费等可能性的大小。

（3）旅游景点及设施设计标准的高低等。

一般旅游设施设备的使用期限如表 9－2 所示。

表 9－2　　景区设施设备使用年限

主类别	亚　类		使用年限（单位：年）
房屋、建筑物	房屋	营业用房	20～40
		非营业用房	25～35
		简易房	5～10
	建筑物		10～25
机器设备	供电系统设备		15～20
	供热系统设备		11～18
	中央空调设备		10～20
	通信设备		8～10
	洗涤设备		5～10
	维修设备		10
	厨房用具设备		5～10
	电子计算机系统设备		6～10
	电梯		10
	相片冲印设备		8～10
	复印、打印设备		3～8
	其他机器设备		10

续表

主类别	亚　类	使用年限（单位：年）
交通运输工具	大型客车（>33座）	10年或30万km
	中型客车（<32座）	8～10年或30万km
	小轿车	5～7年或20万km
	货车	12年或50万km
	摩托车	5年或15万km
家具设备	营业用家具设备	5～8
	办公室家具设备	10～20
电器及电影设备	闭路电视播放设备	10
	音像设备	5
	电视电冰箱	5
	其他电器设备	5
其他设备	高级乐器	10
	游乐场设备	5～10
	健身房设备	5～10
	工艺摆设	10
	消防设备	6

（三）设施设备的综合管理

设备综合管理的观念是由英国人丹尼斯·帕克斯在1971年关于设备综合工程学的论文中提出的。设备综合管理的思想引起了国际设备管理界的普遍关注，并得到了广泛传播。

旅游景区设备的综合管理就是以景区经营目的为依据，运用各种技术的、经济的一级组织的措施，对设备从决策、采购、安装、使用、维修、改造直到报废为止的运动全过程进行综合管理，以达到设备寿命周期内费用最经济的管理目标。

景区设备综合管理的一个重要方面是对景区设施设备实施全过程管理。景区在决定购买设备时，设备的综合效益的基本情况就确定了，所以，景区设备的管理，要从决策开始，每一个环节都要搞好，即必须对设备的“一生”进行管理。

由于自己不制造设备，所以景区设备的“一生”是指从设备的决策采购开始，经安装调试、移交生产、正式投产、维护保养、修理改造到报废更新为止的全部时间。这一时间也就是设备的寿命。设备的寿命根据管理的需要，可以从不同的角度进行分类，主要有以下四种。

1. 物质寿命

设备的物质寿命又称自然寿命或物理寿命，是指设备从全新状态开始，由于物质磨损而逐渐丧失工作性能，直到不能使用而报废为止的全部时间。设备的磨损可以通过维修、更新得到补偿，从而延长设备的物质寿命。在一般情况下，随着设备的使用，维修费用将增加，设备的技术状况不断劣化，所以过分延长设备的物质寿命在经济上、技术上是不合理的。

2. 技术寿命

设备的技术寿命是指设备从研制成功，到因技术落后被淘汰为止的全部时间。当前科学技术的迅速发展，特别是微电子技术和计算机技术的发展，促进了机电产品的更新换代，使设备的技术寿命逐渐缩短，技术寿命的缩短导致景区经营成本的增加。所以，在对设备进行决策时，必须要把设备的经济寿命作为一个重要的因素来考虑。

3. 经济寿命

设备的经济寿命又称价值寿命，是指设备从运行开始到由于磨损而需要维修在经济上已不合算为止的时间，即设备的最佳使用年限。对景区来讲，经济寿命的长短直接关系到经营的成本，一般情况，设备的经济寿命越长，经营的成本越低。如果对设备使用维护得力，设施设备在提完折旧以后还能正常运行，这时景区的经营成本将降到最低，景区在价格上将具有较大的竞争优势。

4. 折旧寿命

设备的折旧寿命是指设备根据规定的折旧率和折旧方法进行折旧，直到设备的净值为零的全部时间。它不同于设备的物质寿命，设备在企业的固定资产账面上的净值为零时，其物质寿命可能还存在，也可能规定的折旧寿命未到，而设备的物质寿命已经结束。国家规定了各类设备的折旧年限范围，景区必须从自己的实际情况出发，为各类设备确定一个合理的折旧寿命。

第三节 旅游景区设施的安全管理

安全是旅游活动的前提和基础。一旦在旅游活动过程中发生事故，必将威胁到游客安全。近年来，各种旅游安全事故频频发生。因而，减少和预防事故发生等安全管理就显得尤为紧迫。本节主要讨论旅游景区设施的安全管理问题。

一、设施安全管理的基础工作

旅游安全事故的发生不但给游客带来损伤，旅游景区本身也会有经济、信誉、业务、设备、原料等方面的损失，严重的还会追究主要责任人和直接责任人的刑事法律责任。因此，加强日常管理是避免损失最为经济、有效的办法。

（一）建立安全管理组织体系，预防事故发生

旅游景区应设立安全保卫委员会（简称安保委），直属最高层管理，设立安保委办公

室，与“安全管理处”合署办公。设立顾问组、教育组、计划与发展组、监察执行组（或监察大队）。人员数量根据景区容量大小和任务量而定（如图 9－1 所示）。

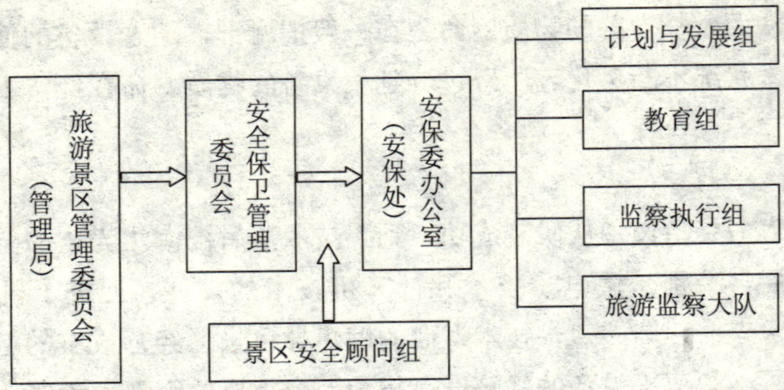

图 9－1　旅游景区安全管理机构设置

各组职能为：

（1）顾问组：聘请专业工程师和有关专家，指导建立安全管理规范，解决安全管理中出现的技术难题。定期向安保委提供咨询报告。

（2）计划与发展组：制定有关的管理规章、安保标准、规格和技术规范；制定落实国家有关部门的安全管理规定；制订计划和相关监察措施；组织鉴定和审查巡查人员的水平和资格；拟订安保演习计划；向管理层提出安保事务中长期计划；规划企业安保活动与未来发展。

（3）教育组：编制培训教材，安排各级培训；编发安保简报；事故分析与研讨；组织有关教育活动；组织安全月会。

（4）监察执行组与旅游监察大队：组织每日、每周、每月、每季、每年安保检查活动计划；公布违反安保规定的项目和内容并跟踪整改；组织安保演习和总结改善措施；对内外联络与信息发布；实施具体细致的相关预防行动，防止安保事故的发生。

（二）建立健全安全标志系统

在游客集散地、主要通道、危险地带等区域要按照国家规范的安全标志符号设置安全标志系统，用以提醒游客注意安全。

1. 安全标志类型

安全标志是用于表达特定安全信息的标志，由图形符号、安全色、几何形状（边框）或文字组成（如图 9－2 所示）。国标 GB 2894—1996 将安全标志分为四大类型[①]：

（1）禁止标志。用于禁止人们不安全行为的图形标志。包括：禁止吸烟、禁止烟火、禁止带火种、禁止触摸、禁止跨越、禁止攀登、禁止跳峡、禁止入内、禁止停留、禁止通行、禁止靠近、禁止乘人、禁止抛物等 23 种标志，基本图形为带斜杠的圆框。

①中华人民共和国安全标志（GB 2894—1996），国家技术监督局 1996 年 3 月 14 日发布。

（2）警告标志。用于提醒人们注意周围环境，避免发生危险的图形标志。包括：注意安全、当心火灾、当心电缆、当心落物、当心坠落、当心坑洞、当心塌方、当心车辆、当心滑跌等 28 种标志。基本图形为正三角形边框，边框内有不同内涵的象形图形。

（3）指令标志。用于强制人们必须做出某种工作或采用防范措施的图形标志。包括：必须戴防护眼镜、必须戴安全帽、必须穿救生衣等 12 种标志。其基本图形为圆形边框。

（4）提示标志，是向人们提供某种信息（指明安全设施或场所）的图形标志。包括：紧急出口、避险处、可动火区等 4 种类型。其基本图形为正方形边框。

（禁止靠近）　（当心火灾）

（必须带安全帽）　（紧急出口）

图 9－2　安全标志图

2. 旅游景区建立健全安全标志体系应注意的事项

（1）由于旅游景区接待来自不同国家和地区的旅游者，所有标志一定要按照国际规范制作和悬挂，不但利于推广，还可以让所有游客都能看得懂。

（2）GB 2894—1996 要求部分标志要有文字辅助。在旅游景区内不但要有中文文字，还要有其他国家的文字（如英、日、韩等文字）。由于图形标志有一定的隐含效果，单纯的图形符号是不能让游客获取正确信息的，还必须配合文字，但文字要符合国际规范。

（3）标志牌一定要置于明显位置和明亮环境中。不可有障碍影响视线，也不可放在移动物体上。

（4）标志牌的材质在满足坚固耐用、遇水不变形的特点外，还要因地制宜，与旅游景区的资源环境相协调。如山地景区内使用石质材料，森林景区内用木质材料等。

（5）旅游景区内各种标志牌是景区的形象构成要素之一，必须制作精良。表面不得有任何瑕疵，如孔、洞、毛刺等。

(6) 放置高度应与视线齐平。最大观察距离时的夹角不得超过 75°。

(7) 为保证效果和防止出现纠纷，安全标志牌要至少每半年全面检查一次，对不符合要求的破损牌子要及时更换或维修。

(三) 旅游景区安全管理对策

1. 增强旅游管理的安全意识

要求旅游景区管理人员首先要增强安全隐患意识，世界上不存在绝对安全的事物，任何人类活动中都潜伏着危险因素。在所有的旅游活动当中，危险因素无处不在、无时不存。这就要求管理者摒弃侥幸心理，随时随地保持安全意识，切实加强并落实旅游安全管理工作。其次，景区管理者要树立全新的安全管理理念，以“安全第一、秩序第二、效益第三”作为经营管理首要目标。再次，树立安全管理出效益的观念，从长远来看，安全管理所带来的经济和社会效益回报远大于其初期经济投入成本，因而安全管理也是一种生产力。最后，要树立“主动预防”的安全理念。

2. 消除旅游环境的不安全状态

旅游景区管理人员要及时清除旅游环境中的危险物，必须对安全隐患逐一进行排查。完善旅游安全保护设施，在旅游活动中完善可靠的安全保护设施必不可少。尤其是在某些危险景点和危险路段必须设置牢固可靠的护栏、护墙或铁链，且随时加以检查、维修和完善。严格执行旅游景区设施设备安检条例，保证设施设备正常运行。

3. 加强游客行为管理

工作人员应明确告知游客不准超越规定的景点、游览路线及范围，在景点及道路危险处设置标示牌、警告牌等明显标志，提醒游客加以足够重视。严格要求游客正确使用相关旅游设施设备，保证游客安全。

知识链接

旅游景区安全管理法规体系

旅游安全法规目前主要有：《旅游安全管理暂行办法》(国家旅游局，1990 年 2 月 20 日发布)、《旅游安全管理暂行办法实施细则》(国家旅游局，1994 年 1 月 22 日发布)、《重大旅游安全事故报告制度试行办法》(国家旅游局，1993 年 4 月 15 日发布)、《重大旅游安全事故处理程序试行办法》(国家旅游局，1993 年 4 月 15 日发布)、《关于加强旅游涉外饭店安全管理，严防恶性案件发生的通知》(国家旅游局、公安部，1993 年 8 月 10 日发布)、《旅馆业治安管理办法》(国务院 1987 年 9 月 23 日批准，公安部 1987 年 11 月 10 日发布)、《公共娱乐场所消防安全管理规定》(公安部，1995 年 1 月 26 日发布)、《旅行社办理旅游意外保险暂行规定》(国家旅游局，1997 年 5 月 30 日发布)、《漂流旅游安全管理暂行办法》(国家旅游局，1998 年 4 月 7 日发布)、《旅游投诉暂行规定》(国家旅游局，1991 年 6 月 1 日发布) 和国标 GB/T 16767—1997《游乐园（场）安全和服务质量》(国家技术监督局，1997年4月22日批准）等。各地方旅游局在贯彻执行的同时，也根据本地情况，建立了一些规章制度。这些安全法规几乎涉及旅游业各个方面，大体形成了相对完整的旅游安全管理法规体系。

资料来源：根据相关法律法规收集整理。

二、旅游景区游艇（船）设施的安全管理

国家旅游局曾经出台了《关于内河旅游游船星级评定管理办法》。规定了游船设施和服务质量的等级。其中一个非常重要的方面就是安全性指标。这一规定的出台，对于有效减少游船安全事故具有积极意义。

湖泊、河流等以水文景观为主题资源特征的风景区，游船（艇）成为游客主要的游览工具，其安全管理愈显得重要。但是，由于管理体制不顺造成多头管理，很多部门不愿意放弃权力，似乎谁都可以管，但又不能深入具体地管，出了事故又都相互推诿，所以问题时有发生，最终受损的是旅游景区和广大游客。

1994年浙江千岛湖景区的"3·31"事件发生之前就是这种情况。由于管理体制混乱，加上游船通信等技术设备落后，最终导致恶性事件的发生，给杭州的旅游业带来巨大的打击。事件发生后，浙江省和杭州市十分重视，协调淳安、建德两县（市），重新调整了游船管理体制，取得了良好的效果。下面简要介绍一下目前千岛湖游船安全管理机制和措施。

（一）管理机构及模式

实行千岛湖水面统一管理。千岛湖景区综合管理处是千岛湖旅游船（艇）的经营管理机构。该机构由旅游、公安、航管三个部门联合办公。管理处下设六个管理站（售票口），具体负责辖区内游船（艇）管理。

管理模式为"四统一"：统一接待、统一售票、统一调度、统一结算。

（二）审批管理

（1）游船（艇）审批机关：淳安县千岛湖风景旅游管理局批准并颁发经营许可证；实行年检。

（2）游船（艇）基本条件：经船检部门检验合格，取得适航证书，船上工作人员取得适任证书；涉外游船必须是经航管部门核定的甲、乙类游船，配有专职保安和持有全国导游员证书的导游人员；遵守法律法规和交通、公安、旅游、卫生防疫等部门的行业规定，防火、防护、安全设施按规定装备齐全，必须配备通信设施，并保持联络畅通。

（3）申报材料：申请报告书、治安许可证、船民证、船舶水路营运证、从业人员健康证明等。

（三）运行管理

（1）淳安县千岛湖风景旅游管理局负责游船（艇）的日常服务质量工作的监督管理。

（2）统一接待：由接待中心统一安排。

(3) 统一售票：旅游团队、散客的船（艇）票统一由接待中心开具和出售。

(4) 统一调度：接待中心开具调度单，游船凭调度单签证后出港。没有业务的游船一律在码头待航。有散客业务时接待中心按游船的排队序号调度出港。游船一律不得私自出港，安排任务后不得在码头上拖延时间或拒载。

(5) 统一结算：6个售票处统一门票及价格，所收门票款项统一汇到一个指定的银行集中管理。游览结束后，游船经营者凭调度单和《游船（艇）服务质量意见单》到结算中心结算票款。

(6) 年检制度：每年3～4月份进行游船年检。

（四）服务质量要求

(1) 文明经营，守法经营，优质服务，拾金不昧，救死扶伤，见义勇为。

(2) 不得以任何形式或理由索要回扣，不得降低服务标准和质量，不得损害游客利益，如实上报《游船（艇）服务质量意见单》。

(3) 主动配合检查和统一调度管理。

（五）违规处置

经营业主如果出现无故不服从接待中心调度，或有超载、船员不足、证照不齐等违规行为，或强行拉客、欺客、揽客等扰乱市场秩序行为，或无故导致游客滞留码头，或因损害游客合法权益而被游客投诉等情况，按有关规定给与罚款、停航直至吊销营业执照等处罚。其中，对因损害游客合法利益而被游客投诉两次（含）以上的，发生重大安全责任事故的，一律取消旅游经营资格。

（六）安全保障措施

(1) 在景区内20多个景点设立安全监控站。

(2) 为每一位来自台湾的游客投保100万元人民币。

(3) 加强水上安全管理，由航管、公安、渔政三部门组成专门人员24小时在水面昼夜巡逻包围。

(4) 1995年由杭州市交通局负责，建立了第一个现代化水上救助中心。投资300余万元的水上全球定位系统（GPS）集通信、定位、报警功能于一体，通信救助中心的卫星总控室实行24小时值班制度。游船装有卫星通信电话可直接与总控中心通话。

三、旅游景区索道及游乐设施的安全管理

索道作为旅游交通运输工具，为游客游览名川大山提供了便利，也为景区增添了亮点，在旅游业中起着不可忽视的作用。根据国际缆索运输协会统计证明：客运索道是所有交通中最安全的。但没有任何一种设备可以保证永远百分之百地安全运行。近年来国内外一些索道接连发生重大、特大安全运营事故，引起了人们对客运索道的高度关注。另外，有些景区为改变单纯依靠观光打天下的局面，贴近群众，增加游客的游览兴趣，在景区内特定区域设置了游乐设施，布局于室外或室内，如滑行车、碰碰车、水上自行车、儿童木马等。由于这些设施极易发生故障，因此日常管理和维修意义重大。索道及游乐设施安全

保障措施要求如下。

(1) 参照执行中华人民共和国《游乐园（场）安全和服务质量》国家标准（GB/T 16767—1997）。其中客运索道要严格执行国家有关部门制订的技术标准。

(2) 树立安全第一、预防为主的思想，配备必要的、充足的和有效的安全设施，确保运转安全；建立健全各项安全管理制度、安全操作规程；建立完整的维修、保养制度，有专人、专职负责，确保游客生命财产安全。

(3) 建立健全安全管理保证体系。如图 9－3 所示。

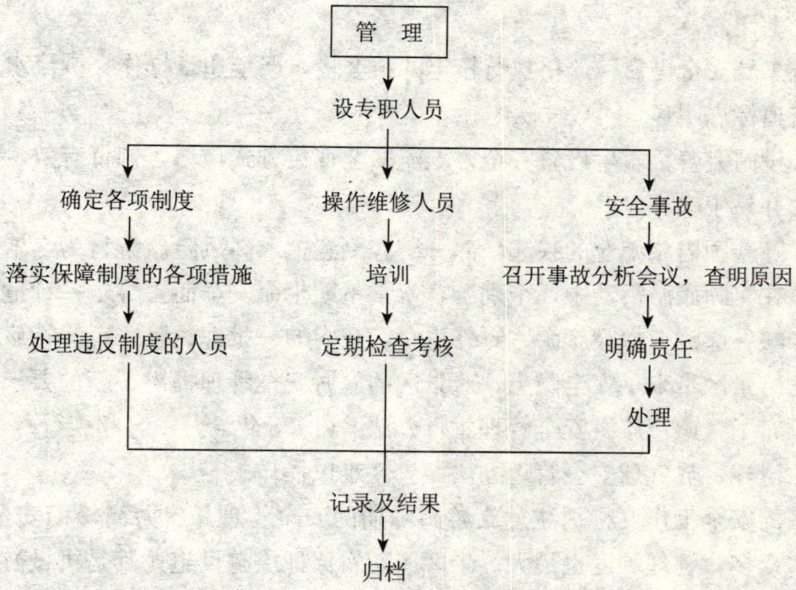

图 9－3　旅游景区索道及游乐设施安全管理保证体系图（参照 GB/T 16767—1997）

(4) 开展经常性的安全培训和安全教育活动；定期组织安全检查；建立安全工作档案，有历次检查的原始记录并由责任人签字。

(5) 员工应具有相关的专业技术上岗证；员工要按规章作业。

(6) 在游客游乐活动开始前应当让他们了解安全注意事项，掌握安全要领。特殊项目要有要求，如年龄限制、健康要求等，要有公示牌，工作人员也要随时提醒和有效控制；如果发生意外事故要按照规定程序采取救援措施。

(7) 安装报警电话、灭火器、避雷装置、急救设备等安全设施设备。

(8) 索道和游乐设施一律不得超载和带险运转，严禁在大风、雨雪等恶劣天气下运转。

四、旅游景区漂流管理

漂流项目因给人以强烈的身心刺激而越来越受到旅游者的欢迎。但是，作为一项特种旅游项目，其危险性较高，加强管理就更为重要。

(1) 要认真贯彻国家旅游局《漂流旅游安全管理暂行规定》，有布置，有落实。

(2) 严格审批漂流旅游项目，对提报的经营项目进行细致审查，不成熟的一律不批；同时要建立市、地、县旅游行政管理部门负责本地区内漂流旅游活动的安全监督管理机制。

(3) 制订漂流旅游安全和服务标准，经营企业具备旅游部门和企业相关部门认可证书，对漂流工具进行登记管理。

(4) 经营企业设置专门安全管理机构或确定专人负责，对从业人员进行安全教育和安全培训，持证上岗。

(5) 漂流工具安全可靠，严格执行核定的载客量，严禁违章操作；漂流水域符合安全规范要求，航道标志明显。

(6) 码头设施完善，救生设备齐全，漂流安全宣传方式详尽，制订有效、合理的意外事故应急办法并易于实施。

近年来，随着国内旅游业的兴起，部分游客刻意追求高风险旅游行为，增大了事故发生的可能性。在实际旅游活动中，个别游客常常不顾生命安全而去寻求一种危险刺激，包括极限运动、峡谷漂流、探险旅游、野外生存等在内的一批惊、险、奇、特旅游项目成为流行时尚。这给景区带来了安全隐患，对景区的旅游安全管理提出了新的要求。目前虽然国家旅游局颁布了《漂流旅游安全管理暂行办法》(1998 年 5 月 1 日起施行)，但至今尚无类似的蹦极、滑翔、热气球安全管理办法，景区难以操作。

旅游景区的安全工作要特别注意旅游高峰期的安全管理。旅游高峰期安全隐患最大，而且由于游客众多，管理难度也最大。景区应切实保证旅游设施尤其是机械游乐设施的安全，制订切实可行的安全措施，彻底消除安全隐患，给游客创造一个安全的旅游环境。

案例一

失控的缆车

1999 年 10 月 3 日上午 10：20 左右，借国庆 50 周年长假，广西三家旅行社组织的游客陆续聚集在马岭河峡谷谷底唯一的缆车乘坐点，在索道观光车下候车平台处等候乘坐缆车去山顶吃午饭。此时，等候上车的游客已经多达 200 多人，由于从上游漂流归来的游客越来越多，各旅行团的游客为了早点上山，争先恐后地往索道观光车上挤，甚至互不相让、发生争吵，场面极为混乱。临时工韦某见状，乘索道观光车上到操作室，叫负责经营管理的黄甲下去处理。黄甲让无任何资格证和上岗证的临时工王某操作索道观光车，自己到谷底与临时工黄乙维持秩序。11：30，索道观光车下到谷底停下来，在一阵难以想象的拥挤后，面积仅五六平方米、核定限载 10 人的缆车厢，竟满载了 35 名乘客缓慢上升。面对索道观光车严重超载的情况，黄甲不但不采取有效措施加以制止，反而按电铃发信号给在操作室的王某。该缆车操作控制是位于距谷底缆车乘坐站约118米高度的山腰部，从谷底到目的地约呈45°角上升，操作人员仅凭谷底乘坐站的管理人员按压信号指示开关而启动缆车。因此，当缆车操作室接到谷底缆车乘坐站发来的信号后，将严重超载的缆车启动。十多分钟后到山顶平台停了下来，工作人员走过来打开了缆车小门，准备让车厢里的人依次走出来，上面接车的工作人员也开始着手接车，打开平台护栏铁栅门，一个8岁男孩一只脚已经迈出，然而就在这一瞬间，缆车竟不可思议地慢慢往下滑去。有人惊叫起来："缆车失控了！"工作人员见此情形大吃一惊，立即跑进操作室猛按上行键，但已失灵。他又想用紧急制动，仍然无效。不得已拉下电源开关，以为可让缆车停下来，但缆车还是无可救药地向下滑去。缆车缓慢滑行了30米后，机房内卷扬机发生爆炸、牵引钢丝绳断裂，从而导致缆车如箭一般快速向山下坠去，一声巨响后重重地撞在110米下的水泥地面上，断裂的钢丝绳在山间四处飞舞……最后造成了14人死亡21人受伤的严重责任事故。

资料来源：http：//news. enorth. com. cn/system.

案例分析

（1）本案例中黄甲让无任何资格证和上岗证的临时工王某操作索道观光车，严重违反管理规定，造成安全隐患。

（2）本案例中工作人员无明确岗位规范，在出现游客高峰时，未能安排足够的服务人员维持秩序，引导游客有序乘车，未尽到向游客介绍乘坐缆车的注意事项，而任由游客挤上缆车，造成缆车严重超载，最终导致事故发生。

（3）设施设备使用规范管理要求运行操作人员必须学习和掌握设施设备的运行原理、结构、性能、使用、维护、维修及技术安全等方面的知识。对服务人员的规范化要求服务人员必须参加常用设施设备的使用操作学习培训，向游客介绍设备使用方法和注意事项，要有明确的岗位责任规范。只有严格按照规章要求执行操作，才会最大程度维护游客安全。

案例二

漂流事故

2000年8月23日，李先生、戴女士夫妻携带9岁女儿来到上海凤凰旅行社报名参加"桐庐——千岛湖三日游"，并付款1269元。旅行社开出一张含保险费的发票和《旅游联系单》之后，李先生领取了旅行社交付的3张火车票。

8月25日上午7：30，李先生一家三口乘火车到杭州，由桐庐中国旅行社（以下称桐庐社）派出的导游接待后开始了游程。第二天游完千岛湖后，桐庐旅行社安排游客去参加天目溪的竹筏漂流活动。由于当天受台风影响，漂流景区内刮着大风，下起雨来。天目溪水流湍急，水位开始增高。

下午3：00，旅行社急匆匆安排游客登筏，导游说了声“一切听筏工的”，便离开竹筏到下游的目的地等候。每只竹筏规定乘坐9人，李先生一家登上了“058号”竹筏。这些竹筏长约5.5米，宽约2米，都由粗毛竹制成，无护栏，供游客乘坐的小竹椅也没有固定。由于竹筏长时间受水流冲刷，筏上长着青苔，非常光滑。筏工是临时找来的民工，事后才知道他未经培训，属无证上岗。

“058号”竹筏的筏工为赶时间，违规抄近路，结果误入漩涡聚集的危险河段，此处河段最深处达7米。霎时间这只竹筏方向失控，开始在水中急速打转。由于筏工手忙脚乱地前后左右寻找支撑点，使竹筏剧烈摇晃不能保持平衡，他始终不能将竹筏驶出危险区，游客处在极度的危险之中。突然，李先生的女儿在竹筏旋转晃动中因竹椅侧翻而掉落水中。

此时筏工手足无措，声称自己不会游泳，也未采取任何救援行动，孩子在水中拼命挣扎。在万分紧急的情况下，李先生奋身跃入水中，竭尽全力将孩子托出水面。筏上的戴女士和其他游客一面大声呼救，一面将筏上的救生圈扔给李先生。由于风力较大，李先生未能接到救生圈。

码头上听到呼救的几名筏工赶下已上筏的其他游客，同乘一条竹筏赶来救援。由于风力很大，他们用了十几分钟才划到出事地点。他们救起了被李先生全力托出水面的女儿，李先生却终因体力不支而沉入水底。

这时，众人大呼“水里还有人”！可筏工们用竹篙在水里戳了几下说“没人呀”！便驾筏离开事发地。李先生的妻子戴女士哭着跪在竹筏上，央求筏工帮助救人，但无人搭理。回到码头上，戴女士及其女儿被送到景区管理处的办公室。因为丈夫生死未卜，戴女士心急如焚，强烈要求景点管理处赶紧救人。但管理人员若无其事地继续卖票放漂，不予理睬。现场的游客目睹此情十分气愤，纷纷指责景点管理人员“只顾赚钱，不顾游客死活”。管理人员面对众人的指责，迫不得已于当天漂流活动结束后，在下游距事发地约200米处拉了一道铁丝网，以期找到李先生。

这一不幸的消息传到上海，李先生的亲友连夜赶到天目溪寻找他。直至第二天凌晨3：00多钟，在距事发地约150米处的一处浅滩上发现了李先生。亲友们抱有一丝希望，立即把他送到当地的卫生院进行抢救，但终因李先生溺水时间太长，抢救宣告无效。

资料来源：http：//www.legalinfo.gov.cn/xuefa.

案例分析

(1) 本案例中游客出游当天受台风影响，漂流景区内刮着大风，天目溪水流湍急，水位开始增高。在此情况下，景区管理者应该停止具有危险性的水上活动，但是景区却疏于管理，任由导游匆匆安排游客上船，实属不该。

（2）《漂流旅行安全管理暂行办法》明确规定：对漂流工具安全性能进行检验，漂流工作人员考试合格后才能准予上岗。而该案例中景区使用的竹筏“都由粗毛竹制成，无护栏，供游客乘坐的小竹椅也没有固定，由于竹筏长时间受水流冲刷，筏上长着青苔，非常光滑”，漂流工具的严重不合格为事故发生埋下隐患。同时为游客撑筏“掌舵”的竟是不会游泳、亦未经过培训的临时工。正是由于旅游经营者光顾自己赚钱，而忽视游客旅行安全，在安全措施根本不到位的情况下才导致了悲剧的发生。

（3）天目溪漂流区未能制订详细的安全保障措施和事故应急反应计划。漂流营业单位不仅未让游客穿救生衣，甚至也不是每只筏上都配有这样的救生圈。在游客出现落水的情况下，也没有专业救护人员，未能及时给予救护，延误了抢救时间。这也是景区管理的重大漏洞。

（4）漂流作为一个新兴的特种旅游项目，由于漂流工具种类多，漂流船工的技能、素质参差不齐，漂流水域水流、落差情况也各不相同，漂流存在着很多安全隐患。健全安全保障制度、依法进行规范管理更显得十分重要。

事故发生后，当地的旅游公司也对天目溪漂流的安全问题采取了一些补救措施：放在仓库里多日的救生衣被重新拿了出来，漂流者必须穿着救生衣才能登筏进行漂流；负责撑筏的船工需持有资格证书后才能上岗；在漂流的河段增设了快艇，一旦发生游客落水事故，可以及时救助。

本章小结

旅游景区的设施设备是旅游景区提供旅游产品和服务的物质基础和重要依托，本章通过对旅游景区设施设备的分类、建设要求的分析，讨论了旅游景区设施设备的分类管理和分期管理准则。此外，安全是旅游景区发展的重要基础，本章对于旅游景区设施设备的安全管理，运用相关的标准和规定进行了规范性分析，强化旅游景区管理者和员工的安全意识，严格遵守相关规定，保障游客生命财产的安全。

复习思考题

1. 旅游景区基础设施主要有哪些？
2. 旅游景区设施设备管理的主要意义是什么？
3. 简述旅游景区设施设备管理的任务。
4. 简述旅游景区设施设备使用要求。
5. 简要说明旅游景区建立健全安全标志系统应注意的事项。
6. 对本地某一景区的设施设备使用管理情况进行调查，并对之进行讨论分析。

第十章 旅游景区环境管理与可持续发展

本章导读

近年来，可持续发展的观念越来越被接受。旅游业作为目前世界上最大的行业，环境问题已成为旅游发展中必须考虑的重要问题。优良的环境是旅游景区吸引力的重要构成要素，因而加强旅游景区环境管理，对于促进旅游景区的可持续发展具有重要意义。通过本章的学习，要求学生重点掌握旅游景区环境质量标准、环境管理内容及环境容量的相关概念、方法，了解可持续发展理论在旅游景区经营和管理中的意义。

第一节 旅游景区环境质量标准及环境管理的内容

一、旅游景区环境质量标准

1995年国家环境保护局、国家旅游局、建设部、林业部、国家文物局曾联合发出《关于加强旅游区环境保护工作的通知》（环法［1995］462号）要求全国的各类旅游景区的主管部门按照“谁主管、谁负责”的原则，切实加强对各类旅游区的环境管理。

国家旅游局发布的《旅游规划通则》中对不同类型的旅游区的环境设计作出了建议性的规定。旅游区根据不同的产品类型及旅游容量采用不同的环境质量标准。对跨两种或两种以上产品类型的旅游区，应采用较高的环境质量标准。

（一）旅游景区的环境质量应达到的环境质量标准

有吸引力的旅游景区要有优雅的环境、清新的空气、清洁的水等。中华人民共和国国家标准《旅游景区质量等级的划分与评定》（修订）（GB/T 17775—2003）对星级旅游景区的资源和环境的保护应达到的环境质量标准进行了限定：

（1）空气质量达GB 3095—1996的一级标准。

（2）噪声质量达到GB 3096—1993的一类标准。

（3）地面水环境质量达到GB 3838的规定。

（4）污水排放达到GB 8978的规定。

（二）人文景观型旅游区的规划设计应达到的环境质量标准

（1）绿地率不少于30%。

（2）大气环境达到《环境空气质量标准》（GB 3095—1996）一级标准。

（3）人体直接接触的娱乐水体达到《景观娱乐用水水质标准》（GB 12941—1991）A类标准；与人体非直接接触的景观娱乐水体达到《景观娱乐用水水质标准》（GB 12941—1991）B类标准；生活饮用水水质达到《生活饮用水卫生标准》（GB 5749—1985）；其他水体达到《地面水环境质量标准》（GB 3838—1988）。

（4）环境噪声达到《城市区域环境噪声标准》（GB 9693—9673、16153—1996）。

（5）公共场所卫生达到《公共场所卫生标准》（GB 9633—9673、16153—1996）。

（三）自然景观型旅游区和度假型旅游区的规划设计的环境质量标准

（1）除滑雪、海滨和河湖型旅游区外，其他旅游区绿地面积不少于50%。

（2）大气环境达到《环境空气质量标准》（GB 3095—1996）一级标准。

（3）人体直接接触的娱乐水体达到《景观娱乐用水水质标准》（GB 12941—1991）A类标准；与人体非直接接触的景观娱乐水体达到《景观娱乐用水水质标准》（GB 12941—1991）B类标准；生活饮用水水质达到《生活饮用水卫生标准》（GB 5749—1985）；其他水体达到《地面水环境质量标准》（GB 3838—1988）。

（4）环境噪声达到《城市区域环境噪声标准》（GB 9693—9673、16153—1996）。

（5）公共场所卫生达到《公共场所卫生标准》（GB 9633—9673、16153—1996）。

专项旅游产品应按照专项产品环境质量保护的特殊要求进行规划设计。

二、旅游景区环境管理的主要内容

（一）旅游景区的环境保护

旅游景区的环境保护，是指运用法律、经济、行政、规划、科技、教育等手段，对一切可能损害旅游景区环境的行为和活动施加影响，协调旅游景区发展同环境保护之间的关系，使旅游景区发展能满足游客的需求，保护旅游资源，防治环境污染和破坏，以实现经济效益、社会效益和环境效益的有机统一。

旅游景区环境保护工作主要是解决人为造成的旅游环境污染和破坏的问题，所以，通过旅游环境管理而保护旅游环境，其实质是限制人们损害旅游环境的行为和活动，同时促进人们能有自觉保护旅游环境的行为和活动。

1. 旅游景区环境保护的方针和目标

旅游景区环境保护的方针是：科学保护，合理利用，统一管理，造福人类，为社会主义物质文明和精神文明建设服务。

旅游景区环境保护的目标有以下几条。

（1）保护人类赖以生存和发展的、特有的风景资源和环境，使其免遭破坏和污染；开发必须立足于使自然资源和人类的需求相协调、相统一，使资源使用和自然生态环境相适应。

（2）保护生态系统内的生物资源的永续利用。

（3）确保旅游资源不致减少和灭绝。

（4）保留人文景观不被破坏、废弃或湮没，使之与世长存，永放光彩。

(5) 保护具有特殊价值的自然和人工纪念物不受破坏和损毁。

2. 旅游景区环境保护的原则

旅游景区环境保护是景区旅游可持续发展的保障，景区开发必须坚持景区环境保护原则。

(1) 严格遵守国家有关政策和法规。严格贯彻执行国家环保总局、国家旅游局、建设部、林业部和国家文物局联合下发的《关于加强旅游区环境保护工作的通知》(1995 年 11 月)、《风景名胜区管理暂行条例》(国务院 1985 年 6 月 7 日颁布) 和《风景名胜区建设管理规定》(建设部 1993 年 12 月 20 日发布) 及国家环境保护总局、国家旅游局、国家文物局、建设部、林业部、宗教局、土地局等有关部门和各种地方性的法规与规章。

(2) 坚持"保护中开发，开发中保护"的原则。在景区开发中，旅游项目、活动内容、旅游设施的风格、数量等应与自然环境相协调。景区建设中禁止滥伐树木、开山采石、破坏溶洞、污染水面等破坏性行为，防止环境污染，维护生态平衡。

(3) 坚持"修旧如旧""新建如旧"的文物古迹修复原则。对文物古迹、名人遗迹要明确保护等级，拟定保护环境、对文物古迹要遵循"修旧如旧"的原则。防止文物古迹修复中的随意更改、占用、毁坏文物古迹的行为。

(4) 坚持"四个兼顾，四个第一"原则。在旅游开发中要做到保护与开发建设兼顾，保护第一；生态效益与经济效益兼顾，生态效益第一；长远利益与当前利益兼顾，长远利益第一；全局利益和局部利益兼顾，全局利益第一。

3. 旅游景区环境保护的主要措施

(1) 重视和加强旅游环境管理政策、法规的制定和监督、执行。制定健全完善、切实可行的政策、法规，为有关单位和个人提供行为和活动的准则，从而有效地影响有关单位和个人的行为和活动，这就是旅游环境管理的实质。健全完善是指旅游环境政策、法规的覆盖范围，足以能够限制有关单位和个人任何可能损害和破坏旅游环境的行为和活动；切实可行，指政策、法规必须符合客观实际，让有关单位和个人知道哪些是应该做的，哪些是不应该做的。

(2) 加强旅游景区的规划管理。加强景区的规划管理工作，作好旅游景区的总体规划、控制性详细规划、修建性详细规划，并严格执行通过的各种规划。在旅游景区开发建设中，认真履行旅游项目审批制度，坚决执行国务院《建设项目环境保护管理条例》，凡是新建、扩建旅游项目在项目审批前必须先取得环境保护行政主管部门的审批同意，执行污染防治设施与主体工程同时设计、同时施工、同时投入使用的"三同时"制度。

(3) 科学合理地确定旅游景区的环境容量。根据旅游景区的性质、类型、规模，科学合理地确定景区的旅游环境容量。在景区管理中，要按照已经确定的环境容量限定游人数量，确保游人对环境的影响在其可承受范围之内。

知识链接

九寨沟、莫高窟等风景名胜限定游人数量

在生活水准不断攀升、各类物质敞开供应的今天，有一样“商品”却出现限量供应。今年（2001年）“黄金周”旅游高峰期间：九寨沟每日限售1.2万张门票、敦煌莫高窟限准两千人入内、山西悬空寺一次限80人登临，面对滚滚而来的游客潮，张家界还干脆将个别景点“打烊”——这些限量供应的“商品”，其实就是不可再生的风景名胜资源。

也许少数游人因“碰壁”而不高兴，但舆论却为这种“限量供应”叫好，认为是文明意识的又一次提升。

据九寨沟管理局介绍，为了避免“五一”期间景区拥入3万多人的现象重演，再度危及自然遗产，经专家反复论证，他们制订了日接待人数上限1.2万人次的举措。此举无疑为全国各风景名胜的长效管理和可持续发展，带了个好头。

中国有十几亿人口，若按人均分摊，自然保护区和风景名胜地的比例较其他国家少得多，仅占国土面积的3.8%（发达国家都在10%以上），因此旅游观光和生态保护的矛盾十分突出。据同济大学风景旅游系副主任严国泰教授介绍，游人进入自然景观区域，不可避免地会产生各种有害物质。他说，自然环境虽有其自身的平衡或降解力，但如果人的活动量超过了环境的自身调剂能力，那么对自然生态将是致命的。眼下一些地方不顾景区的容量，采用各种手段来增加客源，如大建宾馆、扩修道路、新架索道等，这等于是“杀鸡取卵”。用不了多久，美丽的山水将被无序的人潮踩平。

有专家从更深层次提出，风景名胜区也要实行“休游”制度，让自然生态有定期封闭的“休养生息”。同时他们从标本兼治的角度认为，风景名胜“限量供应”虽有其积极意义，但毕竟是权宜之计。应切实采取更多的方法来限制游客：如在自然景区内少建大路（减少大车载客量和过度排放废气）；水域风景提倡人力船（减少动力船客流和水质污染）；山川禁建索道（减缓上山人流，以免景观破坏）。这才是“限量供应”最有效的手段。

资料来源：http：//www. cctv. com.

（4）建立和健全统一领导下的分工协作的旅游环境管理体制。旅游环境管理的目标，是建设和维护优美整洁、安全卫生、舒适方便的旅游环境。因为旅游环境管理的内容和范围极其广泛，不是旅游、环保等部门本身就能完成的，在相应的一级政府的统一领导下，还要有各部门、各单位的分工协作。有了统一领导下的分工协作的旅游环境管理体制，就有了强化旅游环境管理的组织保证。

（5）广泛开展各种宣传教育活动，增强公众特别是领导者和管理者的环境意识。领导者和管理者自身的环境意识的强弱，对于旅游环境的建设和保护起到重大的影响作用。另外，旅游环境管理必须要有广泛的群众基础，必须有广大群众的理解与支持，使他们愿意

接受管理和参与管理。

(6) 大力采用科学技术手段，保护旅游资源与环境。在许多微观的、局部的旅游环境保护中，采用科学技术手段，如生物手段、化学手段、物理手段和工程手段等，防治旅游环境污染和破坏，将会产生较好的效果，从而使旅游资源及环境得到可持续的利用。

(二) 旅游景区环境卫生管理

卫生管理是环境管理的组成部分，但由于卫生状况是整个环境状况中一个常变量，不像生态环境、设施环境那样有着时间上的稳定性，因此卫生管理便成为旅游景区环境管理工作的一个特殊内容。

1. 卫生管理的重要性

(1) 卫生状况是旅游景区环境质量的外在表现。游客进入旅游景区首先感受到的便是卫生状况，并且卫生设施自始至终地影响着游客的整个游览过程。清洁的道路、分布有序的各种设施、干净的设施设备、服务人员整洁的仪表等，都能给人舒适、欢畅、美好的感受，增加游客的乐趣，提高心理享受程度。卫生状况是旅游景区环境质量的最重要的外在表现，直接影响着顾客的消费过程和消费质量。

(2) 卫生状况反映旅游景区的管理水平。卫生管理是旅游景区管理活动中最基础的管理工作，是旅游景区管理水平的重要体现，也是旅游景区管理者和员工的整体形象的重要表现之一。同时，也是旅游地整体形象的重要表现之一，因为外地游客在旅游地停留时间大都比较短，不可能对当地社会有深入的了解，他们主要是通过对游览对象的直观了解来感受旅游地的整体情况。所以，要提高旅游景区和旅游地在外来游客心中的形象，给旅游者留下美好的印象，增加回头客，提高卫生质量是必不可少的手段之一。目前，我国许多城市就是首先以卫生优良树立了良好的公众形象，如大连、威海等。

(3) 卫生状况对客源市场有重要影响。卫生状况是生活质量的重要表现之一。无论是当地居民还是外地游客，都希望在一个良好的环境中生活。特别是旅游景区，作为旅游业的先驱部门，对客源市场有着最直接的影响。

2. 旅游景区卫生管理的特点

(1) 全面性。旅游景区卫生管理涉及的管理范围很广，必须加强纵向和横向的管理，做到上下结合、统一布置、统一规划、统一行动。

(2) 连续性。旅游景区的卫生管理是一个环环相扣、彼此紧密相连的过程，其中任何一个环节出了问题，势必影响到整体。景区各部门、各环节、各工种都要把好卫生质量关，做好相互协作，使卫生管理具有连续性。

(3) 多样性。旅游景区的卫生管理工作不同于其他的企事业单位。在时间上，既有长期性任务又有短期临时性的工作；在人员上既有游客的卫生管理，又有景区服务人员的卫生管理；在范围上既有步道、游客中心、游乐设施和餐厅等一线业务单位的管理，又有库房、办公室、公共环境卫生等的管理。

(4) 季节性。旅游业是季节性很强的行业。不同的旅游季节，卫生管理的特点及侧重点也不一样。淡季要突出“全”，即全面保持常规卫生；平季要突出“精”，即卫生工作要做细；旺季则突出“勤”，即根据游客多、流动性大、周转快等特点，要勤于搞好卫生。

（5）及时性。旅游景区的卫生清扫工作要掌握游客的活动规律，在不打扰和影响游客游览体验的情况下，及时地搞好环境卫生。例如，在景区内游客量较为集中的节点、观景点等重要点部位，要安排专人适时、及时地进行清扫，保持周围良好的卫生状况，为游客提供惬意的旅游体验环境。

3. 旅游景区卫生管理的内容

旅游景区卫生管理工作涉及旅游景区的各个环节，体现在接待服务过程的始终，它可以分为静态卫生管理（即游览环节、设施、设备和用品卫生管理）和动态卫生管理（即工作人员卫生管理）两大类。其具体内容包括：

（1）旅游景区游览卫生管理。主要包括游客乘坐的交通工具（游览车、油船、索道、缆车、休息座椅等）、游步道、景点等部位的卫生管理。

（2）旅游景区公共卫生管理。主要包括旅游景区的大门、广场、游客中心、卫生间、厅堂、商场等各种服务场所周围环境的卫生管理。

（3）旅游景区住宿卫生管理。主要是指提供住宿服务的旅游景区，它以为客人提供清洁、舒适的住宿条件为重点，具体内容包括客房卫生、卫生间卫生、可用的各种消耗用品卫生等的管理。

（4）旅游景区食品卫生管理。以食品卫生法为中心、以预防食物中毒和疾病传染为重点。具体内容包括食品原材料采购、储藏、加工制作、产品销售、食品化验、消毒等各个环节的卫生管理。

（5）旅游景区员工个人卫生管理。主要是指旅游景区的一线从业人员，包括导游、售票员、保安以及各级管理人员的身体健康状况、仪容仪表、着装以及个人卫生等各个方面的卫生管理。

4. 旅游景区卫生管理的措施

（1）从行业管理的角度制订专门的旅游景区卫生管理质量标准，加强监督、检查和奖惩。《旅游景区质量等级的划分与评定（GB/T 17775－2003）》对五个等级的旅游景区、参观游览点的卫生管理质量都规定了明确的标准。旅游景区《服务质量与环境质量评分细则》对不同星级的旅游景区环境标准也给出了详细规定。景区应在此基础上切实做好监督检查工作，将标准落实到实际工作中去，使卫生管理工作真正建立在自觉规范的基础上。

（2）建立卫生管理责任制。责任到人，奖惩分明，使卫生管理权、责、利均落实到实处。

（3）坚持统一管理与分散管理相结合的原则。管理制度、卫生标准、奖惩标准、监督检查由旅游景区统一制订和进行。同时将具体任务和指标落实到旅游景区内的各企业、摊点和部门，人人明确责任，齐抓共管。

（4）加强制度建设。使卫生管理成为制度化、经常性的工作，成为日常工作的重要组成部分，而不是“卫生运动”或“突击活动”。

（5）卫生管理必须严格按照规范要求进行操作。《风景旅游区服务质量标准与操作规范》对景区卫生有以下规定：

①每日在游览开放时间前必须做到景区内的地面、设施已清扫完毕，必要时要洒水防尘。

②在游览时段内卫生清洁员随时监控各自负责的卫生区域，及时清除地面的污渍、果皮、纸屑等赃物。

③景区内的垃圾箱表面应每日擦洗，保持外表整洁；垃圾箱要用垃圾车清除，不可出现外溢现象。

④栏杆每日应擦净，并定期重新上漆。

⑤草地绿篱应修剪规整，无灰尘、纸屑等赃物。

⑥餐饮点环境整洁，采取消除苍蝇、老鼠、蟑螂等有害物滋生条件的措施；禁止出售腐败变质、不洁、受有毒有害物污染的食品及超出保存期限的食品。

（三）旅游垃圾问题与处理

1. 旅游垃圾问题

（1）垃圾的分类。旅游垃圾按照成分大致可分为两类，即有机垃圾和无机垃圾。有机垃圾包括剩茶剩饭、瓜果皮盒、菜根菜叶、鱼肉骨头、蛋壳和树叶杂草、畜禽粪便、动物尸体等。无机垃圾包括各类塑料制品及包装物（塑料袋、塑料瓶、快餐饭盒、易拉罐、啤酒瓶、罐头盒、罐头瓶、胶卷盒、烟盒、冷饮盒、火腿肠外皮等），还有碎砖、石头、灰土炉渣、煤灰、烟头、废纸、口香糖等。

（2）旅游垃圾的危害和不良影响。随着旅游业的迅猛发展，作为旅游业副产品的旅游垃圾，将会呈现不断增加的趋势。旅游垃圾的大量生产，使旅游环境受到严重的污染和破坏，危害极大，而且很难控制。垃圾堆放过程中产生的有毒物质不但危害动植物的健康，影响生态平衡，而且会污染环境，使空气、水资源、土地资源受到一定的不利影响。垃圾不仅具有不良外观，容易滋生蚊蝇、蛆虫和老鼠、散发出恶臭，而且危害人们的健康，影响市容。

2. 旅游垃圾处理

一般旅游景区的垃圾处理，尽可能在收集后统一运送到景区外处理，把旅游景区垃圾处理纳入目的地城镇垃圾处理体系。

（1）旅游垃圾的收集。

①旅游垃圾盛放装置的类型及要求。目前主要有金属垃圾桶、塑料垃圾桶、塑料袋、纸袋等。其要求是不漏水、不生锈、结实耐用、有盖、易于清洗和携带（如图 10－1 所示）。

图 10－1　各类垃圾桶图

②旅游垃圾盛放装置的数量和摆放。要根据游客数量的多少来定。旅游旺季时要多些，旅游淡季时则少些；游客多的地方，如门口、停车场、住宿点、餐馆、商店摊位等处要多放一些，其他地方少放一些。垃圾桶要安放牢固，纸制和塑料袋可撑开放在专用的架子上，上面加盖。在有条件的地方，实行分类收集，采用不同颜色或不同形状的垃圾箱桶，也可放置不同标志，引导游客处理不同种类的垃圾。另外，也可以在出售门票时把垃圾袋发给游客，以供盛放废弃物之用。

③垃圾的收集、清运。在旅游旺季，最好每日清运；如果游客不多或在旅游淡季，可根据情况处理。垃圾箱桶要及时清洗、消毒，收运垃圾最好选在开放时间之外，以免干扰游客。

(2) 旅游垃圾的处理方法。目前常用的垃圾处理方法主要有综合利用、卫生填埋、焚烧和堆肥法等。而无论哪一种，最终都要以无害化、资源化、减量化为标准。卫生填埋法最经济、实用，它的处理成本是堆肥法的1/3、焚烧法的1/10。西方发达国家由于土地资源、能源日益紧张，焚烧比例逐渐增加；填埋法作为最终处置手段，一直占有较大的比例；堆肥法是农业型发展中国家处理垃圾的主要形式；此外，热解法、填海和造山等垃圾处理新技术已取得新的发展。

我国垃圾数量不断增加，但其处理技术仍停留在初级阶段，绝大部分地区的垃圾未采用科学卫生办法予以妥善处理，有些地区就地焚烧或易地填埋，严重污染了环境。今后，我国垃圾处理以卫生填埋和高温堆肥法为主，有条件的城市，特别是沿海经济发达城市则大力发展垃圾焚烧技术。

(3) 其他处理和利用垃圾的方法。世界各个国家和地区，想出不同的绝招，采用不同的方法，赋予垃圾以新的生命，将垃圾变废为宝。这些方法主要有：

①垃圾墙。芬兰科学家把炉渣、破布、废纸等捣碎混合，经高温和高压处理后做成一种墙体材料。实验证明，用这种材料筑成的“垃圾墙”非常结实，还能防酸碱腐蚀。

②垃圾公园。印度北部德昌迪加尔兴建了一座“垃圾公园”，园内的所有游乐设备都是用垃圾作为原材料制成的。

③垃圾门票。加拿大西北部的普罗维登堡的街头巷尾，总是干干净净，几乎看不到烟头、果皮、纸屑，即使有零星垃圾，转瞬间也会不翼而飞。原来，这座靠近北极圈的城市，有一个现代化的游泳池，里面设施齐全，是人们休息和娱乐的理想场所。为了搞好城市环境卫生，市政府规定，本城男女老幼如果到此游泳时缴纳一定数量的垃圾，可不必购买门票。

④垃圾纪念碑。法国在欧洲第一峰——勃朗峰附近的迈尔杰—格拉斯冰川中心，用游客丢下的罐头盒、啤酒瓶、塑料袋等废弃物，建造了一座高6米、重1吨的巨大雕塑，目的是要告诫人们保护勃朗峰的良好自然环境。

⑤会说话的垃圾桶。在比利时首都布鲁塞尔的一座公园里，摆设着许多会说话的垃圾桶。这种垃圾桶会做成模样令人发笑的胖木偶形状，木偶张着大嘴，当游客把垃圾丢进它的口中时，它就会大声说“谢谢”。会说话的木偶引起人们极大的兴趣，他们愿意把废弃

物丢就它的嘴里。

⑥饮料罐回收抽奖机。日本环保部门在公园、街头设置了一种饮料罐回收抽奖机。当人们把空饮料罐放进去，上方的5只拼图转轮就转动起来，如果最后停在一个完整的画面上，放入空罐的入口处就会给你献上一件精美的小饰物。回收机的光传感器对铝皮、铁皮空罐能进行自动筛选，在5s内将其压缩成块、分类回收。

（四）旅游景区厕所管理

在旅游业“六要素”中，旅游厕所始终贯穿其中，旅游厕所的建设档次、分布格局、方便程度和卫生水平等，直接影响旅行全过程感受和旅游服务质量高低的重要因素。此外，随着旅游厕所的发展，一些造型美观、使用方便舒适的豪华旅游厕所也成为景区的一道重要风景。如三亚南山文化旅游区为了创建5A级景区，投资600多万元新建、改建了景区内13座旅游厕所。其中，1座为5星级、2座为4星级，余下的都是3星级。由于星级厕所的美观、豪华，这竟也成为了南山景区内的一个旅游景点，很多游客为此纷纷来参观，一睹旅游厕所的风采。

1. 旅游景区厕所存在的问题

在我国，一些旅游景区和主要旅游线路普遍存在旅游厕所“脏、乱、差、少”的问题，已成为海外旅游者投诉最多、涉及地区最广的问题。1994年，据国家旅游局海外游客抽查调查显示，国内厕所不满意率高达49.4%。尽管近年来这一问题已经有了很大的改善，但仍然存在十分严重的问题。旅游景区厕所建设中存在的问题主要有以下几个方面：

（1）数量较少，影响了“市场供给”。在我国旅游业发展初期，受建设资金短缺、认识水平落后等因素影响，旅游厕所建设没有被摆到重要议事日程之上，除涉外旅游宾馆和定点餐馆内有一定数量和档次的旅游厕所之外，在全国绝大部分旅游城市、旅游景区和主要旅行线路上，旅游厕所供给十分有限，给游客造成了极大不便，厕所门外排队等候成为许多景区一道令人尴尬的“风景”。

（2）位置偏僻，影响了“可进入性”。因于传统观念，许多地方将旅游厕所视为见不得人的地方，对这一人类少不得的场所唯恐避之不及，把建设旅游厕所的选址原则曲解在“不入视野，不登大雅之堂”。因此，旅游业初期建成的为数较少的旅游厕所，大都力避公开场所和繁华地段，隐蔽在偏僻角落，以防出现所谓视觉“污染”，极大地影响了“可进入性”。

（3）标识模糊，影响了“可识别性”。公共场所内几乎所有景点公厕缺少明显的公共信息图形符号，或者模糊不清，或者被少数恶作剧者颠倒符号，更没有规范的中英文对照说明，影响了“可识别性”，甚至出现游客置身厕所门外却到处打听厕所的可笑场面，同时也使游客人身安全受到一定威胁。

（4）卫生较差，影响了“旅游情趣”。管理混乱、资金不够，仅有的旅游厕所大多数年久失修，外观破旧，内部破损，有的屋顶渗漏，有的内墙剥离，有的厕门损坏；由于无人看管，一些厕所成了垃圾死角和蚊蝇滋生地，厕内蛛网吊灰多，地面污迹多，少数旅游厕所让游客毫无立足之地；因旱厕居多，异味明显，少数水冲式厕所也因设计、管理等原因而没有达到标准。旅游的美好感受与厕所内的龌龊场面形成的鲜明反差，大大影响了游客的旅游情趣。

2. 旅游景区厕所管理规范

《风景旅游区服务质量标准与操作规范》对厕所卫生有以下规定：

(1) 所有厕所在开门接待客人之前必须打扫干净。做到地面无污物、尘土、积水，便池无污物、不堵塞，墙壁门窗无蛛网、无乱涂乱画现象，无积土，无明显异味，纸篓倒净。

(2) 在游览时间内，厕所清扫人员要随时或定时清扫。

(3) 每一位清扫工下班前，其负责的厕所必须达到卫生标准。

(4) 收费厕所有专人全日服务，视厕所等级提供卫生纸、洗手水、烘手器、肥皂、擦手纸等。

(5) 按以下顺序进行厕所保洁工作：墙壁、天花板和门窗；厕位和便池、纸篓，地面。

3. 旅游景区厕所管理措施

(1) 摆正思想，提高认识。旅游景区在厕所建设过程中，要走出“厕所问题难登大雅之堂”的认识误区，从全局的和整体的高度，抓住旅游业蓬勃发展的契机，视小厕所为大问题，把旅游厕所作为景区的“形象工程”来抓，把景点厕所作为展示景区文明和管理水平的“窗口”来抓。

(2) 完善规章制度。旅游景区把旅游厕所建设作为一个系统工程，要求搞好总体规划、保证建设质量并切实加强日常管理，完善旅游厕所建设与管理的规章制度。随着地方政府对旅游厕所建设问题的重视，抓紧了旅游厕所建设总体规划的论证和制订工作。2003年出台了《旅游厕所质量等级的划分与评定》(GB/T 18973－2003) 国家标准，对不同星级的厕所建设作出了详细的规定，是景区在旅游厕所建设管理的重要依据。

(3) 加大投资力度。与传统的旱厕相比，新型的现代生态厕所建所、管理、维修等方面的费用都要高的多，建设一座生态型厕所，投资一般都在数 10 万元甚至更多，维修、管理的费用也价格不菲。据报道，在广州 21 座自动投币公厕每月每个公厕基本都要维修近 4 次，多数都是投币箱、电视和称体重器坏了，每次更换一次零件大约 200 元，一个坑位的温控设备要 1000 多元，烟灰缸、壁画、杂志、水龙头、常用药等每月花费约 800 元。因此，旅游景区要加大投资力度，建设好景区旅游厕所。

(4) 提高建设标准。按照现代社会对厕所文明所提出的要求，重视公厕设计的新颖、造型的美观和功能的适用，在建厕过程中不拘一格，因地制宜，充分扩展厕所的各项功能并极为重视厕所与周围环境的协调搭配，塑造出了一批赏心悦目、美观实用的“厕所精品”。

(5) 注重综合效益。建厕工作对水源要求高，同时又有可能引起环境污染，各地在建设过程中，体现出了较好的环保意识，无上下水系统可供依托的山岳型景点厕所，尽量选择了能使污物自然化解、不造成环境污染的合适地点，加强自然通风措施，并采取“生态厕所”“沼气化粪”等先进技术，以保证厕所外观整洁，内部干净，使用安全，“科技这一第一生产力”，已经在旅游厕所建设中崭露头角。

知识链接

国外公厕

日本的公厕以干净整洁闻名于世。在日本的一些公厕里，规定了使用者必须遵守公共道德并定期做好清洁工作；为使大家能够舒适地使用公共厕所，还要遵循日本式住宅的习惯，采取“脱鞋上厕”的方式。因为脱鞋上厕所，仿佛有借用他人厕所的感觉，这样，使用者就会注意保持厕所的清洁。日本人并不认为厕所脏，所以在一些大的超市，厕所真的成了名副其实的“化妆室”，厕所变成了临时休息的场所。

法国的厕所在设计方面考虑很周全，厕所专门辟出残疾人专用卫生间，空间大，足够轮椅进出，还设了扶手以方便上下轮椅，而且整理镜也细心地降低了。不论是学校，还是市立图书馆，大型购物中心，一切残疾人可能去的地方都设有专用卫生间，这在法国好像是非常自然的事情。不仅照顾了残疾人的需求，还照顾到了孩子。公共卫生间里专门为母亲们设了换尿裤室。不过法国的厕所是不分男女的，公共厕所的每个小间之间的隔断都封闭到顶，隔音和隐秘性还都很好，不必担心“走光”。

资料来源：http：//media. newgx. com. cn.

第二节 旅游景区环境容量

旅游容量和承载力是旅游地理学、旅游环境学、旅游规划学乃至旅游管理学关注的焦点问题之一，被称为旅游可持续发展的依据之一，旅游容量和承载力的评估和拓展对于实现旅游业的可持续发展具有重要意义。由于它们直接面对旅游环境，并成为旅游者、旅游资源与环境、旅游社区居民及管理者之间的有效接口，因此，对旅游容量问题不能回避。

一、旅游环境容量的研究进程

旅游容量（Tourism Carrying Capacity），或旅游环境容量（Tourism Environmental Capacity），或旅游环境承载力（Tourism Environmental Bearing Capacity），是基于生态环境容量与可持续发展理念基础上而提出的概念，也是迄今为止旅游研究中争议多且研究不断深入与拓展的重要命题之一。

20 世纪 60 年代，一些实际规划人员和旅游学者开始意识到，任何一旅游地或区域接待的游客量在一定时间内应有一定的限度，以保证旅游环境质量水准，并使绝大多数游客满意。1963 年，拉佩芝（Lapage）最初提出旅游容量的概念。1971 年利姆、斯坦齐（Lime，Stankey）对旅游容量问题进行了进一步的讨论。1997 年劳森（Lawson F.）等在

《旅游和休闲的发展：旅游资源评价手册》中论及旅游容量的问题；1986 年皮尔斯和林赛（Pearce D.，Lindsay I. J.）在联合国环境规划署的出版物《产业与环境》中分别专文论述“旅游海岸的承载能力”“美国国家公园的承载能力”。20 世纪 70 年代后期开始，世界旅游组织的专题研究报告中，开始有了讨论旅游容量与旅游饱和的内容和专门的研究报告。

国内学者在借鉴国外生态环境容量、旅游容量或承载力的研究方法基础上，在 20 世纪 80 年代就开始了旅游容量和旅游承载力问题研究。保继刚具体分析了颐和园旅游环境容量，提出了旅游环境容量概念体系中的五种基本容量：旅游心理容量、旅游资源容量、旅游生态容量、旅游经济容量、旅游社会容量。楚义芳吸收国际上的研究成果，对旅游容量的概念体系、旅游容量的量测及其实用研究方向作了较为系统的研究。崔凤军认为旅游环境容量等同于旅游环境承载力，是在某一旅游地环境的现存状态和结构组合不发生对当代人及未来人有害变化的前提下，在一定时期内旅游地所能承受的旅游者人数，它由环境生态承纳量、资源空间承载量、心理承载量、经济承载量四项组成，具有客观性和可量性、变易性与可控性、存在最适值和最大值等特征，是持续发展旅游的重要判据之一。吴必虎总结了国内外学者关于旅游容量研究的进展，从旅游资源的旅游容量评价以及可持续旅游环境管理的视角系统讨论了旅游容量的分类、应用及分析方法。

二、旅游景区环境容量的概念体系

根据旅游规划通则（GB/T 18971—2003）定义，旅游容量是指在可持续发展前提下，旅游区在某一时间段内，其自然环境、人工环境和社会经济环境所能承受的旅游及其相关活动在规模和强度上极限值的最小值。旅游环境容量包括基本容量和非基本容量两大部分。

旅游环境容量包括五个基本容量，分别为旅游心理容量、旅游资源容量、旅游的生态容量、旅游的经济发展容量和旅游景区的社会容量。

（1）旅游心理容量，是从旅游者角度来考虑的，即旅游者于某一旅游景区从事旅游活动时，在不降低活动质量的条件下，地域所能容纳的旅游活动最大量，也称旅游感知容量。

（2）旅游资源容量，指保持旅游资源质量的前提下，一定时间内旅游资源所能容纳的旅游活动量。

（3）旅游的生态容量，指一定时间内旅游景区的生态环境不致退化的前提下，所能容纳的旅游活动量。

（4）旅游的经济发展容量，指一定时间内，景区经济发展程度所决定的能够接纳的旅游活动量。包括几个方面的因素：基础设施和旅游专用设施的容纳能力、投资和接受投资用于旅游开发的能力、旅游相关产业的发展能力、人力资源供给能力等。

（5）旅游景区的社会容量，指旅游景区的人口构成、宗教信仰、民情风俗、生活方式和社会开化程度所决定的当地居民可以承受的旅游者数量。

三、旅游景区环境容量的测量

（一）基本空间标准

根据环境心理学原理，个人在从事活动时，对环境在其周围空间有一定的要求，任何人的进入都会使人感到受侵犯、压抑、拥挤，导致情绪不安、不舒畅，这个空间既是个人空间，也是旅游景区面积容量的依据。在不同的环境中，人对这种个人空间的要求是不同的。基本空间标准指单位利用者所需占用的空间规模或设施量。世界旅游组织（WTO）规定一些娱乐场所的容量或承载力标准（如表 10－1 所示）。

表 10－1　旅游活动基本空间标准（WTO）

娱乐活动类型（场所）		每公顷接纳游客人数（人次）
森林公园		15
郊区自然公园		15～17
高密度野餐地		300～600
低密度野餐地		60～200
体育比赛		100～200
高尔夫球场		10～15
水上活动	垂钓/帆船	5～30
	速度划船	5～10
	划水	5～15
自然追踪（人/天·公里）	徒步旅行	40
	骑马	25～80
滑雪		100

我国在使用基本空间标准时，常常借用了西方类指标，但由于国情不同，在计算运用中准确度不高而实用性不大。为此我国研究人员经过反复总结积累，也得出一些经验数据（如表 10－2 所示）。

表 10－2　我国各类景区基本空间指标

景区类型		人均基本空间指标（m^2）	备　注
古典园林景区		20	北京市园林局
山岳型风景区		8	湖南南岳管理局
城市自然风景公园		60	广西桂林市计委
海滨浴场	海域	10	北戴河浴场
	沙域	10	

(二)旅游资源容量和感知容量的量测

根据旅游景区的总面积、可游活动面积和设施等条件，可计算出旅游景区在一定时间内的接待能力和饱和量。其计算公式为：

$$C_r=\frac{T}{T_0}\times C_p=\frac{T}{T_0}\times\frac{A}{A_0}$$

式中：C_p——时点容量；

C_r——日容量；

A——资源的空间规模；

A_0——基本空间标准；

T——每天开放时间；

T_0——人均每次利用时间。

例：长春伪皇宫面积为43000平方米，一天开放10小时，每人游览时间取2小时，人均最低空间标准取20平方米，问伪皇宫的时点容量和日容量分别为多少?

时点容量＝43000/20＝2150（人次）；

日容量＝10/2×2150＝10750（人次）。

四、环境容量调控与管理战略

(一)旅游景区环境容量调控原则

(1)尽量给旅游者提供更多的游憩机会（产品谱）以满足不同需求和目的的游客。

(2)使规划专家及旅游管理者制订的旅游地利用水平（强度）不至于损害生态系统。

(3)找出旅游容量的限制因子并提高其阈值。

(4)对于一些具有相同目的的旅游区，新建地的利用强度应低于已设立容量阈值的已开发地区。

(二)旅游景区环境容量的调控手段

旅游景区必须认识到饱和与超载的危害性，应随时掌握旅游景区的客流量，关注可能引起饱和与超载发生的条件，采取一定措施来避免景区超载。主要措施有：

1. 价格手段

根据经济学的需求规律，价格与需求成负相关关系，即产品的价格升高，其需求量就降低；反之，产品价格下降，则需求量会上升。因此，可以利用价格手段来调节季节性和偶发性超载，在旺季提高票价，避免高峰期游客过量，把高峰期游客量控制在适当的范围内；平季和淡季降低票价，吸引更多游客前来观光。利用价格还可以进行景区内部分流，旅游景区的客流量在空间上分布存在着不均衡，会造成局部超载，而其他地方未达到饱和，可以通过价格进行内部分流。例如，长春市著名的旅游景点长影世纪城，夏季16：00（冬季15：00）以后，以及每周二全天采取半价门票，进行客流量的调节。2007年11月10日和11日，长影世纪城还推出“一票双人游园”的特价优惠活动，两日内吸引了上万游客前来游园，促进了淡季游客量的增加。

2. 限制性措施

任何一个旅游景区都有一个游客量的最高限额，一旦景区容量达到饱和，则应该采取限制措施，停止进入。例如，禁止机动车进入景区，在景区内设立禁入区；实行进入景区预订，采用控制游览时间门票；最大日流量超过极限时关闭景区入口等措施。例如，2001年“黄金周”旅游高峰期间，九寨沟每日限售1.2万张门票、敦煌莫高窟限准两千人入内、山西悬空寺一次限80人登临。但是要注意限制流量的管理措施的得当，应该及时公布限制措施，否则会影响旅游质量，造成不良影响。

限制性措施还可以从时空角度采取“轮休”制度，使得自然生态得到修养。生态承受能力是有限的，过多的游客会影响到自然生态的自身修养，造成景区质量下降。黄山景区由于连年游客量过多，对景区生态环境造成极大影响，黄山管理者和资源保护专家提出了景区“轮休”的设想并付诸实施，对重要景区、景点实施定期封闭轮休。“封闭轮休”成了黄山风景区“严格保护、统一管理、合理开发、永续利用”工作的一大创举，取得了良好效果。

3. 分散化措施

这是避免游客在同一时间参观游览同一景点造成拥挤和破坏的现象发生，通过增加外围景区开发和利用内部线路分散游客的措施。旅游者在旅游目的地的活动集中在几个旅游景区内，通过合理地安排旅游路线的时间，将游客在目的地内部分流，减轻超载的旅游景区的游客压力。对于旅游景区内部的局部性超载，要充分利用旅游景区空间，拉开服务半径，统一调整，合理导向，避免游客过于集中在一个景点上。

4. 扩大供给

以上的措施只能够通过抑制需求来调整旅游景区游客量，而扩大景区规模，增加供给，则可以更为有效地解决景区长期超载问题。通过为游客提供更多的游览区域以提高景区内的接待能力，鼓励游客走动。例如，黄山旅游景区常年游客量处于较高状态，在采取重要景点“封闭轮休”的制度同时，在原有的景点基础上，开发出“西海大峡谷”等新的旅游景点，以扩大景区容量，缓解黄山景区的环境压力。还可以通过开发周边景区，疏导游客。

第三节　旅游景区环境管理及可持续发展

一、可持续旅游发展的核心内容

1995年4月24日—28日，联合国教科文组织、环境规划署和世界旅游组织等在西班牙召开了“可持续旅游发展世界会议”，包括中国在内的75个国家和地区600多名代表出席了会议，会议最后通过了《可持续旅游发展宪章》和《可持续旅游发展行动计划》。

《可持续旅游发展宪章》指出：“可持续旅游发展的实质，就是要求旅游与自然、文化和人类生存环境成为一个整体，自然、文化和人类生存环境。”即旅游、资源、人类生存环境三者的统一，以形成一种旅游业与社会经济、资源、环境良性协调的发展模式。因此，对资源和环境的保护就成为旅游可持续发展的基本出发点。这一出发点要求旅游业的发展必须建立在生态环境的承载能力之上，避免自然资源、生物多样性和生态环境造成负面影响；要求旅游业的发展能够有效地维护地方特色、文化和旅游胜地的特色，避免对当地文化遗产、传统风俗和社会生活方式造成负面影响。可持续旅游发展理论的实质内涵为：

（一）公平性

强调本代人及代际间的公平以及公平分配有限的旅游资源，特别是公平分配不可更新旅游资源（这里的公平分配不是指公平占有，主要是指满足人们旅游需求的公平机会），在未找到替代性资源之前尽可能地延长旅游资源的生命周期，避免不可更新资源过早枯竭。这一公平性应充分体现在人与人之间、民族与民族之间、地区与地区之间和国家与国家之间。

（二）持续性

强调资源的开发和旅游业的发展应不能超越自然资源与生态环境的承载能力，保持生态生命支持系统和生物多样化，保证可更新资源的持续利用；同时使不可更新资源的消耗最小化，因为旅游业的发展对不可更新资源的消耗是绝对的，且随着开发利用程度的增强，生命周期呈缩短趋势。为使后代人公平享用这些资源，必须对利用和发展提出速度和规模的限制，这正是可持续发展与以往任何发展思想明显的区别所在；反对为满足本人或本地需求和谋取短期利益而进行掠夺式开发旅游资源。

（三）全球性

由于各国文化、历史和社会经济发展水平存在巨大差异，旅游可持续发展的具体目标、政策措施和实施步骤不可能是唯一的。但是，可持续发展作为全球旅游业发展的总目标，它所体现的公平性和持续性精神则必须共同遵守。而且为了实现这一总目标必须采取联合行动，既尊重所有各方的特色与利益，又要采取国际统一行动。从根本上说，贯彻可持续旅游发展理论就是要促进人类之间和人类与自然之间的和谐，共同肩负起保护人类旅游资源的责任。

（四）资源观

大量的旅游资源是不可复制的，尤其是历史文化遗产、名胜古迹，它们是人类社会发展留下的轨迹，一旦遭到破坏，就将毁坏千百年甚至上万年祖先留下的宝贵的财富，即使重新还原，也已经失去原有价值。旅游业的生存与发展和旅游资源有着“皮之不存，毛将焉附”的关系，可以说旅游资源开发的潜力和可利用程度是旅游业能否发展的一个基本前提，因此绝不能进行掠夺性开发而最终导致资源枯竭，而应有序地、科学地进行规划、开发和利用。针对不同类别和不同属性的资源，采取不同对策，在保护好资源的前提下最大限度地发挥其应有价值，使旅游资源的生命尽可能延长。

二、旅游景区可持续发展的目标

可持续旅游发展是一个多层次的多元构成的目标体系，主要包括生态环境可持续性、社会可持续性和经济可持续性三个方面：

（一）生态环境可持续性

生态环境可持续性指在一定限度内维持生态系统的生产力和功能，维护资源和环境基础，保护其自我调节、正常循环能力，增加生态系统的完整性、稳定性和适应性。由于旅游发展过程中充满着各种各样的矛盾，旅游开发和旅游活动会不同程度损害旅游业赖以存在、发展的生态环境和旅游资源。所以，消除旅游业发展过程中的矛盾，缩小旅游开发者主观愿望与实际行动对环境造成的影响之间的差距，维护旅游生态系统的平衡以保证旅游资源的持续利用，是旅游业可持续发展的基本目标和准则。

（二）社会发展可持续性

社会发展可持续性就是利用最小的资源成本和投资获得最大的社会效益，长期满足社会和人类的基本需要，保证资源和收益的公平分配。旅游业可持续发展在社会方面要达到的主要目标之一就是满足需要；另一主要目标就是体现社会公平，包括同代人的公平发展和公平分配以及代际间的公平发展和公平分配。

（三）经济发展可持续性

经济发展可持续性是指由最小的资源成本和投资获得最大的经济效益，同时保证经济效益的稳定增长，防止任何急功近利的短期行为。可持续旅游发展的经济方面的目标就是对旅游业长远利益的关注，包含了对环境成本的考虑。旅游资源开发利用必须服从当地经济发展的总体规划，并保证旅游开发商、旅游经营者的可获利性。与此同时，充分考虑环境成本的效率，把环境污染费用和自然资源的耗费计算在生产成本之内，以关注旅游业的长远利益。

可持续旅游发展三方面的目标，存在对立统一的关系。生态环境可持续发展是经济可持续发展的基础，没有生态环境的可持续性便没有了经济发展的可持续性；没有了经济发展的可持续性，生态环境的可持续性便失去了经济目的和动力；而经济发展的可持续性和生态环境的可持续是为了满足社会的需要，社会可持续性的实现有赖于生态环境和经济发展的可持续性。

三、旅游景区可持续发展的策略

（一）端正旅游景区开发和发展的指导思想

正确的指导思想应该是可持续发展理论。旅游景区要纠正“有资源就开发”“靠山吃山，靠水吃水，靠风景吃风景”之类错误和片面性的提法，真正把开发和建设思想统一到与社会和环境协调一致的可持续发展思路上来。

（二）坚决避免重走“先污染后治理”的老路

这是一条前人曾经走过的以牺牲自然环境的巨大代价换取经济“令人鼓舞的繁荣”的错误之路。旅游景区开发必须在规划中充分论证开发的社会和环境影响，特别要重视对环境的消极影响，实行开发与保护相结合，或者是在保护的基础上适度开发。

（三）实现“旅游生态发展”

“旅游生态发展”的原则，即旅游开发和旅游活动不违反生态规律的原则。旅游景区都有环境承载力。如果游客数超越了最大承载力，则旅游景区的环境衰退和破坏现象将随之发生和加剧。

旅游生态发展的实质，是要在旅游业中充分认识开发与保护、经济发展与生态平衡的辩证关系，坚持经济发展和环境保护一起抓，这样才能使旅游生态发展真正落到实处。

生态旅游这一概念首先是1986年在墨西哥召开的一次国际环保会议上提出的。1995年，中国生态旅游研究会把生态旅游的定义归纳为：“生态旅游是在生态学观点、理论指导下，享受、认识、保护自然和文化遗产，带有生态科教和科普色彩的一种特殊形式的专项旅游活动。”我国学者还认为：生态旅游必须具有促进生态保护和旅游资源可持续利用的特点。

以林场和自然保护区改制而成的森林公园，是我国目前开展生态旅游的重要场所。生态旅游有利于提高旅游者的生态意识和自然保护区管理者的旅游意识，既扩大了保护区的对外交流，又丰富了大众的物质文化生活，并能在一定程度上解决保护区建设资金不足的问题。但生态旅游也会对自然保护区造成不利影响。保护区人口数量和季节性增加、车辆流动和废气排放都会对动植物本来宁静的生存环境带来干扰。特别是接待性污染会严重影响景观和环境质量，伴随着旅游活动而来的践踏花木、采折树木以至偷猎野生动物的事件也时有发生。因此，森林公园或自然保护区开展旅游，必须以保护自然环境不受损害或破坏为前提，精确论证最大接待量，保证社会和环境效益并重。

（四）坚持旅游景区开发的有序性

所谓有序性，即开发顺序。开发有先有后，既要考虑到目前，又要考虑到未来，绝不能与子孙后代“抢饭吃”。“暂时不开发的保护起来，留待后人去开发”，这是一个非常有远见的开发观。西安周边有秦始皇陵以及许多汉、唐帝王陵寝，大部分没有开发而是加以保护，一方面是考虑到目前科技水平尚未达到保证地下文物一旦出土不致变质，另一方面也是为了给后人留下一些开发对象。1997年，国家就作出近期内暂不开发大型帝王陵寝和王城的决定。

（五）旅游景区也要实行“宏观调控下的市场经济”体制

世界上并无绝对自由的市场经济，成功的市场经济都是在一定的宏观调控下实现的。旅游资源的配置是以旅游需求为基准的。即使是面对确实的旅游需求，旅游开发也不能遍地开花，而是应优化资源配置，使有限的资源发挥出最大的效益。旅游景区游客接待量的控制问题也可以用拉开淡旺季旅游价格、规定游人区活动时间乃至旺季限时限量接待等不同做法来实现。

（六）提倡文明旅游，杜绝旅游污染

游人的文明程度在很大程度上决定着旅游景区的环境质量，游客乱扔垃圾、随地吐痰、乱涂乱画、高声喧哗等不文明现象改变之日，就是旅游环境改善之时。对此要加强宣传教育，同时辅以严格的处罚规定。对于不文明行为，罚而不严，等于不罚。在这一点上，新加坡等国家的经验值得借鉴。

案例一

西藏迎来旅游旺季 布达拉宫限量接待游客

西藏自治区著名旅游景点布达拉宫自本月（编者注：2008 年 7 月）14 日起再次实行游客限时限量制度。进入布达拉宫参观的游客需要提前一天预订门票，并由管理处安排参观时间，布达拉宫每天游客接待量限制在 2300 人。

布达拉宫管理处处长强巴格桑说，随着西藏传统旅游旺季的到来，布达拉宫的游客日益增多。为了更好地保护古建筑，避免单位时间内游客过于集中，维持良好的参观秩序，布达拉宫再次执行游客限时限量制度。

布达拉宫于 3 月 26 日恢复开放后，游客数量稳步上升，尤其是西藏传统旅游旺季到来后，游客人数上升明显，强巴格桑说："7 月以来每天有 1000 多名游客，虽然现在的游客数量还没有达到布达拉宫 2300 人的限额，但考虑到接下来的旅游旺季和游客参观过于集中在上午的特点，还是决定执行游客限时限量制度，这是既能保证游客参观又能保护文物的好办法。"据悉，布达拉宫未来将设计一条仅供两人并排通过的旅游线路，结合导游一次只能带 15 名游客等措施，这将有效减轻单位时间内游客体重对布达拉宫建筑的压力，起到保护文物的效果。

资料来源：http：//travel. sohu. com/20080722/n258291486. shtml.

案例分析

旅游景区发展离不开游客，但是如果游客量过多，对于旅游景区又会造成严重的破坏。在一些著名的旅游景区尤其是旅游旺季，经常是人山人海，拥挤不堪，既影响到旅游者的旅游体验，也对旅游景区的资源造成极大破坏。合理计算旅游景区的旅游容量，实行限量接待，对于保护旅游景区资源，促进旅游景区的可持续发展具有重要意义。布达拉宫在旅游旺季能够严格执行每天 2300 人的限额连对布达拉宫的文物保护起到重大作用，同时也为国内其他超负荷经营的旅游景区产生了示范效应，推动旅游景区的合理开发。

案例二

"五一"旅游好心情 景区垃圾煞风景

"五一"小长假刚刚过去，本报编辑部就接到了刘先生的热线，反映节日期间景区的垃圾比平时多了不少，影响了景区环境美观。

刘先生说，5月3日，他和家人兴致勃勃地来到了狮脑山观光，可是刚上山，就看到食品包装袋、矿泉水瓶等垃圾散布在景区，与景区美丽的风景形成了不和谐的场景。在上山的过程中，他发现有些游客为了图省事，将垃圾随手丢弃在了路上。此外，一些游客还将自己的宠物狗也带上山来，狗的粪便随处可见，这着实令刘先生的观光兴致大减。“景区是个公共场所，随意丢弃垃圾是个不好的习惯，希望大家都能增强公德意识，自觉保护景区环境。”刘先生说。

资料来源：http：//www.yqnews.com.cn/news.

案例分析

随着旅游景区的开发，游客的增多，越来越多的旅游垃圾成为影响景区旅游质量的罪魁祸首，给旅游景区的环境造成了巨大的污染。旅游景区要加强景区环境管理，分析旅游者乱扔垃圾的原因所在。如果是因为垃圾箱等设施设置不全，导致旅游者因为不方便而随手乱扔，旅游景区则要完善设施设备配置，方便旅游者使用。如果是旅游者素质问题，则要加强旅游景区环境保护宣传，提升旅游者环保意识。如果是缺少清洁人员，可通过在重点区域加强保洁人员安排，以方便及时清理垃圾。也可以通过其他手段，如垃圾换门票、垃圾换午餐等活动，促使旅游者自觉收集垃圾。总之，需要旅游景区加强景区环境管理，及时清除景区内部垃圾，给旅游者创造一个良好的旅游环境。

本章小结

本章主要分析了旅游景区环境管理内容、方法及其重要性，并重点介绍了景区环境保护、垃圾处理和厕所卫生管理的内容和方法；介绍了旅游景区环境容量的概念、测算方法及控制手段等；最后讨论了旅游景区可持续发展的内容、目标和策略等问题。本章的学习，能够使读者提高对旅游景区环境管理、景区容量和可持续发展重要性的认识。

复习思考题

1. 介绍旅游景区环境保护的目标。
2. 简述旅游景区卫生管理的内容。
3. 简述影响旅游景区环境容量的因素。
4. 旅游景区可持续发展的策略有哪些？

参考文献

[1] 姜若愚．旅游景区服务与管理［M］．大连：东北财经大学出版社，2008.

[2] 王昆欣．旅游景区服务与管理［M］．北京：旅游教育出版社，2004.

[3] 郭亚军．旅游景区管理［M］．北京：高等教育出版社，2006.

[4] 张立明，等．旅游景区解说系统规划与设计［M］．北京：中国旅游出版社，2006.

[5] 陈瑛．旅游风景区管理［M］．西安：陕西旅游出版社，1997.

[6] 赵黎明，等．旅游景区管理学［M］．天津：南开大学出版社，2006.

[7] 杨正泰．旅游景点景区开发与管理［M］．福州：福建人民出版社，2000.

[8] 杨桂华．旅游景区管理［M］．北京：科学出版社，2006.

[9] 王德刚．旅游开发学［M］．济南：山东大学出版社，2007.

[10] 邹统钎．旅游景区开发与经营经典案例［M］．北京：旅游教育出版社，2003.

[11] 全华，等．旅游规划学［M］．大连：东北财经大学出版社，2005.

[12] 岳怀仁．风景旅游区经营与管理［M］．昆明：云南大学出版社，1998.

[13] 卢云亭．现代旅游地理学［M］．南京：江苏人民出版社，1988.

[14] 吴忠军．旅游景区规划与开发［M］．北京：高等教育出版社，2003.

[15] 吴必虎．区域旅游规划原理［M］．北京：中国旅游出版社，2001.

[16] 张俐俐．旅游市场营销［M］．北京：清华大学出版社，2005.

[17] 李红，等．旅游景区市场营销［M］．北京：旅游教育出版社，2006.

[18] 肖星．旅游策划教程［M］．广州：华南理工大学出版社，2005.

[19] 邹统钎．旅游景区开发与管理［M］．北京：清华大学出版社，2004.

[20] 彭代武．市场营销学［M］．武汉：武汉大学出版社，2009.

[21] 禹贡，等．旅游景区景点经营案例解析［M］．北京：旅游教育出版社，2007.

[22] 萧鸣政，等. 工作分析的方法与技术［M］. 北京：中国人民大学出版社，2002.

[23] 张帆. 旅游景区管理［M］. 福州：福建人民出版社，2006.

[24] 周玲强，等. 旅游景区经营管理［M］. 杭州：浙江大学出版社，2006.

[25] 王雅丽，等．旅游景区服务与管理［M］．长春：东北师范大学出版社，2008.

[26] 郭亚军．旅游景区管理［M］．北京：高等教育出版社，2006.

[27] 岑詠霆．质量管理教程［M］．上海：复旦大学出版社，2005.

[28] 张凌云．旅游景区景点管理［M］．北京：旅游教育出版社，2004.

[29] 约翰·斯沃布鲁克．景点开发与管理［M］．张文，等，译．北京：中国旅游出版社，2001.

[30] 维克多·密德尔敦．旅游营销学［M］．向萍，等，译．北京：中国旅游出版社，2001.

[31] 国家旅游局资源开发司，中国科学院地理研究所．中国旅游资源普查规范［M］．北京：中国旅游出版社，1992.

[32] 何方永．我国旅游目的地游客管理现状与发展的思考［J］．成都大学学报，2007（2）.

[33] 郭红艳．浅谈旅游景区游客管理［J］．东南大学学报，2008（6）.

[34] J. WALSH HERON，T. STEWENS. The Management of Visitor Attractions and Events［M］. Englewood：Prentice Hall，1990.